区域国别史丛书

区域国别史丛书

俄国史

（第一卷）

［俄］瓦·奥·克柳切夫斯基 著

张草纫　浦允南 译

张蓉初 校

商务印书馆
The Commercial Press

В. О. Ключевский

СОЧИНЕНИЯ

ТОМ I

КУРС РУССКОЙ ИСТОРИИ

ЧАСТЬ I

Гос. Изд. Политической Литературы

Москва 1957г.

根据苏联国家政治书籍出版社莫斯科 1957 年版译出

区域国别史丛书
出版说明

    立足本土，放眼寰宇，沟通中外，启智学人，始终是我馆坚守不变的出版天职。其中的一个出版方向，即世界各国历史。二十世纪二三十年代，我馆出版了《史地小丛书》《新时代史地丛书》，系统介绍世界各国历史与地理。二十世纪六七十年代，我馆集中翻译出版了四十余种国别史图书，为学界提供了重要的参考文献。进入二十一世纪，我馆参与《世界历史文库》出版工作，广受好评。

    当代中国正全方位融入全球发展的大潮之中，全社会认识了解世界各国各地区历史的需求更为全面、迫切。因此才有了这套《区域国别史丛书》的创设。丛书的出版宗旨可以用"兼收并蓄，权威规范"来概括。就选目而言，既收录单一国家的国别史，也收录重要政治、经济、文化地区的区域史；既收录研究性的专史，也收录通识性的简史；既收录本国人写的本国史，也收录他国人写的异国史以及中国人写的世界史。不论哪一类历史著作，都力求权威可靠，规范可读，可以信从，可供征引。希望学界同人鼎力支持，帮助我们编好这套丛书。

商务印书馆编辑部
2023 年 10 月

译者序

本书著者瓦·奥·克柳切夫斯基（1841—1911年）是俄国杰出的资产阶级史学家。他出生于平扎城附近沃斯克列先斯克村一个乡村教士世家。1865年毕业于莫斯科大学历史语言系，1872年获硕士学位，1882年获博士学位，1879年起任莫斯科大学俄国史讲师，1882年起为俄国史教授。除教学外，他参加过多方面的学术活动，担任过许多重要学术职位：1889年任科学院通讯院士，1900年任俄国史及古文物院士，1908年任优美文学荣誉院士。80年代起他参加许多学术团体的活动，成为莫斯科考古学会、俄罗斯语文爱好者学会、俄国历史及古文物学会的会员（1893—1905年任该会主席）。

政治上，他最初受农奴制崩溃时期（19世纪50—60年代）革命民主主义和自由主义思想的影响，反对农奴制度和专制制度，但不主张用革命手段达到目的，所以他属自由主义反对派。到19世纪末，他开始支持君主制。20世纪初，在革命运动高涨时，他加入了立宪民主党，从自由主义反对派转变为立宪保皇派。

学术上，他深受莫斯科大学教授、历史学家索洛维约夫、法学史家奇切林、文学史家布斯拉耶夫的影响。他是俄国史学优秀传统的继承者和发扬者，但又具有独创精神。他在讲学、科研和著述等方面的成就超过了贵族史家卡拉姆津和他的恩师资产阶级史学家索洛维约夫。他的学术观点是复杂和矛盾的，不同时期有不同的表现。但总的倾向是从进步到保守，从批判国家学派（尤其是针对其首领奇切林。这一学派的主要论点之一是：国家是俄国历史发展的动力)到最后同他们的观点接近。他认为,在俄国历史上起决定性作用的是地理条件和殖民。这一观点是受索洛维约夫的影响。而他注意人民的经济和生活则是受布斯拉耶夫和民主派史学家夏波夫等人的启发。他80年代的讲课和写作注意社会经济、阶级关系等,在当时的史学中有创新意义。但90年代以后,他的论著不免强调国家的作用。

克柳切夫斯基的著作甚多,主要的有:《古罗斯圣人传是历史史料》(1871年版)、《古罗斯的大贵族杜马》(1919年第五版)、《俄国史教程》(共五卷,1937年重印)、《克柳切夫斯基文集》(共八卷,1956—1959年版)、《克柳切夫斯基未出版的著作集》(1983年版)等。

本书——《俄国史教程》*是克柳切夫斯基的代表作。这是他在莫斯科大学三十年来讲课和研究的综合成果。他虽年复一年地授课,不断修改、补充讲授内容,但一直不愿将讲稿仓促出版。《教程》的头四卷是在学术界友人一再敦促之下才于1904—1910年间刊印的。第五卷是由他的学生整理的,迟至1921年才出版。全书于1937年重印。1956—1959年,在季霍米罗夫院士主持下,出版了八卷本《克柳切夫斯基文集》。《教程》被收入文集的头五卷,基本上根据19世纪80年代以来的讲稿修改而成。在前四卷付印前,著者又作了一些修改。理论立论则大致在1903年前准备第一版时形成,从中可以看到国家学派的影响。

全书共八十六讲,著者按自己的分期讲授俄国史,但从各讲的编码顺序看不出分期。每卷没有标题目录,但每讲开始之处有内容提要,大致是各段的小标题。每卷后有详细的评注和人名、地名索

---

* 此为俄文版原名,本书简作《俄国史》。——编者

引。第五卷末有各讲小标题的总目。

第一卷共二十讲。除头四讲谈理论问题外，内容时限从古代至封邑时期。著者涉及的理论问题，首先是他认为构成人类共同生活的基本历史力量：人的个性、人的社会生活和国家的自然条件三因素。其次是俄国史的分期问题。他认为俄国的历史是一部迁移、殖民的历史。从这一观点出发，他根据地理、社会经济和政治因素，把俄国史分为四个时期：（一）第聂伯河的、城市的、商业的罗斯（8—13世纪）；（二）伏尔加河上游的、封邑王公的、自由农业的罗斯（13—15世纪中）；（三）伟大的、莫斯科的、沙皇—大贵族的、军事—农业的罗斯（15世纪中——17世纪头二十年）；（四）全俄罗斯的、皇帝—贵族的时期。农奴制经济的、农业和轻重工业的时期（17世纪初——19世纪中叶）。本卷第五——第十五讲为第一时期，第十六讲起为第二时期。

第二卷为第二十一——第四十讲。内容时限从莫斯科的兴起至16世纪末，第二十五讲起为第三时期。本卷一部分篇幅写诺夫哥罗德和普斯科夫。大部分论述莫斯科公国，它的兴起，它同其他公国和城市的关系，伊凡三世、伊凡四世的统治，国家制度，等级关系以及农民和土地制度等。

第三卷为第四十一——第五十八讲。内容时限从17世纪初至17世纪80年代，即从动乱时期开始，叙述17世纪的社会变化，如城市起义、《1649年法典》、各等级的形成、农民问题、西方文化的影响、教会等等。最后，著者还特别评述了几个人物，如沙皇阿列克谢·米哈伊洛维奇，奥尔金-纳肖金和戈利琴等人。他认为十七世纪为彼得大帝的改革做了准备。

第四卷为第五十九——第七十四讲。内容时限从17世纪末至1762年的宫廷政变。从第五十九讲到第六十九讲叙述彼得一世时期的内外政策、改革及其意义、财政税收、土地领有制的变化、贵族等级以及农民问题。从第七十讲起叙述1725—1762年间政变迭起时期的重大问题，如皇位继承、近卫军与政变、德意志人在俄国、财政困难、贵族特权、农民问题、农奴制范围的扩大等等。最后一讲叙述1762年政变，并简单总结了16世纪以来国家制度的变革。著者认为，直到那时，俄国只是一个等级制的贵族国家。

第五卷为第七十五——第八十六讲，内容时限自叶卡捷琳娜二世至亚历山大二世的农民改革。18世纪最后三十余年共五讲。彼得以来的农奴制为一讲，农奴制对俄国社会尤其是贵族等级的影响、法国文化对俄国的影响等为一讲。从18世纪末到19世纪中叶、亚历山大一世统治的前半期、后半期各为一讲；尼古拉统治时期、亚历山大二世统治时期各为一讲。此外，附录两篇：《叶卡捷琳娜二世女皇》、《农奴制的废除》。本卷中，农民问题和农奴制问题仍是重点。对外政策的篇幅比以前各卷稍多一些。

《教程》是俄国资产阶级史学的一部巨著，是俄国十月革命前唯一的一部从古写至19世纪中叶的多卷本俄国史书。它不同于前人的著作，打破了王朝体系，突出了社会经济。全书史料丰富，条理清晰，对讲述的问题经常及时作出小结，而且叙述生动，文笔优美。但著者的立场属资产阶级自由派，观点是唯心主义的，方法论是不科学的，理论立论是折中主义的，而且还受到国家学派的影响。所以本书最大的缺点是观点问题，内容不足之处则是较少论述对外政策。

《教程》对农民问题和农奴制的论述特别深入。这同他在索洛维约夫指导下所受训练和最早的研究分不开。更重要的是，他开始讲授俄国史和写作的极盛时期是80年代。那时农奴制已经废除二十年，社会各方面的变化很大。他回顾历史，特别注意社会经济和各阶层的演变。他认为俄国社会的底层是被剥削、受凌辱的农民群众，上层是肉体靠吸农民鲜血滋养、精神靠法国文化熏陶的贵族，而介于两者之间的则是依靠他们的其他阶层。他注意农民，认为只有系统地分析农民本身和土地问题，才能真正掌握俄国历史。在农奴制起源问题上，他提出了新的观点，认为农民的债务导致他们丧失自由。这个观点不同于国家学派的所谓"等级的固定和解放"说（意指贵族等级和农民等级都是由国家法律所固定和使之获得解放的；农民之成为农奴是国家法律规定的）。他的解释只说明了问题的一方面，远非全面，所以被后来的学者否定。他在农民问题上的最大缺点是很少注意农民战争以及农民战争和农奴制形成的关系。

著者描写的历史人物有血有肉。他笔下的伊凡三世、伊凡雷帝、鲍里斯·戈都诺夫、宗主教尼康、彼得一世和叶卡捷琳娜二世以及其他人物都栩栩如生。如描写尼康时他写道：他像一面帆，在暴风雨中满帆时异常壮观，但在风平浪静时，只是可怜地挂在桅杆上的一块不引人注目的布片而已。在《教程》中他对彼得一世、叶卡捷琳娜二世的人品、治国的优缺点都有论述和分析，但到19世纪末20世纪初，他写的有关他们两人的论文则不免对他们过分颂扬，这表明他的观点趋于保守。

克柳切夫斯基的讲课和著作非常吸引听众和读者。他在莫斯科大学建立了自己的学派，其追随者有克则维彻尔、留巴夫斯基、哥切耶等人。他对自己的学生如米留科夫、波哥斯洛夫斯基、普拉东诺夫等人的史学观点有一定影响。波克罗夫斯基也受到他的一些影响。苏联老一辈的史学家如巴赫鲁申和哥切耶在学习了马列主义之后才摆脱了克柳切夫斯基学派的传统。

克柳切夫斯基熟悉俄国历史史料和文献，所以《教程》的资料非常丰富，有根有据。他对史料学的研究功底很深，具体体现在他所写的《史料学教程》和《俄国史名辞》中（收入《克柳切夫斯基文集》第六卷，第 5—275 页）。著者在撰写《俄国史教程》时，不是立即讲古罗斯史，而是首先从介绍、分析最早的编年史开始。他重视史料，往往在讲理论问题之后即谈史料。他对伏尔加河上游罗斯的研究很深，史料充实，相形之下，第一卷和第五卷则稍显逊色。

《教程》头四卷曾经著者亲自修订，第五卷的修订工作在 1910 年开始后，第二年因著者病逝，后来由他的学生巴尔斯科夫根据 1883—1884 年讲稿整理出版。这一卷的最后三讲概括了半个世纪，比较简单。他处理、评价 19 世纪前半期的历史事件时，方法论上的缺点尤其突出，他忽视了封建农奴制形态中新的资产阶级关系已趋于成熟的现实。他也没有揭露沙皇政府内外政策的阶级实质。他认为 19 世纪前半期沙皇政府的主要支柱是官僚制度。从这个意义上看，他把农奴制国家看成了超阶级的机构。

本书的优点很多，缺点也明显，既展示了资产阶级史学的成就，也反映了资产阶级学术观点上的问题。正因为《教程》是资产阶级学术著作的代表作，所以 1937 年曾在苏联重印，20 世纪 50 年代中又重新整理再版。本书对我国学者系统地研究从古至 19 世纪的俄国历史具有极大的参考价值。

克柳切夫斯基所著《俄国史教程》的中译本是根据 1956—1959 年出版的八卷本文集的头五卷翻译的。

张蓉初
1988 年 6 月于北京大学

目 录

前言 1

第一讲 9

　　研究地区史的学术任务——历史过程——文化史或文明史——历史社会学——历史研究中的两种观点：文化史观点和社会学观点——用社会学观点来研究地区史，在方法上比较方便，在教学法上比较适宜——社会历史过程概况——综合各地区和各时期的社会因素在历史研究中的意义——用这种观点来研究俄国史在方法上比较方便

第二讲 25

　　授课计划——开拓疆土是俄国史中的主要事情——开拓的一些主要时期就是俄国史的各个阶段——每一时期的主要状况——授课计划的显著缺漏——历史事实和所谓思想意识——这两者的不同根源和相互作用——在什么时候思想意识成为历史事实？——政治事实和经济事实的本质及其在教学法上的意义；研究祖国历史的实际目的

第三讲 40

　　欧俄的地形——气候——平原的地质成因——土壤——植物地带——平原的地貌——地下水和降雨量——河流流域

第四讲 55

　　国家的自然界对其民族历史的影响——人对自然界的关系概

述——俄罗斯平原的土壤地带、植物地带和河流系统的作用——奥卡河—伏尔加河流域作为垦殖、国民经济和政治的中心的意义——森林、草原和河流：它们在俄国历史中的作用以及俄罗斯人和它们的关系——能否按现代的印象来判断国家的自然界对古人心境的影响？——俄罗斯平原自然界中某些具有威胁性的现象

第五讲 67

研究我国初期历史的主要史料《始初编年史》——古罗斯的编年史工作；原始编年史和编年史汇集——《始初编年史》的最古版本——在最初编年史汇集中的古代基辅编年史家的痕迹——这位编年史家是谁？——《始初编年史》的主要组成部分——它们是怎样编成汇集的？——编年史汇集的年代表——涅斯托尔和西尔维斯特

第六讲 83

对《始初编年史》的历史批判性分析——《始初编年史》对后来罗斯编年史编纂工作的意义——编年史汇集的年代根据的错误及其错误的根源——编年史汇集的编者对汇集各部分所做的加工——《始初编年史》古代抄本的缺漏——作为《始初编年史》基础的斯拉夫的统一思想——研究者对编年史的态度——12世纪的编年史——编年史家的历史观

第七讲 97

俄国史第一时期的主要史实——对俄国史开端的两种看法——先于东斯拉夫人居住在罗斯南部的各民族及其对俄国历史的关系——什么事实能被认为是一个民族的历史的开端？——《始初编年史》关于斯拉夫人从多瑙河迁来的传说——约尔南德报道的6世纪时斯拉夫人的分布情况——喀尔巴阡山东斯拉夫人的军事联盟——东斯拉夫人散居在俄罗斯平原上，这件事情的时代和特征——散居的结果是东斯拉夫人成为独立的部族

第八讲 110

东斯拉夫人迁居俄罗斯平原的后果：（一）法律上的后果，东

斯拉夫人迁居时代的生活——殖民对破坏氏族联盟和使氏族相互接近产生的影响；氏族为农户所代替——这些事实在罗斯斯拉夫人神话中的反映——他们的神话概述，对自然的崇拜——尊崇祖先——这些在罗斯斯拉夫人的崇拜偶像的婚礼习俗和家庭制度中的反映——（二）经济上的后果，沿第聂伯河的古代通商活动——黑海北岸的希腊移民区——罗斯斯拉夫人与哈扎尔人、东方阿拉伯人以及拜占庭的早期通商关系的痕迹——哈扎尔人的统治对这种通商关系的顺利发展产生的影响——古代罗斯城市的起源

第九讲 127

（三）东斯拉夫人沿罗斯平原移民的政治后果——罗斯南部草原上的佩切涅格人——罗斯的商业城市被武装起来——瓦利亚格人；关于他们的起源和在罗斯出现的时期问题——城市领区的形成及其对部落的关系——瓦利亚格公国——关于海外王公应邀到来的传说；该传说的历史根据——9世纪斯堪的纳维亚海盗在西欧的行为——作为罗斯国家雏形的基辅大公国的形成——基辅在国家形成中所起的作用——对上面研究的内容的概述

第十讲 149

最初几个基辅王公的活动——东斯拉夫各部落联合在基辅王公的政权下——管理机构——赋税；车马差役税和出巡索贡——管理机构和商业流通的联系——基辅王公的对外活动——罗斯和拜占庭的条约和通商关系——这些条约和通商关系在罗斯法制史中的作用——罗斯通商活动的外部困难和危险——草原边境的防御——11世纪中叶的罗斯国家——居民和疆界——基辅大公的作用——王公的亲兵队；他们在政治上和经济上对各大城市商人的密切关系——这些商人中的瓦利亚格成分——奴隶的占有是等级划分的最初基础——亲兵队中的瓦利亚格成分——"罗斯"这个词在不同时期的意义——部落分成等级

第十一讲 167

雅罗斯拉夫死后罗斯国家的王公统治制——雅罗斯拉夫以前

的制度不明确——雅罗斯拉夫诸子之间土地的分配及其基础——分配规则在以后的变动——统治制中的长幼次序是这种制度的基础——长幼次序概述——顺序制的起源——它的实际作用——促使它瓦解的条件：王公的协定和内讧；关于世袭领地的观念；区分出失去地位的王公；王公个人的勇敢；领区城市的干预——顺序制的意义

第十二讲 189

顺序制及反抗顺序制的事态所产生的后果——12世纪罗斯国家政治上的分裂——长系邑城的强大：邑城维切以及维切与王公间的契约——12世纪罗斯国家统一的因素：王公之间的关系对社会情绪与社会意识的影响；王公亲兵队对全国土的意义；基辅对王公与人民的意义；生活方式与生活兴趣的普遍一致——12世纪罗斯国家的政治体制——民族统一感的觉醒——本时期完成的事情

第十三讲 205

11及12世纪的罗斯社会——《罗斯法典》是这个社会的反映——对这个文献的两种看法——《罗斯法典》的特点是指出其本身的起源——将地方的法律习惯汇编加工供11、12世纪教会审判员使用的必要——法典编纂工作在律法的基本形式中的意义——拜占庭的法典编纂工作及其对罗斯法典编纂工作的影响——《罗斯法典》源于教会司法——《罗斯法典》中的货币计算与法典的编纂时代——《罗斯法典》的史料——《罗斯法》——王公的法令——王公的判决书——教会立法草案——它们使用的参考材料

第十四讲 224

《罗斯法典》编纂工作中的一些问题——古罗斯法律文献中局部编纂的迹象——局部地编起来的条文如何汇集加工——《罗斯法典》的编纂及其结构；主要版本间的相互关系——《罗斯法典》和当时所行律法的关系——《罗斯法典》所反映的公民社会——初谈律法古文献对历史地研究公民社会的意义——《罗斯法典》中刑法与民法的界限——刑罚制度——《罗斯法典》的古代基础与后来的积层——对财产与人格两者的评价——社会的两种划分——

有关财产的契约与义务——《罗斯法典》是资本的准则

第十五讲 249

罗斯头几个基督徒王公的教会条令——按圣弗拉基米尔条令所建立的教会机构——雅罗斯拉夫条令所规定的教会法庭的司法范围与教会世俗会审法庭——犯罪概念、罪责范围及惩罚制度的转变——雅罗斯拉夫条令中的货币计算；制定条令的年代——条令最早的基础——教会的立法全权——教会法典编纂工作的过程——雅罗斯拉夫条令中采用教会法典方法的痕迹——条令与《罗斯法典》的关系——教会对政治制度、社会习性与市民生活的影响——基督教家庭的建立

第十六讲 270

俄国历史第二时期的主要现象——瓦解基辅罗斯社会制度、破坏其繁荣的因素——上层社会的生活；文明及教育上的成就——下层的状况；占有奴隶与剥削奴隶上的成就——波洛夫齐人的入侵——第聂伯罗斯荒芜的迹象——人口向两个方向流迁——向西流迁的标志——对西南罗斯今后命运的看法与小俄罗斯民族的起源问题——人口向东北流迁的标志——人口流迁的意义与这个时期的基本史实

第十七讲 291

伏尔加上游罗斯殖民的民族学方面的后果——大俄罗斯民族的起源问题——奥卡—伏尔加两河河间地区异族人的消失及其遗迹——罗斯移民与芬兰土著的关系——芬兰土著对大俄罗斯人的人种、对大俄罗斯方言的形成、对大俄罗斯的民间信仰以及对大俄罗斯社会结构所产生影响的痕迹——伏尔加上游的自然环境对大俄罗斯的国民经济及大俄罗斯人的民族性格产生的影响

第十八讲 316

伏尔加河上游罗斯殖民的政治后果——安德烈·博戈柳布斯基王公及其对基辅罗斯的态度：将大公的家长权力转变为国家权力的尝试——安德烈在罗斯托夫地区的行动方式：他对近亲、对

长系首城以及亲兵的态度——安德烈王公死后罗斯托夫地区的王公内讧与社会内讧——弗拉基米尔的编年史家对这种内讧发表的意见——弗谢沃洛德第三时代伏尔加河上游罗斯对第聂伯罗斯所占的优势——安德烈与弗谢沃洛德王公的政治成就对苏兹达尔社会情绪所起的影响——列举学过的事实

第十九讲 334

13 及 14 世纪罗斯国家情势一瞥——弗谢沃洛德三世的后裔所行的王公统治的封邑制——王公封邑——封邑制的主要标志——封邑制的起源——南方王公中划分世袭领地的思想——罗斯各地王公变成立陶宛政权下的臣民——雅罗斯拉夫长系各支中宗族传统的力量：15 世纪末奥卡河上游王公与梁赞王公间的关系——封邑制的基本特点——封邑制能在弗谢沃洛德三世的后裔中顺利发展的原因——在苏兹达尔地区没有阻碍封邑制发展的因素

第二十讲 350

封邑制时代在俄罗斯历史中的意义——封邑制王公统治的后果——研究这些后果时碰到的问题——封邑分裂的进程——封邑王公贫困化——封邑王公彼此疏远——封邑王公的作用——封邑王公与封邑中私有世袭领主们的法律关系——封邑关系跟封建关系的比较——封邑公国的社会结构——封邑王公国土意识与公民情感的低落——结论

注释 368
人名索引 417
地名索引 428

前　言

B. O. 克柳切夫斯基（1841—1911年）的著作，是19世纪下半叶和20世纪初资产阶级历史编纂学最巨大的成就。克柳切夫斯基从事学术和教学活动，几及50年——从19世纪60年代中叶起到1911年止。在自己长期的创作生活中，克柳切夫斯基发表了大量研究性巨著、论文、评论文章、书刊评论和教科书。[1] 五卷本的《俄国史教程》，是他的观点的概括。

在追悼C. M. 索洛维约夫逝世的一篇文章中，克柳切夫斯基本人对在他看来一位学者应当做的主要工作是什么，作了意尽而言赅的论断。用克柳切夫斯基的话来说，在一位学者的生活中，"最主要的经历是著书立说，最重要的大事是有见解"。[2]

克柳切夫斯基1865年在莫斯科大学历史语言系毕业，直到逝世都是在莫斯科生活和工作。43年间，他在各个学校从事教学工作。克柳切夫斯基讲授过包括从古代到19世纪中叶的俄国历史。1872年，他经答辩通过了硕士论文《古罗斯圣人传是历史史料》，1882年通过了以《古罗斯的大贵族杜马》为题的博士论文。克柳切夫斯基和当时下列学术团体有密切关系：莫斯科考古学会、俄罗斯语文爱好者学会、俄国历史和古文物学会（1893年当选为该协会主席）。1900年，科学院聘他为俄国历史和古文物特邀院士，1908

---

[1] 已发表的B. O. 克柳切夫斯基著作的详细目录，将刊印于第8卷中。
[2] 克柳切夫斯基：《随笔与讲话》，论文第2集，彼得堡版，1918年，第25页。

年，遴选他为优美文学荣誉院士。

克柳切夫斯基的世界观，是在60年代资产阶级实行改革的时期在激烈的阶级斗争形势下开始逐渐形成的。专制政府被迫实行了1861年的改革，"资本主义代替了农奴制。"[1] 对阶级矛盾尖锐化的直接反动，是19世纪中叶的所谓国家学派的资产阶级历史学的出现，这一学派的最重要代表（Б. Н. 奇切林等人）把国家的活动和主动性提到首要的地位。奇切林等人的唯心主义理论是用对专制政权在意识形态上的支持来阻止人民群众的起义，实行能充分满足资产阶级自由派需要的改革。作为克柳切夫斯基在莫斯科大学讲学的前辈的索洛维约夫，他在见解方面也附和"国家学派"。但是关于历史过程的规律性和关于俄国与西欧历史过程的基本因素相似的思想，索洛维约夫要比"国家学派"的历史学者，发挥得更多。在索洛维约夫的著作中一再强调"自然条件"（即地理因素）和国家殖民在俄国数世纪历史中的作用。

在阐明俄国史的基本问题时，索洛维约夫从唯心主义的国家概念出发，认为国家是历史发展过程中起决定性作用的力量。人民群众反抗社会压迫争取解放的斗争，在他的著作中通常是被忽视的。

在自己生平的不同阶段中，克柳切夫斯基的创作活动和观点，表现得复杂而矛盾。他的历史观点起先是受文学史家 Ф. И. 布斯拉耶夫的影响，随后是受索洛维约夫的影响而形成的。后来，他和他的老师有了很大的距离，他的注意力大部着重于社会现象与经济现象的分析。但是从90年代开始，随着国内阶级矛盾的尖锐化，和由之造成的资产阶级历史学的危机，克柳切夫斯基的资产阶级自由主义观点也开始发生变化。

---

1 列宁：《论国家》，载《列宁全集》，第29卷，中文版，第433页。

克柳切夫斯基最显著的一般理论观点，在他的综合性著作《俄国史教程》中，可以找到来龙去脉。《教程》的出版，对作者说来，是其科研工作某些成果的总结。大部分的一般理论观点是作者在初版准备期间，一小部分是再版准备期间，即1903年以前形成的，而第一卷的头两讲对整个教程来说起着序言的作用，这两讲实际上是重新写成的。索洛维约夫表述的历史公式，在接近20世纪的时期，就连自由派资产阶级人士也不能满意，因为他的社会发展观念倾向于承认专制国家的独立意义。同时，20世纪初，在俄国资产阶级历史学中，关于俄国历史发展总进程的各种特别显著的唯心主义观点又得到了恢复（亚历山大·谢尔盖耶维奇·拉波-丹尼列夫斯基，谢尔盖·费奥多罗维奇·普拉顿诺夫等人），并且力图用实证的方法来叙述史料。唯心主义"国家学派"的影响，在克柳切夫斯基的观点中，有明显的表现。在阐述历史学的任务，特别是他自己写的《教程》的任务时，克柳切夫斯基竭力寻找一些理论根据，以说明人类社会过去历史发展中的一般规律，在或长或短的一个时期内在一定的国家里形成的那些外部条件与内部条件的结合。[1] 在已出版的《教程》的导言部分的几讲中，克柳切夫斯基竭力强调，在他看来决定历史发展进程的因素是多样的，从而把社会经济生活中的各种现象推到了次要的地位。尽管如此，但是同其他把俄国史作为一个整体来叙述的尝试比较起来，克柳切夫斯基的《俄国史教程》远远高出其他著作。

《俄国史教程》是俄国资产阶级历史学中唯一的一部关于从古代到19世纪俄国历史的综合性著作，书中首先着重的不是系统地叙述史料，而是作者认为对阐明俄国历史发展最关重要的一系列理

---

[1] 参看第一讲，边码第19页。

论性问题。和自己的前辈及同辈（Д. И. 伊洛瓦伊斯基、С. Ф. 普拉顿诺夫）的综合性著作不同，克柳切夫斯基对俄国历史不是依照大公和沙皇的统治朝代来叙述，而是企图从他认为能决定历史发展过程的因素出发，确定历史的分期。

尽管在《教程》的序言中明显地表现出唯心主义的历史发展观（它代表了1890—1900年间克柳切夫斯基的世界观），可是在对俄国历史的具体叙述中，这位历史学家却往往在和自己的一般理论观点的直接矛盾中，为证明经济因素在俄国发展中的作用提供了极有价值的材料。

克柳切夫斯基决不是为专制政权辩护。他的《俄国史教程》之所以使读者感到引人入胜，就在于对这种政权的个别代表人物（例如对莫斯科大公——达尼洛维奇、伊凡雷帝、18世纪的女皇和宠臣等）作了明晰的刻画，在这些刻画中有含蓄的讽刺，也有尖锐的批评。

克柳切夫斯基的作品中，虽然存在这位伟大学者世界观的各种矛盾，但它对我们现在也还具有极为重大的意义，它不仅是19世纪后半叶和20世纪初俄国历史学成就的见证，而且也是一种丰富的遗产，它帮助我们更好地理解俄国历史中的各种问题，其中有些问题直到今天还有争论。

在主要是19世纪90年代以前写成的著作中，克柳切夫斯基提出了一系列属于社会经济性质的有趣的问题。和以前的历史编纂学者比较起来，这是一种新鲜的东西。克柳切夫斯基研究得特别充分的是大贵族和地主经济的历史、寺院和僧侣的经济活动、农奴制的经济原因。属于这类著作的有克柳切夫斯基关于索洛维茨寺院经济生活的如下几篇文章：《俄国农奴制的起源》（1885年）、《人头税和俄国奴仆制的废除》（1886年）。在《大贵族杜马》一文中，克柳切夫斯基力图突出经济因素在社会发展中的重大作用。对17世纪初的农民战争给予评价时，克柳切夫斯基能够把波洛特尼科夫起义提到阶级性质的高度来加以理解。[1]

但是，克柳切夫斯基对俄国历史的经济发展的研究，是和解释最重要历史现象的法学观点混淆在一起的，他的门生，随后成为科学院院士的 M. M. 博戈斯洛夫斯基，着重指出："在他（克柳切夫斯基——编者）的著作中之所以引用经济关系，一般地说，只是因为这些关系对解释建立在大经济基础上的法律现象，是必要的。"[2]

作为研究者的克柳切夫斯基所感兴趣的，是范围广泛的各种各样的历史方面的问题，特别是史料学方面的问题。他的最初几篇有分量的研究论文《外国人关于莫斯科国家的传说》（1866年），《古罗斯圣人传是历史史料》（1871年），是史料学方面的基本专题著作。《古罗斯圣人传是历史史料》直到今天仍然没有失去它的意义。年轻的克柳切夫斯基浏览过大量手稿（将近五千份传记）。这部著作在俄国圣人传中是最可靠而完备的参考资料。后来在撰写一些专门性的教程时，克柳切夫斯基还继续对史料学问题和历史编纂学问题予以极大的注意。

克柳切夫斯基撰写了许多关于俄国文化史的论文，其中对普希金、博尔京、诺维科夫等人作了生动有趣的描述，反映了贵族文化的瓦解（《叶甫盖尼·奥涅金和他的祖先》、《纨绔子弟》，等等）。

作为研究者，克柳切夫斯基的显著特点是对资料来源的精密分析和对所研究对象的明晰的描述。文字叙述的生动、用艺术形象塑

---

[1] 参看 И. И. 斯米尔诺夫：《1606—1607年的波洛特尼科夫起义》，1951年莫斯科版，第20、21页。

[2] 《克柳切夫斯基文集，评述与回忆》，1912年莫斯科版，第39页。

造历史的技巧,这一切都是和他对范围广阔的史料的精湛知识结合在一起的。他的这种技巧和知识,都是通过艰苦努力达到的。

克柳切夫斯基对自己的讲义十分注意文学加工,他是一位卓越的演讲者,给听众留下不可磨灭的印象。例如,他本人就在绘画、雕塑和建筑学校的听众中唤起过极大的热诚。大概是由于和一批对历史极感兴趣的青年艺人的往来,由于他们对讲义的领会深刻,使得克柳切夫斯基对历史人物、生活实况等能够作出栩栩如生的刻画。1895年,作者本人仿佛是用下面一句话,对自己的创作做了总结:"写佶屈聱牙的文章,讲晦涩难懂的话,是一件容易的事,可是写浅显易懂的文章,讲通俗流畅的话,则是一件难办的事。"[1] 克柳切夫斯基的这种天赋,在他发表的最后一部巨著《俄国史教程》中,表现得特别明显。这部教程是根据80年代独立研究的成果而编写成的,但由作者准备付印和出版,则是在多年以后——1904—1910年间的事。

这次出版是对克柳切夫斯基文集经过编选汇集而成的第一次尝试。他的著作的单行本曾多次再版发表过。《俄国史教程》在伟大十月革命前也曾出版过几次,以后在1918—1923年间以及1937年又先后重印过。篇幅较大的专题著作如《大贵族杜马》(1882年、1883年、1902年、1909年、1919年),《外国人关于莫斯科国家的传说》(1866年、1916年、1918年),《古罗斯圣人传是历史史料》(1871年),《俄国等级制度史》(1913年、1914年、1918年)等,也都出版过单行本。克柳切夫斯基下列论文集:《尝试与研究》(1912年、1915年、1918年)、《随笔与讲话》(1913年、1918年)和《评论与答复》(1914年、1918年)也多次再版。

---

[1] 克柳切夫斯基:《随笔与讲话》,论文第2集,第30页。

但是这些出版物并不能反映克柳切夫斯基著作的全貌。[1]在克柳切夫斯基的遗稿中，发现了一些极其珍贵的材料，其中有这位历史学家的许多从未发表的作品。这一切，为根据克柳切夫斯基丰富的遗稿整理出版他的选集提供了可贵的条件。

本版共八卷，其中包括《俄国史教程》（第一——五卷），过去从未出版过的关于史料学和历史编纂学的专门教程（第六卷），以及主要的论文和书评（第七——八卷）。鉴于《大贵族杜马》、《外国人关于莫斯科国家的传说》等，曾多次出版过，而且只是为研究俄国史个别问题的专门家所需要，所以没有包括在本书中。《俄国史教程》是另外一种情况，在这里作者是对自己的多年钻研进行了总结。《教程》是作者根据80年代在莫斯科大学、高等女子专修班以及其他学校使用的俄国史讲稿编写而成的。在准备付印时，克柳切夫斯基进行了重大的校订加工，从这个工作中，可以看出作者本人在20世纪初以前的观点中的重大变化。

《俄国史教程》的新版，比旧版有许多不同之处。新版首先以那些从未发表过的原稿资料为基础，其中也有对克柳切夫斯基的全部科学资料的复述，因此从中可以得出关于《俄国史教程》文献根据的确切概念，从而有助于研究者进行关于这位学者的历史观的研究工作。注释中所发表而为作者在出版《教程》时所删去的个别章节，有助于对作者观点的改变进行追本探源的研究。大家知道，《教程》第五卷是作者死后依照19世纪80年代的石印本出版的。但是克柳切夫斯基在逝世前不久，就已开始这部著作的付印准备工

---

[1] 十月革命后，克柳切夫斯基的手稿，很大一部分移交国立列宁图书馆保存。1945年，苏联科学院历史研究所从这位历史学家的继承人手中获得了最后的而且在内容上极为重要的克柳切夫斯基的部分档案资料。关于这方面的细节，请参阅季明著《克柳切夫斯基遗稿》(《列宁图书馆手稿部提要》，莫斯科，1951年，第12版，第76页及以下各页）。

作，可是没有如愿以偿。在《克柳切夫斯基文集》的第五卷中，将要发表直到现在尚未出版过的《俄国史教程》的第五卷手稿，其中包括作者对 18 世纪后半叶俄国历史事件的叙述。

克柳切夫斯基的下列几种专著《俄国历史术语》(1884—1886 年)、《罗斯法典》与《普斯科夫法典》(19 世纪 80 年代)、《史料学》(19 世纪 90 年代) 和《18 世纪的历史编纂学》(1892 年) 具有重大的学术意义。这些直到现在尚未发表过的著作，编成《克柳切夫斯基文集》第六卷。它们能够说明克柳切夫斯基作为史料学家和历史编纂学家的特点，至今在某种程度上仍具有极大的科学意义。在收入《文集》的第七卷和第八卷的克柳切夫斯基的研究论文和评论中，许多文章还是第一次发表。这位历史学家的许多论文和评论，例如关于对别斯图热夫–留明（К. Н. Бестужев-Рюмин）和柳巴夫斯基（М. К. Любавский）著作的评论意见，论文《回忆格兰诺夫斯基》，以及关于博尔京和科列林（М. С. Корелин）等人的论文，都可以揭示他的历史编纂学的观点。直到今天没有发表过的还有克柳切夫斯基关于普希金的一篇讲话（1899 年），以及作者在逝世前不久写成的一部著作《农奴制的崩溃》(1911 年)。

*　　　　　*　　　　　*

《克柳切夫斯基文集》第一卷的注释，由 В. А. 亚历山德罗夫和 А. А. 季明编辑，他们进行了第一卷的出版筹备工作。出版工作由院士 М. Н. 季霍米罗夫主持。

第一讲

研究地区史的学术任务——历史过程——文化史或文明史——历史社会学——历史研究中的两种观点：文化史观点和社会学观点——用社会学观点来研究地区史，在方法上比较方便，在教学法上比较适宜——社会历史过程概况——综合各地区和各时期的社会因素在历史研究中的意义——用这种观点来研究俄国史在方法上比较方便[1]

你们[1]已经听过几门世界史的课程，熟悉了在大学里研究这门学科的目的和方法。在开始讲俄国史这门课程以前，我想先提出几点最一般性的初步意见，目的在于使你们能够把学习世界史时所观察到的东西和所得到的印象与专门研究俄国史的目的和方法结合起来。

研究地区史在学术上的目的 我们专门研究俄国史，把俄国史从世界史中分离出来研究的实际意义，是可以理解的。因为这是我们祖国的历史。不过这种教育意义，也就是说实际意义，并不排斥学术上的意义，相反，却是应该使它在教学法上更有力量。因此，在开始讲俄国史这个专门课程的时候，可以提出这样一个总的问题：专门研究某一个国家，某一个民族的历史在学术上具有什么目的？这个目的必须从历史研究的总目的，即从研究世界史的目的中去探求。

历史过程 历史这个词从学术用语上来说具有两个意义：一是指时间的运动，指过程；二是指对这个过程的认识。因此，在各个

---

1 每一讲的题要与正文中的小标题不尽相同，原文如此。——译者

时代发生的一切事物，都有它自己的历史[1]。历史作为一门独立的学科，作为科学知识中的一个专门部门，它的内容就是历史过程，即人类社会生活的进程、条件和成就，也就是人类生活的发展和结果。人类的社会生活，和我们周围自然界的生活一样，也是世界生活中的一种现象，科学地认识这种现象，也像研究自然界的生活一样，是人类思维不可或缺的。人类的社会生活表现在人类的各种不同形式的结合中，这些结合可以称作历史的主体，是经常在发生、成长、增多、合并和瓦解的，总之，是像自然界的有机体一样地产生、生长和死亡的。这些结合的发生、发展和交替，及其生活的一切条件和后果，就是我们所称的历史过程。

历史研究中的两个对象 历史[2]过程表现在人类生活的各种现象中，而对人类生活各种现象的记载，则保存在许多历史作品和文献中。这些现象是包罗万象和形形色色的，包括国际关系、各个民族的对外生活和内部生活，以及某一民族个别人物的活动。所有这些现象构成人类过去和现在连续不断地进行着的奔向自己目标的伟大生活斗争，这种斗争虽然经常改变它的方式和性质，然而，从斗争中却蜕化出某种比较牢固而稳定的东西，这就是一定的生活方式，也就是人们一定的相互关系、兴趣、概念、感情和风尚。人们遵守着这种已经形成的生活方式，直至它在历史事件的不断运动中为另一种方式所代替时为止。在这一切变化中，历史学家注意两个基本的对象，这两个对象是他们努力要在文献所反映的历史生活浪潮中加以辨明的。历史研究的一个对象，是积累起来的经验、知识、需要、习惯和生活福利，因为它们一方面改善单个人的个人生活，另一方面又确定和改进人们之间的社会关系，总之，这就是人和人类社会生活的成就。某一民族所达到的这种成就的程度，通常就称为该民族的文化或文明；历史研究中确定这种程度时所根据的征象，是历史学的一个专门部门——文化史或文明史——的内容。历史观察的另一个对象，是建立人类社会的历史力量的本质和作用，是形形色色的物质线索和精神线索的特性，借助这些线索使生命短促的、偶然来到人世的、各种性格的个人构成了数千年的坚固而稳定的社会。对社会结构、人类的各种组合，以及各个组织的发展和作用的历史研究，总而言之，对创造并指导人类共同生活的那种力量的特性和作用的研究，是历史学——研究社会的科学——的一个专门部门的任务，同时也可以把它从一般的历史研究中划分出来，另立为历史社会学。历史社会学与文明史的主要区别，在于后者研究的内容是历史过程的结果，而前者则必须观察造成这种结果所依赖的力量和方法，也就是说，是观察它的动力。由于对象不同，研究的方法也并不一样[2]。

世界史和地区史与这两个对象的关系　那么[3]世界史和地区史对这两个研究对象的关系怎样呢？

历史研究的上述两个对象，在知识的抽象的分类上比研究过程本身更容易区别开来。事实上，无论是世界史或是地区史，都要同时观察社会生活的成果和社会的结构，此外，还要根据社会生活的成果来研究构成这种生活的力量的本质和作用，反过来，则又要用一个社会结构来衡量社会生活的成果。不过，可以指出一点，在世界史和地区史中这两个对象并不是同样重要的，在一种研究中某一个对象占优势，而在另一种研究中则是另一个对象占优势。我们要比较一下，一个研究文化史的历史学家在世界史和地区史的领域内能为自己的研究工作找到怎样的范围和资料，然后才能对一位研究社会学问题的历史学家有同样的认识。

个别民族在或多或少的程度上所运用的人类社会生活的成果，以及获得的文化或文明，并不仅是他们自己的活动的成果，而是一切有文化的民族共同的或是连续不断的努力所创造的。这些成果的积累过程，是不能在某一个地区的历史的狭隘范围内叙述的，因为地区史只能指出一个地区的文明与全人类文明之间的关系，叙述个别民族在人类总的文化工作中的作用，或者至多是在这个工作的成果中所起的作用。你们已经熟悉了这个工作的过程，熟悉了人类社会生活的成就的概貌：民族和世代在不断更替，历史生活的舞台在不断转移，社会生活的方式在不断改变，但是历史发展的线索却并不中断，民族和世代像一个个小的环节接连成一条不断的链条，文明像民族和世代一样，在顺次更替，一个生出第二个，又生出第三个，逐渐地积累着一定数量的文化。在这数千年的文化中，不管是已经过时的或是现在仍旧保存着的，一切都流传到我们现代，并且成为我们现代生活的一个构成部分，再通过我们传给我们的后代。这个复杂的过程是世界史的主要研究对象：它切实地，按年代顺序和因果关系叙述各民族的生活，叙述这些民族用共同的或连续不断的努力在共同生活的发展过程中达到的某种成就。世界史在一个很大的范围内观察各种现象时，主要集中在某一民族所达到的文化成就上。相反，在专门研究个别民族的历史时，研究者的眼界就被研究对象本身所限制了。这里无论是各民族之间的相互关系，无论是它们在文化上相比所起的作用，或是它们的历史继承性都不需要考察：连续不断地更替着的民族在这里不作为文明的循序前进的因素，不作为人类发展的阶段来研究，而是把它们作为人种学上单独的个体来研究，在这些个体中社会生活的某一过程，人类生活条件的某种结合，在不断地重复着，改变着形态。社会生活在因果关系中逐步取得的成就，可以在有限的范围内，在一定的地区和年代中来观察。思想可以集中在生活的其他各个方面，深入研究人类社会本身的构成，深入研究产生各种现象的原因，也就是说，可以深入研究组成社会生活的历史力量的本质和作用。地区史的研究能为历史社会学提供最丰富的现成资料。

两种观点 因此，区别在于观点不同和方便的程度不同。这两种观点绝对不是互相排斥，而是相辅相成的。不仅是世界史和地区史，就是个别的历史事实也能按照研究者的意见从这方面或那方面来进行研究。梅因的《古代法》和甫斯特耳·德·古朗士的《古代城市》中所讲的事物是一个，都是氏族的联盟；可是在后者，这种联盟被看作古代文明的因素，或者是希腊罗马社会的基础，而在前者，却被看作人类成长的一个阶段，被看作人类社会生活的基本现象。当然，为了全面认识对象，最好在历史研究中能够兼有这两种观点[3]。然而[4]有许多理由要求历史学家在研究地区史时主要站在社会学家的立场上。

社会学观点在地区史中所占的优势 世界史，至少是到目前为止的世界史，并不包括一定时间内的全人类的全部生活，也不包括人类生活的全部力量和条件的同样程度的相互影响，而仅是包括个别民族或是一些民族中的少数人的事迹，叙述他们在不同地区和不同时期的永不重复的力量和条件的配合下的连续不断的更替。各民族在历史舞台上的这种不断的更替，这种永远在变动的历史力量和条件的配合，可以看作是偶然性的游戏，并不给予历史生活任何的计划性和规律性。那么研究某个国家在某一时期为了某种原因而形成的历史情况又有什么用处呢？况且这种历史情况是不会再重复的，也是不能预测的[4]。问题[5]是我们想根据这种历史情况来知道，人的内在的本性在与人们的交往中和在与周围自然界的斗争中是怎样展现的；我们想看到，在构成历史过程的内容的那些现象中，人类怎样施展自己的潜力，换句话说，在观察世代更替的无穷尽的线索时，我们想遵循古代先哲的遗训——认识自己本身，认识自己内在的特性和力量，以便根据它们来安排自己的人世生活。不过，根据我们人世生活的情况，人的本性，不管是个别人的或是整个民族的，都不是一下子全部展现的，而是根据地点和时间的情况部分地、间断地展现的。由于这些情况，在历史过程中起过巨大作用的个别民族，就特别明显地表现出人类本性的某种力量。希腊人虽然分裂为许多弱小的城邦，但却以异常的力量和严整性发展了自己的艺术创作和哲学思维；罗马人以他们征服的世界建立了一个空前的军事帝国，对世界贡献了极好的民法。在这两个民族所做的事情中，可以看出它们的历史使命。但是在它们的命运中有什么命定的东西吗？美和真的思想是预先注定要发生在希腊的吗？对法典的嗅觉是预先注定只有意大利人才有吗？历史对这个问题的答复是否定的。古代的罗马人不过是普通的艺术摹仿者。可是他们的后裔与征服他们的野蛮民族融合以后，后来却复兴了古希腊的艺术，使意大利成为全欧洲标准的艺术之宫，而这些野蛮民族的亲族仍然留在日耳曼的森林里，过了几个世纪，才异常热心地来学习罗马的律法。同时，希腊和衰落的罗马的继承者拜占庭一起，也经受了野蛮民族的洗劫，除了查士丁尼法典和索菲亚大教堂以外，无论在艺术或者律法中都没有留下任何值得纪念的东西。我们再举一个近代的例子。18世纪末和19世纪初叶在欧洲没有一个民族比德意志人更和平、纯朴、明哲和受到邻人的鄙视。可是在维特[1]这个人物诞生以后不到一百年，从耶拿[2]之役算起只经过了一个世纪，这个民族就几乎征服了整个强大的法国，宣布武力政策是维持国际关系的原则，并且使欧洲大陆的全体人民都卷入了战争。

1　维特是歌德的作品《少年维特之烦恼》中的主角。——译者
2　耶拿是德国的城市，1806年拿破仑一世在耶拿城下大败普鲁士军，之后，几乎占领了整个普鲁士。——译者

社会学研究的理想目的　这就是说,历史过程的秘密决不在于国家和民族本身,至少并不仅仅在于它们本身,并不仅仅在于它们内部固定的、一成不变的特质,而是在于历史发展的内外条件所形成的形形色色、千变万化、成功或不成功的结合中,是某个民族在一个较长时间内在一定国家里形成的那种结合中[5]。这些[6]结合就是历史社会学研究的主要对象。虽然它们带着地区性,除了个别地区以外不再重演,然而这一点并不减少它们的学术价值。这些结合通过处在它们影响之下的社会,能够显示出人类的某些特性,从各方面发现人类的本质。一切在历史中形成的社会,都是发展的不同条件在各种不同地区的结合。因此,我们对这样的结合研究得愈多,就愈能充分地认识这些条件的特性和作用,认识每个个别的历史条件或配合得最独特的历史条件的特性和作用。因此,用这种方法也许能够说明:作为一般的规则资本在什么时候会扼杀劳动的自由,限制劳动生产率,在什么时候能够不压制劳动,使劳动生产率提得更高。在研究地区史的时候,我们能够认识人类共同生活的构成及其构成部分的本质。从研究人类社会生活怎样组成的这门学科中,也许将来能够写出它的共同的社会学部分——研究不依靠一时的地区性条件而形成的人类社会结构的一般规律的学科,这将是历史学的一个伟大成就。

确定了文化史观点和社会学观点在地区史研究中的关系以后,现在再来仔细地研究这个问题的本身:关于人类社会发展的条件和这些条件的这种或那种结合[6]。

社会生活的基本力量　我们替历史过程所下的定义是:历史过程是由能够把个人团结在一个共同结合体中的几种力量的协同动作所形成的。我们[7]根据经验或观察所得的知识(并非根据空想和神学[7]),把创造和推动人类社会生活的力量分成两种基本力量:

这就是人类的精神力量和外界的，或称物质的自然界的力量。不过[8]历史并不观察抽象的人类精神的活动，这属于形而上学的领域。同样，它也不研究脱离社会的个人，因为人本身并不是历史研究的对象；历史研究的对象是人类的共同生活。历史所要观察的，是在人类共同生活中人类的精神所表现的那些具体形式[8]：这就是个别的人物和人类的社会。我[9]把社会理解为历史的力量，并不是指人类的某个特定的结合体，而是指人们在一起生活并且在共同生活中互相发生影响这样一个现象。生活在一起的人们的这种相互影响，在共同生活中形成一种特殊的力量，这种力量有它独特的特性，有它的本质和活动范围。社会是人构成的；而构成社会的人在社会中，尽管他们都在一起，但是还是各自独立的，因为他们在这里竭力发挥某些特性，隐藏另外一些特性，发展在孤独生活中不可能实现的那些意图，用组织人力的方法来进行单个人不能胜任的活动。可想而知，在人类的交往中，妒仿、妒羡、竞争等情感起着多么重大的作用，因为这些共同生活中的强有力的原动力只有当我们与周围的人们在一起的时候，也就是在社会中，才能够发生作用。外面的自然界也是同样，它对全人类所起的作用绝对不是同样的，不是用它的全部手段和影响。自然界的作用是由各种各样的地理变化决定的：各个部分的人们在地球上占着不同的地区，自然界赐给他们不同数量的光、热、水、瘴气和疾病，赐给他们不同数量的恩惠和灾难，而人们的地区上的特点就是由这方面的不同所决定的。我这里并不是指一定的人种——白种、黄种、棕种等等，他们的起源无论在什么情况下都不能仅用地区的物质影响来加以说明；我指的主要是生活条件和精神特性，这些东西显然是受周围自然界的影响而产生的，而这些东西的总和，就是我们所说的民族气质。因此，外面的自然界在历史生活中同样是作为一个有一定的人类社会生存的国家的自然条件来观察的,并且作为一种力量来观察,因为它对人们的生活和精神气质起着影响。

构成社会生活的因素 因此个人、人类社会和国家的自然条件,是构成人类社会生活的三个基本的历史力量[9]。其中每一种力量都为构成社会生活带来自己蕴积的因素或关系,在其中起它的作用,而[10]人类的结合体就是靠这些因素和关系联结起来和维系着的。构成社会生活的因素,或者是我们的本质,物质上和精神上的特点和要求,或者是这些特点和要求与外界和其他人(即社会)相配合而产生的意图和目标,最后,或者是人们为达到自己的目标和意图而相互发生的关系。根据它们的起源,这些因素中有的可以认为是简单的,或者原始的,有的是派生的,是许多简单因素发生共同作用后在第二次或以后几次形成的。按照人的基本特点和要求,这些因素可以分为生理因素——性别、年龄、种族;经济因素——劳动、资本、信贷;法律和政治因素——政权、法律、权利、义务;以及精神因素——宗教、科学、艺术、道德[10]。

社会—历史过程概貌[11] 社会生活由上述因素形成,并要有两种手段来维持,这就是交际和继承。人们要进行交际,他们之间必须有共同的东西。而这种共同的东西要在下述条件下才能产生:人们要互相了解和互相需要,感到对方是不可少的。这些条件是由两个共同的性能创造出来的:由于共同需要认识而按同一的规律进行思考的理智,以及为了满足需要而去行动的意志。这样才产生了人们的相互作用,才使接受影响和传达影响成为可能。用交互影响的方式,具有理智和意志的个别人才能去进行公共事业,才能结合成社会。没有共同的认识和目标,没有全体或大部分人共同的感情、兴趣和意图,人们不可能组成巩固的社会;这种关系发生得愈多,它们支配人们意志的权力愈大,社会就愈加巩固。这些关系随着时间逐渐保持和巩固起来，于是就变成了风俗习惯。就是由于这些条件，不仅是个别的人之间，而且是整个交替的世代之间都能够进行交际：这就是历史的继承性。这种继承性把一代的成就，物质的和精神的成就，传给下一代。传达的方法是继承和教育。时间用一种新的精神纽带——历史传统——把得到的遗产巩固下来，历史传统从一代传到另一代，把祖先传下来的遗训和美好事物变为子孙的继承特性和习尚。这样，就由个别的人构成了固定的结合体，它的年代比个人生存的年代久长，并且形成一个比较复杂的历史典型。一代一代的继承关系构成结合体的锁链，由于后来的结合体中逐渐加入了由原始因素发生相互影响后第二次形成的新因素，就变得更加复杂起来。在血缘关系的生理基础上建立了原始的家庭。同源的家庭组成了氏族，这也是一个血缘的结合体，它的成分中已经含有宗教和法律的因素、族长的威信、公共的财产和连环的自卫（氏族复仇）以及对祖先的崇拜。氏族经过繁殖以后发展成为部落，部落的起源表现于语言的统一，以及共同的习惯和传统，通过分解、联合和同化，由一个或几个种族构成民族，于是在人种关系上加上了精神关系，用共同生活和共同劳动、共同的历史命运和利益培养出来的对精神团结的认识。最后，民族成了国家，这时民族团结的意识已反映在政治关系上，反映在最高政权和法律的一致上。在国家中，民族不仅是政治上的个体，而且是历史上的个体，它有着表现得比较明显的民族性，并且认识到自己的世界意义。

　　这就是社会生活的基本形式，是它顺序发展的各个阶段。这个过程从家庭密切的血缘关系开始，归结到结合成为复杂的国家。同时，每一个前阶段的结合体成了由它发展成的后阶段结合体的组成部分。在作为最高阶段的国家中，这些结合体都同时存在：家庭和残存的氏族成了许多个体的结合，成为社会组织中的基本细胞；部落和民族或者成了等级划分的基础，或者仅是作为人种上的一群人而存在着，他们有精神上的联系和共同的可以纪念的历史，但是没有多部落国家和多民族国家所有的那种法律意义。不过，国家的社会成分虽然是由血缘的结合体形成的，一方面却在走着相反的过程：它的内部在按各种各样的局部利益——物质利益和精神利益而逐渐分解。这样就产生了各种各样的单个的结合体，成为共同政体社会中的一些组成部分。

各种社会结合的学术意义 我向你们提起大家都知道的社会历史过程的一般概貌，为的是用来表明，在对它进行局部研究时应当在这个过程中观察哪些现象[11]。组成人类社会的结合体是千差万别的，那是由于各个地区和各个时期的社会生活的基本因素并不完全相同，是按不同形式结合起来的，这种[12]不同形式的结合，也不仅是构成部分的数量和种类不同，不仅是人类各个结合体的复杂性不同，而且还有相同因素之间的不同比例，例如某种因素对其他因素占有优势。造成这种不同形式的根本原因在于各种历史力量的相互作用是变化无穷的，在这种不同形式中最重要的，是在各种结合和各种情况中的共同生活的因素表明了不同的特性和作用，在观察者面前展现出它们各方面的本质。由于这样，甚至在同一种结合里同样的因素所起的作用也并不相同。我想，在人类的共同生活中有什么东西比家庭更简单、更单调呢？然而一个基督徒的家庭与一个异教徒的家庭，一个古代家庭和一个现代家庭之间却有多么巨大的差别。在古代的家庭里，仆人也作为家庭的成员，所有的家属都像奴隶一般服从家长的命令，而现代家庭仅仅是根据血统组成的，它的所有成员的地位，不仅在法律上，而且在道德上都有着保障，家长的权力并不是对家属享有许多权利，而是对子女应有的各种义务和关怀。原始的异教徒家庭里的那些不易觉察的因素，终于改变了这个结合体的性质。所以我说，同样的因素在不同的结合体中所起的作用是不一样的[12]。要是[13]我们注意到，同一个国家内不同时期的资本有时是奴役劳动，有时却促使劳动自由发展，提高劳动生产率，有时成为尊敬财富的根源，有时却引起穷人的憎恨和鄙视，我们就能够作出结论，说这个国家的社会结构和精神面貌已发生了深刻的转变。或者请你们想一想，合作这个原则在家庭中、劳动组合中、股份公司中、合资公司中是怎样在改变它的形态。再看一看，国家政权的活动方式怎样由于国家生活各个时期的社会状态不同而发生着变化：它有时不受社会制约而活动，有时与社会完全一致，有时巩固现存的不平等状态，甚至制造出新的不平等，有时使各阶级一律平等，维持各种社会力量之间的均衡。甚至相同的人们在组成性质不同的结合体时，由于他们受到不同利益的支配，在商业机构、学术团体、艺术团体或慈善机构中起着不同的作用。再举一个例子。劳动是道义上的义务和道德秩序的基础。但劳动也是各个不同的。显然，强迫性的奴役劳动对人民的经济生活和道德生活所起的作用是与自由劳动的作用绝不相同的：它经常扼杀积极性，削弱进取心，败坏风尚，甚至损害一个种族的体质。在我国农民获得解放前的最后十年中，我国农奴人口的自然增长停止了，也就是说，俄国农村中整整一半人口开始死亡了，因此废除农奴制已经不仅是个公正或人道的问题，而且是一种自然的需要了。再举最后一个例子：大家都知道，在原始的血缘结合体中，在族长的压迫下是没有个性的，个性从这种压迫下解放出来应当看作是文明进程中的一个重要成就，必须这样，才能使社会建立在平等和个性自由的原则之上，可是在这些原则取得胜利之前，个别人的自由却在许多地方促使奴役成功，使对个性的束缚得到发展，有时甚至导向比族长的压迫更加严重的关系。这就是说，个性自由在一定的社会生活中可以引向压制个性，当我们阅读阿列克谢·米哈伊洛维奇沙皇所颁布的法典的条文时，看到他用鞭子和流放到勒拿河的方法来威胁那些依赖他人的自由人时，我们不知道该怎么办才好，是同情法律的财产平均思想呢，还是对这种严厉的手段感到悲哀：他用这种手段把人的最珍贵的一项权利变成了国家的沉重的徭役[13]。

从上面所举的例子可以看出，社会成分的各种不同的结合确定了构成因素之间的不同的关系，随着相互关系的改变，这些因素本身表现出各种不同的特性，并且起着不同的作用[14]。

研究地区史的总的学术目的[15] 知道了对历史现象应该注意哪些问题，应该在其中寻求些什么以后，也就能确定研究某一民族历史的学术意义和对全人类进行一般的历史研究之间的关系。这个意义可以从两方面来说：一方面，它决定于一个民族发展的精力，以及与此相关的它对其他民族影响的程度，对全人类总的文化发展的影响；另一方面，某一民族的个别历史之所以重要，可能是由于它的某些与文化性质无关的独特现象，使研究者能够观察到一些这样的过程，这种过程虽则对总的文化发展不起重大影响，但却能特别明显地表明历史生活的实质，这里历史力量是在难得重现或除此以外不再能观察到的活动情况下显示出来的。从这方面说，研究某一民族历史的学术意义决定于独特的地区性结合体的数量，以及它们显示出来的社会生活的某些因素的特点。在这方面，要是一个国家的历史只是重复其他国家已经发生过的现象和过程，假使确实是这种情况的话，那么对观察者就没有多大的学术意义了[15]。

俄国历史适合于进行社会学研究[16] 俄国历史对于进行单独的社会学研究，在方法上是比较适合的。适合的地方在于：1. 俄国的历史过程比较简短，便于比较明确地看清历史力量的作用，看清我们社会生活中较简单成分的各种原动力的作用和意义；2. 在我国历史上起过作用的人民生活条件有着独特的配合。我国历史生活的结构比较简单,但这并不妨碍其构造的特殊性。我们在这里也能观察到与欧洲其他社会一样的历史力量和社会生活因素的作用;不过这些历史力量在我国所起作用的紧张度却并不一样,这些因素的配合关系也不同,它们具有不同的规模,展现了在其他国家内看不到的那些特点。由于这些情况,社会有了独特的结构和性质,人民生活有了独特的发展步调,并且进入不平常的状态和条件中。现在我举几个例子。一国的河流系统能够为商业指出方向,土壤的特点能够决定工业的性质。在我国历史的最初数百年中,绝大部分的罗斯居民都集中在第聂伯河中游及其两岸支流沿岸的黑土地带,这些罗斯南部的主要河流使罗斯的商业通往黑海、亚速海和伏尔加河直到里海的一些市场,那里主要需要蜂蜜、蜡、皮毛、木材和少量的粮食。这种情况使对外贸易成为罗斯斯拉夫人国民经济中的主要力量,并且促使了林业、狩猎业和采蜜业的蓬勃发展。可是后来,在罗斯通商要道所必经的草原地带的外来压力下,绝大部分罗斯居民迁到了伏尔加河上游的阿拉温黏土地带。沿海市场的消失打击了对外的销路,使林业一蹶不振,这一点又促使农业成为国民经济的基础。于是就发生了如下情况:在第聂伯河广阔黑土地带罗斯加紧开发林业富源和商业,而在森林密布的伏尔加河上游黏土地带却大量烧毁森林而加强农业。对外关系影响着国内居民的分布情况,它与国内的地理特点结成一个紊乱的结子,使人民的劳动受到某些条件的支配,而向不适于其他条件的方向发展。在独特地形成的国民经济中,很自然地可以看到不适合于一般常规的现象。1699年彼得大帝下了一道命令,要俄国商人投资,像其他国家一样组织公司来进行贸易。由于不习惯和缺乏信任,事情搞得很勉强。然而古罗斯却有自己的合股贸易方式,合股的并不是资本,而是基于有血缘关系的人，财产是不分的。在族长的领导和负责下，近亲们不作为合股的股东，而是作为主人的帮手来从事贸易。这是一种家族贸易，是由老板和他的"一同经商的弟兄和子孙"等组成的。这种合作的方式明显地表明，在缺乏互相信任的社会里由于需要进行集体活动，就只得墨守遗留下来的血缘关系，靠家庭来得到满足。

因此，历史社会学家能够在我国古代的历史中看到不少的现象，这些现象显示出人类社会各方面的适应性，它的适应当前情况和根据需要来组织现有材料的能力。我们在上面已经看到，由于经济上的需要，从罗斯古代的血缘结合体中产生了组织家族贸易的思想。现在我们可以看一下，在地区性条件的作用下，道德秩序怎样成了满足居民经济需要的手段。与基督教同时，从东方向罗斯传来了超世的思想，以为这是获救的最正确的道路和基督教的最艰深的造诣。罗斯社会非常热烈地接受了这种思想，因此，在不到一百年的时间里基辅的佩切尔斯基寺院就成了教徒苦修的最高典范。三四百年以后，这种思想把许多隐士带进了伏尔加河左岸北部的荒僻的森林里。然而他们在那里的森林中建筑的许多寺院却违背了他们的意志，并不符合发源地费埃伊特和阿陀斯等寺院的苦修生活的精神。教徒们原有的思想并没有消失，可是地区性的需要从这个思想里间接地引出了许多问题，使这个思想复杂化了，终于使那里的荒郊寺院一部分变成乡村教区的教堂和附近老年居民的庇护所，一部分成了独身地主社团和工业社团，成了作为农民垦荒运动的移民站的据点。

结论 因此，我重复一遍，我国社会的结构虽然比较简单，但在地区性配合和人民生活条件相互作用的影响下也有它的特点。如果我们把这些条件和西欧最早时期也曾起过作用的那些条件相比较，我们还能找到我国历史中两方面的特点的最初根源，使研究它的社会现象更为方便。东斯拉夫人具有属于整个雅利安部落的、在民族大迁徙时代也没有多大提高的原始文化,他们一踏入罗斯境内,就处在与他们雅利安的亲族——在西欧开创新历史的日耳曼部落稍早一些时候完全不同的地理环境和国际环境中。在那里,流浪的日耳曼人是在废墟上安居下来的,他们在森林中养成的习惯和观念直接受到有力的文化的影响,他们处在被他们征服的罗马人或这个衰败帝国的罗马化的外地人之间,对他们说来,这些人成了这种文化的生动的传导者和讲解者。东斯拉夫人却相反,他们处在无边无际的平原中,平原的河流使他们不能紧密地居住在一起,平原的森林和湖泊使他们难以在新的地方、在那些来源不同而发展较低的邻人中间安家立业,在这些邻人那里不但没有值得学习的长处,还经常和他们作战,他们处在一个荒无人迹、未经开发的地域里,这个地域的过去并没有为他们遗留下任何生活设备和文化遗产,甚至没有留下一个废墟,只留下无数的荒坟,满布在到处有草原和森林的俄罗斯土地上。罗斯斯拉夫人的这些原始的生活条件,决定了他们的发展比较缓慢,他们的社会结构比较简单,同时也决定了这种发展和这种社会结构的很大的独特性。

  我们应当好好地记住我国历史的这个最初阶段,因为它能帮助我们一开始就确定我们面前的道路[16]。

第二讲

授课计划——开拓疆土是俄国史中的主要事情——开拓的一些主要时期就是俄国史的各个阶段——每一时期的主要状况——授课计划的显著缺漏——历史事实和所谓思想意识——这两者的不同根源和相互作用——在什么时候思想意识成为历史事实?——政治事实和经济事实的本质及其在教学法上的意义;研究祖国历史的实际目的

授课计划[1] 我们已经讲过研究地区史在学术上的目的。我们知道了,这种研究的主要目的是在各种社会因素的地区性结合中认识历史力量的本质和作用。现在我们根据这个目的来拟定授课计划。

从我国全部历史中,我们可以看到几种连续不断地更替着的社会生活的形式或方法。社会生活的这些形式是由社会因素的各种不同的结合造成的。促使这些形式更替的主要条件,是居民对国家的独特关系,也就是数百年来在我国历史中起过作用而且至今还起着作用的那种关系[1]。

开拓是一件主要的事情 俄罗斯国家建立在辽阔的东欧平原上,在我国历史的初期,这个平原并非全部地区都居住着至今还在替它创造历史的那个民族。我国的历史是这样开创的:后来繁衍为罗斯民族的斯拉夫族东部分支,从俄罗斯平原的西南角,从喀尔巴阡山脉的各个斜坡进入了俄罗斯平原。在数百年的过程中,这一支斯拉夫族的居民人数甚少,不足以密实而匀称地占据整个平原。同时，根据他们的历史生活和地理状况，斯拉夫人在这个平原上并不是用繁殖的方法逐渐扩展的，不是分布开来，而是迁居各地，像飞鸟般从一端迁居到另一端，抛弃了住腻的地方，在新的地方居住下来。每迁居一次，他们就处在新的环境的影响之下，处在新地区的自然特点和新的对外关系的影响之下。每一次新的定居产生的这些地区特点和关系，都带给人民生活独特的趋向，独特的气质和性格。俄国史[2x]是一个正在从事开拓的国家的历史。国内的开垦地区随着国家的疆域的扩大而扩大着。数百年来的这种变动，时盛时衰，一直延续到我们现代。农奴制废除后，这种变动更加剧烈，过去长期以来居民人为地密集在中部黑土地带各省，并且被迫滞留在那里，这时则开始疏散。居民从这里向各处疏散，有的到诺沃罗西亚，有的到高加索，有的渡过伏尔加河，接着再渡过里海，特别多的是越过乌拉尔山到西伯利亚，一直到太平洋沿岸。19世纪后半期，罗斯人刚开始开拓土耳其斯坦的时候，定居在那里的罗斯人已达二十万以上，其中新迁来约十万农民建立了近一百五十个农村居民点，有些地方成了农业居民汇集的要地。向西伯利亚的迁移更像潮涌。根据官方的报道，每年迁往西伯利亚的人数，在1880年以前不超过两千，19世纪90年代初期几达五万，1896年起由于西伯利亚铁路通车，增至将近二十万[2a]，而在1907—1909年7月的两年半中移居西伯利亚的人数将近二百万[2a]。这次人口大迁徙主要来自俄国欧洲部分中部黑土地带各省，那里每年增殖人口一百五十万，因此即使许多人迁往别处，暂时还未产生多大影响，并不感到显著的波动；但是经过一定的时间，它必然会对总的形势产生不小的后果[2x]。

开拓的一些主要时期就是俄国史的各个阶段 因此，移民和国土的开拓是我国历史中的主要事情，所有其余的事情都和它们有或近或远的关系。现在我们就来谈谈这件事情本身,不去涉及它的起因。正是这件事使俄罗斯居民对国家产生一种独特的关系,这种关系在数百年的过程中经常改变,而关系的变化又引起了社会生活方式的变更。这件事情也就是我们授课计划的基础。我[3]根据在我国历史中观察到的人民的迁徙,把我国历史分成若干阶段或时期[3]。我国历史的各个时期,是我国人民在占有和开拓我们的国土直至最后由于自然繁殖和并吞所遇到的异族,在整个东欧平原上散布开来,甚至超出其疆界所顺次走过的各个阶段。这许多时期也就是俄罗斯人民在这个平原上的行程中的许多歇息点或停歇点,在每一个停歇点上我们社会生活的组织方式与前一个都有所不同。我把这些时期一个个地列举出来,并且指出每一时期中的主要状况——其中一个是政治上的,另一个是经济上的,同时还指出该时期中俄罗斯大部分居民(不是全部居民,而是创造历史的大部分居民)集中的东欧平原地区。

大约[4]从公元8世纪开始(不会更早于这个时期),我们能够比较肯定地看到我们这个民族的逐渐成长,观察到它在东欧平原境内生活的外部情况和内部结构[4]。因为,从8世纪到13世纪,罗斯的大部分居民都集中在第聂伯河中游和上游及其支流,以及历史上和它沟通的水道——洛瓦季河到沃尔霍夫河这一段水路的地方。整个这段时期罗斯在政治上分成各个多少有独立性的地区,每个地区的政治和经济中心都是一个大的商业城市,这些商业大城起先是罗斯政治生活的组织者和领导者,后来虽遇到外来王公的竞争,但[5]仍未失去其重要意义。这个时期主要的政治状况是各地区政治上的分裂,各自处在城市的领导之下[5]。这个时期经济生活的主要状况,是对外通商,以及由此引起的林业、狩猎业和采蜜业(森林采蜜业)的发展。这是第聂伯河的、城市的和商业的罗斯。

从[6]13世纪[6]到15世纪中叶前,在[7]部族普遍分散和隔绝的情况下[7],罗斯绝大部分居民是在伏尔加河上游及其支流的地方。这一群人在政治上仍旧是分裂的,但已经不是分成以城市为中心的各个地区,而是分成各个王公的封邑。封邑完全是政治生活的另一种形式,这个时期的主要[8]政治状况是伏尔加河上游罗斯在王公政权统治下的封建割据[8]。经济生活中的主要状况是利用农民的自由劳动来垦殖阿拉温黏土地带,也就是从事农业。这是伏尔加河上游的、王公封邑和自由耕作的罗斯。

从15世纪中叶到17世纪20年代,罗斯绝大部分居民从伏尔加河上游地区向南部和东部沿顿河和伏尔加河中游的黑土地带分散开去,形成俄罗斯民族的一个分支——大俄罗斯,它和它的居民一起扩展到了伏尔加河上游地区以外。但是,大俄罗斯民族虽然在地理上分散了开来,却初次结合成为在莫斯科君主政权统治下的一个政治上的整体,莫斯科君主依靠由过去的封邑王公和封邑大贵族所组成的大贵族的帮助,统治着他的国家。因此[9]这个时期的主要政治状况是大俄罗斯的国家统一[9]。经济生活中的主要状况,仍然是利用农民的自由劳动耕种以前伏尔加河上游的黏土地带,以及新占有的伏尔加河中游和顿河的黑土地带;但是随着土地集中在服役阶级和国家为对外防御而招募的军人阶级手里,劳动的自由已经开始受到限制。这是伟大的莫斯科的沙皇大贵族的和军人—地主的罗斯。

从17世纪初叶到19世纪中叶,俄罗斯民族向整个东欧平原散布开来:从波罗的海和白海到黑海、高加索山脉、里海和乌拉尔河,甚至深入高加索、里海和乌拉尔以南、以东的地方。俄罗斯部族在政治上几乎全部联合在一个政权之下:小俄罗斯[10]、白俄罗斯、诺沃罗西亚一个接一个地归并入大俄罗斯,组成了全俄罗斯帝国。但是这个结合起来的全俄罗斯政权[11]已经不再依靠大贵族的帮助，而是依靠国家在前一个时期组成的军役阶级——贵族阶级——的帮助。俄罗斯[11]各部分的这种政治组合和团结就是这个时期的主要政治状况[11]。经济生活中的基本状况仍然是农业劳动，但已经成了农奴制劳动，除此以外还有工场和工厂的加工工业。这个时期是全俄罗斯的、皇帝—贵族的时期，是农奴制经济，农业和工厂的时期。

这就是我们经历过的我国历史各个时期的情况，这里反映了历史形成的、我们社会生活方式的变更。我们现在按照各时期俄罗斯绝大部分居民集中的地区，把这些时期重新叙述一遍，（一）第聂伯河时期，（二）伏尔加河上游时期，（三）大俄罗斯时期，（四）全俄罗斯时期。

事实和思想意识[12] 我担心我所讲的授课计划会引起你们很大的怀疑。我将向你们叙述的是政治事实和经济事实以及它们的各种后果和表现形式，仅限于此，别无其他。也许你们要问，那么家庭生活、风俗习惯、知识和艺术的成就、文学、精神上的需要、思想和精神生活状况，总而言之，我们日常用语中称为思想意识的一切东西又在哪里呢？难道在我国历史中没有思想意识吗？难道思想意识不是历史过程的因素吗？自然我要说的不是这个意思。我没有看到过没有思想意识的社会，无论这个社会是多么的不发达。社会本身就是思想意识，因为社会是从构成社会的人们开始意识到它的那一刻开始存在的。我更难于理解思想意识不参与历史过程。然而就是在思想意识的历史活动力这个问题上，恐怕我们还不能相互了解，因此我必须预先向你们说明我自己对这个问题的看法。

首先请你们注意，政治事实和经济事实在其源流和形式或表现方法上，与所谓思想意识不同。政治事实和经济事实是社会的各种利益和各种关系，它们的源泉是社会的活动，是组成社会的人们的全部努力。它们并不表现在个体行动中，而是表现在集体行动中，表现在法制、各种机构的活动，具有法律效力的契约和工业企业中——表现在政府的交往、民事流转和经济的周转中。思想意识是个体创作的结果，是个人智慧和良知单独活动的产物，在其原始的、纯粹的形态中，它表现为科学和文学的珍贵遗产，个别高明艺术家的作品，或个人为亲友的利益而作的自我牺牲的活动。因此，在这种或那种现象中，我们可以观察到各种历史力量——个人和社会——的活动。

个人和社会的相互作用 个人和社会这两种力量，个人智慧和集体意识，经常相互效劳和互相影响。社会制度给个人的思维以滋养，培养着各种性格，成为个人信念的对象，成为道德准则、感情和美感的源泉；每一种制度都有自己的崇尚，有自己的信条，有自己的遐想。可是个人信念一旦在社会中居于主导地位，就会变成公共的意识，变成风俗习惯，变成法律，甚至成为那些不赞成这些信念的人也必需遵守的准则，也就是说，变成社会事实。

思想意识发展成为历史事实的条件 思想意识这样从社会关系中蜕化出来，经过加工以后，就成了社会关系。但是在历史研究中不能把这两者混同起来，因为这是两种不同的现象。历史所要研究的，不是个人，而是人群，它要知道人们之间的关系；个人的单独活动由其他的科学来研究。你们懂得，个人的思想意识在什么时候能够变成社会事实，也就是历史事实，当这种思想意识超出个人范围，成为公共财富，成为公共的、大家必须遵守的，也就是大家公认的准则和信念的时候，才能成为社会事实。但是要使个人思想意识起到这种作用，必须有一套支持这种作用的工具——社会的舆论、法律或礼节的要求、警察制度的压力。思想意识成为历史因素正像自然力成为历史因素一样。自从创造世界之日起多少世纪以来，闪电显然一直无益地甚至有害地照亮夜间的黑暗，威吓着人们的想象，不能增加人们所需要的光，甚至不能用以代替摇篮旁的小灯。可是后来人们掌握并制服了电光，使它服从，并且受人们发明的电力设备的驱使，照亮街道和厅堂，传送信件，拖拉重物，总之一句话，使它成为文明的工具。思想意识也需要类似的加工，才能成为文化和历史的因素。个别人头脑中产生的多少美妙思想，由于没有及时得到适当的加工和组织，终于对人类毫无影响地消失了！这些思想仅仅点缀着部分的生活，在家庭和亲友的圈子里放出些光和热，帮助家园的发展，但却丝毫没有提高公共的福利，因为它们无论在法制或是在经济的领域中都没有找到相应的工具、制度或措施，能使它们越出善意的想象，即闲暇的幻想的范围，并对社会制度发生作用。这种未经加工的，也可以说未成熟的思想意识，并不是历史事实，因为它们只能在传记和哲学中占有地位，不能在历史学中占有地位。

现在我请你们回过来看教育大纲。在研究政治事实和经济事实的时候，我们在两者的基础上都能找到某种思想意识，这种思想意识在个别人的头脑中经过长期的酝酿，然后才得到公众的承认，成为政治、法律或经济中的主导思想。只有这样的思想意识才能认为是历史现象。因此，生活本身对历史研究很有帮助，因为它能对思想意识进行实际的分析，把适用的与不切实际的，可能成功的与不成功的区别开来。在文献中我们经常可以看到某个时代的个别思想家经过反复思考和反复感受遗留下来的思想。但个人的思考和感受远不是全部都进入日常生活，成为社会的财富，成为文化和历史的宝藏。其中为社会生活所接受的部分，就体现为制度、法律关系、经济关系和社会要求。这种体现，即思想意识的实际加工，使它成了历史过程中的因素。在个人的头脑中，在个人的私生活中闪现和消失的思想意识，是很少增加社会生活的总储备量的，正像孩子们利用雨水的小水流巧妙地建起的小磨坊对国民经济财富的增加是极少的一样。

总之，我完全不想忽视思想意识在历史过程中的存在或作用，也不想否定它对历史起作用的能力。我只是想说，并不是任何一种思想意识都能进入历史过程，而且在进入历史过程的时候，并不永远保存着它纯粹的原始状态。在这种原始状态中，它仅是作为思想意识，仍然只是个人的冲动、诗意的理想、科学的发明，仅限于此而已；可是当它掌握了某种实际力量，政权、人民群众或资本的时候，掌握了能把它改制成为法律、制度、工业或别的企业、风俗习惯，以至全体群众的嗜好或大家都能感觉到的艺术建筑物的时候，例如，当信仰天堂的观念体现为索菲亚大教堂的圆顶的时候，思想意识就成了历史因素。

经济事实和政治事实在教学法上的意义 从解释授课计划的理由中，我要提出一些教学法上的结论。我认为政治过程和经济过程是历史研究的基础，不过我并不是想说，历史生活仅仅包括这两种过程；历史研究必须局限于办公厅和市场。历史生活不是单靠办公厅和市场来推动的；不过从这两个方面开始研究历史生活比较方便。要是我们从社会生活的政治和经济两个方面来研究某一个社会，我们就能进入这样一种精神、道德观念和需要的领域，这种观念和需要已经不再是个别人的想法和个人的意识，而是整个社会的所有物，是社会生活的因素了。因此，一定时期的政治制度和经济制度可以认为是该时期的精神生活和道德生活的标志；政治制度和经济制度所以能够被认为是这种标志，因为它们里面充满了在该社会的精神生活和道德生活中占优势的那些观念和需要，因为这些观念和需要是该社会的法律关系和物质关系的主使者。可是在个人的意识和私人生活中，我们经常可以找到另外的思想和意图，这些思想和意图没有获得统治地位，因此没有实际的用处。而且以主导的思想意识为基础，并用自己的强制手段来巩固其统治地位的那种生活制度（政治制度和经济制度），也可能在个人的意识或社会的一部分中引起与社会基础不相符合的、甚至是直接反对社会基础的思想、感情和意图；它们或者自行消失，或者在等待着自己的时机。例如，在18世纪我国农奴大众本身对不公平的农奴制度的申诉甚至比知识界更早；可是长期以来政府对这些申诉的注意，却比自由知识阶层的代表更少。但后来农奴大众的情绪所引起的恐惧，对解放事业进程所起的作用，比上层的任何设想都要强烈。

政治事实和经济事实及其相互作用 现在我们来查考一下政治事实和经济事实的实质，以便能看出它们对历史研究能提供什么东西。政治生活和经济生活并不是由某种纯粹的、清一色的东西构成的，并不是仅有我们天性中卑劣的本能而没有人类精神的崇高意志的一种独特的人类生活领域。第一，政治生活和经济生活——生活中这两个不同的部分，其本质是很少相同的。在它们中间占主导地位的是两个完全对立的原则：政治生活的原则是公共福利；经济生活的原则是个人的物质利益；一个需要经常的牺牲，另外一个里面含有不餍足的利己主义。第二，这两个原则，都吸引社会现存的精神手段来参加自己的活动。个人利益按其本质是与公共福利对抗的。然而，人类的社会生活是建立在这两个经常斗争的原则的相互作用上的。这种相互作用之所以可能，是因为在个人利益的成分里含有某些制约其利己主义倾向的因素。经济生活与以政权和服从为基础的国家制度不同，是个人自由和个人主动的领域，是表示自由意志的领域。但是这些鼓励和支配经济活动的力量，还构成了精神活动的本质。而且个人物质利益的动力也并不是由这个利益本身所引起，而是由保证个人自由——外部的和内心的，精神上的和道德上的自由的意图所引起的，而这种个人自由在其发展的高级阶段，也反映了要创造公共利益和感到一种为公共福利效力的道德义务。随着社会觉悟的发展，阐明了个人利益应服从公共利益，而且要求公共福利也并不压缩个人利益的法定范围，这样，在这种道德基础上这两个经常在斗争的原则就可以相互协调。因此，政治原则和经济原则的相互关系（其中一个原则胜过另一个原则或者两者完全均衡），可以用来衡量社会生活的水平，而政治原则和经济原则之间的这种或那种关系，是由社会觉悟和道德义务意识的发展程度所确定的。但是用什么方法，根据哪些征象才能确定这个水平，才能确定社会生活中精神因素的力量指标呢？第一，这个水平是由政治生活中的一些事件本身的过程和经济生活中的一些现象的关系所表明的；第二，对这些事件和现象的观察可以在法制中，在实际的管理和审判中加以核对。我们举一个不很显著的例子。在古罗斯，教会方面的道德是反对加强发展奴隶占有制的，并且有时能够得到政府的支持，因为政府企图抑制和调整这种加强奴役的倾向来为国家谋利。教会和国家在这方面与个人利益的斗争，由于时代条件的不同，互有胜负。这些变动反映在法制和经济的文献中，能够帮助衡量人道思想的作用的力量，而通过这一点还可以衡量一定时期社会生活的道德水平。这样，我们就能不按照我们的主观印象或臆断，不按照同时代人的同样主观的反映，而是根据社会生活因素的互相关系，根据在社会生活中起作用的各种利益协调的程度，来确定一个社会的道德状态。

它们对历史研究的意义 我想说，我所以认为政治事实和经济事实是本课程的基础，并不是根据它们在历史过程中的作用，而仅是根据它们在历史研究中的作用。这种作用纯粹是教学法上的，脑力劳动和道德上的建树永远是社会的最好的建设者，是人类发展最强大的推动力；它们为符合人们真正需要和适合人类崇高使命的生活制度树立最巩固的基础。可是根据历史生活条件，这些力量不是经常同样有力，也不是经常按自己强度的大小对生活制度起同样大小的作用，而只是以自己对生活制度所起的作用进入整个历史过程的，正是由于这个作用才值得对它们进行历史研究。研究的顺序和生活的顺序是不符合的，是从结果推及原因，从现象推及力量。

那么，在从政治事实和经济事实出发进行的历史研究中，我们要研究的对象究竟是哪些呢？这种研究在何种程度上全面概括人民生活呢？这些对象是：国家和社会，它们的机构和相互关系，领导国家和社会机构的人们、外部条件——国际条件和内部条件——确定国家和社会之间的关系的物质条件和精神条件、人民必然会经受的内部斗争、建立国民经济的生产力、体现人民政治生活和经济生活的形式。所有这一切我们都将用或多或少空余的时间谈及，有的甚至顺便谈谈。我们社会经受的某些深刻的社会变革和道德变革也许会引起你们的注意，不过我最希望的，是你们能从我的课程中对两个过程得出明确的概念；这两个过程我认为是我们的政治生活和人民生活的基础，我觉得在这两个过程中最明显地表明了构成我国历史特点的那些结合和情况。在研究其中一个过程的时候，我们将要看到，国家的概念怎样在实际生活中形成起来，怎样在人民的意识中明确起来，这个概念又是怎样在当局上层的思想意识和活动中表现出来；另外一个过程表明，用自己的复杂结构构成我们民族的那些基本线索是怎样和国家的成长结合在一起的。也许你们会认为这是一个十分狭窄的大纲。这一点我不想反驳，我想来谈谈自己的大纲。历史课程远不是全部的历史：由于学年的紧迫期限，规定的有限的教学时数,历史课程不可能包括人民的广阔而深刻的全部历史生活。在这些范围内教师只能和学生一起探求历史中占主导地位的主流,对于它的其他一些细流,只能看它们与这些主流接触或汇合的程度而定。在我的叙述中即使有许多缺漏的地方,但你们如能从中画出俄罗斯民族作为历史角色的形象,即使是十分概括的,我也认为已经达到了本课程的学术上的目的。

研究祖国历史的实际目的　从历史研究的总目的中我们得出了研究地区史的学术上的目的,这个目的又向我们提供了授课计划的根据,指出了研究俄国史的方式和方法[12]。同样这个目的还解决了另一个问题:除纯学术上的结果外,从研究地区史中还能得到什么实际的结果?这个问题更为重要,因为我们现在所要研究的地区史就是我们祖国的历史。我们在这项工作中得出的学术性的观察和结论,能够停留在纯知识的领域里吗?还是它们能够走出这个领域并对我们的意图和行动给予影响?学术性的祖国历史对祖国儿女能有其实用的部分吗?我认为可以有,而且应该有,因为任何知识的价值都决定于它与我们的需要、意图和行动的关系;不然知识就成了记忆里的无益的累赘,仅适合于为一只不载真正值钱货物的无足轻重的船减轻生活上的颠簸。那么这种实际的实用目的应该是怎样的呢?为了[13]在以后讲课时不再提及,我现在立刻指出来,因为它是我们工作中不言而喻的兴奋剂。

国家和民族是课程的主要对象　我刚刚谈过民族的历史角色,因为这是研究其历史的基本对象。民族作为历史角色的意义,在于它的历史使命,而民族的历史使命则表现于它用自己的努力为自己创造的世界地位,表现于它企图用自己在这个地位中的活动来实现的那种思想意识。它用自己在历史的培育中发展的力量,实现自己在世界舞台上的作用。对一个民族进行的理想的历史教育,是要使社会生活的一切因素都得到充分而匀称的发展，使它们之间的对比关系是每个因素的发展和作用都适合于自己在社会结构中的正常作用，不抑制自己，也不排斥其他因素。这个教育的过程只能用历史研究来加以审核。经科学地再现的民族历史，是该民族的出纳簿，可以用来计算它过去的亏欠和积存。最近将来迫切的事务，在于减少积存和补充亏欠，亦即恢复民族的任务和财富的均衡。在这里，历史研究的最后结论已经接近现代的实际需要：要求我们每一个人，要求每一个俄国人清楚地理解本民族积累的财富，理解自己历史教育中可能存在的或无力摆脱的缺点。我们俄罗斯人比其他民族更需要理解这一点。俄罗斯以数百年的努力和牺牲建成了一个国家，自罗马帝国衰亡以来，在成分、范围和世界地位方面像这样的国家我们从未见到过。但是建立这个国家的民族，在其精神财富和物质财富方面还不能站在其他欧洲民族的前列。由于不利的历史条件，它的内部发展不能和它的国际地位相称，有时甚至受这种国际地位的阻碍。我们还没有开始用已经感觉到、但没有充分发展的本民族的全部力量来生活，无论在科学、社会政治或其他许多领域中，我们还不能与其他民族竞争。民族力量已经达到的水平、民族财富已经积累的数量，这是我们的祖先数百年劳动的成果，是他们已经做到的结果。我们应当知道：他们还没有做到的是什么；他们的不足就是我们的任务，也就是你们和你们的后代的任务[13]。

结论 我们将要研究的、某个时代在我国历史中构成的社会因素的结合体，怎样[14]能帮助我们解决这些任务呢[14]？人们[15]有时会感到自己处境的难堪，感到所处的社会制度的压力，可是他们对这种压力和难堪既不能清楚地断定，也不能加以说明。历史研究能够阐明人们痛苦地和迷惑地感觉到的社会制度的不平等，指出某些社会因素的不正常的比例及其根源，提供方法来考虑恢复被破坏的均衡。例如,要是我们发现在过去某些社会因素发展得过分了,损害了另外一些同样是正当的因素,我们就会明白[15],我们应当加强发展哪些因素,以便[16]能够达到社会成分的匀称和平等。历史让每个民族做两方面的文化工作:一方面是对它所处国家的自然界,另一方面是对它自己本身所处的环境,对自己的精神力量和社会关系[16]。既然我们的民族数百年来必须与本国的森林和湖泊做顽强的斗争,鼓足力量为建设文明做粗重的准备工作,那么我们就应当不失去在此项工作中获得的生活上的坚忍耐劳精神,紧张地锻炼自己,发展自己的智力和道德力量,特别关心确立自己的社会关系。因此,研究本国史可以帮助我们明确我们面前的实际工作的目标和方向。每一代人都可能有自己的理想,我们这一代有我们的理想,你们那一代有你们的理想,没有理想是很可怜的。要[17]实现这些理想,必须具有坚决的行动和积极的信念;在实现这些理想的时候,斗争和牺牲是不可避免的。不过这还不是取得胜利所必需的全部东西:需要的不仅是坚强意志和自我牺牲精神,而且还需有灵敏的头脑。任何好事破坏起来是多么容易,人们已经抛弃、破坏或玷污了多少崇高的理想!我们的理想不是仅仅属于我们的,也不是特为我们规定的:它们是我们的祖先遗留给我们的,或者是我们从其他社会继承的文化中得到的,是比我们做得更早或更多的其他民族的生活经验和智力创造出来的,并且在创造的时候,凭借的完全是他人的力量、方法和原理,而不是我们的。因此这些理想并不是对任何人随时随地都适用[17]。要知道其中哪些理想以何种程度可以在一定的社会和一定的时间实现,必须很好地研究这个社会积累起来的现有力量和方法的总量;而要这样做,必须衡量和估价这个社会的历史经验和它所感知的印象,这个社会培育的风俗和习惯。这是非常必要的,因为在我们生活的时代里有着许许多多的理想,而这些理想是互相斗争着的，有着不可调和的矛盾。这一点[18]使我们难于做适当的选择。对本民族历史具有的知识能帮助我们进行这种选择，因为这种知识不仅是思考的头脑所需要的，而且也是有意识的，正常的活动的重要条件。由这种知识加工而成的历史意识，能够给予具有这种意识的社会一种对地位的目测力，一种对时间的预感，这两种东西能够保卫它克服因循守旧和急躁冒进[18]。

在确定自己活动的目的和方向的时候，我们每一个人都应当多少知道一点历史知识，以便成为一个能自觉地和忠诚地工作的公民。

第三讲

欧俄的地形——气候——平原的地质成因——土壤——植物地带——平原的地貌——地下水和降雨量——河流流域

在开始研究任何一个民族的历史的时候，我们会遇到一种掌握每个民族起源的力量，就是该民族所处国家的自然环境。

一个国家的地理概况是评述该国历史的前提，因此必须指出其中那些对该国历史生活的进程起最大作用的自然条件。

欧俄的地形 我们谈到东欧或欧俄这个名词的时候，是想表明俄罗斯对处于它西面的各国的地理关系，或者是想把俄罗斯在乌拉尔山以西的领土和乌拉尔山以东的领土区别开来。我们重复说一遍，乌拉尔山脉是亚洲和欧洲的分界线。我们非常习惯于这样的说法，因此认为不可能，也不必要用另一种更为确切的说法。不过知识界的地理概念和我们的这些习惯说法经常不是一致的。例如，古希腊地理学家是以塔纳伊斯河（顿河）作为欧洲和亚洲的分界线的，这样，现在属于欧俄的很大一部分土地就在欧洲的境界以外，而莫斯科城假定在当时存在的话，就会在它的东面的边境上。古代地理学的这种观点在从人类发展的另一端产生的现象中找到了历史的证实。亚洲人本身，真正的游牧的亚洲人，自古以来把自己的篷车和畜群散布在现在的南俄罗斯的时候，似乎很少感到自己已经到了欧洲。越过喀尔巴阡山，到了现在的匈牙利，他们就不能继续过以前的亚洲式的生活方式，很快地成了定居的居民。但在伏尔加河和德涅斯特河之间的广阔田野上,在顿河两岸,他们并不感到这种需要,他们在这里生活了数百年,好像生活在中亚细亚的草原上一样。

野蛮的亚洲人的实际生活正好和文明的希腊人的地理观点吻合,这不是没有原因的。欧洲和其他各洲的差别,特别是和亚洲的差别,有两个地理上的特点:第一,地形的变化较多;第二,海岸线异常曲折。大家都知道,这两个特点对一个国家及其居民的生活起着非常巨大的、多方面的影响。就这两个条件对它的影响力而论,欧洲占第一位。没有一个地方的山脉、高原和平原像欧洲的那样,在这样一个较小的地区内如此犬牙交错,变化万千。另一方面,很深的海湾、伸展得很远的半岛、岬角,形成了西欧和南欧的好像花边一样的海岸。这里 30 平方米里亚[1]的陆地面积上有 1 米里亚海岸,而在亚洲,100 平方米里亚的陆地面积才有 1 米里亚海岸。在这两点上,巴尔干半岛的南部,古代的赫拉斯[2]是欧洲的标准国家:无论哪里的海岸都不及它的东部那样千变万化;这里的地面结构也是那样的变化多端,在任何两个纬度的面积内几乎可以看到欧洲生长的树木的全部种类,而欧洲占了 36 个纬度。

和亚洲相同的地方 俄罗斯——我指的只是欧俄——分享不到欧洲的这些有利的自然特点,或者更确切地说,它的自然特点是和亚洲同样的。它的国境只有很小一部分是靠海的;它的海岸线与它的陆地面积相比微不足道,41 平方米里亚的陆地面积上只有 1 米里亚海岸。它的地面特点是单调;整个地面几乎只有一种地形,这就是平原,将近 9 万平方米里亚面积的波浪形的平面(4 亿俄亩[3]

1　1 米里亚等于 7.47 公里。——译者
2　赫拉斯(Hellas)是古希腊人对其国家的自称;1883 年以后曾为希腊国家的正式名称。——译者
3　1 俄亩=1.09 公顷。——译者

以上），也就是说，比9个法国还大，而且地势很低（一般是海拔79—80沙绳[1]）。我们的平原甚至在亚洲，在与它同类型连绵不断的广大平原中，也不会占末位：例如，伊朗高原就只比它的一半稍多一些。除了上述几点地理上和亚洲相同的地方以外，这个平原的南部形成了一片一望无际的、水源稀少和没有森林的草原，面积有1万平方米里亚左右，海拔仅25沙绳。按其地质构造来说，这片草原完全像亚洲内陆的一些草原，而在地理上它是这些草原直接的、毫无间隔的延续，在乌拉尔山脉和里海之间有许多宽广的地段，使它和中亚的一些草原连接起来，从乌拉尔山向西延伸，起初是宽广的，后来成了愈来愈狭窄的地带，一直到里海、亚速海和黑海。这好像是从亚洲插入欧洲大陆的一个楔子，它和亚洲在历史上和气候上有着密切的联系。这里自古以来有着通衢大道，那些可怕的客人，也就是所有这些游牧部落，像草原上的羽茅和亚洲沙漠上的沙子一样不计其数，他们从亚洲腹地经过乌拉尔山和里海之间的门户，经常来到欧洲。各方面都始终适度的西欧从没有像这个草原上的夏季的酷旱和冬季的可怕的暴风雪，这种酷旱和暴风雪都是从亚洲带来的，或者是被它促成的。

欧俄的情况正和亚洲一样。从历史上说，俄罗斯当然不像亚洲，可是从地理上说它也不完全像欧洲。这是一个过渡的国家，是两个世界之间的中介。它的文化使它和欧洲发生不可分割的联系；但是自然界给予它的特征和影响，却经常把它带到亚洲去，或者把亚洲的东西带给它。

气候[1] 地形的单调在很大程度上决定了一国的气候：空气中的热量和水分的分布，也部分地决定了风向。从瓦伊加奇海峡（尤

1　1沙绳=2.134米。——译者

戈尔斯基海峡）陆岸的极北点（几乎在北纬70°），直到克里米亚的南端和高加索山脉的北部山麓（将近北纬44°），在这个长达2 700俄里[1]的辽阔地区，照理应该可以看到差别很大的气候。按照气候的特点，我们的平原可以分成四个气候带：北极圈之内的北极带；北纬57°—66.5°（接近科斯特罗马城的纬线）之间的北部地带或寒冷地带；包括至北纬50°（哈尔科夫—卡梅申一线中部平原）的中央地带或温和地带；以及至北纬44°的南部地带、温暖地带或草原地带。可是这些地带气候的变化和西欧相应地区比较起来，不那么剧烈：地形的单调使从北部到南部和从西部到东部的气候转变显得比较缓和。欧俄境内没有南北方向的大山，这种山就会把从大西洋吹来的云雾阻住，并且使这些云雾在山的西面变成大量的雨，因而使山的西面和东面的温度相差极大；俄国也没有东西方向的大山，这种山会使山的北面和南面的温度产生显著的差别。风能够在整个平原上毫无阻挡地吹来吹去，使空气不能长久停滞，因此使地理上相隔极远的地方在气候方面差别很小，使从西部到东部的湿度和从北部到南部的温度得到比较均匀的分布。因此海拔的高度在我国的气候上没有多大的作用。围绕俄罗斯某些边境的海洋，不管地形和风向怎样，本身对内陆气候所起的作用也很小；其中黑海和波罗的海的作用是太小了，对这样一个辽阔平原的气候无显著的影响，北冰洋及其很深的海湾只对遥远的北部地方的气候起着显著的影响，而且一年中的很大一段时期都处于冰雪之下（除了西部摩尔曼斯克沿岸以外）。

  这些条件说明了欧俄气候的特点。这里离海很远的大陆上，冬季和夏季温差不少于23℃，有的地方达到35℃。每年的平均温度是

---

[1] 1俄里=1.06千米。——译者

2℃—10℃。但土地的广阔使这种差别所起的影响减弱。无论哪一块远离海洋的辽阔大陆，从北到南气候的变化都不会像欧俄那样的小，特别是北纬50°（哈尔科夫的纬线）以北的地方。据统计，在这里每隔一纬度温度仅增加0.4℃。经度对气候变化的作用要大得多。这种作用和从西到东冬夏之间温差的变大有关；愈向东，冬季愈冷，按经度冬季温度的差别要比从北到南按纬度夏季温度的差别大。等温线地图能够明显地表明这些现象。全年等温线从维斯拉河向西经常是从北向南的曲折线，而向东一进入我们的平原境内，却显著地伸直了，不过是大大地向东南方倾斜。因此，纬度和经度相差很大的一些地方，却有着相同的全年平均温度。奥伦堡在彼得堡南面8°，但是它的全年平均温度却和彼得堡一样，甚至更低一些（低0.4℃），因为它在彼得堡东面25°；这两个城市冬季（1月）温差（−6℃）比夏季（7月）温差（+4℃）要大。1月的等温线更加显著地向东南方倾斜。奥伦堡的全年平均温度几乎是和彼得堡相同的，但是这个城市的1月等温线（−15℃）已不经过彼得堡，而是经过彼得堡北面2°和东面20°的地方，在乌斯季塞—索尔斯克附近。也就是说，从这个城市开始，这条等温线的东南方向和彼得堡—奥伦堡全年平均等温线比较起来更是大大地向南倾斜：奥伦堡和乌斯季—塞索尔斯克之间的经度距离是奥伦堡和彼得堡之间的经度距离的五分之一。奥伦堡的冬季甚至比阿尔汉格尔斯克（在彼得堡北面5°）还要冷，虽然阿尔汉格尔斯克的全年平均温度要比奥伦堡的（0.3℃和3.3℃）低得多。而奥伦堡的夏季要比彼得堡热得多（7月相差4℃），更与它所处的纬度相称。它的7月等温线所经过的地方在彼得堡南面很远，在萨拉托夫和伊丽莎白格勒。夏季的温度更多地决定于纬度，冬季的温度更多地决定于经度。因此，7月的等温线从西向东比较平直，几乎和纬线相合。

风向的影响 风向对欧俄的气候有着巨大的影响，它是我国特有的气候特点之一。按经线冬季温度的变化减弱，因为那时我们平原的北部地带主要是和暖的西风，而南部地带是比较寒冷的东风。这是由于欧俄的风的分布所造成的。我国的西风和东风是按季节和纬度而变化的。可以看到，西风主要是在夏季和北部地带，东风主要是在冬季和南部地带，愈是向南，这种冬季的东风刮得愈厉害。亚洲的风造成了欧俄和西欧的气候差别，这种差别是由于邻近亚洲造成的。我们马上就能看到两种方向相反的风对国家生活所起的不同作用：欧洲西风的有益的作用和亚洲东风的有害作用。欧亚两洲在我们的平原境内的这种空战，令人不由自主想起了那个遥远的历史年代，那时俄罗斯是亚洲民族和欧洲民族斗争的大舞台，正是在俄罗斯南部的草原地带亚洲战胜了欧洲，或者还能想起较后的年代在北部地带发生的西方思潮和东方思潮之间的精神上的斗争，不过这种现象对气象学来说也许是离题甚远了。

现在只谈欧俄的中部地带（不包括南部草原和北部边疆）——我国古代历史的主要活动场所。这个地区的气候决定于上述的一些条件，通常具有这样的共同特点：冬季并不酷寒，但时间拖得很长，地上盖着雪，水面结着冰，各纬线之间的温度相差不大，各经线之间温度的变化比较显著；春季到得很迟，气候经常会回冷；夏季温暖适度，对农业很有利；冬季和春季温度的变化较多和较快，夏季和秋季温度变化较少，较和缓。

俄罗斯平原的地质成因 一国的地形的描述必须用它的地质成因来说明。我国的这一片平坦盆地的土壤，是由新生代的松软的冲积层构成的，这些冲积层铺盖在花岗岩和其他古代岩石的上面，厚厚地覆盖在俄罗斯平原的整个表面，形成起伏不平的隆起的丘陵。这些冲积层主要是混合在一起的黏土和沙构成的，因此在南部草原地带的某些地方很不坚实。这种不坚实的土壤只有在同样成因的情况下才可能具有这样单调的结构。在沉落海底的冲积层中，可以找到树干和腐朽的动物的骨骸，草原上却散布着里海的贝壳。这些特征使地质学家们猜想，我们的平原的地面是形成得比较晚的，即使不是整个平原，那么至少大部分的土地过去是海底，是在一个较晚的地质时期显露出来的。乌拉尔山脉和喀尔巴阡山脉就是这个海的海岸，在这两个山脉中存在丰富的岩盐层，可以说明这一点。这个平原上的水，都注入里海和咸海这两个巨大的贮水库中。所以都注入到这里来，大概是由于这两个海的海底较低。这两个海和黑海，被认为是过去覆盖南俄罗斯和里海低地的那个辽阔大海的遗迹。大海的海水退去以后，就形成了那种结构单调的、匀称的黏土砂质层，构成这个辽阔平原的土壤。这个地区以北的地方，过去也是被这个大海所覆盖的，在覆盖整个北俄罗斯和大部分中俄罗斯的广阔冰河融化以后，也构成了类似的沙、黏土和沙质黏土的地层。要是能够从相当的高度俯视俄罗斯平原的表面，我们能看到它呈图案形的波纹的形状，好像是河底显露出来的沙土，或者是微风吹动的海面。

我们的平原的性质虽然十分单调，但是如果比较仔细地观察一下，也可以发现某些地域性的特点，这些特点也是和国家的地质形成有密切关系的，并且对我们这个民族的历史起着显著的作用。

土壤 根据地质学家们的推测，过去曾经覆盖俄罗斯南部和东南部的大海并不是一下子就退去的，而是分两次退去的。他们找到一些迹象，表明这个大海北岸的东北角退到接近北纬55°，在卡马河的入口处稍南的地方，接着就折向南面。后来这个大海又退去了4°，这样它的北岸就在奥勃希塞尔特丘陵地，即从乌拉尔山脉南端向西南到伏尔加河的那条分支。地质学家们用这一点来说明奥勃希塞尔特高原的北面和南面在土壤和植物区系上的巨大差别，特别是说明从这个丘陵向南的地面较向北的地面低得多的原因：地形从奥勃希塞尔特丘陵地南面最后几个凹地的40沙绳的高度很快地降低到零[2]。最先脱离海洋的北纬55°和51°之间的地带，奥勃希塞尔特丘陵地的最南的界线，几乎与最深和最肥沃的黑土地带相吻合。有人认为，这个黑土地带是在这里有利气候条件下产生的许多植物经过长期腐烂而形成的：在肥沃的黑土中含10%以上的腐殖质。相反，从这个地带向南的地区形成了草原地带，这是较晚摆脱海洋的地区，这里仅有薄薄的一层植物带，覆盖着大海遗留下的含盐分的沙土，而所含腐殖质的成分却非常少。靠近里海，在阿斯特拉罕草原地带上的土壤则连这种薄薄的植物带也没有，经常显露出光秃的盐沼[3]。散布在这个低地上的砂质的盐沼和咸水湖，表明这个地方在不久以前还是海底[4]。南部的黑海草原上还生长着大量的草，甚至生产谷物，而在里海低地只能看到极少的小灌木和蔓生植物。但是即使在南部多草的草原上，由于生长植物的黑土地层很薄，在经常受到强烈而干燥的风吹袭的情况下（那里主要是这种风），就无法在空旷的地区生长重要的木材：这是草原地带没有森林的主要原因[5]。因此，在我们的平原的南部地带保存着它的地质成因和土壤形成的十分明显的痕迹。我们已经指出的里海草原土壤的类别和成分使我们能够推测到，海洋从欧俄南半部地区退去是相当晚的，也许已经在人们能够记忆的历史时代。里海和过去可能与它连结在一起的咸海，现在水量还在继续减退。在古代希腊和中世纪阿拉伯的地理学家们的传说中不是还保存着关于这种变化的模糊的记忆吗？他们说里海的一端是和北冰洋相接的，另一端和亚速海相接。上面的这种描述和说明，也许很像在相当晚的地质时期连接里海和黑海的那个海峡的遗迹，而且甚至有人认为库马—马内奇低地是这个海峡的底。至于北冰洋，根据地质学家们的想象，在它和里海之间过去有一片广阔的水洼地，在我们的平原的境内和乌拉尔山平行，不过这是在非常遥远的地质时期。

植物地带 这样，鉴于欧俄的地质结构，可以把它粗略地分成两个基本的、历史上特别重要的土壤区：北部多少混杂着碱土的沙土和黏土区，以及南部的黑土区。这两个土壤区相当于（但并不完全符合）两个植物地带：森林地带和草原地带。这两个植物地带对我国民族的历史有着巨大的影响。海洋的水是沿着俄罗斯平原对黑海和里海所形成的斜坡从南部退去的。这个斜坡是向东南的，这也决定了退水后所形成的草原地区的地形。这里土壤的草原性质也是朝着东南方向增强的：这个地区的土地摆脱海洋的时间愈迟，过去的海底就愈少被新的土壤所覆盖。在这个斜坡的东南方向，海底的西北面应当比东北面显露得早，因为退去的大海的北岸向西南方面倾斜的角度比东面的角度大。因此草原地带也具有同样的外形：它像一个三角形，它的底边倾向乌拉尔山，它的东北部很宽，往西南部逐渐狭窄，像一个楔子一样嵌入多瑙河的下游。

草原地带 草原地带并不是土壤成分和植物性质都完全一样的无森林地区。根据这两个方面可以把草原地带再分成两个地带：北部的水草地带和南部的草皮地带。前者在土壤上覆盖着茂密的草皮和水草，黑土非常肥沃；后者在草皮上有光秃的空隙，并且愈是向南，黑土愈瘦瘠，所含腐殖质的成分愈少。在水草地带经常散布着一处处的林地，因此也被称作森林草原地带，而在草皮地带，只有在地理条件有利的盆地或山坡上才生长个别的小块树林。就是在这些地理变化中，也说明了南俄罗斯的土壤和植物区系决定于海洋退水的方向——南俄罗斯的西北部显露得较早。

森林地带 广阔的森林地带与草原地带的北部和西北部相接，

这里的森林的形成是由于这地区的大海和冰河退却较早,有时间积蓄比较浓厚的植物层。然而在这两个地带之间很难划分界线:因为它们的气候、土壤和植物等方面的特点是逐渐地、不明显地混杂和交融在一起的。在森林地带有被森林围绕的一处处草地,而在草原地带也有一块块间断的甚至一片片茂密的森林。现在在俄罗斯中部已经没有茂密的原始森林了;由于采伐和开垦的结果,森林地带已经大大地从南部退后了,而草原地带在比以前更北的地段开始。基辅现在几乎就在草原地带,而文献上提到它的时候,它还完全是一个森林中的城市:"离城近处有很大的阔叶林和针叶林。"[6]但是有人认为,过去草原地带在比现在更北的地方,被北部森林的扩展推向南方,而后来人的双手又使它回复到原先的疆界。正在不断转化的土壤,大约从佩尔姆和乌法之间开始,从南部经过下诺夫哥罗得、梁赞、土拉、切尔尼戈夫、基辅和日托米尔,像一条十分狭窄的带子,沿着卡马河下游一直朝着西南方蜿蜒伸展;这种土壤很像黑土,是黏土质的,而且混杂着大量阔叶树林的腐殖质,因此称作森林沙质黏土。这个地带在北部的黏土和沙土以及一般的草原黑土之间穿过,并且经常为它们所隔断,它是森林地带和草原地带之间的分界线:沙土、沙质黏土与黑土,森林与草原就在这里接触和交错。

这个森林地带按土壤的成分和植物的性质可以分成两个地带:南部的黑土和森林沙质黏土上生长阔叶树林,北部的沙质黏土和沙土上生长针叶树林。莫斯科显然处在这两种植物地带的交接点,或者接近这个交叉点。不过阔叶树和针叶树是经常混杂在一起的,因此只能说某一个地方某种树木比另一种树木多,而不能把它们在地理上作绝对的划分。尽管有人们的砍伐,况且俄罗斯人过去是不习惯于保护森林的,但欧俄的森林到最近还保存着相当大的面积。根据19世纪60年代的官方资料,这里在42 500万俄亩土地中森林面积占17 200万俄亩，也就是说约占40%[7]。根据1881年中央统计委员会收集的资料，在欧俄（芬兰和维斯拉河沿岸各省除外）40 600万俄亩的土地中，森林面积占15 750万俄亩，将近39%[8]。

最主要的分水岭 我们这个平原地面形成的过程对国家气候、土壤的构成和植物的地理分布起着十分明显的作用，而它对流动的和静止的水的分配所起的作用也并不小。我们平原地势的某些特点在这方面起了作用。虽然我们的国家一般带平原性质，但内部也有个别的高凸的地形，在有些地方形成一片平坦的高地或一排很长的丘陵，不过并不太高，最高峰也不超过海拔220沙绳。不久以前蒂洛[1]的测量考察表明，欧俄内陆的高地南北向的比东西向的要多。例如：所谓中俄高地从诺夫哥罗德省开始，几乎纵贯了一千多俄里，直到哈尔科夫省和顿河军区[2]，在那里和沿北顿涅茨河到顿河的平坦的顿涅茨高地相接；伏尔加河沿岸高地也是同样的走向，从下诺夫哥罗德开始沿伏尔加河右岸伸展，在南部也继续为许多高地——耶尔根尼高地；阿夫拉亭高地从加利奇亚开始，但和喀尔巴阡山完全相隔，它的几个分支经过沃林省和波多尔斯克省，支脉密布在邻近各省，形成了第聂伯河的急流。这些高地彼此之间有低地相隔，其中在历史上最主要的是西南低地，它从波列谢沿第聂伯河直到黑海和亚速海，还有中部的莫斯科盆地或奥卡河—顿河低地，包括奥卡河谷地、克利亚济马河谷地、伏尔加河上游谷地和顿河谷地。上述那些高地及其各方面的分支成为俄罗斯中部和南部那些主要河流的分水岭，而这些主要河流都分布在上述低地上，因此，这些高地和低地对欧俄的水文地理学是很有关系的。

---

1 А.А.蒂洛（1839—1899年），俄国的大地测量学家和地图绘制家。——译者
2 俄罗斯帝国的行政区划单位，居住着顿河哥萨克人，1924年起改称北高加索边疆区。——译者

水 中俄高地的北部形成了阿拉温高地和瓦尔戴丘陵。这些丘陵的高度是八百至九百英尺,很少达到一千英尺,它们对我们的平原在水文地理上有着重大的意义:这里是我们平原的水文地理的枢纽[9]。我们平原的河流系统是平原优良的水文地理特点之一。公元前450年它就受到善于观察的希罗多德[1]的注意;他在叙述西徐亚国,即南俄罗斯的时候,就指出这个国家除了灌溉的河流外就再没有别的奇特的东西了:这里的河流很多、很大。而且我们国家里再没有别的特殊的东西能像欧俄的河流系统那样,对我们民族的生活起这样多方面的、深刻而显著的影响。

俄罗斯平原的地形和土壤成分使它的河流具有独特的方向;这些条件还给予河流或者使河流保持丰富的养料。我们的平原和西欧相比,地下水和雨水都不少。它境内丰富的地下水和雨水部分也是由它的地形及地质的构造所决定的。在俄罗斯北部和中部丘陵之间的低地上,积蓄着古代冰河融化的大量淡水,形成湖泊和沼泽;阿斯特拉罕省和塔夫利亚省的一些咸水湖,即海洋从俄罗斯南部退去以后的残迹,对它的河流系统没有多大作用。在俄罗斯北部和中部几乎全境都能看到大小湖泊和沼泽。伏尔加河上游的特维尔省、雅罗斯拉夫尔省和科斯特罗马省沼泽和湖泊星罗棋布,共有数百个。在雅罗斯拉夫尔省莫洛日斯基县的许多沼泽中,有一个沼泽不久前还占将近一百平方俄里的面积。不过这个湖泊和沼泽的王国一年比一年更小了。这些贮水昔日消退的过程现在还在我们眼前继续着:湖泊的滩边生长了苔藓和水草,显得狭小了,浅了,变成了沼泽,而沼泽又随着森林的采伐和地下水的降低而干枯了。但尽管如此,欧俄湖泊和沼泽的面积仍然十分广阔。有两个边区湖泊和沼

---

1 希罗多德(大约公元前484—前425年),古希腊历史学家。——译者

泽特别多，这就是所谓奥泽尔州和波列西耶，那里共有千五多个湖泊。在奥泽尔州，在诺夫哥罗得省、彼得堡省、普斯科夫省（阿尔汉格尔斯克省、奥洛涅茨省和特维尔省不算在内，这三个省的湖泊很多，也是可以列入里面的），仅是沼泽（湖泊不计在内），就占将近三百万俄亩的面积。在波列西耶，即在格罗德诺省、明斯克省和沃林省接界的地方，沼泽的面积几乎共占二百万俄亩。排干波列西耶的过程可以表明，与湖泊斗争是一件多么艰难的事。1873年为排干波列西耶曾组织过一个专门的考察团。它工作25年仅排干近45万俄亩，即约占波列西耶整个沼泽面积的四分之一〔10〕。

地下水与地上水有着密切的关系：地下水或者供应地上的水，或者受到地上水的供应。欧俄的水一般分布的规律是：从北向南地下水逐渐加深。在北部，地下水和地面很接近，经常和显露在地面上的水汇合在一起，形成沼泽。在中部地带地下水的深度已达几沙绳即在6沙绳以下，而在诺沃罗西亚地下水的深度达15沙绳，甚至更多。它处在黏土质、砂质和石灰层的岩石层中，在中部地带的有些地方形成一股股充沛的好水，这种水无色、透明、无味，含有少量混合的矿物质，正好像供应莫斯科自来水的梅季希的水一样。愈接近南方，地下水成分中含有的混合矿物质愈多。

地下水在很大程度上是靠降雨量来维持的，而降雨量的分布大多决定于风向。夏季，从5月到8月，俄罗斯北部和中部主要是西风，尤其是西南风，这是最多雨的风。乌拉尔山把这些风从大西洋带来的云阻挡住了，使它变成大量的雨，降落在我们的平原上。除了这种云以外，还有当地融化的春雪的蒸汽。夏季俄罗斯北部和中部的降雨量，通常比西欧多，因此俄罗斯一般被认为是一个夏季多雨的国家。在俄罗斯南部的草原地带却相反，那里吹的是干燥的东风，空旷的草原由于和中亚细亚的沙漠直接接壤，干旱的东风可以自由地吹来。因此在俄罗斯中部和南部夏季的雨量是从南方，特别是东南方向、北方和西北方逐渐增多的。波罗的海沿海各省和西部各省全年的平均雨量是 475 至 610 毫米，中部各省是 471 至 598 毫米，东部各省是 272 至 520 毫米，南部草原地带，阿斯特拉罕省和诺沃罗西亚各省是 136 至 475 毫米；西部各省的最低量等于南部各省的最高量[11]。

河流 在瓦尔戴丘陵的山麓，在一群山冈之间有许多湖泊和沼泽，由于这里降的雨雪最多，因此它们能得到大量的雨水，这些湖泊和沼泽便是欧俄的一些主要河流——伏尔加河、第聂伯河和西德维纳河——的发源地，它们从这里流向俄罗斯平原的各个方面。因此，瓦尔戴丘陵是我们这个平原的主要分水岭，并且对它的河流系统有很大的影响。几乎欧俄所有的河流都起源于湖泊和沼泽，而且除了自己的本源以外，都是靠融化的春雪和雨供应水的。这里以及平原上的其他许多沼泽是调节全国水量的地方，是许多河流的贮水库。当雨雪这个次要的水源枯竭的时候，河流的水位降低了，沼泽就尽力补足河流中消耗的水。由于土壤松软，积储的静止的水能够向各方面找到出口，而土地的平坦使河流能够向各个方面流去。因此在欧洲再也找不到这样复杂的河流系统，支流的方向是这样的不同，河流的流域相互之间又是这样的接近：各个流域的干线有时是向相反的方向流的，它们的支流又是这样的接近，因此这些流域似乎交织在一起，形成图案形的河流系统，印在这个平原上。在两条河流之间的陆地相距不远而地面又比较平坦的情况下，如在有连水陆路的地方，上面的这个特点对沟通国内的水道是很有利的，例如在较古的时代就已能把河里的小船从一条河流中拖起来，拖到另一条河流里，以便于通航。俄罗斯的河流从海拔不高的湖泊和沼泽中流出，河水落差很小，也就是说流得很慢，同时两岸都是容易冲毁的松土。由于这个原因，这些河流都是曲曲折折的。发源于高山的河流由山上的融雪供应水源，从悬崖峭壁上冲下来，由于水流很急，直流而下，遇到阻碍就骤然转折，形成直角或锐角。西欧的河流一般都是这样的。在我国由于河面落差很小和土壤不很坚实，河流都是异常曲折的。伏尔加河全长 3 480 俄里，但从它的源头到河口直线距离只有 1 565 俄里。正是由于这样，一些大河的流域占据了广阔的地区：例如，伏尔加河及其支流流过的面积有 1 216 460 俄里。

春泛 我们再指出俄国水文地理中的两个特点作为结论，这两个特点也是具有历史意义的。一个特点是我们的河流经常在春天大水泛滥，这对通航和经营牧场非常有利，对沿岸居民的分布也起很大的影响。另外一个特点是河流多少带点南北方向：你们知道，这些河流一般都是右岸较高，左岸较低。你们已经知道，约在 19 世纪中叶，俄罗斯科学院院士伯尔把这个现象解释为是地球围绕其轴心昼夜自转造成的。我们应当记住，这个特点对居民在河流沿岸的分布，特别是对国防建设同样起着作用：在高的河岸上筑起了城堡，而居民就集中在这些城堡里或城堡的附近。请记住伏尔加河沿岸多数古代设防的俄罗斯城市的位置。

我们现在只限于讲述上面所引的一些细节，并且尝试把它们汇成一个完整的概念。

第四讲

国家的自然界对其民族历史的影响——人对自然界的关系概述——俄罗斯平原的土壤地带、植物地带和河流系统的作用——奥卡河—伏尔加河流域作为垦殖、国民经济和政治的中心的意义——森林、草原和河流：它们在俄国历史中的作用以及俄罗斯人和它们的关系——能否按现代的印象来判断国家的自然界对古人心境的影响？——俄罗斯平原自然界中某些具有威胁性的现象

上一小时我们大家收集了一些用来回答我国自然界对我国民族历史的影响这个问题的资料。现在我们来分析已经收集的资料，试图解答这个问题。

国家的自然界和民族的历史　这里必须预先声明一点。上述问题还没有摆脱某些困难和危险，这些困难和危险在教学法上必须小心地加以防止。我们的思维习惯于把所要研究的事物分成许多组成部分，而自然界无论是它本身或者是它对人们的作用，都是不能作这样的分解的；自然界的一切力量在进行着一种协同的工作，在每一个动作中都有许多不明显的协作因素在帮助主导的因素，在每一个现象中都有各种各样的条件参加在内。我们在研究的时候能够区别这些参与的条件，但是我们很难切实地确定每一个协作因素在总的事情中的分量和性质，更难于理解它们怎样和为什么参与这种相互作用。历史过程中生活的完整性，是历史研究中最难对付的对

象。毫无疑问，人们时刻轮流地有时适应于自己周围的自然界，适应于它的力量和活动方式，有时又使它们来适应人们，适应人们不能或不想放弃的需要，他们在对自己本身和对自然界的两方面的斗争中，产生了自己的灵性，以及自己的性格、能量、理解力、感情和意向，部分地还产生了自己对他人的态度。因此，自然界对人们的这些才能所给予的刺激和养料愈多，使人的内心力量展开得愈广，那么他对自己境内居民历史的影响也一定愈大，虽然自然界的这种影响还是表现在由它所引起和施于它本身的人类活动中。

自然界在人类历史命运中的影响范围，是由生活法则分给物质自然界的，人类的活动并不是一切方面都以同样的程度受到自然界的作用。这里必须推测这种影响的一定的渐进性，或者可以说是影响的不同程度；但是即使有一些科学上的了解，仍然很难确定这种关系。从理论来判断，不按照历史经验中的确切的根据，似乎觉得物质自然界一定是以很大的力量对人类生活起影响的，因为人类本身作为一个有形体的生物直接处于自然界的范围以内，或者与自然界发生密切的接触。而起影响的方面就在于人类的物质需要，满足物质需要的物资是需要物质自然界供给的，并且从物质需要中产生了经济生活；从这里又产生了调节满足这些需要的方法，以及在这方面所必需的内部和外部安全来加以保证，也就是法律关系和政治关系。

在从这种一般的设想转入所提出的问题的时候，我们不打算在我国历史中加紧找寻方才叙述的概况的证据，而只是指出那些不考虑国家自然界的因素就不能说明的现象，或是其中自然因素十分明显的现象。这里首先应当指出三个地理特点，或者更确切地说，是这些特点所构成的、对国家历史生活条件中的文化有利的三种结合：（一）具有不同土壤成分和不同植物的土壤地带和植物地带的划分;(二)国内河流系统的复杂性:河流具有不同方向和河流流域相互之间十分接近;(三)中部阿拉温—莫斯科地区共同的或主要的植物中心和水文地理中心。

土壤地带和植物地带的作用 土壤地带和上述河流流域的特点对国家的历史起着巨大的作用,它们对居民生活各方面所起的作用是不一样的。我国平原各部分土壤成分的差别和植物种类的不同,决定了国民经济的特点,要看俄罗斯绝大部分居民集中在什么地带,森林地带还是草原地带,因而产生了地域性的经济类型。不过这种条件的作用不是一下子就表现出来的。东斯拉夫人在平原上散居的时候,占据了俄罗斯中部的两个相接的地带,森林黏土带和草原黑土带的北部。可以意料,在这两个地带形成了国民经济的两种不同类型:狩猎和农业。然而我国的古代文献并没有注意到这种区别。的确,处在"一大片阔叶林和针叶林"中的基辅城的创立者基伊和他的弟弟都是以狩猎为生的,他们"捕捉野兽"。但是南部地带的斯拉夫人的一切部落居住在森林里,从事狩猎,向基辅王公纳贡或向哈扎尔人缴纳皮毛,然而根据文献记载他们也是农民。住在杰斯纳河和奥卡河上游之间的茂密森林里的维亚迪奇人向哈扎尔人缴纳"木犁"贡税。奥列格向自称为林中人的德列夫利安人索取毛皮贡物,同时德列夫利安人也"耕种自己的田亩和自己的土地"。因此在最初的几世纪中,各种土壤地带和植物地带的经营上的区别是不显著的。

河流系统的影响 河流系统对人民根据当地的自然条件而分配劳动力所起的作用,似乎更早和更大。居民大多沿着巨大的河流——主要的通商航路——而聚集起来,他们非常积极地参加很早在这里发展起来的商业活动;沿着这些河流产生了许多商业中心,最古的罗斯城市;离河流较远的居民,仍然从事农业和林业,向沿河的商人供应出口货物、蜂蜜、蜡和皮毛。除了对国民经济的交换所起的这种影响以外，河流很早就具有更为重要的政治意义。河的流域引导着居民的地理分布，而居民的分布决定了国家的政治划分。河流作为现成的原始道路，使居民沿着其支流向各个方向分散开去。顺着这些河流很早就形成了各种地方性的居民群，即部落，古代的编年史也是按照这些部落来划分第9—10世纪的罗斯斯拉夫人的；而后来又按照这些部落形成了政治区域——邦（国家曾长期分成邦），而且王公的统治和他们之间的相互关系也都适应着这样的划分。在古罗斯原始部落的划分中，以及在代之而起的政治区域和王公邦的划分中，很容易看出这种水文地理的基础。古代编年史也直接按照河流来分配这个平原上的罗斯斯拉夫部落。正是这样，古代的基辅邦在第聂伯河中游地区，契尔尼戈夫邦在第聂伯河的支流杰斯纳河地区，罗斯托夫邦在伏尔加河上游地区等等。这种水文地理的基础在以后第13—15世纪的诸侯封邑的划分中更为明显，它与奥卡河流域和伏尔加河上游支流的复杂分布情况十分吻合。但是河流系统的这种离心作用是靠它的另外一个特点支持住的。平原上的各主要河流，其流域相互之间十分接近，加上地形上的单调，使散居在各流域的各部居民相互之间不至于分隔，不至于封闭在每条河流的孤立的小范围内，而是使他们之间能够保持往来，培养着民族的团结，并且促使国家的统一。

奥卡河—伏尔加河两河流域及其作用 在上述植物分布情况和水文地理条件的协同作用下，经过一定时间，在平原上形成了人民之间各种关系的一个复杂的中心点。我们已经看到，阿拉温高地是我国河流系统的集合点。这个高地和中部莫斯科盆地的接连部分形成了奥卡河和伏尔加河上游地区，并且成了人民日常生活的中心。当大批俄罗斯居民开始从第聂伯河流域迁到这里来的时候，在奥卡河—伏尔加河两河流域形成了移民的中心,从西南方来的移民运动的集合点:迁移的人民在这里汇合起来,再从这里向四面八方分散开去,到伏尔加河以北,再到奥卡河以东和东南地区。经过一段时间,这里就形成了国民经济的中心。在人民劳动力的分配开始适应自然的地理差别的时候,在这个地区可以看到森林经济和草原经济、工艺和农业结合的情形。外来的危险,特别是来自草原方面的危险,为劳动力的分配带来了新的因素。当军役人员从人民群众中分离出来以后,这个地区农村的劳动居民就和作为草原上的守卫者的武装阶级混杂在一起。从这里起他们沿着从鞑靼人那里夺得的北部草原地带的领地和小城堡种植防御的树篱。这个中心区南部疆界的别列格(奥卡河流域的古代名称),是草原战争的作战基地,同时也是这个草原军事殖民区的支撑线。来自古代基辅罗斯各地的移民吞没了当地的芬兰人,在这里形成雄厚的人群,他们是同一类型的,能干的;他们具有复杂的经济生活和愈来愈复杂的社会成分,成了大俄罗斯民族的核心。在这个地理和人种的中心地区很快就确立了人民防御的中心,从在这里汇合和交织起来的各种关系和利益中,结合成了政治的枢纽。建立在草原各主要河流发源地的政治力量,自然竭力把自己的统治权力扩展到这些河流的河口,沿着各主要河流的流向派遣居民,使他们来保卫这些地方。这样,国家疆土的中心就建在河流的上游,而周围的地方就是这些河流的河口,进一步迁移的方向就是河流流经的地方。在这方面我国的历史是相当符合自然条件的:河流在许多方面画出了历史的大纲。

俄罗斯平原自然界的主要自然现象 到现在我们才看清我国平原各种地形的协同作用,对俄罗斯人民的经济生活和政治制度起影响的山脉、土壤和水文地理条件的协同作用。森林、草原和河流,按其历史作用来说可以说是俄罗斯自然界的主要自然现象。它们每个都单独对罗斯人的生活和理性的形成起着积极的和独特的作用。俄罗斯的森林地带奠定了我们俄罗斯国家的基础：我们现在就从森林来开始对这些自然现象作局部的观察。

森林 森林在我国历史中起着巨大的作用。它数百年来一直是俄罗斯的生活环境，直到18世纪的后半期绝大部分俄罗斯人还生活在我国平原的森林地带。来自草原的入侵——鞑靼人的侵略和哥萨克人的暴动对这种生活只不过是一些可怕的插曲。甚至在17世纪，对经斯摩棱斯克到莫斯科来的西欧人说来，莫斯科俄罗斯还是一片茂密的森林，城市和乡村仅是森林中的或大或小的空地。甚至在现在，被蔚蓝的森林地带镶边的比较宽广的地平线，仍然是俄罗斯中部最习见的风景。森林给予俄罗斯人各种各样的帮助——经济上的、政治上的，甚至道德上的：他们用松树和檞树建造房屋，用白桦和白杨作为燃料，用白桦木片照亮自己的小木房，穿的是树皮编成的鞋子，用树皮制成家用器皿。北方也有很长的时期像以前南方那样，靠森林中的软毛兽和野蜜蜂来维持国民经济。对俄罗斯人来说，森林代替山丘和城堡还是防御外敌的最可靠的掩蔽所。国家本身，最初和草原接壤的时候，由于草原邻人的侵犯而没有获得成就，只有在远离基辅的北方，在森林的掩护下才巩固了起来。森林向俄罗斯隐者提供了费瓦伊特荒郊寺院，成了躲避尘世诱惑的庇护所。从14世纪末叶起，在荒野的静寂中寻求拯救灵魂的人们，都集中在伏尔加河左岸北部的密林中，只有到那里他们才能开辟生活的途径。这些人为了躲开尘世跑到荒郊寺院，但是他们把尘世生活也随之带到了那里。农民也接踵而至，那里出现的许多寺院成了农民移民的据点，成为新移民的教区教堂、贷款机关以及养老院。这样，森林使北部罗斯人的隐遁苦修生活具有独特的性质，使它成为森林移民的一种特别的形式。不过尽管森林有这一切功绩，但它总是使俄罗斯人感到艰苦。在古代，森林异常之多，浓密的树林经常把道路隔断，费力开辟的草地和田地经常又被讨厌的杂树所侵占，人类自身和家畜经常受到熊和狼的威胁。盗匪常在森林中营建巢穴。在伐去和烧掉森林的土地上用斧头和火镰从事森林中的农垦，这种繁重的活也是使人疲劳和厌烦的。这一点可以用来说明俄罗斯人对森林的不睦的或不关心的态度：他们从来也不爱自己的森林。当他们走到森林昏暗的浓荫之下的时候，他们就会感到一种莫名其妙的胆怯。森林中的昏沉的"令人欲睡的"寂静使他们感到害怕：古老的树顶发出的那种低得无声的杂音似乎是什么不祥之兆；每分钟都可能发生的难以逆料的危险，使人神经紧张，引起种种想象。因此古罗斯人对森林怀着各种各样的恐惧。森林——这是林中好恶作剧的独眼恶魔的黑暗王国，这个恶魔喜欢作弄那些走进他的领地的旅人。现在俄罗斯中部偏南地带的森林愈来愈稀少了，只给人留下这里曾经有过森林的回忆，因此对森林的记忆人们当作珍品珍藏着；而在较北的地带，这是私人业主和公家的收入项目，木材的采伐每年可得 5 700 至 5 800 万卢布。

草原 草原和田野提供的是另一种效力，产生的也是另一种印象。广阔的黑土地带的农业，茂盛的草原牧场牧畜业，特别是牧马业的早期重大发展情况我们可以想象出来。南俄罗斯草原积极的历史作用，主要在于它接近造成草原地带的南方的大海，特别是黑海，黑海使第聂伯河时期的罗斯很早就和南欧的文明世界发生了直接接触；但是草原的这种作用与其归功于它自己，不如归功于那些大海，以及在草原上流过的那些巨大的俄罗斯河流。很难说，草原究竟有多么广大和辽阔，像歌谣所歌唱的那样，它的无边无际的土地培育了古罗斯南方居民一种宽大和深远的情怀，宽阔的视野（古代称作眼界）；总之这种情怀不是森林的俄罗斯所能形成的。不过草原也具有严重的历史缺陷：它带给爱好和平的邻人的除赠品外几乎更多的是灾害。它永远是对古罗斯的威胁，并且经常成为它的祸患。与草原上的游牧民族，波洛夫齐人以及凶恶的鞑靼人的斗争从第 8 世纪几乎一直延续到 17 世纪末叶，这是俄罗斯人民最痛苦的历史回忆，这段历史记忆非常深刻地印在他们的脑海里，并且异常鲜明地表现在他们的壮士诗中。千年来和草原上凶恶的亚洲人敌对的邻居关系，仅这一点在俄国的历史生活中已足以超过欧洲的全部缺点。适合于草原的性质和作用的草原的历史产物，是哥萨克，按照这个词在俄罗斯的一般意义，这是一种无家可归的、不幸的"流浪者"，不属于任何团体，没有确定的职业和固定的住址，按照他们在南俄罗斯的最简单的原始面貌，这是一种"自由人"，也是社会的逃离者，除自己的"伙伴"外不承认任何的社会关系，他们是献身于与不忠诚者斗争的勇士，是破坏一切而不爱也不建设任何东西的人。他们是站在草原的"勇士城关上"保卫俄罗斯土地反对异教徒的古代基辅勇士的历史继承者，在精神上和北方森林中的僧侣正好成为对照。从混乱时期[1]起，对莫斯科罗斯说来，哥萨克的形象成了流浪的可恶"盗贼"。

河流 因此森林，特别是草原，对俄罗斯人所起的作用是含糊不清的。然而俄罗斯河流的作用却没有任何含糊不清之处，不会产生任何误解。俄罗斯人在河流上是生气勃勃的，他们和河流相处得十分友好。他们喜爱自己的河流，在歌谣中国内再没有别的自然现象像河流这样得到如此亲密的赞语。——河流是值得喜爱的。在迁居的时候河流向他们指示道路，定居以后成了他们不变的邻居：他

---

[1] 指 17 世纪初叶波洛特尼科夫领导的农民战争和俄国人民反对波兰和瑞典武装干涉的时期，这是革命前贵族资产阶级历史文献中通用的不正确的名称。——译者

们紧靠着河流，在干燥的河岸上安排自己的住所，建立起大大小小的村庄。在一年中长长的斋戒期[1]内，它还供养着他们。对商人说来，它在夏季是现成的航路，甚至冬季也能在冰上通行，不受暴风雨和暗礁的威胁，只是在经常变化无常的河流的转弯处，要掌好舵，及时转弯和注意浅滩。河流甚至是人民的公共秩序和公益心的独特的培养者。河流本身也喜欢秩序和规律性。它涨水是有规律的、定期的，这在西欧的水文地理中毫无类似的情况。它指出哪里不能居住，涨大水时使那些狭窄的小河暂时变成真正可以浮筏的河流，为航运、贸易、牧场经济和蔬菜业带来不可估量的利益。俄罗斯的河流从上游到下游落差很小，因此偶尔爆发的山洪无论怎样也不能和西欧山上的河流突然的、破坏性的泛滥相比。俄罗斯的河流使沿岸的居民习惯于共同生活和善于交际。在古罗斯，人们沿河散居，居住的地方特别集中在热闹的、通航的河流两岸、两河之间的地带留下空旷的森林地区或沼泽地区。要是能从空中俯瞰15世纪的俄罗斯中部地方，就能看到一幅复杂的图画：沿河的细长地带密布着奇异的花纹，此外是大片深色的空隙。河流还培养进取精神，培养合作的习惯，教人思索和想办法，使分散的居民接近起来，使人习惯于感到自己是社会的成员，要和陌生的人们交往，观察他们的性情和兴趣，交换货物和经验，懂得待人的态度。因此，俄罗斯的河流具有各种各样的历史功劳。

从俄罗斯平原得到的印象　在研究国家的自然界对人们的影响的时候，我们有时试图在最后阐明，自然界怎样影响着古代居民的心情，同时经常根据它对民族心理的作用把我国和西欧相比。这个

---

[1] 东正教的斋戒。春季有大斋（复活节前的七个星期）；夏季有彼得斋；秋季有圣母安息节斋；冬季有圣诞节斋（或称腓力斋），此外还有一些斋戒。教徒们在斋期不得娱乐，不得结婚。——译者

课题是非常有趣的，但是不能摆脱科学上的严重风险。我们在努力探明古人接受周围自然界印象的这个神秘过程的时候，总是喜欢把自己亲身的感受转嫁给它。试回想一下，当我们站在下哥罗德内城高处欣赏眼前滚滚流动的浩荡河水，欣赏伏尔加河左岸辽阔平原景致的时候，我们会想到，尼日涅古代的创始者，13世纪的俄罗斯人，在选择据点以便和莫尔德瓦人、伏尔加河流域其他异族进行斗争的时候，也会有闲暇在这幅风景面前站立，同时在它的魅力之下，决定在奥卡河和伏尔加河汇合处建立一个巩固的城市。但是事情非常可能是这样的：古代人既考虑不到审美学，也无暇欣赏远景。现在一个从东欧平原去的旅客初次经过西欧，一定会对各种景色，对他在故乡时看不到的地形的剧烈变化感到惊异。他从地形和祖国十分相像的伦巴底经过几小时来到瑞士，那里已是另一番景象，那里的地形是他完全不习惯的。他在西欧看到的自己周围的一切，固执地使他产生这样的印象：界线、范围、确切的规定性、极端的明显性、随处可见的具有长期顽强劳动的动人特征的人们。旅客的注意力被不断地吸引住了，显得异常激动。他回忆起祖国的土拉或奥勒尔早春的单调景色：他看到平坦而荒凉的田野，好像海面一般隆起在地平线，地平线上稀疏的小树林和林边黑色的道路，这样一幅图画伴随着他从北方直到南方，从一个省到另一个省，好像同一个地方跟随着他一起移动了数百俄里。一切东西的轮廓都是柔和的，不易捉摸的，感觉不到变化；声调和色彩是朴质的，甚至是懦怯的，一切东西都给人不确切的、模糊而安详的印象。辽阔的地面上看不到住所，四周听不到任何声音，于是人就会产生一种可怕的感觉：毫无骚扰的宁静、毫无惊扰的沉睡，荒凉、孤独，这种感觉倾向于作没有明白思想的、无目的的、凄凉的沉思。但是，难道这种感觉就是对古人、对他和周围自然界的关系的历史观察吗？这或者是一个民族一般的文化状态反映在国家表面所造成的印象，或者是现代的观察家习于把地理观察转移到自己的内心情绪上去，而又把这种情绪反过来看作是振奋或减弱古人的活力的精神状态，两者必居其一。另一件事是人的住房的式样。和从外面自然界接受的印象比较起来，这里主观的成分较少，从历史上吸取的成分较多。住房的建筑不仅是根据材料，而且还根据建筑者的趣味，根据他们的占主导地位的情绪。住房的形式虽然是按时代的条件而确定的，但是由于保守的关系（趣味的保守较人类其他情绪的保守更甚），通常总要比产生它的时代保持得更长。伏尔加河流域以及欧俄其他许多地方的农村，至今由于简陋和缺乏最简单的生活设备而令人（特别是来自西欧的旅行家）产生一种印象，认为这是游牧民族临时的驻屯所，他们不是今天便是明天就会抛弃这个刚住惯的地方，迁移到新的地方去。这就是古代长期迁徙和经常发生火灾的后果——这种情况一代接一代地培养着对家庭设备、对生活环境的布置毫不关心的态度。

带有威胁性的现象　在观察自然界对人们的影响的时候，也应当看到人们对自然界的作用，在这种作用中也表现出自然界的某些特点。人们为满足自己的需要而对自然界所做的文化加工，有着自己的限度，并且要求一定的谨慎态度，即在扩大和调节自然力的时候，不能把力量耗尽，失去平衡，以致破坏它们的自然的相应关系。要不然自然界本身就会发生矛盾，并且违反人们的计划，用一只手破坏另一只手创造的东西。地理条件本身是有利于文化的，如果对它不谨慎，就可能妨碍人民的福利。我国的自然界明显地是简单和单调的，它的特点是缺乏稳固性：它比较容易失去平衡。人们很难使供应西欧山间河流的泉源枯竭；但是在俄罗斯，只要把河流上游和上游支流的水舀光或舀干，河流就会变浅。在俄罗斯的黑土地带和沙土地带有两种现象完全或部分地是文化的产物，更确切地说，是人们不谨慎态度的产物,这两种现象似乎就成了我国的地理特点,成了我国经常的自然灾害:冲沟和飞沙。开垦时除去使松土黏结的草皮,这种松土就很容易被高地上冲下来的雨雪的细流冲毁,这就形成了向各个方向的冲沟。流传到我们现代的最老的土地登记册就已指出大量的冲沟和岔冲沟。现在它们形成了广阔的和复杂的网,并且还在日益扩大和复杂化,夺取了大片的耕地面积。南方沃伦省、波多尔斯克省、比萨拉比亚省、赫尔松省、叶卡捷琳诺斯拉夫省和顿河军区翻耕过的草原上,冲沟特别多。数量众多的冲沟本身对农业造成很大的损失,同时还引起了新的灾害:它似乎构成了自然的排水系统,使周围田地里的水流得更快,抽去了邻近地方土壤中的水分,使这些土壤没有时间充分吸收雨雪的水,这样,加上森林稀少,就促使地下水位降低,这一点愈来愈明显地表现在频繁的旱灾中。飞沙的灾害并不比它小,在俄罗斯的黑土地带横贯着大量的飞沙带。飞沙能飞过很远的距离,散布在道路、池塘和湖泊上,污染河水,毁坏庄稼,使整片的田庄变成沙漠。欧俄飞沙的面积共约 250 万俄亩,根据所进行的观察,它每年扩大 1%,即大约 25 000 俄亩。沙土逐渐覆盖黑土,使南俄罗斯将来可能遭到土尔克斯坦的命运。在草原上放牧的牲畜加速了这个过程:它们用蹄子掘松表面一层坚实的沙土,风吹去了沙土上的使它黏结的有机物质,于是沙粒就飞扬起来。人们用各种各样的、代价很大的措施来和这种灾害进行斗争:筑围栏、篱笆和植树。近年来农业部用种植树木和灌木的方法来有步骤地巩固沙土,在五年(1898—1902 年)内已巩固了 3 万俄亩以上的沙土。这些数字有力地说明了和沙土斗争的艰巨性和长期性。

我们已经完成了研究俄国史的预备工作,讲明了研究的目的和方法,拟定了授课计划,复习了和历史有密切关系的一些俄国地理课。现在可以开始学习本课了。

第五讲

研究我国初期历史的主要史料《始初编年史》——古罗斯的编年史工作；原始编年史和编年史汇集——《始初编年史》的最古版本——在最初编年史汇集中的古代基辅编年史家的痕迹——这位编年史家是谁？——《始初编年史》的主要组成部分——它们是怎样编成汇集的？——编年史汇集的年代表——涅斯托尔和西尔维斯特

《始初编年史》 在着手研究我国初期历史的时候，还得[1]再完成一项准备工作：必须审查《始初编年史》的成分和性质，因为它是有关这一时期的知识的主要史料。

关于我国最初几百年的历史，我们有许多各种各样的和各方面的资料。特别是外国的一些资料，如第9世纪的都主教福季、第10世纪的皇帝康斯坦丁·巴格里亚诺罗德内和列夫·季亚康所写的资料，斯堪的纳维亚半岛的古史中的传说，以及当时许多阿拉伯作家，如伊本-霍尔达别、伊本-法德兰、伊本-达斯塔和马苏迪等人写的故事。至于从11世纪起一直流传下来的，愈来愈多的本国的书面文献、古代文物、保存下来的古代庙宇、钱币和其他东西，那就更不必说了。但所有这一切都只能反映出个别的、分散的情节，不能形成一个完整的整体，或者只是几个鲜明的点子，不足以说明整个地区。《始初编年史》却能把这些个别的资料汇集起来，加以说明。它提供了我国最初二百五十年的历史故事，这个故事起先是断断续续的,但是愈到后来,愈有连贯性,而且不再是普通的故事,而是编者用严整而缜密的观点对祖国初期历史加以说明的故事了[1]。

古罗斯的编年史工作 编纂历史是我国古代典籍家喜爱的工作。他们开始是刻板地摹仿拜占庭年代记的表面形式,但是很快就掌握了它的精神和概念,过了一段时期,就自己创立了历史叙述的某些特点,制订了自己的体裁,确立了坚强而严整的历史世界观,以及对历史事件的一致的评价,而且有时使自己的工作具有出色的艺术性,编纂历史在当时被认为是大有教益的善事。因此不仅是私人有时用摘记的方式记录国内发生的个别事件,为自己备忘之用,而且在个别的机构、寺院,特别是修道院里也都为了公益而逐年记载重大的事件。除了私人的和寺院的记载以外,在王公的宫廷中还编纂官方的编年史。从沃伦编年史中保存下来的沃伦王公姆斯季斯拉夫的1289年的文告中可以看出,沃伦王公宫廷中在编纂具有某种政治作用的官方编年史。姆斯季斯拉夫惩罚了别列斯季耶居民的叛逆罪以后,还在文告中附加了一句:"我已经把他们的叛逆罪载入编年史。"莫斯科国家形成以后,君主宫廷中的官方编年史在广度上获得异常的发展。编年史大多是由神职人员、主教、普通僧侣和教士编纂的,而莫斯科的官方编年史则是由衙门司书编纂的。编年史除了记载对各地具有普遍重要意义的事件以外,主要记载本地的事情。经过了一定的时间,在古罗斯的典籍家手中积累了大量私人和官方的地方记事。继各地最初的一些编年史家之后,历史学家们收集了这些记载,把它们编成一部全国性的完整而丰富的编年史,同时还补充了以后几年的记载。这样就成了重新编订的编年史,也就是后来的编年史家根据古代记录的原始记载而编辑的全俄编年史汇集。这些[2]综合性的编年史在后来重写时或者加以删节,或者加以扩充,充实新的资料,增加关于个别事件的完整故事、圣徒传和其他文章，于是编年史就成了各种材料的有系统的编年集。用重写、删节、充实和增补的方法，积累了浩如烟海的史册，至今还不能确知其数，其中包括不同成分和不同版本的编年史，而成分相近的编年史的文章，又有各种各样的体裁。这就是俄罗斯编年史工作进程的一般的，还不十分确切的情况。整理这些相当紊乱的俄罗斯编年史集，把目录和版本分门别类，说明它们的来源、成分和相互之间的关系，把它们归纳成几种主要的编年史体，这是对俄罗斯编年史集预先要做的一项复杂的批判性工作，这项工作很早就开始了，现在还有许多研究家在积极地、顺利地进行工作，工作尚未结束[2]。

我国各地记录的原始记事几乎全部散失了；但是根据它们重新编纂的编年史汇集却保存着。这些汇集也是在不同的时代和不同的地方编纂的。要是把它们编成一部完整的全集，那么就可以得到一部记述我国八百年中发生的事件的、几乎毫不间断的编年史，这部编年史不是任何地方都一样的充实和详细，但是它的精神和倾向性是一致的，而且具有同样的编纂方法和对历史事件同样的看法。曾经尝试过编纂这样的全集，叙述几乎是从9世纪中叶开始，不匀称地、偶尔有间断地延续了几个世纪，一些较早的汇集叙述到13世纪末或14世纪初，较后的汇集叙述到16世纪末，有的记述到17世纪，甚至18世纪。古文献学委员会[3]1834年组成的一个专门学术机构，为了出版俄罗斯古代历史文献，从1841年起开始出版《俄罗斯编年史大全》，共出版十二卷[3]。

《始初编年史》的最古抄本　关于我国9世纪、10世纪、11世纪，以及12世纪初叶（到1110年为止）的历史的古代记载，就是在这样编成的汇集中流传到我们现代的。古代编年史汇集中保存下来的关于这段时期内所发生的事件的记载，起初被称为《涅斯托尔编年史》，现在通常把它称作《始初编年史》。不过你们别向图书馆去借《始初编年史》，也许他们会听不懂，反而来问你们："你需要什么抄本的编年史？"于是你们自己也会不知所以然了。《始初编年史》原本单行本早已失散，现在所知道的各种抄本，都是经后人篡改和续写过的，在较后的汇集中通常叙述到16世纪末叶。如果你们想阅读《始初编年史》最古的抄本，那么可以借《拉夫连季耶夫编年史》或《伊帕季耶夫编年史》。《拉夫连季耶夫编年史》是现在保存下来的全俄编年史中最古的一种抄本，它是1377年由"卑鄙的、罪孽深重的坏奴隶、僧侣拉夫连季耶夫"为季米特里·顿斯科依的岳父苏兹达尔王公季米特里·康斯坦丁诺维奇编写的，因此后来就保藏在克利亚济马河上的弗拉基米尔城的罗日杰斯特文斯基寺院里。在这个抄本中，继《始初编年史》之后是关于南部基辅罗斯和北部苏兹达尔罗斯的报道，终于1305年。另一个抄本，即《伊帕季耶夫编年史》编写的年代是在14世纪末叶或15世纪初叶，它是在科斯特罗马的伊帕季耶夫寺院里发现的，因此以伊帕季耶夫为名。在这个抄本中，继《始初编年史》之后是关于罗斯国家，主要是12世纪的南部基辅罗斯的详尽历史，它的文章朴实生动，富有戏剧性，因此堪称佳作。而从1201到1292年记述加利哥亚和沃林这两个接壤公国所发生的事件的《沃伦编年史》，它的文笔同样是上乘的，很多地方是富有诗意的叙述。这两个抄本中从9世纪中叶到1110年的叙述，就是我们现在所能看到的《始初编年史》最古的版本。以前[4]，在19世纪中叶以前，评论家们根据自己的臆想，认为这部巨大的文献是由一个作家所写的完整作品，因此把注意力集中在这位编年史家的身上，并且想恢复这部著作的本来面目[4]。

但是，更加仔细地深入研究这部文献以后，就能发现，它并不是真正的古代基辅编年史，而是和后来的一些编年史同样的编年史汇集。而 [5] 古代基辅编年史仅是这部汇集中的一个组成部分 [5]。

古代编年史家的痕迹　在 11 世纪中叶以前的《始初编年史》中我们找不到这位古代基辅编年史家的痕迹；可是在 11 世纪后半期，他出现了几次。例如，在 1065 年项下讲到渔夫们从基辅附近的谢托姆里河中救起一个畸形的婴孩的时候，这位编年史家说："把他一直咒骂到晚上。"他那时已经成了佩切尔斯基寺院的僧侣呢，还只是一个跑去看看这桩怪事的孩子，这是很难断定的。但是在 11 世纪末叶他是住在佩切尔斯基寺院里，因为在 1096 年项下谈到波洛伏齐人侵袭佩切尔斯基寺院的时候，他说："他们来到了佩切尔斯基寺院，正是我们已经做完晚祷回到僧舍里就寝的时候。"[6] 接下去我们知道，这位编年史家在 1106 年还活着，因为他在这一年写道，善良的姓杨的长老死了，他活到 90 岁高龄，他是遵照上帝的规则生活的，他并不比第一等正直的人差，"我从他的嘴里听到很多的话，我就写在编年史里。"根据这几点可以对这位最初的基辅编年史家构成一个概念：他年轻的时候已经在基辅了，在 11 世纪末叶和 12 世纪初叶大概是佩切尔斯基寺院里的僧侣，而且在写编年史。从 11 世纪中叶甚至更早的时期起，编年史的叙述已经比较详细了，而且这个时代以前的某些记载中包含的神话色彩，这时候已经消失。

他是谁　那么这位编年史家是谁呢？早在 13 世纪初叶就已有了关于基辅—佩切尔斯基寺院的传说，认为他是该寺院里的僧人涅斯托尔。关于这位"写编年史"的涅斯托尔，该寺院的僧侣波里卡尔普在 13 世纪初叶写给修士大祭司阿金津的书信（1224—1231 年）中曾经提到过。历史学家塔季谢夫不知从哪儿得知，涅斯托尔生于白湖 [7]。在我国古代文献中，涅斯托尔是作为两部故事的作者而闻名的，一部是圣费奥多西的传说，一部是关于鲍里斯和格列布圣人王公的传说。然而把这两部文献和我们所知道的《始初编年史》的有关地方加以对比，我们就可发现许多不可调和的矛盾。例如，在编年史中有关于建造佩切尔斯基寺院的叙述，作者提到自己时说，圣费奥多西亲自收纳他进寺院[8]，而在费奥多西的传记中，这位传记家说，他是"有罪的涅斯托尔"，他是费奥多西的继承者斯捷凡住持收纳进寺院的。[9]编年史和上述两部文献之间的这些矛盾，可以用这样的理由来说明：编年史中的关于鲍里斯和格列布的叙述，关于佩切尔斯基寺院和圣费奥多西的叙述并非出于这位编年史家之手，而是由编年史汇集的编者增添进去的，而且是其他作者所写的。第一件事是11世纪的僧侣雅科夫写的，编年史中系于1051年和1074年项下的其余两件事，以及第三件，1091年项下的关于迁移圣费奥多西的遗体的叙述，是一个完整故事的割裂的各个部分，这是由费奥多西的徒弟剎度僧人所写的，他是亲眼看见这一切事情的，因此关于费奥多西和当时寺院里的情形，他知道得比涅斯托尔更多，涅斯托尔只是根据寺院里的师兄们的叙述而写的。然而这些不同的说法却使某些学者怀疑《始初编年史》是否出于涅斯托尔的手笔，况且拉夫连季耶夫抄本在1110年的事件之后有这样一段突然的后记："圣米哈伊尔寺院的住持西尔维斯特为了祈求上帝赐福，写了这本编年史，时在弗拉基米尔任基辅大公的时期，在6624年，那时我在圣米哈伊尔寺院当住持。"某些研究者对涅斯托尔写古代基辅编年史的说法表示怀疑，并且根据这段后记作为证据，认为最初的基辅编年史家是基辅的米哈伊尔-维杜别茨寺院的住持西尔维斯特，他原先是佩切尔斯基寺院里的僧侣。但是这种推测也是值得怀疑的。既然古代基辅编年史终于1110年，而西尔维斯特写后记是在1116年，那么他为什么中间空去这几年不写呢？又为什么不在编年史结束以后同时就写后记，而要隔五六年以后才写呢？另一方面，我国14—15

世纪的文献看来是把最初的基辅编年史家和西尔维斯特看作两人的，认为西尔维斯特是他的继承者。有一部较后的编年史汇集，《尼康编年史》，在叙述1409年俄罗斯人不幸遭到金帐汗艾季该的蹂躏这段骇人听闻的故事以后，当时的这位编年史家写了这样一段按语："我写下这段历史并不是向谁表示愤慨，而是学习最初的基辅编年史家的榜样，他毫不犹豫地叙述了'我们国土上发生的一切事情'；而我国最初的掌权者也毫不愤怒地容许描写罗斯土地上发生的一切好事和坏事，正像弗拉基米尔·莫诺马赫时代维杜别茨寺院的那个伟大的西尔维斯特一样，毫不修饰地描写。"由此可见，在15世纪初叶并不认为西尔维斯特就是那位最初的基辅编年史家。

在分析《始初编年史》的成分时，我们也许能猜出这位西尔维斯特对它的关系。这部编年史是各种历史材料的汇集，有点像是历史文选。其中有个别简短的编年札记；有不同作家的关于个别事件的详细叙述[10]；有外交文书，例如第10世纪罗斯和希腊人签订的条约，1098年莫诺马赫致契尔尼戈夫的奥列格的书信[11]，这封书信和他的《训子篇》（在1096年项下）混在一起；甚至还有神甫们的文章，例如佩切尔斯基寺院的费奥多西的训谕。这部汇集的基本内容，是作为它的主要组成部分的三篇独特的完整故事。现在我们按照汇集中的次序来对它们进行分析。

《始初编年史》的组成部分　Ⅰ.《往年纪事》。在阅读这部编年史汇集最初几页的时候，我们会看到这是一篇不按照编年史写作方法的连贯而完整的纪事。它叙述洪水以后挪亚[1]诸子之间的土地分配，以及每人分到的领土；叙述巴比伦建造摩天塔[2]以后人民的迁

1　挪亚，圣经中虚构的"创世祖"。——译者
2　圣经传说，人们违反上帝的意旨在巴比伦建造了摩天塔，因此神剥夺了他们的共同语言，使他们不能相互理解。——译者

移，叙述斯拉夫人定居在多瑙河流域，以及他们从这里又迁往别地的情况；叙述东斯拉夫人以及他们在俄罗斯境内的分布情况；叙述圣徒安德列在罗斯的漫游；叙述基辅的建立，东斯拉夫人和邻近的芬兰部落在迁移后的新的分布情况；叙述各民族对斯拉夫人的侵袭，以及东斯拉夫人的第三次四处迁移的情况和斯拉夫人的习俗；叙述哈扎尔人对他们的侵袭，叙述他们中间有的向瓦里亚吉人缴纳贡物，有的向哈扎尔人缴纳贡物，叙述瓦里亚吉人的被驱逐，叙述留里克及其海外弟兄们的应邀到来，叙述阿斯科里得和吉尔，以及882年奥列格在基辅确立自己的政权。这篇纪事是以拜占庭年代记为样板编成的〔12〕，通常用《旧约》中的传说来开始叙述。其中的一部年代记——格奥尔吉·阿玛尔托拉〔13〕（第9世纪，后来延续至948年）——的斯拉夫语译本，即保加利亚语译本〔14〕，在罗斯是很早就闻名的。《往年纪事》甚至公开把它称为自己的史料来源；同时，关于866年阿斯科里得和吉尔向希腊进军的故事，也是从这里引述来的〔15〕。但是除了从《格奥尔吉年代记》引录的资料以外，它还提供了许多关于东斯拉夫人的传说，虽然这些传说都是散文的叙述，其中还保存着历史民歌的特色，例如关于阿瓦尔人侵袭斯拉夫族的杜列伯人的传说。《往年纪事》的开头是一篇不注明年代的完整纪事。直到852年起才注明年代，但并不是因为在这一年项下有什么关于斯拉夫人的记述：这一年中有关斯拉夫人的事件一件也没有〔16〕，因此我们认为这一年项下的整篇文章都是后人增添进去的。以后，《往年纪事》中注明年代的第一件有关罗斯的报道，却是一件无法测定它在哪一年发生的事情：在859年项下叙述瓦里亚吉人向北方的各部落收纳贡物，哈扎尔人向南部的各族收纳贡物。这两者的收纳贡物是什么时候开始的，瓦里亚吉人是在什么时候和怎样征服北方各部落的（这里是第一次提到北方各部落），关于这些问题《往年纪事》都没有加以说明,更不恰当的是放在862年项下。我们在这一年项下能看到一系列的报道:瓦里亚吉人的被驱逐和斯拉夫各族之间的内讧,海外王公的应邀到来,即留里克和他的兄弟们的到来,以及他的兄弟们的死亡,留里克的两个大贵族——阿斯科里得和吉尔——离开诺夫哥罗德到基辅去。这里显然是在一年中记述了几年中发生的事件:《往年纪事》本身就曾经提到过,留里克的兄弟们是到达罗斯以后隔了两年才死去的。862年的叙述的最后几句是:"留里克统治诺夫哥罗德——6371年夏和6372、6373、6374年——阿斯科里得和吉尔出征希腊",也就是说,嵌在两句中间无大关系的年代数字,把后面主要的句子和前面次要的句子隔断了。显然,《往年纪事》叙述第9世纪的事件时所注明的年代并非出于作者之手,而是后人机械地增添进去的。我们还能在《往年纪事》中找到足以表明它的编纂时代的证据〔17〕。作者叙述奥列格在基辅确立自己的地位,并开始规定向所属各部落征收贡物的时候,接下去说道:向诺夫哥罗德人也规定了缴纳给瓦里亚吉人的贡物,每年三百格里夫纳[1],"在雅罗斯拉夫去世以前一直向瓦里亚吉人缴纳"。《拉夫连季耶夫编年史》中是这样记载的;但是在较后的一部编年史汇集中,在《尼康编年史》中,我们却看到另外一种叙述:奥列格命令诺夫哥罗德人向瓦里亚吉人缴纳贡物,"现在还在缴纳",显然,这是始初的、未经篡改的记载。由此可见,《往年纪事》是在雅罗斯拉夫去世以前,即1054年以前编成的。既然这样,它的作者就不可能是最初的基辅编年史家。《往年纪事》是怎样结束的,它的叙述是在哪件事上终止的,这一点很难断定。作者在列举侵略过斯拉夫人的各部落的时候说,在可怕的奥布尔人、残

---

1 格里夫纳,俄国古代的货币单位。——译者

酷折磨斯拉夫族的杜列伯人以后，来了佩切涅格人，以后在奥列格的时代，又有乌戈尔人路过基辅[18]。的确，在《往年纪事》的叙述中把这件事归于奥列格时代，并且系于898年项下。这样，按照《往年纪事》的记载，佩切涅格人的侵袭是在匈牙利人以前。但是下面我们在这部编年史汇集中看到，佩切涅格人初次到达罗斯国是在915年，在伊戈尔时代，即在乌戈尔人路过基辅以后。因此，叙述伊戈尔时代的作者和叙述伊戈尔公国以前时代的作者对历史年代有着某些不同的看法，也就是说，记述915年的事件和以后的年代已经不是《往年纪事》的作者了。《往年纪事》在编年史汇集中有这样一个标题："这部往年纪事是要说到罗斯国的来源，谁是基辅最早的王公，罗斯国是怎样开始的"。由此可见，作者预备叙述罗斯国是怎样开始的，作者在叙述奥列格于882年在基辅确立自己的政权的时候指出："跟着他的有瓦里亚吉人、斯洛文人等，他们自称罗斯"。这就是罗斯和罗斯国的起源，也就是作者预备叙述的。因此，《往年纪事》这个标题并不是属于整部编年史汇集的，仅属于它开头的一段故事，这段故事似乎在奥列格统治时代就告终了。《往年纪事》的编纂年代是在雅罗斯拉夫去世以前；王公们应邀到来和奥列格在基辅确立自己的政权，是《往年纪事》的主要内容。

II.《弗拉基米尔时代罗斯受基督教洗礼的传说》。它分成三个年份：986年，987年和988年。但是这也不是编年史的故事：它没有采用编年史的方法，里面充满了辩论性的色彩和对东正教以外其他一切信仰的非难。这篇传说显然也并不出于最初的编年史家的手笔，而是编年史汇集的编者增补进去的[19]。在这篇传说里保存着对其编纂年代的暗示。当犹太人来到弗拉基米尔那里请他接受他们的信仰的时候，弗拉基米尔王公问他们："你们的国土在哪儿？"这些传教士回答说："在耶路撒冷，"王公又问他们："算了吧，真是这样吗？"于是传教士们就坦白地说："上帝恼怒我们的祖先，由于我们犯下的罪过上帝把我们分散到各国，而把我们的国土赐给了基督徒。"[20]要是作者指的是最初征服犹太土地的人，那么他应当说"赐给了多神教徒罗马人"；要是他指的是弗拉基米尔时代的耶路撒冷的统治者，那么他应当说"赐给了伊斯兰教徒"；现在他既然说"赐给了基督徒"，那么很明显，他写作的年代是在十字军征服耶路撒冷以后，即12世纪初叶（1099年以后）[21]。关于[22]罗斯接受基督教洗礼和弗拉基米尔王公的基督教活动的传说的主要史料，除了一些还没有消失的民间传说以外，就是弗拉基米尔圣人王公的古老的传记，根据传记中关于他担任王公的时间的说法："因为我在那时以前还是个孩子"来判断，这部传记是王公去世几年以后一个佚名作者写的。如果这部传说是罗斯人写的，而不是住在俄罗斯的希腊人写的，那么它是俄罗斯文学中最早的文献之一[22]。

Ⅲ.《基辅佩切尔斯基寺院编年史》。这部编年史是11世纪末叶和12世纪初叶由佩切尔斯基寺院的僧侣涅斯托尔写的。寺院的[23]早期的传说都是这样说的，现在还没有足够的根据来推翻它。这部编年史终于1110年。但是它从哪一年开始的呢？现在只能推测，这位编年史家记载的事件是早在他进入寺院以前就发生的，而他进入寺院的年代不会早于1074年。因此，编年史汇集中所收的1044年的事件看来也出自他的手笔。在讲到波洛茨克的弗谢斯拉夫王公接任他父亲王位的时候，编年史家提到弗谢斯拉夫头上伤口缚着一条绷带，并注明："弗谢斯拉夫头上至今仍缚着绷带。"弗谢斯拉夫是1101年死的。由此可以推测，涅斯托尔的编年史是在雅罗斯拉夫一世时代开始写的。可以非常肯定地认为这部编年史结束的年代就是1110年，西尔维斯特的后记置于这一年项下不是偶然的。保存着西尔维斯特后记的《拉夫连季耶夫编年史》对1110年的描写，本身就表明了这一点。不知是由于发生事件的消息不能经常很快传到编年史家手里，还是由于其他的原因，他有时只得把这一年的事情放到第二年才开始记述，这时他已知道了这些事件的结局或以后的发展情况，而他在记述前一年的事情时又提到了以后的情况，好像他能预先知道未来的事实似的。不过他有时候也加以声明，这不是有先见之明，而只是记得迟了："如果有了结果，我就在明年再写"，也就是说，待以后再来追记今年的事。1110年也是这种情况。佩切尔斯基寺院的上空出现了一个预兆：一条"全世界都能看见的"火柱。佩切尔斯基寺院的这位编年史家是这样解释这个现象的：火柱是天使的显身，是上帝遣他来用神的意旨指引人民，正像摩西那时候火柱在黑夜里指引以色列一样。这位编年史家最后说，因此这个现象也预示着"他一定会来的"，这件事一定会实现的，而且终于实现了：次年领导我们击败异族的敌人的不就是这位天使吗？编年史家记述这件事时已是1111年，在俄罗斯人于这一年的3月大败波洛夫齐人以后，并且听到了战胜者讲述似乎有天使帮助他们作战的故事。但是为了某种原因，也许是因为他死了，因此没有能够记述他在1110年的叙述中已经提到过的1111年的事件。《伊帕季耶夫编年史》也像《拉夫连季耶夫编年史》一样描写过这个预兆，不过在叙述中有某些穿插。但是在1111年项下叙述俄罗斯人辉煌胜利的时候，又重新描写了这一个预兆，虽然引证的仍旧是上一年描写过的情形，但描写的方法和字句却不同，并且补充了新的情节，同时把这个预兆附会在弗拉基米尔·莫诺马赫身上，因为他是建立这次奇功的九位王公中最主要的一个。1111年的这段事迹显然是另外一位编年史家记述的，而且可能是在斯维托波尔克已经去世而莫诺马赫担任大公的时候。因此，涅斯托尔编年史虽然一直叙述到1111年，而事实上是在1110年结束的。编年史家是怎样编自己的编年史的呢？这正像他写生前并不认识的圣费奥多西的传记一样，是根据博学的人以及目睹和亲身参加事件的人们的叙述。佩切尔斯基寺院当时是一个中心点，当时罗斯社会中的一切有权势、有威望的人，一切在当时创造罗斯历史的人都经常到那里去，其中有王公、大贵族、到大教堂来朝见基辅大主教的各地主教以及每年沿第聂伯河经基辅到希腊的来回奔走的商人。大贵族杨——过去基辅的千人长，圣费奥多西的朋友和崇拜者，这位编年史家的熟识的朋友，雅罗斯拉夫一世委以大任的维沙塔的儿子，这位活了90岁于1106年去世的杨·维沙季奇对编年史家说来本身就是一部活的百年史，他在自己的编年史里记载的"许多事迹"都是从这位大贵族那里听来的。所有这些人都到圣费奥多西的寺院里来，有的为了在事业开始以前求取福佑，有的在事后来作感恩祈祷，有的来进行祷告，有的来请求僧侣祷告，有的来捐献"自己的产业以慰问僧侣和建造寺院"，他们谈论着，盘算着，向住持和僧侣吐露自己的打算。佩切尔斯基寺院像一个聚光点，善于把罗斯生活的一条条分散的光线聚集起来，而在这种集中的光线的照耀下，一个善于观察的僧侣能够比任何一个世俗的人更多方面地观察当时的罗斯世界[23]。

把编年史的各个部分汇成集 构成最初的编年史汇集的三个主要部分就是：（一）1054年前编成并叙述到奥列格统治时期为止的《往年纪事》；（二）12世纪初叶编成、在汇集中置于986—988年项下的《罗斯接受基督教的传说》；（三）叙述11至12世纪（到1110年为止）事件的《基辅佩切尔斯基寺院编年史》。你们可以看到，编年史汇集的这三个组成部分之间在年代上有很大的间隔。要[24]看到这些间隔的年代是怎样填补上去的，只要仔细地看一下伊戈尔担任王公的时期，这是从奥列格担任王公的年代到《罗斯接受基督教的传说》开始时的七十三年（913—985年）间隔之中的一个部分。记述罗斯最重大的事件的年代是以下几年：在941年项下是伊戈尔第一次出征希腊人，这是根据《阿玛尔托拉年代记》，部分根据希腊的瓦西里·诺维伊的传记而记述的；在944年项下是第二次出征，在这次出征的描写中显然含有民间传说的成分；在945年项下载有伊戈尔和希腊人签订的条约，接下去是根据基辅民间传说叙述伊戈尔最后一次到德雷夫利安人境内去征收贡物，叙述伊戈尔的死和奥丽加最初的复仇活动。在其余八个年份的项下所记的是和罗斯无关的关于拜占庭、保加利亚和乌古尔方面的事迹，这也是从《阿玛尔托拉年代记》中引录的，其中有四条关于伊戈尔对德雷夫利安人和佩切涅格人的关系的简短叙述，这是还保存在基辅人的记忆里的。在上述十一个年份中间，有些地方是空白的，空白的年数多少不等，但都用表格的形式依次记明了年份。在伊戈尔担任王公的三十三年中，这种空白的年份有二十二个，编年史汇集的编者在自己的史料中找不到这二十二个年份的任何合适的材料。这七十三年间隔的另外一半时间，以及《罗斯接受基督教洗礼的传说》和我们推测的《佩切尔斯基寺院编年史》开始的年代之间的间隔，也是用同样的方法来增补的。同时作为史料的，除了有关罗斯的希腊翻译作品和南方斯拉夫人的作品以外，还有和希腊人签订的条约，最初试作的俄罗斯叙事文字以及民间的传说，而民间文学有时发展成为完整的叙事诗或历史故事，例如关于奥丽加复仇的故事[24]。这篇基辅民间故事是编年史汇集的主要史料之一，是贯穿第9世纪和整个第10世纪的明显的线索；甚至在11世纪初叶，在弗拉基米尔和佩切涅格人斗争的故事中，就已能看出这篇故事的影子了。根据编年史汇集中保存下来的基辅历史故事的这些断片，可以得出结论，11世纪中叶在基辅罗斯已经有整部的史诗传说了[25]，其主要内容是罗斯对拜占庭的征伐；稍后在基辅罗斯又写成了另外一部壮士歌集，它歌颂弗拉基米尔的壮士与草原上的游牧部落的斗争，这部歌集至今仍在有些地方的民间流传着。史诗的断片仅保存在编年史汇集中，偶尔还能在古代手抄的集子里看到。

编年史汇集的年代表[26] 一系列空白的年代明显地显示了根据上面列举的史料来编纂编年史汇集的方法。编者在安排收集到的编年史材料的时候，遵循的是年代表，它是汇集的基础。要制成这种年代表，编者一方面运用拜占庭年代记的索引和罗斯人与希腊人签订的条约的日期，另一方面运用基辅人记忆中保存的基辅各王公统治的年数[26]。在《罗斯国家的起源》中，继哈扎尔人侵袭波利安人的传说之后，我们可以在852年项下看到这样一段增补的文句。在米哈伊尔三世皇帝时代"从此称为罗斯国"，因为正像希腊编年史中叙述的那样，这时候罗斯进攻了帝都（查列格勒）；这段增补的文句的作者在说明了这一点以后，接下去说："从此开始记以年代。"这段增补的文句显然是汇集的编者所写的。他的年代记从洪水时代叙述起，并且指出从洪水时代到亚伯拉罕[1]经过了多少年，从亚伯拉罕到犹太人离开埃及又经过了多少年等等。汇集的编者计算着各个历史时期的年代，直到奥列格在基辅确立自己的政权的时期（882年）："从米海伊尔即位的第一年到罗斯王公奥列格即位的第一年是二十九年，从奥列格在基辅即位的第一年到伊戈尔即位的第一年是三十一年"等等。在计算各位王公统治的年数方面，汇集的编者一直算到基辅王公斯维亚托波尔克去世的年代："而从雅罗斯拉夫去世到斯维亚托波尔克去世是六十年。"斯维亚托波尔克去世是在1113年，这是编年史汇集的年代表上的最后一年。由此可见，编纂汇集的时期已经在斯维亚托波尔克的继承人弗拉基米尔·莫诺马赫

---

1 亚伯拉罕，据圣经传说是犹太人的始祖。——译者

的时代，即在 1113 年。但是我们看到，《基辅佩切尔斯基寺院编年史》在斯维亚托波尔克时代（1110 年）早就结束了；由此可见，编年史汇集的年代表并不出于最初的基辅编年史家的手笔，因为他没有活到斯维亚托波尔克去世的那一年，或者至少是在这一年以前早就停止了著述；这个年代表是在斯维亚托波尔克的继承人弗拉基米尔·莫诺马赫时代（1113 和 1125 年之间）从事写作的一个作家写的，我引述过的 1116 年的西尔维斯特的后记恰巧是在这段时间内。因此我认为这个西尔维斯特就是编年史汇集的编者[27]。

涅斯托尔和西尔维斯特　现在可以说明这位西尔维斯特对《始初编年史》和对编年史家涅斯托尔的关系了。我们从《拉夫连季耶夫编年史》以及和它近似的版本中看到的所谓《始初编年史》，是一部编年史汇集，而不是真正的基辅佩切尔斯基寺院僧侣所写的编年史。这部《基辅佩切尔斯基寺院编年史》的真本没有流传下来，而是经过有些部分的删节和增添而收在最初的一部编年史汇集里的，并且成为这部编年史汇集的最后一个部分和主要的部分。因此，既不能认为西尔维斯特是最初的基辅编年史家，也不能认为涅斯托尔编纂了我们现在看到的这部最早的编年史，即最初的编年史汇集。涅斯托尔是最早的基辅编年史的作者，但这部编年史的真本没有流传下来，而西尔维斯特是最初的编年史汇集的编者，这部汇集并不就是最早的基辅编年史；西尔维斯特还是汇集中所收的一些民间口头传说和书面故事（包括涅斯托尔编年史在内）的编纂者。

第六讲

对《始初编年史》的历史批判性分析——《始初编年史》对后来罗斯编年史编纂工作的意义——编年史汇集的年代根据的错误及其错误的根源——编年史汇集的编者对汇集各部分所做的加工——《始初编年史》古代抄本的缺漏——作为《始初编年史》基础的斯拉夫的统一思想——研究者对编年史的态度——12世纪的编年史——编年史家的历史观

我们[1]分析了《始初编年史》这部古代编年史汇集的起源、成分和史料,并且认为它的比较可靠的编者是西尔维斯特住持。我们还应当把这部文献作为史料来加以评价,以便在研究它所提供的关于罗斯的古代资料的时候,可以用这种评价来作为指导。这部文献作为俄罗斯历史的最古的和基本的史料,本身就是很重要的,而由于它是真正的始初编年史,因此就更有价值。以后的编年史编纂工作都紧跟着它,作为它直接的延续,并且尽力地摹仿它;后来的编年史汇集的编者通常都把这部编年史放在自己的著作的开头。

在分析《始初编年史》的时候,我们的注意力一般都集中在这部编年史汇集的编者身上,集中在研究他对这部汇集中的各种材料的收集工作所做出的贡献。汇集的年代根据、对史料进行加工的方法,以及贯穿在整部汇集中的对各种历史现象的看法,这一切都属于他的功绩。

编年史汇集的年代根据 编年史汇集的故事所依据的年代表是

一个重要的基础,它能使汇集中取自各方史料的、不同时代和不同性质的消息具有某种完整性。不过这个年代表的起始点有错误,这是希腊的史料把俄国历史学家引入这个错误的。罗斯在11世纪早就知道了查列格靳宗主教尼基福尔(828年卒)的所谓"编年速记"或"编年略记"(有续集)的斯拉夫语译本。我们看到,为什么我国的编年史汇集的编者竭力想把罗斯年代记的起始点确定在米哈伊尔三世统治的年代。这是尼基福尔的年代记使他们作了这种错误的计算。沙赫马托夫院士详细地说明了造成这种情况的原因。我国编年史汇集的编者是根据尼基福尔年代记中的年代表来编造自己的年代表的,而在尼基福尔年代记的年代表中,从纪元元年到康斯坦丁皇帝时代,更确切地说到第一次普世会议[1]时期,错误地算成318年(应该是325年),也就是把参加普世会议的神甫的人数当作了年份,而把第一次普世会议到米哈伊尔统治时代不确切地算成542年(应该是517年);318年加542年,得出米哈伊尔统治的年代从公元860年起,从创世纪算起是6360年,因为尼基福尔年代记认为从创世纪到公元元年正好是5500年,并不像我们那样算作5508年。算错的年数是18年。我们不必去管尼基福尔年代记所算成的6360年,从中减去5508年,得出米哈伊尔统治的年代是从纪元852年起,不是860年;这样在无意中就把算错的年数减少了8年,和正确的年代842年相距仅有10年。然而,确定起点年代的这个错误对12世纪罗斯年代学家以后的计算没有多大妨碍:和希腊人签订条约的日期可以供他们纠正这个错误。编年史汇集的编者虽然保持着自己的年代算法,并把米哈伊尔统治的年代归为创世纪后6360

---

[1] 基督徒高级僧侣的会议。会上做出有关神学、教会政治、教规等方面的决定。——译者

年，但他根据传说或推想，知道奥列格是在他和希腊人第二次订约的那一年死的，因此把从米哈伊尔统治的年代到奥列格死，即到伊戈尔担任王公的第一年在自己的年代表上算成是 60 年，以符合条约上所载的日期——6420 年。我向你们介绍年代上的这些细节，只是要使你们看到编年史汇集的编者面临的是多么巨大的困难，以及他是怎样对待早期的年代标志的。应当给予他应得的评价：在资料贫乏的情况下他很成功地解决了自己的困难。他把罗斯侵袭帝都系于 866 年，我们现在知道，这件事情是发生在 860 年。根据这一点，那么他所讲述的以前的一些事件：瓦里亚吉人被驱逐后北部各族之间的纷争，王公们的应邀到来，阿斯科里德和吉尔在基辅确立自己的政权，都应当向第九世纪中叶推前几年。个别年代的不正确是没有什么妨碍的，况且编年史汇集的编者本人对自己的年代也只认为是假定的、猜测的。他在古代的《往事纪年》中遇到许多相互之间有密切关系的事件，而又不能替每一事件注明确实的年代，因此就把这些事件归并在一起注上几个年份，按照他的估计，这些事件应当发生在这几年之内。这样，向北部各族索取贡物的瓦里亚吉人的被驱逐，北部各族之间的内讧，王公们的应邀到来，留里克的弟兄们在应邀到来后二年的去世，阿斯科里德和吉尔到基辅，在这些事件上他记上三个总括的年份：860，861，862。而我们没有很好地理会他的意思，以为所有这些事件，包括王公们的应邀到来在内，都属于最后一个年份，即 862 年。编年史汇集编者的功绩，在于他在运用拜占庭史料中的混乱资料时，能够掌握住祖国传说的线索的开端——北方各部落向瓦里亚吉人纳贡，并且在 250 年中，把这个开端确定在计算得很正确的年代——第 9 世纪中叶，仅错算了六至七年。

加工的方法 西尔维斯特用统一的年代表连接了整部编年史

汇集，在不用编年史方法叙述的部分配上了年代的系统，把汇集中所收的文章按照同样的方法进行加工，使自己的作品更加统一和一致。他的加工主要在于使整部编年史汇集都贯穿《格奥尔吉·阿玛尔托拉年代记》的历史观点。这部年代记对他说来不仅是有关罗斯、拜占庭和南部斯拉夫各族的史料，并且还指导着他的研究历史的思想方法。因此，他在《往年纪事》的开头放上从《阿玛尔托拉年代记》中借用来的诺亚诸子之间分配领土的概略图，并且用自己的斯拉夫、芬兰和瓦里亚吉族的名目来补充这张地理分类图或图表，把它们置于雅弗[1]那一部分里。为了说明国家的各种重要现象，他从那部《阿玛尔托拉年代记》中寻找类似的地方，这样就运用历史比较法来叙述这些现象。可以作为特征的，是在《往年纪事》叙述罗斯斯拉夫人的风俗习惯的地方，补充了摘自《阿玛尔托拉年代记》的关于叙利亚人、大夏人和其他民族的风俗，而且自己增加了关于波洛夫齐人的记述。波洛夫齐人的情况是《往年纪事》的这位佚名作者未必知道的：罗斯知道波洛夫齐人是在雅罗斯拉夫时代之后。总之，编年史汇集的这个部分经过了编者十分认真的加工，以致原文与西尔维斯特增补和修改的地方已很难区别开来。其次，西尔维斯特还审慎地在自己的汇集中竭力运用一切现有的罗斯叙事文献。他很熟悉古代诺夫哥罗德的编年史，从中引述了1015年雅罗斯拉夫在其父亲死后在诺夫哥罗德的活动。这一年的基辅的事件，他是根据僧侣雅科夫在12世纪初叶所编的关于鲍里斯和格列布的故事叙述的。关于罗斯接受基督教的故事，恐怕就是他自己根据古代的《弗拉基米尔王公传》编写的，在这方面他还广泛地运用了古代的《旧约故事》、《旧约》中的反对伊斯兰教徒和部分反对天

---

[1] 雅弗是挪亚的儿子，他分得的是白种人所居住的土地。——译者

主教徒的辩论性的叙述,这是希腊的传教士哲学家教导弗拉基米尔的。他还在汇集的1097年项下收进一篇关于捷列保夫里王公瓦西里科被挖去眼睛的详细故事,这篇故事是与瓦西里科很接近的瓦西里写的。他还在《涅斯托尔编年史》的三个地方记载我提到过的关于佩切尔斯基寺院和圣费奥多西的故事,而且这篇故事可能就是他自己写的。汇集的编者用历史比较法来说明自己的思想,他不怕使编年史的叙述中产生实用主义的混乱,在同一年的项下汇集了同样性质而属于不同年代的现象。他记起了在1071年左右基辅来了一个魔法师,这是《佩切尔斯基寺院编年史》中没有记载过的,他就在编年史汇集中添补了关于这个魔法师的故事,以及一套关于"魔鬼的诱惑和作用"的知识,关于魔鬼对人的权限和对人施加影响的方式,特别是利用魔法师来影响人们的方式。这种神鬼学是用那些有关当时罗斯的魔法师和妖术家的有趣故事以及圣经中类似的例子来说明的。西尔维斯特在1071年项下叙述的事件的时间,是用编年史的表达方式表明的:"就在这个时期,就在这几年中";然而其中有两件事毫无疑问应当迟于1071年。这是像涅斯托尔那样逐年记载事件的普通编年史家所不能记述的。汇集的编者向博学家广泛地介绍了本国和外国的史料,以及运用这些史料的方法,而他的批判思想的光辉使他们产生了更加强烈的印象。对基辅的建造者不过是第聂伯河上的一个渡夫的意见,编者持不同看法。他在《往年纪事》的批判性的补充中用传说来证明基伊的出身是王公,而且曾经到过帝都,受到皇帝本人隆重接待;不过编者不知道这个皇帝的名字,这一点他也承认。关于弗拉基米尔王公受洗礼的地点的各种说明,也是这样的情况;编者从其中选择了最可靠的传说。

古代抄本的缺漏 但是未必只有用这种批判性的挑选才能说明编年史汇集的明显的缺漏:在《始初编年史》的较后的一些抄本

中，我们可以见到许多在较古的抄本中没有的资料，而这些资料本身并不引起任何批判性的怀疑。这大部分都是一些关于事件的简短的报道，这些事件是无法虚构或者是没有虚构的必要的。在较古的抄本中遗漏的事件有如下一些，例如：在862年应邀到来的王公们建造了拉多加城，由他们的长兄留里克住在那里；864年阿斯科里德的儿子被保加尔人杀死；867年阿斯科里德和吉尔率领少数卫队离开帝都（遭受失败以后），基辅满城号哭，由于这一年"基辅发生大饥荒"，而阿斯科里德和吉尔屠杀了大批佩切涅格人。在一些较古的版本中979年是空白的，而在较后的抄本中这一年项下记载着两条趣闻：一件是佩切涅格的王公向雅罗波尔克求职，并且从他那里得到了"城市和权力"；另一件是叙述希腊的使节来朝觐雅罗波尔克，"和他建立友好关系，并向他进贡，正像向他的父亲和祖父进贡一样"。在弗拉基米尔王公时期遗漏了许多情况：关于佩切涅格和保加尔人的王公在基辅受洗礼；关于从希腊、波兰、捷克、匈牙利和罗马教皇那里派到基辅来的使者的报道。这样的遗漏在整个11世纪的以后几位王公的统治时期还能追查出来。这些遗漏一部分应当由《拉夫连季耶夫编年史》负责，它虽然是最古的一本，但不能认为是最完善的：由于抄写者的过失，里面遗漏了许多地方，其内容和词句在与它较接近的其他抄本中却都保存着。另一些情况的遗漏是出于汇集编者的见解，但时代相隔较近的传抄者却把这些情况添补了进去，他们之中一部分人参与编审这些抄本，因此能根据西尔维斯特手头用过、尚未佚散的史料来填补空白。但是在有些编年史汇集中，特别是在来自诺夫哥罗德的编年史汇集中，我国最初几百年的历史却叙述得和我们熟知的西尔维斯特住持的汇集有很大的不同，这种差别甚至不能用抄本残缺不全的理由来加以说明。这就使沙赫马托夫院士推测当时还有另外一部更古的编年史汇集,这部编年史汇集是在11世纪末叶编成的,而且是12世纪初叶所编的《拉夫连季耶夫编年史》的"基本核心"。所有这一切使人产生这样一种看法:《西尔维斯特编年史汇集》远没有吸收当时罗斯社会中流传的有关我国最初几百年历史的全部故事,或者是像索洛维约夫所想象的那样:由于某种偶然的原因,较古的抄本保存的是《始初编年史》的节本,而较后的抄本倒是比较完全的。

斯拉夫的统一思想 编年史汇集中最重要的,是说明我国历史开端的那种思想:斯拉夫的统一思想。编者之所以从事这种人种志学,是想集合斯拉夫各族的所有部分,指出他们目前的国际地位,指出能把它们连接起来的环节。他在描写斯拉夫人的迁移以后指出:"这样就分出斯拉夫语言,因此文字也称为斯拉夫文字。"斯拉夫文字就是这种联系的一个环节。罗斯的历史学家还记得斯拉夫的统一开始遭破坏的那个命定的历史时刻:10世纪初匈牙利人在多瑙河中游确立自己的政权,破坏斯拉夫启蒙者在西斯拉夫和南斯拉夫各族之间结成的联系。他根据898年匈牙利人路过基辅这个消息,想起了基里尔和梅福季的活动,以及它对斯拉夫民族的意义。被匈牙利人征服的、多瑙河流域的斯拉夫人、摩拉瓦人、捷克人、波兰人和波利安-罗斯人,都操同一种斯拉夫语。摩拉瓦人第一个获得斯拉夫文字,这是当时罗斯人和多瑙河流域的保加利亚人通用的文字。梅福季是继承圣徒安德罗尼克的班诺尼亚地方的主教,安德罗尼克是圣徒保罗的门徒。而圣徒保罗曾经在斯拉夫人以前住过的伊利里亚任教。因此,保罗也是斯拉夫人的教师。我们罗斯人也是斯拉夫人,因此保罗也是我们罗斯人的教师。斯拉夫和罗斯属同一个种族:最初称斯拉夫人,从瓦里亚吉人那里获得罗斯的别号;从前虽然称为波利安人,但讲的是斯拉夫语;从前被称作波利安人的原因，是因为居住在草原地带的缘故[1]，而他们的语言和其他斯拉夫人的相同。

12 世纪初叶善于思考的罗斯典籍家，用这种一连串辩证的推论不仅把自己的处于蒙昧状态的祖国和斯拉夫民族的家庭联系起来，而且还和基督教的使徒传说联系在一起。在一百多年前还用活人祭祀偶像的那个社会里，思想已提高到认识世界各种现象有联系的高度，这是值得注意的。斯拉夫具有统一性的思想在 12 世纪初要有相当强的思考力才能理解，因此在当时完全不能得到实际生活的支持。这个思想在第聂伯河两岸信心十足或深信不疑地表现出来的时候，斯拉夫民族正处于分裂状态，而且它的成员的极大部分正受着奴役：摩拉瓦国早在 10 世纪初被匈牙利人击溃，第一个保加利亚国早在 11 世纪初被拜占庭击溃，拉贝河一带的斯拉夫人和波罗的海沿岸的斯拉夫人在对德意志的逼攻让步，并与捷克人和波兰人一起对天主教的势力让步。

研究者对编年史的态度 《始初编年史》的上述一切特点，使我国早期历史的研究者对它产生一种特殊的态度。许多不同性质的材料是参考各种资料而拟订的年代表安排的，经过按照一定方法的加工，甚至经过批判性的挑选，并且用有指导性的历史思想加以说明，因此我们研究的已经不是一部普通的编年史，而是在科学上必须相当重视的学术著作。这里需要研究的不仅是原始的史料，而且还要研究甚至具有某种方法学的严整的观点。我们在深入研究这种著作所描写的各种现象的关系和意义时，必须考虑编年史本身对这种关系和意义的理解，因为在编年史中我们能看到一些文献，说明罗斯 12 世纪初研究编年史的典籍家，即思想家对我国早期历史的看法。

---

1 波利安人（поляне）的意思是草原居民。——译者

在《始初编年史》之后紧接着还有它的续篇，叙述从12世纪到我国历史第一期终结时罗斯国家发生的事件[1]。

12世纪的编年史 从1111年[2]西尔维斯特的后记以后，《拉夫连季耶夫编年史》和《伊帕季耶夫编年史》这两个较古的抄本和较后的一些抄本一样，相互之间的差别较这个时期以前要大得多：显然，这已经不是同一部汇集的不同抄本，而是不同的编年史汇集了。在12世纪末以前，这两部较古的编年史汇集所描写的事件大部分都是相同的，而所根据的也都是同样的史料，这就是各地方的原始的编年史，或者是同时代人所写的关于个别人物或事件的故事，他们有时甚至是所写的事情的目击者和参与者。但是由于对共同的史料运用的方法不同，这两部汇集各用自己的方法来描写事件。一般说来，《伊帕季耶夫编年史汇集》要比《拉夫连季耶夫编年史》完备[3]。同时可以指出，在叙述事件、说明事件的原因和结果的时候，《伊帕季耶夫编年史汇集》的编者较多依据南部的史料，《拉夫连季耶夫编年史汇集》的编者较多依据北部苏兹达尔的史料，虽然在有些地方《伊帕季耶夫编年史汇集》对北部的事件甚至叙述得比《拉夫连季耶夫编年史汇集》详细，而《拉夫连季耶夫编年史汇集》对南部的事件却描写得比《伊帕季耶夫编年史汇集》详细。最后，除了共同的史料以外，每部编年史汇集都有其独特的、为另一部汇集所不知的史料。因此这两部汇集好像是两种不同成分或不同编法的同一部全罗斯的编年史。从这方面说，12世纪的《伊帕季耶夫编年史》我们有时称作《南部的罗斯编年史汇集》，同时的《拉夫连季耶夫编年史》有时称作"北部的苏兹达尔编年史汇集"。我们在研究这两部编年史汇集的时候，差不多每走一步都能遇到《基辅编年史》、《切尔尼戈夫编年史》、《苏兹达尔编年史》或《沃林编年史》的痕迹。根据这些痕迹来判断，可以认为12世纪罗斯各地首府都有当地的编年史家，他们的记载都按照每个城市在罗斯国家整个生活中所起作用的大小，或详或简地被收入这部或那部编年史汇集里。在这方面占首要地位的是基辅，上述两部编年史汇集从《基辅编年史》中吸收的材料最多，而罗斯偏远的角落，如波洛茨克或梁赞，仅是偶尔被顺便地提到一下而已。因此，12世纪的编年史编纂工作似乎是和当时全国的生活按同一的方向发展的，它像当时全国的生活一样，是按地方的中心划分的，是局限于各个地方的[4]。这两部编年史汇集的编者怎样能收集这么大量的各地编年史和传说，怎样能把它们编成逐年连贯的故事，这是一件值得惊奇和不可思议的事。总之，他们对后世的历史学做出了不可估价的贡献，因为他们保存了大量的历史资料，要是没有他们，这些资料会消失得无影无踪。这些编年史汇集之所以可贵，还在于它们的编者在收集各地的记载的时候，能够珍惜这些记载的地方特色和地方色彩，珍惜各地的编年史家的政治见解和社会关系或朝廷关系。我们很容易把当时的编年史家看成是对所发生事件的冷静的、甚至是非常公正的观察者，但事实上并不如此：他们每一个人都有自己的地方性的政治利益，对自己的朝廷和地区的爱憎。因此，基辅编年史家通常热烈拥护自己爱戴的莫诺马赫的后裔，切尔尼戈夫编年史家拥护的是前者的敌人奥列格的后裔，苏兹达尔编年史家喜欢在屠杀诺夫哥罗德人的场合欣赏他们的"凶暴地不信宗教"、骄傲和狂暴，欣赏他们惯于毁约和驱逐王公。编年史家在维护自己的王公和自己的地方利益的时候，经常会按照自己的意思来描绘事件的经过情形，有倾向地把各种情节连在一起，并说明它们的原因和结果。各地史料的不同，使这两部编年史汇集具有全俄罗斯编年史的意义，而各地的利益和爱憎的不同，使这两部编年史汇集变得非常生动和灵活，使它们成为反映当时罗斯社会的情绪、感觉和认识的真实的镜子。例如,我们在《伊帕季耶夫编年史》中读到叙述伊兹雅斯拉夫·姆斯季斯拉维奇和切尔尼戈夫王公混战(1146—1154)的故事,我们能依次地时而听到同情伊兹雅斯拉夫的基辅编年史家的声音,时而听到关心前者敌人利益的切尔尼戈夫编年史家的声音,而当苏兹达尔王公尤里和加里西亚王公弗拉基米尔出来干涉这次斗争以后,在中部各地的编年史家的声音中又加入了罗斯国家遥远边区的历史学家们的声音。由于这样,当你们仔细阅读这两部编年史汇集的时候,你们会感到自己好像处在由各地大大小小的溪流汇成的全罗斯事件的大潮流中。12世纪在编年史家的笔下永远地呼吸着,生活着,永远毫不疲倦地运动着,不住声地诉说着;他不仅是描写事件,而是在读者的眼前排演着,演奏着[5]。《伊帕季耶夫编年史》的叙述特别具有这种戏剧性的特色。尽管感情和利益有着分歧,尽管描写的事件喧嚣而混杂,但编年史的叙述并不是杂乱无章的:所有的事件,不管大小都是用同一个观点严整地铺叙的,编年史家就是用这个观点来观察世界的各种现象。

编年史家的历史观点[6] 这种历史观点与编年史家的情绪和整个精神气质是非常一致的,因此它可以称作编年史的观点,虽然那些和编年史家有同样的情绪或思想而毫不参加编年史编纂工作的人们,也可以具有这样的观点。这种观点对历史编纂学有着重大的意义,因为它可以比编年史的编纂工作存在更长的时间,并且长期地指导历史学家们的思维:他们能够长期地继续用编年史家的目光来观察人类生活中的各种现象,甚至在他们已经不再用编年史的方法对这些现象进行加工和叙述的时候。因此,我觉得这种观点值得我们加以重视。一个历史学家的学术上的目的,照我们现在的理解,是要说明人类社会的起源和发展。人本身,他的尘世生活,特别是死后,尤其引起编年史家的注意。他的思想注意的,不是存在着和

99 存在过的事物的开头,而是它们的最后结果。实用主义的历史学家研究人类社会生活的起源和结构;而编年史家则在事件中间寻求道德意义和对生活的实际教益;他注意的对象是历史目的论[1]和生活道德。他用思想家的自信的目光来观察世界各种事件,对这样的思想家说来,社会生活结构并不是一个谜:推动人类生活的力量和动力他是很清楚的。两个世界对立着并经常进行斗争,以便使善与恶的互相不可调和的原则各自取得胜利。天使和魔鬼是这个斗争中的战士。白昼和黑夜、光明和黑暗、雪和雹以及春、夏、秋、冬都有自己的天使;一切东西,一切造物,都有自己的天使。同样,任何一个人,任何一块土地,甚至是多神教徒的土地,都有天使照管着,保护它们防止罪恶,帮助它们抵抗恶魔。而对方也有强有力的行动方法和手段:这就是魔鬼的圈套和恶人。魔鬼唆使人去做坏事,把他推入死亡的深渊,而自己却从旁取笑。他们用幻象、妖术来迷惑人们,特别是迷惑妇女,用各种圈套来使人们做坏事。而恶人比魔鬼更坏:魔鬼还惧怕上帝,而恶人"既不惧怕上帝,又不知害臊"。但是魔鬼也有自己的弱点:它们虽能使人产生罪恶的念头,但却不知道人的思想,人的思想是只有上帝才知道的,因此魔鬼胡乱地放出的狡狯毒箭,不免经常落空。两个世界的斗争是由于人而产生的。斗争引起的生活的旋涡转向何处,转向哪一端,人怎样能在这个旋涡中维持自己,这就是编年史家所要注意的主要对象。生活给予人提防和启发性的指示;必须能够注意和理会这些指示。编年史家描写异教徒对罗斯国家的侵略,以及他们使罗斯遭受的灾祸。上

---

[1] 目的论是一种反科学的宗教唯心论观点,认为世界上一切都是合乎目的的。恩格斯写道:在目的论者看来,"猫被创造出来是为了吃老鼠,老鼠被创造出来是为了给猫吃,而整个自然界被创造出来是为了证明创物主的智慧。"目的论否认引起各种现象的原因的科学认识,认为自然现象是由神、精神和其他超自然的力量控制的。——译者

帝为什么让这些异教徒战胜基督徒呢？别以为上帝爱异教徒甚于爱基督徒，不，他让异教徒战胜我们并不是由于爱他们，而是由于怜悯我们，要使我们值得他的怜悯，使我们从不幸的遭遇中得到启示，从而不走邪路。异教徒是上帝用来教训自己孩子的答杖。"上帝用各种灾难来惩罚他的奴隶，像火、水、战争以及各种刑罚，基督徒经受这些灾难以后才进入天国。"这样，历史生活就成了受宗教道德教育的学校，人们必须从这里学会认识上帝预示的道路。要是离开这条道路，他们就会受痛苦。伊戈尔和弗谢沃洛德·斯维托斯拉维奇击败了波洛齐夫人，他们想得到荣誉，当他们把异教徒赶到海边的时候，等待着他们的是什么呢，"我们的祖先还没有到过那里，而我们最后终于能得到光荣和荣誉。"他们说着这样的话，并不知道"上帝的意旨"注定了他们的失败和被俘。一切都预示着这种意旨，不仅是历史事件，而且还有自然现象，特别是不寻常的天象。由此编年史家对自然界的现象产生了很大兴趣。从这方面说，编年史家的研究范围甚至比现代的历史学家更广：他们把自然界直接拉进了历史，并不把它当作有时激发、有时抑制人们精神的、经常是命定的自然影响力的源泉，甚至不把它当作仅是人类生活中的无声息的环境，而认为自然界本身是历史中的活的角色，它和人一起生活，为人们效力，用各种征象向人们预示上帝的意旨。编年史家对上天和尘世的征象、对这些征象和人事的关系有其完整的学说。认为这些征象有时是吉兆，有时是凶兆。地震、日食和月食，不寻常的星辰、河水泛滥——这一切难得发生的重大现象不是吉兆，有时预示战争、内讧、饥荒或疫病，有时预示某个人的死亡。某个地方犯了罪，上帝就用饥荒、异教徒的侵略、溽暑或别种惩罚来惩戒它[6]。

因此编年史家就是道德家，他们在人的生活中看到善与恶、神与鬼这两个基本因素的斗争,他们认为人只是教育的材料,神对他们进行教育,指导他们走向预定的崇高目标。善与恶、外部和内部的灾难,以及天象本身,这一切在神的手中都是教育人的手段,都是说明"上帝的意旨"、神创造的世界道德秩序的合适材料。编年史家[7]叙述得最多的是政治事件和国际关系;不过他们的观点实际上是教会的历史观。他们的思想并不集中于他们从其他史料中获知的历史力量的本质,而是集中于历史力量对人们的作用的方式,集中于人们应当从这种方式中吸取的教训。编年史编纂工作的这种训导目的,使编年史家的故事讲得心平气和而又明白,使他们的见解协调而又坚定[7]。

我向你们介绍了研究我国古代史的基本史料,现在回过来叙述这个时期的历史事实。

第七讲

俄国史第一时期的主要史实——对俄国史开端的两种看法——先于东斯拉夫人居住在罗斯南部的各民族及其对俄国历史的关系——什么事实能被认为是一个民族的历史的开端？——《始初编年史》关于斯拉夫人从多瑙河迁来的传说——约尔南德报道的6世纪时斯拉夫人的分布情况——喀尔巴阡山东斯拉夫人的军事联盟——东斯拉夫人散居在俄罗斯平原上，这件事情的时代和特征——散居的结果是东斯拉夫人成为独立的部族

在着手研究我国历史的第一个时期的时候，我请你们注意它的范围，以及指导当时俄罗斯生活的那种主要的社会因素的结合。

俄国历史的第一个时期 我把这个时期确定为从远古到12世纪末或13世纪初。我不能更确切地指明它的最后界限。没有[1]任何转折性的事件可以把这个时期和以后的时期明确地区分开来。蒙古人的侵袭不能作为区分这两个时期的事件：蒙古人的入侵，正当罗斯处在变动的时代，他们加速了这种变动，但这种变动并不是他们引起的，新的生活秩序在他们到来以前就已形成[1]。11世纪中叶前后，罗斯绝大部分居民聚居的地区，是沿第聂伯河中游和上游以及它的支流再往北伸延，过分水岭；直到沃尔霍夫河河口的一条狭长地带。这个地区在政治上分成许多区，或者"乡"，商业发达的大城市是每个区的政治中心，是该区的政治生活的建设者和领导

者。我们把这些城市称作区首府,而把受这些城市领导的区称作"城市管辖区"。同时,这些区首府还成了指导当时罗斯经济生活的经济活动的中心和领导者,也是对外贸易的中心和领导者。这个时期中的其他的一切现象、组织机构、社会关系、风尚、知识和艺术的成就,甚至宗教道德生活的成就,都是上述区内的商业城市和对外贸易这两个因素的综合作用的直接或间接的结果。至于政治和经济关系的这种秩序是怎样形成的,在什么条件下形成的,斯拉夫居民是在什么时候出现在上述地带的,上述两种因素的作用是什么东西引起的,成了研究这个时期的第一个也是最困难的问题。

对俄国史开端的两种看法 对我国历史的开端,在我国的历史文献中主要有两种不同的看法。其中一种看法表现在18世纪俄国科学院院士、著名德意志学者施莱策尔所编著的有关古罗斯编年史的批判性著作中。这部著作用德文写成,于19世纪初叶出版[2]。施莱策尔的看法得到卡拉姆津、波戈金和索洛维约夫的赞同,它的基本特点如下[3]:9世纪中叶以前,即在瓦里亚吉人到来以前,在我国辽阔的平原上,从诺夫哥罗德到基辅沿第聂伯河左右两岸到处都是荒野和旷地,一切都处在蒙昧状态之中:这里的人无人统辖,像森林中的鸟兽一样。在可怜的、散居的野人——斯拉夫人和芬兰人——所居住的这片辽阔的荒漠上,9世纪中叶前后从斯堪的纳维亚半岛迁入的瓦里亚吉人最早带来了文明的萌芽。《罗斯国家起源的故事》的编者所描绘的东斯拉夫人的风俗画面,似乎可以证明这种看法是正确的。我们在这篇作品中可以读到,东斯拉夫人在皈依基督教以前在森林里像一切野兽一样过着"野蛮的"生活,互相残杀,吃着不洁的东西,分散独居,各个氏族之间如同仇敌:"每一氏族聚族而居,住在本族所占据的地方。"[4]因此,我国历史的开端应当不早于9世纪中叶,是以原始历史过程的图景(人类社会生活到处都是这样开始的）和摆脱野蛮状态的画面开始的。对我国历史开端的另外一种看法，和第一种看法完全相反。这种看法产生的时代较第一种看法稍晚，是19世纪的作家们在我国的文献中传播开来的。莫斯科大学教授别里雅耶夫的文章以及扎别林的《俄罗斯古代生活史》第一卷中，对于这种看法表达得最为透彻，他们的看法的基本特点是这样的：东斯拉夫人自古就居住在《始初编年史》所载的他们所住的地方，说不定早在公元前几百年就已定居在俄罗斯平原境内。这一派学者这样说明了自己的起源以后，接着就描写了一个漫长而复杂的历史过程：东斯拉夫人由原始的、小的氏族联盟发展成许多部落，在部落中产生了城市，从中又形成一些主要的城市或大城市，大城市和小城市或城郊一起构成了波利安人、德列夫利安人、塞维里安人和其他部落的部落政治联盟，最后，大约在瓦里亚吉王公们应邀到来的时代，各部落的主要城市开始联合成统一的全罗斯联盟。这个理论的公式虽然很明白和很有系统，但它使研究者感到有点为难，因为这个复杂的历史过程的铺叙是脱离时间和历史条件的：我们不知道这个过程的开端和以后的阶段应当确定在哪一个年代，它是怎样和在怎样的历史环境中发展起来的。按照这种看法，我们必须把我国历史的开端大大地提前到基督诞生以前，差不多要提前到希罗多德的时代，总之，要提前到瓦里亚吉王公应邀到来以前数百年，因为早在他们到来以前东斯拉夫人已经确立了相当复杂和完善的社会制度，这种社会制度体现为固定的政治形式。我们来分析一下保存下来的关于我们斯拉夫人的记载和传说，这样才能评价方才叙述过的两种看法。

先于斯拉夫人居住在罗斯南部的居民　一个民族的历史的开端应当理解为什么？它的历史是从什么事件开始的？[5] 古代[6] 希腊和罗马作家告诉我们许多有关南俄草原的情况，这些情况不是一律可靠的，有的是他们通过希腊人在黑海北岸的移民区从商人们那里获得的，有的是根据他们亲身的观察得来的。公元前，从亚洲来的各种游牧民族一个接一个地统治着这个地方，起初是金麦里安人，后来在希罗多德时代是西徐亚人，最后在罗马统治时期是萨尔马特人。在公元前后，到这里来相互接替的人愈来愈频繁，古代西徐亚的野蛮民族的名称，变得十分复杂和混乱。接替萨尔马特人的，或者从他们之中分化出来的，有赫特人、雅兹吉人、罗克索兰人、阿兰尼人、巴斯塔内人和达基亚人。这些民族聚集在多瑙河下游，在罗马帝国的北部边境，有时侵入罗马帝国境内，结成各部落的不巩固的联盟，在第聂伯河和多瑙河之间形成辽阔而短暂的领地，这就是公元前的赫特人国，以及后来的达基亚人国和罗克索兰人国，甚至罗马人也被迫向它们缴纳贡物或税款。显然各民族大迁移的条件已经成熟，南俄罗斯成了这些亚洲过客的临时歇息地，他们进入多瑙河下游，或越过喀尔巴阡山脉，在这片歇息地上准备对欧洲起这样或那样的作用。在数百年的过程中，这些民族一个接一个地占领着南俄罗斯草原，在这里留下无数的古墓，布满了德涅斯特河和库班河之间的辽阔地区。考古学家们对这些坟墓专心地进行研究，并且取得了成绩，在里面发现许多有趣的历史资料，充实和阐明了古代希腊作家对我国的记述。有些民族，例如西徐亚人，长期住在黑海沿岸的草原上，通过这里的移民区和古代文化发生了相当密切的接触。在希腊的移民区附近出现了希腊和西徐亚的混合居民。西徐亚国王在希腊的城市中建筑宫室，西徐亚贵族经常到希腊本国去求学，在西徐亚的古墓中有作为西徐亚居室陈设品的许多希腊匠人制造的精致艺术品。

他们的作用 这一切资料对世界历史具有重大价值；但它对我们国家的历史比对我们民族的历史更为重要。科学目前还不能发现罗斯南部的这些亚洲来客和后来居住在这里的斯拉夫居民之间的直接历史关系，不能发现他们的艺术和文化成就对波利安人、塞维里亚人以及其他民族生活的影响。在这些古代民族中没有发现斯拉夫人的存在，而这些民族本身仍然是人种学上的一个谜。历史人种学在研究所有这些民族的起源时，企图查明他们之中哪些属于凯尔特部落，哪些属于日耳曼部落或斯拉夫部落。这样提出问题似乎有某种方法上的错误。我们现在把欧洲居民分成的上述这些部落群，并不是人类自古存在的原始的分法：它们是在历史中形成的，每一个部落都是在一定时期内成为独立的部落的。在古代西徐亚人中寻找它们，无异于用后代的人种学分类来划分古代的部落。要是这些部落真是和欧洲后代的居民有共同的进化学上的关系，那么个别的欧洲民族就很难在它们中间找到自己直接的特有的祖先，并从他们之中开始自己的历史。

一个民族的最初历史事实　一个民族的历史的开端，必须有某种明显的具体特征来表明。这种特征首先应当在该民族本身的记忆里找寻。一个民族记起有关自身的第一件事，必然能够指出找寻它的历史开端的道路。这种记忆并不是偶然的，毫无原因的。民族是不仅在一起生活而且共同进行活动具有共同语言和共同命运的居民。因此在一个民族的记忆里，通常长期地保存着全民族最初接触、全体参加并通过这种全民的参与而初次感到自己是一个统一整体的那些事件。这样的事件无论对民族的记忆或民族的生活都不会毫无影响，因为这些事件能使一个民族的各个组成部分脱离分散的状态，团结它的力量实现某种共同的目的，并用某种有联合力的、大家必须遵守的共同生活方式来巩固这个团结。我认为这就是标志一个民族的历史开端的两种相互之间有密切关系的特征：该民族对其本身的最早的记忆和在某种共同活动中使他们团结起来的最早的社会形式。我们能在我们的民族历史中找到这样的特征吗？

斯拉夫人从多瑙河的迁移 在这种探求中,《始初编年史》的编者对我们没有什么帮助。他持另一种观点：他是个泛斯拉夫主义者,他根据自己的斯拉夫族原始统一的思想,首先致力于把自己罗斯早期的命运和斯拉夫人的整个历史联系起来[6]。《始初编年史》没有记述斯拉夫人从亚洲到欧洲来的年代。在《往事纪年》卷首的一篇有关人种学的学术概论中,它已提到多瑙河流域的斯拉夫人。从它称作匈牙利邦土和保加利亚邦土的这个多瑙河畔的国家里,斯拉夫人向各个方向迁移。居住在第聂伯河及其支流,甚至更北的那部分斯拉夫人就是从多瑙河迁出的。编年史[7]说沃尔赫人侵袭多瑙河畔的斯拉夫人,居住在他们中间,并且压迫他们,于是一部分斯拉夫人离开故土,在维斯拉河流域定居下来,被称为波兰人,另外一部分来到第聂伯河流域,被称为波利安人,而住在森林里的则被称为德列夫利安人,等等。按照研究者的意见,沃尔赫人或沃洛赫人是罗马人。这里所讲的是图拉真皇帝击溃了达吉亚国,而他以前的皇帝多米齐安是要向达吉亚国缴纳贡物的。关于斯拉夫人属于达吉亚国的成员,以及公元2世纪初斯拉夫人由于罗马的侵袭离开多瑙河向东北方迁移的说法,是斯拉夫族最早的历史记忆之一,要是我没有记错的话,这种说法只有在我国的编年史中才有记载;不过很难猜测,它是从什么史料中取得的。然而这不能认为是我国历史的开端：它不仅谈到东斯拉夫人,而且谈到斯拉夫族的离散,可是没有谈到在他们中间形成某种联盟[7]。

约尔南德的报道 关于东斯拉夫人从多瑙河迁移到第聂伯河沿途所作的长期停留,我国的编年史中没有明确记载;但是把它的模糊的记忆和外国的记载加以比较,我们就可以知道这种中间停留的情况[8]。在[9]公元第3世纪,我国遭到新的侵袭,但并不来自通常的方向——东方的亚洲,而是来自欧洲的波罗的海:这是航海而来的大胆的哥特人,他们沿我国平原上的河流深入黑海,威胁着东罗马帝国。在4世纪,他们的首领赫尔曼纳里赫用征伐的方式把我国居民组成了一个辽阔的王国。这是我们知道的欧洲人在现今俄罗斯境内建立的历史上第一个国家。它的成员包括东欧的各个部落,它们是爱沙人、默里亚人、摩尔多瓦人,都是东斯拉夫人的未来的邻居。赫尔曼纳里赫还征服了维涅特人或维涅德人,这是公元初西方的古罗马作家对斯拉夫人的称呼。哥特的历史学家约尔南德告诉了我们关于赫尔曼纳里赫的王国的这些情况,不过他并没有指出,那时这些维涅特人居住在什么地方,而他们的这个名称是在5世纪末叶出现在拜占庭的记载中的。6世纪的这位古罗马作家非常熟悉多瑙河流域外的蛮族世界,而他本身也是蛮族出身,生长于多瑙河下游的密细亚的一个氏族,他详细地描述了他那时的斯拉夫人的地理分布情况。他在描写当时的西徐亚国的时候说,沿维斯拉河发源地的那些高山的北面山坡,在辽阔的土地上居住着人数众多的维涅特人。约尔南德继续写道,虽然由于氏族和所住地方的不同,他们现在的名称不同[9],但是他们主要的名称是斯克拉文人和安特人。斯克拉文人所住的地方北到维斯拉河,东到德涅斯特河,森林和沼泽代替了他们的城市。安特人是维涅特人中最强大的,他们沿黑海的曲折海岸从德涅斯特河伸展到第聂伯河[10],这就是说,斯拉夫人在当时其实就占据了喀尔巴阡山脉地区。喀尔巴阡山脉是斯拉夫人共同的老家,他们后来从这里向各方散去。这些喀尔巴阡山的斯拉夫人从5世纪末叶起(这时希腊人才开始知道他们的真正的名字),以及整个6世纪,经常渡过多瑙河去威胁东罗马帝国,难怪这位约尔南德感伤地指出:斯拉夫人在赫尔曼纳里赫时代是像小兵一般微不足道的,只不过人数较多,"而现在他们由于我们的罪孽到处横行"。这种加紧的侵入在 3 世纪早就开始了，其结果是斯拉夫人逐渐占据了巴尔干半岛。因此，东斯拉夫人从多瑙河迁往第聂伯河以前，长期停留在喀尔巴阡山山脉的山坡上；那里是他们的过渡的停留地[11]。

6 世纪喀尔巴阡山的斯拉夫人军事联盟 喀尔巴阡山的斯拉夫人对东罗马帝国长期的武装进攻使他们结成了军事联盟。喀尔巴阡山的斯拉夫人并不是整个部落侵入东罗马帝国境内，像日耳曼人充斥西罗马帝国的省份那样，而是由从各部落挑选出来的武士队进行侵略的，这些队伍就成了各个分散的部落的战斗联系。我们能够找到关于这种军事联盟的痕迹，而参加这种军事联盟的正好是东斯拉夫人。《往年纪事》从一切特征来判断是在基辅编成的：它的编者对基辅的波利安人怀有一种特殊的好感，把它们的"温和而沉静的习俗"和其他一切东斯拉夫部落的野蛮习俗加以区别，而且他对波利安人也比对其他部落知道得多。《往年纪事》既没有谈到赫尔曼纳里赫的哥特人，也没有谈到在他死后蹂躏他的王国的匈奴人[12]，但是它提到较后的时期斯拉夫人经受的多次侵略，并且谈到保加尔人、奥布尔人、哈扎尔人、佩切涅格人和乌古尔人。然而除了建造基辅的传说外，在哈扎尔人以前它丝毫没有提及自己喜爱的波利安人。当时穿过南俄罗斯的民族大洪流常使东斯拉夫人感到痛苦，这支大洪流好像没有碰到居住在那里的东斯拉夫人的一族——波利安人，实际上波利安人是东斯拉夫人中最嫡亲的一支。在 11 世纪的这位基辅故事家的记述里，从遥远的古代仅保存了关于一个东斯拉夫部落的传说，而这个部落离基辅很远，在 11 世纪并没有明显地参与各种事件的进程。《往年纪事》叙述了阿瓦尔人对杜列伯人的侵略（6—7 世纪）："那些奥布尔人和斯拉夫人交战，征服了杜列伯人，即斯拉夫人，并且虐待杜列伯人的妇女：奥布尔人临行的时候，既不把驾车的套索套在马上，也不套在牛上，而是命令三至五个女人拉车，而他们则驾驶着，他们就是这样地折磨杜列伯人。奥布尔人身材高大，头脑傲慢，因此上帝歼灭他们，使他们全部死亡，一个不留，罗斯至今有这样一句谚语：像奥布尔人一样死无厥遗。"[13]

可能是由于这个历史性的谚语使《往年纪事》收入了关于奥布尔人的传说，这个传说具有壮士歌和历史歌曲的特征，而这种歌曲也许就是喀尔巴阡山山坡上编成的整套描写阿瓦尔人的斯拉夫歌曲的遥远的余音。但是在这次侵略的时候波利安人在什么地方？为什么仅有杜列伯人从奥布尔人那里受到这样的痛苦？我们意外地从另一方面得到了这个问题的答案。在10世纪40年代，即《往年纪事》编成前一百多年，阿拉伯人马苏迪在他的地理著作《黄金草原》中写过有关东斯拉夫人的故事。他在其中叙述道：在斯拉夫部落群中有一个部落，即最主要的，过去占统治地位的部落，有一个最高的王，所有部落的王都服从他；但是后来在他们的部落中发生了争端，他们的联盟破裂了，分成各个单独的支系，每一部落各自拥有自己的王。马苏迪把那时这个曾居统治地位的斯拉夫部落称作沃林人，而我们从自己的《往年纪事》中知道，沃林人就是杜列伯人，他们居住在西布格河流域。可以猜想得到，为什么基辅的传说从阿瓦尔人侵略的时期只提到杜列伯人。那时杜列伯人统治着所有的东斯拉夫人，因此它的名字掩盖了其他的部落，正像后来所有东斯拉夫人都按罗斯国家主要地区的名字而被称为罗斯一样，而罗斯最初仅是指基辅地区。在阿瓦尔人侵略的时代，既没有波利安人，也没有基辅，大部分东斯拉夫人都集中在较西的地方，集中在喀尔巴阡山脉的山坡和山麓，集中在这个广大的分水岭的边缘，而从这里走向德涅斯特河、东布格河和西布格河、普里皮亚季河上游的支流，以及维斯拉河上游地方。

这样，我们在6世纪喀尔巴阡山的东斯拉夫人那里就看到了杜列伯王公统率的巨大的军事联盟。这个联盟由于和拜占庭的长期斗争而结成并将东斯拉夫人联合成一个整体。在伊戈尔时代的罗斯，还能很好地记起东斯拉夫人团结起来，为共同事业而联合自己力量的最初尝试。因此当时的阿拉伯地理学家能够把这方面的情况相当完整地记录下来。过了一百年以后，在雅罗斯拉夫一世时代，罗斯故事家只记下了这个历史回忆的富有诗意的断片。这个军事联盟确有其事，它可以置于我国历史的开端：我再重复一遍，它开始于6世纪，在我国平原的边缘西南角，在喀尔巴阡山的东北部的山坡和山麓。

散居在俄罗斯平原上 在7世纪，东斯拉夫人从这里，从这些山坡逐渐散居到平原上来。这个散居可以认为是我国历史开端的第二个事实。这个事实在我们的《往年纪事》中也保存着一些痕迹，而且和外国资料相比显得格外明显[14]。6世纪和7世纪初叶的拜占庭作家看到多瑙河畔的斯拉夫人正处在不平常的变动状态之中。莫里士皇帝（582—602年）和这些斯拉夫人进行过长期的斗争，他写道，他们好像强盗一般，随时都准备起程，他们所住的村镇分散在森林里，分散在他们国内许多河流的沿岸。稍早一些时候，普罗科皮奥斯[1]指出[15]，斯拉夫人住在简陋的小屋里，并且经常迁居，这些小屋分散、独立，一所一所之间相隔遥远的距离[16]。经常流动的原因可以从它的结果来反证。拜占庭人说多瑙河畔的斯拉夫人在626—650年间侵入东罗马帝国境内；大约从这时起，这种入侵和拜占庭人关于多瑙河畔斯拉夫人的消息就同时中断了：斯拉夫人不知到哪里去了，直到9世纪他们（那时用罗斯这个新名称）才重

---

1 普罗科皮奥斯，拜占庭历史学家。——译者

新出现在拜占庭人的叙述中,因为他们从另一方向走海路重新进攻拜占庭。关于7世纪到9世纪这段漫长时期中东斯拉夫人的情况,我们在拜占庭人那里只能找到不很可靠的消息。斯拉夫人[17]停止侵略东罗马帝国,是由于他们退出喀尔巴阡山脉的结果。他们退出喀尔巴阡山脉是在626—650年间开始的,或者是在这个时期加强的,这正好和阿瓦尔人侵略东斯拉夫人的时期相吻合,从这里可以看出它的原因。

散居的迹象 我国的《往年纪事》既没有谈到斯拉夫人在喀尔巴阡山脉上五百年的停留,也没有谈到他们第二次又从那里往各个方向的迁移,但是它指出了这次迁移的个别迹象和后果。在斯拉夫人从多瑙河迁移的概略图中,它清楚地把西斯拉夫人(摩拉瓦人、捷克人、波兰人、波莫尔人)和东斯拉夫人(克罗地亚人、塞尔维亚人和霍鲁坦人)区分开来。它把散居在第聂伯河流域和我国平原其他河流的斯拉夫人作为斯拉夫族的东支,而构成斯拉夫族东支的这些部落所居的地方(后来拜占庭作家就是在这地方知道克罗地亚人和塞尔维亚人的),就是喀尔巴阡山地区,即现今的加利奇亚和维斯拉河上游地区。早在十世纪时我国的《始初编年史》就知道克罗地亚人也是在这个地方:他们参加过907年奥列格对希腊人的出征,992年弗拉基米尔也曾和希腊人作过战[17]。编年史虽然记不清第聂伯河流域的斯拉夫人来自喀尔巴阡山脉的事实,然而却记得这次迁移的最后一个阶段。它在叙述东斯拉夫部落散居在第聂伯河及其支流时说,波兰人中有兄弟两人,拉吉姆和维亚特科,他们带着自己的亲族来到这里,拉吉姆住在索日河上,维亚特科住在奥卡河上,他们就是拉季米奇人和维亚季奇人的起源。这两个部落定居在第聂伯河左岸,使我们有根据猜想,他们的到来在斯拉夫移民中是较后的,因为新来的人在第聂伯河右岸已经找不到地方了,因此只得迁到更东的地方,到第聂伯河的左岸去。从这方面说,维亚季奇人是罗斯斯拉夫人中最靠近边区的一个部落。但是为什么编年史认为这两个部落"起源于波兰人"呢?〔18〕这就是说,他们是从喀尔巴阡山脉地区来的,因为在叙述这段故事的《往年纪事》写成的年代,上述的分水岭地区,即红罗斯,11世纪克罗地亚人的古国已经被认为是波兰人的地方,而且是罗斯和波兰争夺的对象。

散居的时代 因此,把《始初编年史》中混乱的记述和外国的资料加以对比,再进行努力研究和推测,我们就有可能推想出我国历史开端的两个事实是怎样酝酿成熟的。大约在公元2世纪前,部落大流动把斯拉夫人推到多瑙河中游和下游。起初他们在达吉亚国的各部落居民中并不显著,直到近2世纪时他们才开始从萨尔马特人中分离出来,在外族人的眼里以及在本族人的回忆中显得独特起来。塔西佗[1]还怀疑谁和维涅德人较接近,是日耳曼人呢还是萨尔马特的游牧人,而且约尔南德也提到,多瑙河上的尼科波尔城是图拉真战胜萨尔马特人以后建造的。然而我国的编年史却提到,斯拉夫人屡遭沃洛赫人即图拉真的罗马人迫害,因此他们只得放弃自己在多瑙河上的住所。不过怀着这种回忆到第聂伯河来的东斯拉夫人,不是从多瑙河直接到这里来的,他们不断地更换牧地:这是一次缓慢的迁移,从第2世纪到第7世纪在喀尔巴阡山脉作了长期的停留。阿瓦尔人推动了喀尔巴阡山的斯拉夫人继续向各个方向行进。5世纪和6世纪在中欧和东欧空出了许多地方,这些地方是日耳曼部落放弃的,他们被匈奴的侵袭赶往南方和西方,到罗马各省去了。阿瓦尔人的侵袭对斯拉夫部落起了类似的作用,把它们赶到了这些荒废的地方。康斯坦丁·巴格里亚诺罗德内叙述的7世纪赫拉克利乌

---

1 塔西佗,古罗马历史学家。——译者

斯皇帝号召塞尔维亚人和克罗地亚人到巴尔干半岛来和阿瓦尔人进行斗争的故事，是受到历史批评家怀疑的，而且其中有许多可疑的情节，但是它的素材中似乎也有一些真实的东西。总之 7 世纪是这样一个时代，由于阿瓦尔人运动的某种缘故，产生了许多斯拉夫国家（捷克国、克罗地亚国、保加利亚国）。在同一世纪，以前哥特人统治的那些地方这时散居着东斯拉夫人，而以前汪达尔人和勃艮第人居住的地方，这时散居着波兰人。

东斯拉夫人成为独立的部落　我们在研究我国历史开端的时候，马上就能看到，斯拉夫人从过去住在东欧黑海沿岸的一群没有明显部落特征的人中分离了出来。在 7 世纪，当斯拉夫人的氏族名称为人所知的时候，我们已能察觉他们内部的种族特征，地域和部落特征。虽然很难指出他们的西支和东支成为独立部落的确切时期，但是我们看到，在 7 世纪以前他们的命运是在密切的相互关系中形成的，决定于同样的或类似的情况和影响。从这一世纪起，在东斯拉夫人的生活中显出了一些可以认为是我国历史开端的现象，这些斯拉夫人是从喀尔巴阡山脉迁来的，他们处于在以后数百年中伴随和指导他们生活的独特的地理条件的影响之下。在观察他们在新的住处安排自己生活的时候，我们将要研究这些新的条件的起源和作用[19]。

第八讲

东斯拉夫人迁居俄罗斯平原的后果:(一)法律上的后果,东斯拉夫人迁居时代的生活——殖民对破坏氏族联盟和使氏族相互接近产生的影响;氏族为农户所代替——这些事实在罗斯斯拉夫人神话中的反映——他们的神话概述,对自然的崇拜——尊崇祖先——这些在罗斯斯拉夫人的崇拜偶像的婚礼习俗和家庭制度中的反映——(二)经济上的后果,沿第聂伯河的古代通商活动——黑海北岸的希腊移民区——罗斯斯拉夫人与哈扎尔人、东方阿拉伯人以及拜占庭的早期通商关系的痕迹——哈扎尔人的统治对这种通商关系的顺利发展产生的影响——古代罗斯城市的起源

迁居的后果 在7世纪和8世纪的整个过程中,当阿瓦尔人统治喀尔巴阡山脉的东西两面的时候,居住在这个山脉东北坡上的斯拉夫人东支,逐渐向东和东北退走。这就是我们现在所要研究的事实。对东斯拉夫人说来,这个事实产生了法律上、经济上和政治上的后果。我们阅读叙述9—11世纪的罗斯国家情况的《始初编年史》时所看到的东斯拉夫人的生活,正是由于上述这些后果形成的。现在我们首先来谈谈伴随东斯拉夫人的迁移而发生的法律上的后果。

氏族生活的痕迹 在喀尔巴阡山上,这些斯拉夫人看来还是过着原始氏族联盟的生活。在拜占庭作家叙述6世纪和7世纪初叶

的斯拉夫人生活的隐晦而贫乏的记载中,可以隐约地看到这种生活的特点。根据这些记载,斯拉夫人是由许多小邦的国君和氏族的尊长,即部落的小王公和族长统治的,并且还有集会讨论公共事务的习俗[1]。这似乎是一种氏族会议和部落维切[1]。同时拜占庭的记载还提到斯拉夫人中间的不和睦以及时常发生的内讧,这是分散的小氏族生活的通常特征。要是这些记载中有什么东西可以采纳的话,那就是几乎可以假定斯拉夫人的小氏族在6世纪已经开始结成比较大的联盟、宗系或部落,虽然氏族的独特性仍然占优势。那个时代的模糊的传说,只留下来一个东斯拉夫部落的名称——杜列伯族,它是整个军事联盟的首领。很难[2]想象,在氏族和部落的纷争占优势的情况下这个军事联盟是怎样组成和进行活动的。我们把它和喀尔巴阡山脉的斯拉夫人对东罗马帝国的长期侵犯联系起来看,这个军事联盟按其目的和成分来说,是一个与氏族联盟和部落联盟极其不同的联合体,它能够起到这两种联盟的作用,而不直接触动它们的基础。这是由各氏族和部落的战斗人员在出征时组成的一支民兵部队,而在征战结束后,生还的伙伴们就散伙回到自己的亲族中,仍然处在固有的关系的影响下。到后世,东斯拉夫的那些部落还以类似的形式参加基辅王公对希腊人的征伐。随着阿瓦尔人的侵入,斯拉夫人对东罗马帝国的侵袭终止了,开始了斯拉夫人的四处迁移,这个联盟也就自然瓦解了[2]。

共同生活的方式尚未查明 目前很难说明东斯拉夫人迁移到我国平原的时代主要采用怎样的共同生活方式[3]。叙述罗斯国家初期历史的《往年纪事》在描写他们的分布情形时,列举了他们所分成的部落,指出每一部落所居住的地方。你们还能记得,这部著作

---

1 维切,即市民大会,其成员不固定;领导维切的都是领主和富人。——译者

叙述过波利安人、德列夫利安人、沃林人、塞维里亚人、拉吉米奇人、维亚季奇人、克里维奇人、波洛茨人、德列哥维奇人以及诺夫哥罗德斯拉夫人所有这些部落的分布情况。我们已经知道了这种分布情况在水文地理学上的根据：这些部落是沿着这个国家西半部的河流流域定居下来的，而奥卡河上游的垂直流向就是划分东西两半部的分界线。不过很难确定这些部落是怎样的，是政治上巩固的联盟，还是政治上毫无联系仅是地理上的一群居民。马苏迪写道，沃林人领导的联盟瓦解以后，东斯拉夫分成各别的宗系，每个部落都选出各自的君主。在[4*]我国的《往年纪事》中，关于这个传说有如下记载：即基伊¹和他的弟弟死后，他们的氏族开始控制波利安人的公国，德雷夫利安人有自己的公国，德列哥维奇人也有自己的公国等等。《往年纪事》的编纂者驳斥了说基伊是第聂伯河上的一个普通的渡夫的见解，认为他是担任王公职位的显贵。结果是这样的，这个氏族在它的始祖死后，统治了波利安人的整个部落，仿佛成了波利安部落的王朝，而且其他部落也有过类似的王朝。但是这些部落王朝的统治作用是以什么形式表现的，却不清楚。传说中没有提及任何一个部落王公的名字。追求伊戈尔的寡妻未获成功的马尔，是德雷夫利安族的王公之一，他是伊斯科洛斯坚城的统治者，并不是整个德雷夫利安部落的统治者[4a]。霍多塔是在维亚季奇人中有点威望的人，弗拉基米尔·莫诺马赫曾经对他发动过两次冬季进攻，然而在莫诺马赫的《训子篇》中甚至不称他为王公，只是顺便提到一下，因此他的政治面貌仍然毫不清楚[4б]。也许，某个部落的小氏族的王公认为自己是像波利安族的基伊那样是共同祖先的后裔，彼此之间保持着一种世系关系，像喀尔巴阡山的氏族尊长那

---

1 基伊（Кий），基辅第一任统治者。——译者

样共同参加部落维切，或者参加纪念崇敬祖先的祭祀。在历史问题研究中，资料愈少，作出的答案就愈有分歧，而且愈是容易作出这样的答案[4*]。

四处迁移对氏族生活的影响[5*] 在四处迁移的时代，氏族联盟似乎仍然是东斯拉夫人的主要生活方式。至少在《往年纪事》中相当明显地描写的只是这种生活方式："每个氏族都是聚族而居，住在自己的地方，统治着自己的氏族。"这就是说，所有的亲族住在一个单独的村镇里，和别的氏族不相混杂。不过这未必是原始的、纯粹的氏族联盟，因为迁移的过程必然会使这种共同生活解体。只有当亲族们紧密地聚居一处时，氏族联盟才能巩固；然而殖民的事业和他们迁往的边区的特点，使他们的共同生活遭到破坏。东斯拉夫人在平原上分布开来的时候，主要占据了它的森林地带。约尔南德的记载所指的，就是这个地带，他在描写从德涅斯特河沿第聂伯河和顿河向东这片地区的时候说，这是一个非常辽阔的地方，遍地都是森林和难以涉渡的沼泽。基辅本身就建立在这个大森林的南端[5a]。在这个林木众多的荒凉地区，新来的人从事软毛兽的捕猎，从事林间养蜂业和农业。森林中没有一片宽广地带适于做这些工作，因此必须在森林和沼泽之间寻找比较空旷和干燥的地方，砍去树木，以利耕种，或在森林里增添设备以便狩猎和养蜂。在遍地森林和沼泽之间的这种地方只能是一块块相距很远的小片土地。移民们就在这些小片土地上建造自己单独的农院，清理四周的土地来耕种，并在森林里设置蜂房和陷阱[5*]。在古代基辅罗斯境内，至今还保留着称作古城遗址的古代城堡的遗迹。这通常是一片片圆形的地方，方形的较少，有的四周围的围墙，还隐约可见。这样的古城在第聂伯河沿岸到处都有，两城之间的距离相隔四至八俄里。这些古城都位于古墓的旁边，可以证明它们的起源早在多神教时代。这些古墓发掘的结果，说明墓内的尸体是按照多神教仪式埋葬的。你们不要以为这些古城是真正的大城市的遗迹，用圆形的围墙围着的那块地方，通常只够容纳一个比较大的农户。那么这些古城是怎样产生的呢？它们究竟是什么东西呢？我认为，这就是过去东斯拉夫人散居的单独的设防农院的遗迹，拜占庭作家普罗科皮奥斯所说的他那个时代的多瑙河彼岸的斯拉夫人住在简陋的、分散的小屋里，所指的就是这些古城。斯拉夫移民在第聂伯河及其支流流域定居下来的时候，建造的就是这样的单独的农院，或者换句话说，就是独家村。后来在伏尔加河上游营建的，也是这样的独家村。农院的四周围以土墙，可能还有栅栏，是为了防御敌人，特别是防御野兽侵害家畜。基辅城本身也就是由这样单独的农院发展而成的。《往年纪事》还能记得这个城市的建立，这就表明它产生的年代距《往年纪事》的年代不远。古代的传说中说，在第聂伯河的有山的河岸上，在三个相邻的小山上住着兄弟三人，他们在附近的森林里从事狩猎。他们在这里建造了一个小城，按照长兄基伊的名字取名基辅。这样基辅是由三个独家村和共同设防的避难所发展而成的，它们是由移居在第聂伯河河岸上的三个猎人建造的。长兄基伊当了王公，按照原始的意义就是族长，当地的传说或编年史编纂者根据猜测，却把他变成了波利安部落的统治氏族的高贵始祖，变成了11世纪时一般所理解的王公。

氏族为农院所代替　这种迁移的过程，必然会动摇东斯拉夫人在那时以前还很巩固的氏族联盟。氏族联盟是靠两个支柱维持的：族长的权力和氏族财产的共有制。氏族的祭祀和对祖先的景仰，圣化并巩固了这两个支柱。但是族长的权力不可能以同样的力量遍及散居在森林和沼泽之间广大地区的所有亲族农户。在每一个农户里，族长的地位必然会让给家长，即农户的主人。同时，在第聂伯河沿岸开始的林业和农业的性质，打破了氏族财产共有的观念。森林适合于单个农户手工操作，田地是由单个家庭的劳力开垦出来的，这样的小片森林和田地必然很早就具有家庭私有财产的意义。亲族能够记住自己的血缘关系，能够尊重氏族的共同祖先，保持氏族的风俗和传说，但是在法的领域，在实际生活关系中，亲族之间必须遵循的法律关系却愈来愈瓦解了[6]。当[7*]我们在罗斯民法的古代文献中寻找氏族的继承制度而找不到它的痕迹的时候，我们就会想到上述这种观察或猜测。在部分居民的共同生活制度中，古代罗斯农户，即由家长和他的妻子、儿女、没有分居的亲属、兄弟、侄儿等组成的复杂的家庭，是从古代氏族到简单的新式家庭的过渡阶段，相当于古代罗马的家族，氏族联盟的这种破坏，它的分解为农户或复杂的家庭，在民间的传说和习俗中保留着某些痕迹[7a]。

崇拜自然物 在古代和最新文献中保存下来的东斯拉夫人的神话的模糊轮廓中，可以分辨出其信仰的两种方式。其中的一种可以认为是尊敬可见的自然物的残余思想。在罗斯的文献中保存着崇拜自然物的迹象：天神的名字叫斯瓦罗格，太阳神的名字叫达日博格、霍尔斯、维列斯，雷电神的名字叫佩隆，风神的名字叫斯特里博格，还崇拜火以及自然界的其他力量和现象。达日博格和火神被认为是天神斯瓦罗格的儿子，叫作斯瓦罗日奇。于是，在罗斯的奥林匹斯山[1]区分了诸神的辈分——这是神话时期还保留在人民记忆中的标志，不过现在很难把这些时期置于某个年代的界限内了。根据普罗科皮奥斯的考证，斯拉夫人早在6世纪就承认雷神佩隆是宇宙唯一的统治者。根据我国的《始初编年史》，佩隆是与维列斯相并列的罗斯斯拉夫人的主神，维列斯被认为是保护家畜的"畜神"，

---

1 奥林匹斯山是希腊最高的山，古希腊神话中传说此山是众神的住处。——译者

也许还有财神的意思,因为在《始初编年史》的语言中 скот 这个词兼有家畜和钱财两个意义。在古罗斯的书面文献中,除了提到斯瓦罗格的几个儿子外,对诸神的家族没有明确的说明。但是 10 世纪初叶阿拉伯人伊本-法德兰在伏尔加河的一个码头上,大概是在保加尔城附近,看见过罗斯的商人们向一个巨大的神像和它周围的许多小神像(这个神的妻女),呈献供物和做祷告,不过这是哪一族的商人,是瓦里亚吉人还是斯拉夫人,却不清楚。共同礼拜的制度那时尚未确立,甚至在崇拜多神教的后期也仅能看到它的微弱的萌芽。既看不到庙宇,也看不到祭司阶级这一类人;但是已有个别的巫师和卜者,人民请他们占卜,他们在人民中有着很大的威望。神像置在空旷的地方,大多是在小丘上,某些仪式是在神像面前举行的,还带来供物、牺牲品,甚至人祭。在基辅的一个小丘上有佩隆神像,公元 945 年伊戈尔在这个神像面前起誓遵守与希腊人签订的条约。公元 980 年弗拉基米尔在基辅掌握政权以后,在这里的小丘上塑造银头金须的佩隆神像,还有霍尔斯、达日博格、斯特里博格和其余诸神的神像,王公和人民都呈献了供物。

崇拜祖先 另外一种信仰,即崇拜祖先,似乎有着更大的发展,而且维持得更加巩固。在古代罗斯文献中,这种崇拜集中在氏族祖先(род)及其妻妾(роженицы)——即祖父祖母们身上,因为祖父具有亲族的庇护者的意义,同时这也暗示出过去斯拉夫人中占主要地位的是多妻制[76]。这位神化了的祖先被尊称为始祖(чур),在斯拉夫教会语言中写作 щур;这个词至今还保存在复合词 пращур(五世祖、远祖)之中。创业的祖先作为亲族庇护者的意义,至今还保存在遇到鬼怪或突然的危险时发出的惊呼声中:чур меня!(祖先,保护我)。祖先在保护亲族防止一切邪恶的同时,还保护他们氏族的财富。语言中保存的迹象表明,在传说中 чур 这个词的意义相当于罗马的 терм（界神），意思是氏族的田地和疆土的保卫者。我们现在还用 чересчур（过分）这个词来表示对田界、相关的疆界和法度的破坏；这就是说，чур 的意义是"法度"、"界限"。чур 的这个意义，似乎可以用来说明《始初编年史》中描写的罗斯斯拉夫人葬仪中的一个特征：对死者进行祭奠之后，就把尸体焚毁，把骨灰收藏在一个小容器内，置于交叉路口的柱子上，也就是在与他人的领地接界的地方。立于路旁的、上面放置祖先骨灰盒的柱子，就是边界的标志，它保卫着氏族土地或祖先庄园的边界。这里可以看出罗斯人对交叉路口的迷信的恐惧：他们在这里，在这个中立地带，仿佛感到自己是在异方，不在自己家里，在氏族土地的界限之外，在庇护自己的祖先的权力范围之外。这一切似乎能说明氏族联盟在原始时代的广阔和完整。然而在民间的传说和迷信故事中，这个作为氏族庇护者的祖先还经常和家庭的祖父的名字一起出现，也就是说，和并不是整个氏族而是个别农户的庇护者一起出现。因此，不必对和原始氏族联盟有关的民间信仰和传说表示怀疑，迁居各处必然破坏了氏族的法律上的关系，而用邻居关系来代替氏族关系。这种代替在语言中也留下一些迹象：сябр 和 шабер 的原始的基本意义是"亲族"（与拉丁文 consobrinus 比较），后来就有"邻人"和"同伴"的意义。

多神教婚礼形式 氏族联盟的这种法律上的解体，使各氏族的相互接近有了可能，接近的方式之一就是婚姻。《始初编年史》指出过表现在婚姻形式中而与迁移的过程有关的那种接近过程，不过不很完全和明显。原始的单个农户，东斯拉夫人由近亲组成的复杂的大家庭，逐渐发展成为族人的村庄，它们都能记起自己共同的家谱，这种记忆保存在这些村庄的祖传的名称中：Жидчичи（日德契契家村），Мирятичи（米里亚季契家村）、Дедичи（杰季契家村）Дедогостичи（杰多戈斯季契家村）[7B]。对于这种由同一亲族构成的村庄，得到新娘是一件重要的事情。在多妻制占主要地位的情况下，自己族内的妇女感到不足，而其他氏族的呢，她们的亲族不肯自愿地、平白无故地相让。因此就必须强抢。据编年史记载，"在村界边的宴游之地"，"在水边"，在神圣的泉水旁或江岸和湖岸上，纪念非同族的共同神的宗教节日时，聚集在那里的各村的男女村民，就经常发生抢亲的事。《始初编年史》把婚姻的各种形式，作为罗斯斯拉夫各部落的人的品质和文化程度的各个阶段来加以描述。在这方面它把这些部落置于比波利安人较低的阶段。它在描写拉吉米奇人、维亚季奇人、塞维里亚人、克里维奇人的偶像崇拜的风俗时指出，"在这种闹鬼把戏的日子里，他们便把遇到的女子拐骗过来"，古代的历史家认为，抢亲是婚姻的一种低级形式，甚至是婚姻的否定，因为"他们并不是结婚"，实在是拐骗。大家都知道的乡村中男女青年捉迷藏的游戏，就是基督教婚礼以前的这种抢亲的最后残余。由于强抢别族的女子而引起的氏族之间的敌意，是用"聘礼"来消除的，即向被抢女子的亲族出钱购买该女子。到后来，"聘礼"变成了公开的买卖婚姻制度，即按照双方亲族相互之间的协商由女方的亲族把该女子卖给她的未婚夫：强抢的行动由男方对女方的和平聘娶所代替，显然，这也是要付"聘礼"的。编年史指出了波利安人各氏族接近的最后时期，按照它的描写，那时波利安人已经脱离了野蛮状态，而其余部落却还是处在这种野蛮状态中。编年史指出，波利安人"并不是女婿来聘娶妻子，而是晚上出嫁（晚上把女子送到女婿家里），次日把所给的聘礼送去，就是说，在新娘出嫁后的次日把东西送去"。从这句话中可以看出所指的是嫁妆。在《拉夫连季耶夫编年史》中是这样记载的。而在《依帕季耶夫编年史》中有着不同的记载："次日把聘她的礼送去"。这句话所指的,不如说是"聘礼"。因此,这两种记载指出了婚姻制度进化中的两个新阶段。这样,抢亲为聘娶所代替,而聘娶又为女方把所受的"聘礼"送还男方或送嫁妆的制度所代替。由于这样,在信多神教的罗斯,合法的妻子被称为"嫁来的女人"。брать замуж(娶妻)和выдавать замуж(出嫁)这两个词,显然就是从聘娶和送嫁这两种婚姻形式得出来的:语言里保存着人们记忆中已被时间磨灭的许多古代事迹。抢亲、抢亲之后付以"聘礼"、出卖女子而索取"聘礼"、聘娶、送嫁而退还"聘礼",最后是备嫁妆出嫁——所有这些逐步更替的婚姻形式,是氏族关系破坏的依次相继的各个阶段,这些阶段促使了各族之间的相互接近。因此可以说,婚姻从两个方面使氏族解体:不仅是便于脱离氏族,而且便于加入氏族。男方和女方的亲族相互之间成了自己人,儿女亲家;姻亲成了亲族的一种形式。这就是说,早在信奉多神教的时代婚姻就使不同的氏族结成亲族。原始的、未经触动的氏族,是一个闭关自守的联盟,是别人难于接近的:从别的氏族娶来的女子,要和自己的血亲割断亲族关系,自己的亲族和自己丈夫的亲族并不结成亲戚。编年史中所提到的亲族村庄,并不是这种原始的联盟,因为这些村庄是由于氏族的解体而组成的,是由迁移时代氏族瓦解成的各个单个 123
农户发展而成的。

家庭制度的特点 我对我们斯拉夫人的多神教婚礼形式作了比较详细的说明,目的在于更加仔细地观察开始于迁移时代的斯拉夫氏族联盟早期削弱的迹象。这一点使我们能够解释在我国古代文献中看到的某些家庭制度的现象。上面叙述的最后一种形式特别重要。嫁妆成了妻子主要的特有财产;女儿或姊妹的家庭地位,以及她们对家庭财产的权利在法律上的确定,开始于嫁妆的出现。按照《罗斯法典》的规定,有弟兄的姊妹不能成为继承者;但是弟兄有责任安排她的命运,将她出嫁,并且"按力之所及",量力给予嫁妆。嫁妆仿佛是附加在遗产之上的一种义务,对继承者说来这并不是一个令人愉快的制度。有一句成语生动地描绘了家庭中的成员对女婿产生的各种感情:"丈人要体面,女婿要伸手,丈母要多给;舅兄翻白眼,一点不肯给。"没有弟兄的女儿在有公职的地主的家庭中是父亲产业的全权继承者,如果父亲死后仍未出嫁,还对部分农民的财产保持权利。关于继承的一切关系,限于一个普通家庭的狭隘范围之内,旁系亲族作为继承的偶然参与者不在考虑之列。基督教会在建立这样的家庭并关切地清除多神教氏族联盟的残迹时,在这方面具有在多神教时代以及在有嫁妆的婚礼中早就具备的日常生活资料〔7*〕。

沿第聂伯河的通商活动〔8*〕 随着东斯拉夫人的散居各处而产生的许多经济后果,更为重要。回想一下叙述罗斯国家初期历史的《往年纪事》中记载的斯拉夫部落在我国平原上的分布情形,马上就能看到,大部分斯拉夫居民住在这个平原的西半部。这个地区的居民的经济生活,受着从北到南贯穿于该地区的第聂伯河这一巨大水流的支配。河流在当时是最方便的交通路线,因此第聂伯河成了俄罗斯平原西部的主要经济命脉和通商干道:它的上游接近道格瓦河和伊利缅湖区域——通往波罗的海的两条重要道路,而它的河口却把中部阿拉温高地和黑海北岸连接了起来;第聂伯河的支流远远地向左右两边伸展,仿佛干道上的许多支线,使第聂伯河流域一边与德涅斯特河和维斯拉河的喀尔巴阡山脉区域接近,另一边与伏尔加河和顿河流域接近,也就是与里海和亚速海接近。这样,第聂伯河地区就包括了俄罗斯平原的整个西半部和东半部的一部分。由于这样,从远古时代起沿第聂伯河就进行着繁忙的通商活动,而希腊人对通商活动又起着推动的作用。

希腊的移民区 公元前很久的时候，黑海北岸和亚速海东岸满布着希腊的移民区，主要的移民区是位于东布格河转折处（尼古拉耶夫城对面）公元前6世纪由迈利特分出的奥里维亚、克里米亚半岛西南岸的塔夫利亚的赫尔松涅斯、克里米亚半岛东南岸的费奥多西亚和彭梯加比（今刻赤）[86]、塔曼半岛的法纳戈里亚、刻赤海峡或古代基米里博斯普鲁斯海峡[86]的亚洲地区以及顿河河口的塔纳伊斯，由于这些希腊移民区的手工业活动，第聂伯河在公元前很早就成了通商的要道（关于这方面希罗多德有过记载），而且希腊人由此从波罗的海海岸取得琥珀。我国古代《关于罗斯起源的故事》也提到过第聂伯河古代的通商作用。它说明了东斯拉夫人在罗斯平原的分布情形以后，在开始叙述罗斯国家的古代传说以前，立刻就描写沿第聂伯河"从瓦利亚吉人到希腊人的这条道路：从希腊沿第聂伯河，从第聂伯河上游经连水陆路到洛瓦季河，沿洛瓦季河进入大湖伊尔门，从伊尔门湖经沃尔霍夫河进入涅瓦大湖[1]，经过大湖涅瓦的湖口进入瓦利亚日海，经海路到达罗马。从罗马仍经该海到帝都，从帝都到黑海，而第聂伯河正是流入该海的。"东斯拉夫人坐船沿第聂伯河航行，就已置身在环绕整个欧洲的这个环形水路上。于是第聂伯河及其支流就成了东斯拉夫人国民经济中的一条大给养线，把他们带入了当时在欧洲东南部进行的复杂的通商活动中。第聂伯河下游和东面的支流把斯拉夫移民带往黑海和里海的市场，这种通商活动促使移民开发所住地方的天然资源。我们知道，东斯拉夫人大多住在俄罗斯平原的森林地带，森林地带的皮货和林间养蜂业对斯拉夫人的对外贸易提供了丰富的物资。从那时起，毛皮、蜂蜜和蜡就成了罗斯输出的主要项目；从那时起，俄罗斯人在为自己

---

1 指涅瓦河。——译者

食用或少量出口而从事耕种的同时，开始加强开发森林，这项工作延续了数百年，对他们的经济生活和社会生活、甚至民族性留下了深刻的影响。森林里的猎人和养蜂者是明显地出现在俄罗斯国民经济史中的最早的一类人[8*]。

哈扎尔人的中介作用 有一种外部情况使这种通商活动特别得到顺利的发展。事情是这样的，大约正当东斯拉夫人从西方进入我国平原境内并且散居在森林中的这个时期，从东方，从伏尔加河和顿河彼岸一个新的亚洲的汗国——很久以来在黑海和里海之间流浪的哈扎尔人——却在俄罗斯南部草原上扩张自己的势力[9]。从7世纪起，正当斯拉夫人开始迁移到我国平原上来的时候，哈扎尔人开始在黑海北岸以及顿河和第聂伯河之间的草原上巩固自己的权力[10]。哈扎尔人是突厥的游牧部落，然而这个部落与在它之前和之后相继占据俄罗斯南部草原的其他亚洲汗国不同，哈扎尔人不久就抛弃了游牧生活和掠夺行为，转而从事和平的经营。他们建立了城市，他们能够从夏天的草原牧地迁移到城里去过冬。在8世纪，一批从南高加索来的从事手艺的犹太人和阿拉伯人与他们在一起生活。犹太人对这里的影响极大，以致哈扎尔可汗的王朝及其宫廷，即哈扎尔社会中的高贵阶级，都信奉了犹太教。哈扎尔人分布在伏尔加河和顿河两岸辽阔草原上后，在伏尔加河下游建立了自己国家的中心点。在这里，他们的首都伊蒂尔城立刻成了各族人汇聚的巨大市场，一同居住在那里的有伊斯兰教徒、犹太人、基督徒和多神教徒[11]。大约[12]从8世纪中叶起，即在阿拔斯王朝时代哈里发的中心从大马士革迁到巴格达之后，哈扎尔人和伏尔加河流域的保加尔人就成了北方波罗的海和东方阿拉伯之间频繁通商交换的中间人。在8世纪，哈扎尔人征服了接近草原地带的东斯拉夫各部落：波利安人、塞维里安人和维亚季奇人。基辅的古代传说表明哈扎尔人对被他们征服的第聂伯河斯拉夫人的印象:他们认为,哈扎尔人是一个并不好战的、并不残酷的、温和的民族。《往年纪事》中讲到过哈扎尔人向波利安人索贡的情形:哈扎尔人发现波利安人住在森林中的那些山上(在第聂伯河高陡的右岸),哈扎尔人就说:"向我们纳贡"。波利安人考虑了一下,"每户"缴纳一把剑。于是哈扎尔人带了这些贡税去见自己的王公和族长,对他们说:"看我们找到了新的贡税"。他们问道:"在哪里?""在第聂伯河沿岸森林里的山上。""他们给了你们什么?"那些人把剑拿出来给他们看。于是哈扎尔的族长们说:"王公啊,这种贡税是不吉利的,我们过去只知道贡税是单刃的武器,也就是马刀,而这些人的是双刃的武器,也就是剑,他们将来会向我们和其他国家索贡的。"结果真是这样:俄罗斯人至今统治着哈扎尔人。这个故事的妙语表明[12],哈扎尔人的统治对第聂伯河斯拉夫人说来并不是十分厉害和可怕的。相反,它虽然剥夺了东斯拉夫人表面的独立,却给予他们很大的经济利益。因为从那时候起,草原上的河道对那些向哈扎尔人纳贡的顺从的第聂伯河居民开放了,使他们能够通往黑海和里海的市场。在哈扎尔人的保护下,第聂伯河流域的商业活动沿这些河流活跃地进行着。我们看到许多很早的资料,说明了这种通商活动的顺利发展。留里克和阿斯科里得的同时代人,9世纪的阿拉伯作家霍尔达德别指出,俄罗斯商人从自己国家的遥远地方运货物到黑海岸的希腊城市,在那里拜占庭皇帝向他们征收什一税(商业税);这些商人又沿顿河和伏尔加河通往哈扎尔的首都,在那里哈扎尔君主也向他们征收什一税,这样他们就到达里海,深入里海的东南岸,甚至还用骆驼驮运货物到巴格达,霍尔达德别就是在这里看到这些货物的[13]。这个记载所指的还是9世纪上半期的事情,不迟于公元846年,也就是比编年史所载留里克及其诸弟应邀到来的时期早二十年左右，因此尤其重要。从第聂伯河或沃尔霍夫河河岸开辟这些遥远的、四通八达的商路，需要经过多少个世代啊！霍尔达别所描写的第聂伯河流域与东方的通商关系，至少应在这位阿拉伯地理学家之前一百年，也就是大约在8世纪中叶。而且也有更为直接的资料，可以说明这种通商活动开始和发展的时期。在第聂伯河地区发现了许多窖藏的古代阿拉伯钱币和小银币，它们大部分都属于9世纪和10世纪，正是罗斯与东方的通商最发达的时期。但是窖藏的钱币最晚的不迟于9世纪初叶，而最早的在8世纪初叶，偶尔也有7世纪的，属于7世纪最后几年。这些钱币的年代明显地表明，第聂伯河斯拉夫人与东方哈扎尔人和阿拉伯人的通商关系是在8世纪开始和巩固起来的。然而8世纪正是哈扎尔人在罗斯南部草原确立自己势力的时期：显然，哈扎尔人也就是东方和俄罗斯斯拉夫人之间通商的中间人。

最古的城市 公元8世纪斯拉夫人的东方贸易顺利发展的结果，在罗斯产生了许多最古的商业城市。叙述罗斯国家初期历史的《往年纪事》没有记载基辅、佩列雅斯拉夫尔、契尔尼戈夫、斯摩棱斯克、柳别奇、诺夫哥罗德、罗斯托夫和波洛茨克这些城市兴起的年代。它开始记载罗斯历史的时刻，这些城市即使不是全部，也显然大多数都已成了重要的居民区。只要大略看一下这些城市的地理分布情况，就能看到它们是由于罗斯对外通商顺利发展的结果而建成的。大多数城市沿着"从瓦利亚吉人到希腊人"的主要水路，沿着第聂伯河—沃尔霍夫河形成一串长的锁链；只有几个城市：特鲁别日河上的佩列雅斯拉夫尔、杰斯纳河上的契尔尼戈夫和伏尔加河上游地区的罗斯托夫从这个可以说是罗斯通商的活动基地向东延伸，成为它的东部前哨，表明它的侧翼伸向亚速海和里海。这些大商业城市的产生，是这些新居住地的斯拉夫人在自己之间进行复杂的经济交流的结果。我们看到,散居在第聂伯河及其支流的东斯拉夫人都是些单独的设防农户,随着商业的发展,在这些单独的农户之间产生了通商的集合点,交换货物的地方,猎人和养蜂者都聚集在这里进行交易,即古代所说的 гостьба(经商)。这种集合点当时称作 погост(集市)。后来信奉基督教以后,在各地的这些乡村市场,也就是人们经常集聚的地方,最先建立起基督教的寺院,于是 погост 这个词就取得了"乡村教区"的意义。在教堂附近埋葬着死者,由此 погост 这个词又有了墓地的意义。乡村的行政区划是与教区一致的,或者与它相适应,这样,погост 又产生了"乡"的意义。但这一些都是后来产生的词义,而最初的本义只是指通商的集合地点,"商人的"地方。乡村的小集市扩展为较大的市场,这种较大的市场产生在商贾往来频繁的商路上,它们是当地手艺人和外国市场的中介,由这些市场又发展成为沿希腊人—瓦利亚吉人商路的我国古代的商业城市。这些城市是在它们四周形成的工业区的商业中心和主要货栈。

斯拉夫人迁居第聂伯河及其支流而产生的两个重要经济后果是:(一)斯拉夫人与南方和东方,即黑海—里海地区的对外贸易的发展,和它引起的森林业的发展,(二)罗斯古代城市及其周围工商业区的兴起。这两件事都发生在 8 世纪。

关于"罗斯"这个词的声明[14] 在结束叙述东斯拉夫人迁移的经济后果之时,需要声明一下,以防你们可能会产生一种怀疑。我在讲述 8 世纪和 9 世纪东斯拉夫人商业活动的时候,称他们为罗斯斯拉夫人,还谈到罗斯和罗斯商人,仿佛这是同一意义的、当时的语汇。然而在 8 世纪的东斯拉夫人之中根本听不到罗斯这个词,而在 9 世纪和 10 世纪,在东斯拉夫人之中的罗斯还不是斯拉夫人,它与斯拉夫人不同,是外来的统治阶级,而斯拉夫人是被统治的本地居民。在下一课我们将谈到我国历史中的这个重要对象,而现在仅限于指出,在运用习惯的说法谈到那时的罗斯斯拉夫人的时候,我指的是那些后来才称作罗斯人的斯拉夫人。罗斯人在东斯拉夫人之间定居下来,开始领导和扩大他们在这里碰到的通商活动;但是在他们所达到的经营上的成就中,也有本地的斯拉夫人的成分,斯拉夫人的劳动受着他们的需求的推动和支配[14]。

第九讲

（三）东斯拉夫人沿罗斯平原移民的政治后果——罗斯南部草原上的佩切涅格人——罗斯的商业城市被武装起来——瓦利亚格人；关于他们的起源和在罗斯出现的时期问题——城市领区的形成及其对部落的关系——瓦利亚格公国——关于海外王公应邀到来的传说；该传说的历史根据——9世纪斯堪的纳维亚海盗在西欧的行为——作为罗斯国家雏形的基辅大公国的形成——基辅在国家形成中所起的作用——对上面研究的内容的概述

佩切涅格人 上一课所讲的东斯拉夫人在罗斯平原移民的经济后果，为稍后在9世纪初叶才开始显露的政治后果做好了准备。从那时候起，一向非常巩固的哈扎尔人的统治开始明显地动摇起来。其原因是从东方，即从哈扎尔人的后方来了新的佩切涅格部落和继之而来的乌兹突厥。哈扎尔人艰难地抵御着这些新部落的逼近。为了抵御这种逼进，约在公元835年哈扎尔可汗请拜占庭工程师在顿河上，大概在顿河靠近伏尔加河的地方，建筑了萨尔克尔要塞，它在我国的编年史中以白维查的名字著称。然而这个要塞没有能抵挡住来自亚洲的进攻。在9世纪上半叶，这些野蛮人显然突破了哈扎尔人的居住地而到了顿河西面，把第聂伯河斯拉夫人的、在此以前通畅无阻的草原道路堵住了。关于这一点有两个来自不同方面的记载。9世纪一部西方拉丁文编年史，所谓《别尔京编年史》，在839

年项下有一段有趣的故事，谈到罗斯族的使臣到君士坦丁堡来通好，也就是恢复通商条约，事后并不从原路回国，因为沿这条路线住着残酷的野蛮人[1]。从我国的史料中我们知道，沿途的这些野蛮人是怎样的。叙述罗斯国家起源的《纪事》的某些版本关于基辅的最初记载提到，阿斯科里德和吉尔于867年杀死了许多佩切涅格人。这就是说，早在将近9世纪中叶的时候佩切涅格人就已经到达基辅附近，割断了第聂伯河中游与黑海和里海市场之间的联系。当时基辅罗斯的另一个敌人，是在顿河和第聂伯河之间的沿海草原地带流浪的黑保加尔人：保存下来的记载说明，阿斯科里德的儿子是在公元864年与他们作战时阵亡的[2]。显然，哈扎尔人的政权这时已无力保护东部的罗斯商人了。

各城市的武装　罗斯各主要商业城市必须把保卫商业和通商道路的事情自己担当起来。从这时起，这些城市开始武装起来，四周围以城墙，加以军事设施，驻扎士兵。这样，工业的中心和货物的仓库就变成了设防的、武装的掩蔽所。

瓦利亚格人　有一种外部条件促使这些城市的军人和手艺人汇集起来。从9世纪初叶起，从查理大帝统治的末期起，斯堪的纳维亚的武装海盗开始在西欧沿海骚扰，由于这些海盗主要来自丹麦，他们在西欧被称作丹人。大约同一时期，在我国平原的河道上也开始出现了从波罗的海来的外洋人，他们在这里被称作瓦利亚格人[3]。在10世纪和11世纪，这些瓦利亚格人经常到罗斯来，有的来经商，有的是应我国王公的邀请，被招募为亲兵。但是瓦利亚格人开始来到罗斯显然远在10世纪以前，因为《往年纪事》记载的罗斯各城市的瓦利亚格人早在9世纪中叶。11世纪的基辅传说甚至有夸大这些外洋人的人数的倾向。根据基辅传说，瓦利亚格人——罗斯商业城市中的普通居民——自古充塞这些城市，在这些城市的居民中形成一个人数众多的阶层，其人数超过当地的土著。例如，按照《往年纪事》的说法，诺夫哥罗德人最初是斯拉夫人，后来成了瓦利亚格人，由于来自海外的人大量涌集，他们仿佛瓦利亚格化了。他们在基辅国家上汇集的人特别多。按编年史中的传说，甚至基辅也是瓦利亚格人开始建造的[4]，而且基辅城中瓦利亚格人极多，以致阿斯科里德和吉尔在这里确立自己的政权后，能够招募他们组成一支完整的军队，敢于带领他们去攻打帝都[5]。

他们出现的时期 这样，我国编年史的模糊的记载仿佛把瓦利亚格人在罗斯出现的时期推前到9世纪的上半世纪。我们还能找到外国的记载，从那里我们看到，瓦利亚格人，或者我们在11世纪用这个名称称呼的人，确是早在9世纪上半叶就在东欧闻名的，比我们的《始初编年史》所载留里克到达诺夫哥罗德的时期为早。上面提到的不愿从君士坦丁堡依原路回国的罗斯使臣[6]，于公元839年和拜占庭的使者一起去见日耳曼皇帝诚笃者路德维希，在那里根据对事实的调查和他们的身份证，表明他们是斯维翁人，即瑞典人，亦即瓦利亚格人，因为我国的《往年纪事》是把瑞典人也归于瓦利亚格人的[7]。继[8*]西欧编年史中的这个证例之后，还有拜占庭和东方阿拉伯的记载与我国编年史中的模糊的传说相照应，这些记载说明，那里早在9世纪上半世纪就已熟知罗斯，那是由于与罗斯已有商业往来，以及由于罗斯的进攻黑海北岸和南岸。华西里耶夫斯基院士关于圣格奥尔吉·阿马斯特里茨基传和圣斯捷凡·苏洛日斯基传的可作典范的批判性研究著作，弄清了我国历史中的这个重要事实。上述第一部圣徒传写于公元842年前，作者讲到罗斯这个"大家都知道"的民族将黑海南岸到普罗彭提斯海¹一带抢掠一空

---

1 普罗彭提斯海（Пропонтида）为马尔马拉海的古希腊名。——译者

之后，向阿马斯特里达进攻。在第二部圣徒传中我们可以看到，圣斯捷凡于8世纪末叶死后过了不多几年，勇猛的勃拉夫林王公率领的一支强大的罗斯军队征服了从科尔松到刻赤的地方，经过十日的战斗攻克了苏洛日城（克里米亚的苏达克）。其他一些记载说明罗斯在9世纪上半叶就和海外来人发生了直接的联系，但是我国的编年史记载这些海外来人处在斯拉夫人之间是在该世纪的下半世纪。《别尔京编年史》中的罗斯人是瑞典人，他们代表自己的可汗，非常可能是当时统治第聂伯河斯拉夫人的哈扎尔人的可汗作为使臣来到了君士坦丁堡后，由于害怕野蛮民族（指第聂伯河流域草原游牧民族），不愿走最近的道路回国。阿拉伯人霍尔达德别甚至把他在巴格达遇到的"罗斯"商人直接认作从遥远的斯拉夫国来的斯拉夫人。最后，福季都主教把在他当时侵袭帝都的人称作罗斯人，而根据我国的编年史[8a]，进行侵袭的是基辅的瓦利亚格人阿斯科里德和吉尔[8a]。由此可见，当丹人在西方侵袭瓦利亚格人的亲族的同时，瓦利亚格人不仅密布在东欧沿希腊人—瓦利亚格人路线的各个大城市中，而且已经完全占领了黑海及其沿岸，以致黑海开始被算为罗斯海，而且根据阿拉伯人的考证，在10世纪初叶除了罗斯人以外是没有人在黑海中航行的。

他们的起源 这些波罗的海的瓦利亚格人和黑海的罗斯人一样，从许多特征看来是斯堪的纳维亚人，并不是像某些学者所认为的波罗的海南岸或现今南俄罗斯的斯拉夫居民。我国的《往年纪事》认为瓦利亚格人是住在北欧，主要是瓦利亚格海（波罗的海）沿岸的各个日耳曼民族的共同名称，包括瑞典人、挪威人、哥特人和盎格鲁人。按照某些学者的见解，варяги（瓦利亚格）这个名称，就是斯堪的纳维亚语Vaering或Varing译成斯拉夫俄罗斯语的形式，而其意义则不甚清楚。11世纪的拜占庭人把在拜占庭皇帝身旁充任保镖的诺曼人称作 βάραγγοι[8*]。在 11 世纪初，参加公元 1018 年波兰王波列斯拉夫攻打罗斯王公雅罗斯拉夫的战争的德意志人认出了基辅的居民，后来他们向那时正在补写编年史的密尔泽堡的主教季特马尔讲述，基辅有着不可胜数的人民，主要都是逃亡的奴隶和"伶俐的丹人"（ex velocibus danis），德意志人对其同族的斯堪的纳维亚人和波罗的海的斯拉夫人大概是不会分别不出的。在瑞典有许多古代的墓碑，上面讲到古代从瑞典到罗斯的航海旅行。斯堪的纳维亚的民间史诗有时可以追溯到极早的时期，这些民间史诗也讲到向加尔达里克国的这种航海旅行，他们所指的加尔达里克就是我们的罗斯，即"城市之邦"。这个名称本身与乡村的罗斯很不相称，说明到来的瓦利亚格人主要是留在罗斯的各个商业大城市里。最后，罗斯最初的一些瓦利亚格王公及其亲兵队的名字几乎都来自斯堪的纳维亚语；我们在斯堪的纳维亚的民间史诗中能看到同样的名字：留里克——Hrörekr；特鲁沃尔——Thorvardr；奥列格（Олег 按古代基辅的读音作"奥"）——Helgi；奥丽加——Helga，在康斯坦丁·巴格里亚诺罗德内的著作中作：伊戈尔（Ελγα）；——Ingvarr；阿斯科里得——Höskuldr；吉尔——Dyri；弗列拉夫——Frilleifr；斯维纳尔得——Sveinaldr 等等。至于[9]罗斯人，10 世纪的阿拉伯作家和拜占庭作家把他们和斯拉夫人区别开来，认为他们是统治斯拉夫人的独特的部落[9]，而康斯坦丁·巴格里亚诺罗德内在第聂伯河急流一览表中清楚地区分了这些急流的斯拉夫名称和罗斯名称，认为这是属于两种完全不同的语言。

城市中的军人—工商阶级的形成 由于外部威胁，于是这些斯堪的纳维亚的瓦利亚格人进入了 9 世纪罗斯各商业大城市并形成军人—工商阶级。瓦利亚格人到我们这里来与丹人在西欧一带有不同的目的和不同的面貌：丹人在西欧是海盗，是沿海的强盗；而我们这里的瓦利亚格人主要是武装的商人，他们到罗斯来是要继续前往富庶的拜占庭，在那里为拜占庭皇帝服役以获得好处，或者进行通商以谋取利润，而有时逢到机会也要抢劫富有的希腊人。在语言和古代传说中有一些迹象表明我国的瓦利亚格人的这种特性。在俄语的方言词汇中，варяги（瓦利亚格）这个词的意义是"小贩，小商人"，варяжить 的意义是"做小买卖"。有趣的是当那些不从事商业的武装的瓦利亚格人需要掩盖自己身份的时候，他们往往伪装成从罗斯来或者到罗斯去的商人，因为商人是最能博得信任的、最能使大家习惯的一种伪装。大家都知道，奥列格是用什么方法欺骗自己的同族人阿斯科里德和吉尔，把他们诱出基辅的。他派人去对他们说："我是商人，我们是从奥列格和伊戈尔王子那里到希腊去的；到我们这里来，到你们自己的同族人这里来吧。"关于圣奥拉夫的杰出的斯堪的纳维亚民间史诗有许多历史特点[10]，它叙述这位斯堪的纳维亚的英雄在长期热心地为罗斯"酋长"瓦尔达马尔，即圣弗拉基米尔服役后，带着亲兵乘船回国，途中被暴风吹到波美拉尼亚，到寡居的公爵夫人海拉·布里斯拉夫娜的领地内[11]，他不愿意说出自己的名字，冒称是加尔德的即罗斯的商人。瓦利亚格人迁居罗斯各大商业城市的时候，在这里遇到了社会地位与他们接近的而且需要他们的居民阶级，武装商人的阶级，于是他们就加入了这个阶级，与当地居民发生通商关系，或者被用重金雇去保卫罗斯的通商道路和保护商人，也就是护送罗斯的商队。

城市和城郊居民 当地土著和外来人在这些商业大城市里刚一形成这样的阶级，城市就变成武装的据点，于是它们对城郊居民的关系也就必然立刻发生了变化。当哈扎尔人的统治开始动摇的时候，向哈扎尔人纳贡的那些部落所在的城市就变成了独立的城市。《往年纪事》没有记载波利安人摆脱哈扎尔人统治的年代。它讲到阿斯科里德和吉尔从第聂伯河走到基辅,知道这个城市向哈扎尔人纳贡后,就在城里住了下来,募集许多瓦利亚格人,开始占有波利安人的土地[12]。似乎这就意味着哈扎尔人在基辅的统治权的告终。我们不知道,在哈扎尔人时代基辅和其他城市是怎样治理的,然而可以看到,这些城市掌管了保卫通商活动的工作以后,马上就使自己周围的商业区从属于自己。商业区在政治上从属于工业中心——现在是武装的中心,看来始于海外王公应邀到来以前,也就是在9世纪中叶以前。叙述罗斯国家起源的《纪事》在讲最初的几个王公时,讲了一个有趣的事:大城市周围的地方、整个部落或部分部落,都是跟着大城市走的。留里克死后,奥列格从诺夫哥罗德到了南方,占领了斯摩棱斯克,在城里设置了自己的总督;由于此举,没有继续进行战斗,斯摩棱斯克的克里维奇人就都承认了奥列格的政权。奥列格占领了基辅,此后基辅的波利安人也就承认了他的政权。因此,整个城郊都是从属于主要城市的,这种从属关系显然并非由王公,而是在他们以前早就确立的。至于它是怎样确立的,这一点很难说。说不定四周的商业区是自愿从属于城市的,因为在有外来危险的压力下城市是个设防的避难所;更加可能的是,商业城市靠汇集在城中的武装阶级的帮助,用武力统治了四周的商业区,可能在不同的地方有的采取这种方式,有的采取那种方式。

城市领区的形成 无论怎样,在《往年纪事》的模糊记载中意味着约在9世纪中叶罗斯形成了最初的地方政体:这就是城市领区,即受设防城市管辖的城市四周的商业区,城市同时也就是这些地区的工业中心。城市领区以城市的名称命名。当包括东斯拉夫各族在内的基辅公国成立的时候,基辅、契尔尼戈夫、斯摩棱斯克和其他以前独立的古代城市领区都加入了它的版图,成为它的行政区,这些城市领区是11世纪中叶以前基辅最初的几个王公统治时期在罗斯划分的行政区域中的现成单位。这里有一个问题：这些区域真的是在商业城市的影响之下形成的吗？有没有部落的成因呢？我们看到，我国古代叙述罗斯国家起源的《纪事》把东斯拉夫人分成若干部落，并且非常确切地指出了它们分布的地区。也许10—11世纪的基辅公国领区是波利安人、塞维里亚人和其他人的部落的政治联盟，而不是罗斯古代商业城市四周的工业地区？但是对古代城市领区人种成分的分析，对这个问题作了否定的回答。因为如果这些区域的形成出于部落的原因，由于部落的关系而形成，没有经济利益的成分，那么每一个部落就会形成一个单独的区域，换句话说，每一个区域内应该仅包括一个部落。但是事实并非如此，没有一个区域是仅由一个部落，尤其是由一个完整的部落组成的；大多数区域都是由各个不同的部落或是这些部落的一部分组成；有的区域是一个部落再加上其他部落分出来的一部分。例如，诺夫哥罗德区是由伊尔门湖的斯拉夫人和克里维奇人的一支组成的，它的中心是伊兹波尔斯克城。契尔尼戈夫区包括塞维里安人的北半部，以及部分拉季米奇人和维亚季奇人的整个部落，而佩列雅斯拉夫区却包括塞维里安人的南半部。基辅区包括全部波利安人、几乎全部德列夫利安人、德列哥维奇人的南面部分和普里皮亚季河上的图罗夫城。德列哥维奇人的北面部分和明斯克城为克里维奇人的西支所分隔，加入了波洛茨克区。斯摩棱斯克区〔13〕由克里维奇人的东面部分和与它毗连的一部分拉吉米奇人组成。因此，古代部落的划分和11世纪中叶的城市或区域的划分并不一致。这就是说，城市领区的界线并不是按照部落的分布情况划分的。根据这些区域的部落成分，不难看出是什么力量在吸引着这些部落。如果在一个部落中产生了两个大城市，这个部落就分属于两个领区（如克里维奇人和塞维里安人）。如果在一个部落内这样的大城市一个也没有，那么它就不能形成一个单独的区域,而是加入别族的城市管辖领区。同时我们还看到,一个部落中的商业大城市的产生,决定于这个部落的地理状况:成为区域中心的大城市,都产生在居住在主要通商河道——第聂伯河、沃尔霍夫河和道格瓦河——沿岸的居民中间[13]。相反,远离这些河道的部落没有自己的商业大城市,因此不形成单独的区域,而是加入其他部落的商业城市管辖的领区中。例如,德列夫利安人,德列哥维奇人,拉季米奇人和维亚季奇人那里没有商业大城市,这些部落也就没有自己的领域。这一点可以说明,吸引着这些区域的力量,就是在俄罗斯主要通商河道上的商业城市,这种城市是远离河道的部落所没有的。如果我们想象一下9世纪下半世纪东斯拉夫人的组织概况,再把这种组成情况和他们古代的部落划分比较一下,就可以在从拉多加到基辅的整个地区内看到八个斯拉夫部落。其中四个部落(德列哥维奇人,拉季米奇人,维亚季奇人和德列夫利安人)逐渐地,部分在基辅最初几个王公统治时期,部分在更早时期就已加入其他部落的区域,其余四个部落(伊尔门湖的斯拉夫人,克里维奇人,塞维里安人和波利安人)形成了六个独立的城市领区,其中除佩列雅斯拉夫区外,没有一个是由单独一个完整部落组成的,每一个领区都包括一个以上的主要部落或一个部落的主要部分,以及没有自己大城市的其他部落的从属部分。这六个城市领区就是诺夫哥罗德区、波洛茨克区、斯摩棱斯克区、契尔尼戈夫区、佩列雅斯拉夫区和基辅区。因此,我重复一句,成为区域行政中心的设防大城市,正是产生在对外通商最发达的部落之中。这些城市使四周同一部落的居民从属于自己,它们首先成为这些居民的商业集中点,把他们组成政治上的联盟和区域,然后,部分在基辅王公统治以前,部分在他们统治的时期,吸引其他没有城市的部落的居民区参加进来。

瓦利亚格公国 在罗斯形成这种最初政体的同时,有些地方却出现了另外一种比较不重要的、也是地方性的政体,即瓦利亚格公国。在来自海外的武装居民特别众多的手工业点,这些外来的人们很快就失去了通商伙伴或雇用的商道保卫者的作用,而变成了统治者。这些外来人组成了许多军事兼手工业的组织,他们的首领变成了他们所保卫的城市的军事长官,他们在斯堪的纳维亚古代史中被称为 конинги(酋长)或викинги(海盗)。这个名词传入我国的语言中,成为斯拉夫俄罗斯语言的 князь(王公)和 витязь(武士)。其他的斯拉夫部落也有这两个词,他们是从中欧的日耳曼部落那里借用来的;而在我们的语言中,它们是从古代和我们较接近的斯堪的纳维亚人——北部的日耳曼人——那里移译来的。瓦利亚格人从通商的伙伴变成统治者的过程,在顺利的情况下进行得十分简单。大家都知道《始初编年史》有如下一个故事:弗拉基米尔于公元 980 年打败他的在基辅的兄弟雅罗波尔克,靠从海外邀请来的瓦里亚格人的帮助在基辅确立了自己的政权。他的海外战友感到他们在占领这个城市时所出的力量,就对自己的雇主说:"王公,这个城市可是我们的啊,是我们把它打下来的;因此我们要向市民索取补偿费——军税,每人两个格里夫纳。"〔14〕弗拉基米尔只用诡计才摆脱了这些纠缠不清的雇佣兵,把他们送到帝都。这样,另一些武装城市及其领区在一定情况下就落入来自海外的人手里,成了瓦里亚格酋长的领地。我们能在 9 世纪和 10 世纪的罗斯看到几个这样的瓦里亚格王公〔15〕。这就是 9 世纪下半叶北方的一些公国:诺夫哥罗德的留里克公国、白湖的西钮斯公国、伊兹波尔斯克的特鲁沃尔公国、基辅的阿斯科里德公国。10 世纪又出现了来源相同的其他两个公国:波洛茨克的罗格沃洛德公国、普里皮亚季河上图罗夫的图罗夫公国。我国古代史没有记载后两个公国成立的年代;在编年史中只是顺便地偶尔提到这两个公国的存在[16]。由此可以得出结论，在罗斯的其他地方也有过这样的公国，但它们没有留下痕迹。在那个时候，波罗的海南岸的斯拉夫人中间也发生过类似现象，来自斯堪的纳维亚半岛的瓦利亚格人同样深入到这个地方。在旁观者看来，这样的瓦利亚格公国是道地的侵略，然而创立这些国家的瓦利亚格人通常不是怀着侵略的目的来的，他们是来寻找财物，而不是找寻居住的地方。犹太人易卜拉欣对日耳曼的事情是很了解的，而且很熟悉中欧和东欧的事情，在11世纪的阿拉伯作家阿里-别克里的文章中保存着他的一段摘记，他大约在10世纪中叶写道："北方的部落（包括罗斯）[17]统治了斯拉夫人的某些部落，至今还生活在他们中间，甚至掌握了他们的语言，和他们混杂在一起"。这个印象显然是直接从当时在波罗的海沿岸和罗斯各通商河道沿岸建立的许多斯拉夫瓦里亚格公国得到的。

关于海外王公应邀到来的传说 这些瓦利亚格公国的出现，可以充分说明叙述罗斯国家起源的《纪事》中记载的"关于海外王公应邀到来的传说"。按照这个传说，早在留里克以前瓦利亚格人就已居住在诺夫哥罗德人及其邻近的斯拉夫部落和芬兰部落——克里维奇人、楚德人、默里人和维西人之间，并且向他们索贡。后来纳贡者拒绝缴纳，把瓦利亚格人逐回海外。外来的统治者离去之后，本地人自己互相争吵起来；他们之间没有法典，一个氏族起来反对另一个氏族，发生了内讧。后来他们被这种争吵弄得筋疲力尽，于是集合起来说："我们去为自己找一个王公，让他来统治我们，按照法典来判断我们吧！"[18]这样决定以后，他们就派使者到海外去找熟识的瓦利亚格人，找罗斯人，请他们中间愿意的人来统治这片辽阔广大而无人管理的土地。三个亲兄弟接受了这个邀请，"带着自己的族人"，即带着本族的亲兵来了。如果揭去裹着这个传说的田园诗般的帷幕,那么我们就能看到在那个时代不止一次地重复着的、非常普通的,甚至有点粗暴的现象。在《始初编年史汇集》的各种不同版本中这个传说的许多细节到处可见,使我们能够恢复这件事的本来面目。把这些细节汇集在一起,我们就能看到,海外人应邀到来不只是为了国内的统治,即组织管理。传说中说,王公弟兄三人刚在自己土地上安定下来,就开始"建筑城墙和四处征伐"。假如应邀前来的人首先是筑边防工事,并在各处进行战争,这就说明,他们是作为居民和国境的保卫者被邀前来保护当地居民和抵抗外敌的。其次,王公兄弟三人似乎并不是十分愿意地立刻接受斯拉夫芬兰使者的邀请,而是经过一番考虑之后才接受的,"一部编年史汇集记载道,王公们是勉强被推定的,因为他们害怕他们的野蛮习俗。"有一段保存下来的记载和这一点也符合,这段记载说,留里克并非直接就在诺夫哥罗德居住下来,起先他宁愿离诺夫哥罗德很远,在这个国家的入境处,即在拉多加城里,仿佛考虑要和自己的祖国接近些,以便在必要时就能逃回祖国。他在拉多加赶紧"筑城",建造了要塞,这也是以防万一,为了保护当地的居民抵抗来自自己本族的海盗,或者是在和当地居民不能和睦相处的时候用来保护自己,对付当地的居民。留里克在诺夫哥罗德居住下来以后,不久就引起了当地居民的不满:上述编年史汇集记载道,应邀到来以后过了两年,诺夫哥罗德人"感到了委屈,他们说:我们成了奴隶,从留里克和他的族人那里受了许多苦痛"。他们甚至组织了一次密谋,结果留里克杀死了密谋暴动的领袖,"勇敢的瓦季姆",并且屠杀了和他同谋的大批诺夫哥罗德人。过了几年,又有许多诺夫哥罗德的农夫从留里克那里逃往基辅的阿斯科里德。所有这些细节都说明,当地居民并非心悦诚服地邀请异国人来统治没有武装的自己人,而是雇用他们来打仗的。显然,海外王公及其亲兵队是由诺夫哥罗德人及其同盟部落请来保护自己国家抵抗外敌入侵的,并因此得到了一定的报酬。但是雇用兵显然想得到更高的报酬。于是付酬的人发出了怨言,结果这种怨言为武力所压制。雇佣兵感到了自己的力量,就变成了统治者,而雇佣的工资也增加了,变成了义务的贡税。大概这就是隐藏在关于海外王公应邀到来的经过夸饰的传说中的简单实在的事实:自由的诺夫哥罗德区变成了瓦利亚格公国。

西欧的斯堪的纳维亚海盗[19] 关于海外王公应邀到来的传说所叙述的事件,并没有什么特别的地方,并不是只在我国发生过的不寻常的事情。这在当时的西欧是相当普遍的现象。9世纪是斯堪的纳维亚的海盗飞扬跋扈不可一世的时代。只要看一下别尔京寺院和瓦斯特寺院9世纪的编年史,就能看到,东欧是重演西欧那时发生过的事件,只是某些局部不同而已。从9世纪30年代到9世纪末叶,那里几乎每年都遭到诺曼人的侵袭。丹人乘了数百艘船只,沿着那些注入北海和大西洋的河流——易北河、莱茵河、塞纳河、卢瓦尔河、加龙河,深入到这个或那个国家的腹地,把周围的一切劫掠一空,烧毁了科隆、特里尔、波尔多和巴黎,又深入到勃艮第和奥弗涅,有时在这个由设防的驻屯所组成的国家里、在河口的某个岛屿上住上几年,发号施令,从那里出来向归顺的居民索贡,或在一个地方取得了所需的赎金,又到另一个国家去索取。公元847年,在他们侵入苏格兰几年以后,他们住在附近的岛屿上,强迫这个国家向他们纳贡;但是过了一年,苏格兰人不向他们纳贡,而是把他们驱逐了,正像诺夫哥罗德人在差不多相同时期对付他们的族人一样。软弱无力的加洛林王朝和他们签订了条约(条约中的有些条款很像10世纪基辅王公和希腊人签订的),用数千俄磅[1]银子向他们赎

---

1 1俄磅=409.51克。——译者

免，或将整块整块的沿海地区转让给他们的首领作为采邑，只是规定他们有义务保护这个国家，防止他们的族人来侵犯：这样在西欧就产生了一种瓦里亚格公国。也有这样的情况，一股丹人在法兰西一条河流上发号施令，他们从法兰西君主那里索取一笔款子，保证替他驱逐或消灭在另一条河流沿岸进行抢劫的他们的族人，他们向自己的族人进攻，而且还从自己的族人那里索取赎金，后来这些敌人又联合起来，分成几股，散往各地去索取财物，而被和平地邀请来的留里克的仆从阿斯科里德和吉尔，得到留里克的许可到帝都，顺路在基辅居住下来，募集了瓦利亚格人，开始统治波利安人，脱离留里克而独立。9世纪下半世纪，和我国的留里克同时代而又同名的那个人物曾经在易北河和莱茵河一带喧闹过一番，这个人物也许甚至还是他的族人，在《别尔京编年史》中把他称丹人流浪者海盗罗利赫。他募集了一伙诺曼人，在沿海进行抢劫，迫使洛塔尔皇帝把弗里斯兰的几个郡给他作为采邑，他不止一次起誓愿为洛塔尔效忠，但又背叛了誓约，结果为弗里斯人所驱逐，而在自己祖国取得了王权，最后不知在什么地方终结了自己的历尽风险的一生。这些海盗像基辅最初几个王公的亲兵队一样，是基督徒和多神教徒；他们在签订条约的时候，最早转而为在不久以前丧失统治权的法兰克君主效劳。这一个记载是很有价值的。

在沃尔霍夫河和第聂伯河上的波罗的海瓦利亚格人 在沃尔霍夫河和第聂伯河上发生的事件，可以用西欧的这些事情来解释。将近9世纪中叶，波罗的海瓦利亚格人的亲兵队经芬兰湾和沃尔霍夫河深入到伊尔门湖，并开始向北部的斯拉夫部落和芬兰部落索贡。土著们聚集力量，把这些外来人驱逐出去，并为防止他们的继续侵犯，雇用另一批瓦利亚格人，这些瓦利亚格人就被称作罗斯人。这些被雇用的守卫者在他们所保卫的国家里巩固自己的地位，为自己建筑"城堡"和设防的驻屯所,就以征服者自居。这就是当时发生的全部情况。这个事实是由两个因素构成的:与外国人签订的关于对外防御的雇用契约和强夺对当地居民的统治权。我国的关于海外王公应邀到来的传说掩盖了第二个因素,详细地叙述了第一个因素,把它说成当地居民自愿把统治权交给外国人。统治权的观念从第二个因素、即从权力的基础转移到第一个因素、法的基础,于是就产生了俄罗斯国家初期配合得很好的法律结构。这方面是有其原因的。我们记得,关于海外王公应邀到来的传说,同其他有关罗斯国家的一切古代传说一样,是以11世纪和12世纪初叶的罗斯典籍家和学者所知道和理解的那种形式流传到我们现代的,这些人中包括《往年纪事》的佚名作者和最初的编年史汇集的编者西尔维斯特主持,西尔维斯特曾经对《往年纪事》进行过加工,并且把它放在自己的学术性历史著作的卷首。在11世纪,瓦利亚格人继续以雇佣兵的身份到罗斯来,不过已经不再成为这里的征服者,而强夺统治权的事情由于不再重演,也就变成不大可信的了。况且11世纪的罗斯社会把自己的王公看作是国家制度的确立者,是合法统治权的代表,认为自己是在这种统治权的保护之下生活的,并且把这种统治权的开始追溯到海外王公应邀到来的时期。《往年纪事》的作者和编者不能满足于传说中保存下来的关于当时诺夫哥罗德所发生的事情的很少教益的情节:他们作为具有推断能力的历史家,企图从事情的结果来理解事实,用想象来说明情况。事实上那些国家是用不同的方式成立的,然而那些国家产生的法律上的因素,却是大家承认当权者具有合法的统治权。这种合法统治权的思想被带进了关于海外王公应邀到来的传说里。北方的各个部落联盟在氏族内讧时召集维切,决定去找寻一个能够"统治和按照法典判断"的王公,于是维切的代表就邀请罗斯去"统治和占有"那片辽阔广大而无人管理的土地，这是什么？这不就是条约产生的合法统治权这一思想的刻板公式吗——这是一种陈腐的理论，但是由于它易于为初步尝试理解政治概念的思想采纳，因此经常会用新的形式表现出来。《纪事》中叙述的海外王公应邀到来的传说，完全不是民间传说，它不具备民间传说的一些普通特征，它是适合于学龄儿童理解力的关于国家起源的公式化的寓言[20]。

基辅大公国的形成 瓦利亚格诸公国和保持独立的城市领区联合起来，便成了在罗斯形成的第三种政治形态：这便是基辅大公国。基辅大公国的形成，是以上述那些经济上和政治上的现象为基础的。瓦利亚格王公们不论住在罗斯手工业区的哪一个地段，他们都经常被吸引到位于该区南端的一个城市——基辅来，因为基辅把第聂伯河—沃尔霍夫河这条从希腊人到瓦利亚格人的河道沿岸的许多罗斯商业城市连成了一条链。那些海外的冒险者在这里能赚到比任何地方更多的雇金和商业利润。基辅是当时罗斯通商活动的汇集点；各地的商船都从沃尔霍夫河、道格瓦河、第聂伯河的上游及其支流驶向这个城市。在叙述9世纪和10世纪事件的编年史故事中对这方面有两个十分明显的事实：从波罗的海来的瓦利亚格人对基辅的向往和罗斯各城市对基辅的经济依附。谁占有基辅，谁就掌握了罗斯商业的主要门户的钥匙。这就是把住在北部的所有瓦利亚格王公都吸引到基辅来的原因。他们为了争夺基辅互相竞争，彼此杀戮。诺夫哥罗德王公奥列格为了基辅杀死了自己的族人阿斯科里德和吉尔；另外一个诺夫哥罗德王公弗拉基米尔也是为了基辅杀死了自己的亲哥哥雅罗波尔克。另一方面，所有的罗斯商业城市在经济上都依附于基辅。这些城市走向繁荣的路线，都汇集在基辅，基辅能破坏它们的通商活动，割断全国经济流通的大动脉，不放商船驶往第聂伯河下游到亚速海和黑海的市场。因此，和基辅保持友好关系，以便能够从基辅得到通往草原商道的自由出口是这些城市的共同利益。《始初编年史》关于基辅最初几个王公的故事，明显地透露出这个共同利益。阿斯科里德和吉尔脱离留里克的亲兵队后，沿第聂伯河畅行无阻地到了基辅，没经明显斗争就占有了基辅和波利安人的全部土地。这两个瓦利亚格海盗在基辅以后的活动，说明了他们成功的原因。编年史指出，基辅的建造者基伊死后，波利安人受到德列夫利安人和其他邻近部落的欺凌。因此阿斯科里德和吉尔在基辅巩固自己的地位后，立刻就和这些部落——德列夫利安人、别切涅格人和保加尔人进行斗争，以后又募集瓦里亚格人，去进攻帝都[20]。当时目睹这次进军的君士坦丁堡都主教福季在一本叙述此事的传道书中说，罗斯非常狡猾地进行袭击，趁皇帝米哈伊尔三世率军队和舰队到萨拉森人那里，国都临海的一面没有防卫的时候，偷偷抵达君士坦丁堡城下[21]。这一点说明，基辅罗斯不仅熟识通往帝都的海路，而且还能及时得到拜占庭方面的情报；希腊人本身对这次突然的、异常迅速的侵袭很感到惊奇。按照福季的说法，引起这次袭击的原因是由于希腊人破坏了条约，袭击的目的，是要为他们的族人罗斯商人可能由于没有付债款而遭受的侮辱进行报复；另一个目的是企图用武力恢复希腊人强行中断的通商关系。这一点说明，早在公元860年以前，罗斯和拜占庭之间就已有了用外交条约加以固定的通商关系，而这个通商关系的枢纽就是公元860年从那里发动这次大胆袭击的基辅。接下来我们知道，这种通商关系的建立是很早的，远在9世纪的上半世纪。《别尔京编年史》在公元839年项下提到，罗斯人的使者到帝都来建立或恢复友好关系，即签订条约。在继阿斯科里德之后的奥列格的传记中，对这许多事情也有重复的记载。他也是从诺夫哥罗德毫无阻挡地沿第聂伯河下航，并顺利地沿路取得了斯摩棱斯克和柳别奇，没经战斗就占领了基辅,杀死了自己的同族人阿斯科里德和吉尔。他在基辅巩固自己的地位后,开始在基辅四周建立许多新城市,以保卫基辅的领土,防止草原敌人的侵袭,后来联合各部落的力量重新去进攻帝都,结果也是签订了商约。这就是说,这次进军的目的也是为了恢复罗斯和拜占庭之间的由于某种原因而再次中断的通商关系。关心对外通商的一切部落,尤其是居住在第聂伯河—沃尔霍夫河沿岸的,即罗斯各个商业大城市的居民,在这两次进军中显然都一致支持这两位领袖。至少我们能在叙述奥列格进军的编年史故事中看到除了受奥列格管辖的各部落外,不受他管辖的许多部落,例如住在第聂伯河上游,南布格河和西布格河沿岸,以及喀尔巴阡山的东北山坡和山麓的遥远的杜列伯人和克罗地亚人都自愿和他联合,参加了这次进军。保卫国家,防止草原游牧部落的侵袭,以及为了保持通商关系而远征帝都,这两件事显然促成了第聂伯河—沃尔霍夫河以及平原其他河流通商路线沿线整个手工业区域的共同友好合作。这个共同利益还把沿海商业城市统一在基辅王公的政权之下,基辅王公由于基辅的双重意义为他造成的地位,成了这个事业的领导者。

基辅城的双重意义[22] 基辅是这个国家抵抗草原敌人的主要前哨,又是罗斯商业的出口中心站。因此,它落在瓦利亚格人手里以后,不可能像这时候在诺夫哥罗德、伊兹波尔斯克和白湖,以及稍后在波洛茨克和图罗夫建立的瓦利亚格公国那样,限于是一个地方的、普通的瓦利亚格公国。与拜占庭和东方阿拉伯,以及与黑海、亚速海和里海的市场结成的通商关系,一面使人民的劳动力用于开发国内的森林富源,同时又把全国重要的经济流通都集中到基辅。然而要保证这种经济流通,必须保持国境的安全,在草原的河流上要有通行无阻的商道,而且为了得到有利的通商条件,有时甚至要对市场本身施加武力。要达到这一点，必须把东斯拉夫所有部落的力量联合起来，也就是强迫那些离主要商道较远而并不自愿拥护基辅王公的部落从属于基辅。这就是国内外资料经常提到最初几个基辅王公的军事活动的原因。华西里耶夫斯基院士关于圣格奥尔吉·阿玛斯特里茨基传和圣斯捷凡·苏洛日斯基传的研究著作令人信服地证明，早在9世纪上半叶罗斯已对黑海海岸，甚至黑海的南岸进行过袭击。不过在福季都主教以前它还不敢直接去攻打帝都。福季听到过罗斯进行的重要变革始于基辅的某些传说，于是他就在自己的叙述罗斯进攻帝都的传道书中以及在以后传阅的使徒行传中说明了罗斯人这一大胆举动的原因。在此次进攻以前无人知晓的民族，按照福季的说法，微不足道的民族，在这次勇敢的活动后突然变得举世闻名了，而促使它变得勇敢的原因，是由于它在不久前征服了邻近的各个部落，这次成功使它变得异常骄傲和大胆。这一点说明，在基辅成立瓦利亚格公国以后，那里立刻便集中了全国的力量，并且由于保证通商关系这个共同的利益，产生了第一次全俄罗斯的事业[22]。

基辅公国—罗斯国家的雏形[23] 上述情况，就是促使基辅大公国产生的条件。基辅大公国最初也是一个地方性的瓦利亚格公国：阿斯科里德和他的弟弟作为普通的瓦里亚格酋长在基辅居住下来，保卫着这个被他们所占领的地方的外部安全和通商利益。奥列格在他们之后继续着他们的事业。但是基辅在军事上和手工业上的地位使他们三人获得更为巨大的作用。基辅国家从南面沿希腊人至瓦亚利格人一线掩护着整个国家，而受它掩护的整个国家则分享着它的通商利益。由于这个原因，其余的瓦利亚格公国和罗斯的城市领区不管愿意不愿意都联合在基辅王公统治之下，于是基辅公国就有了罗斯国家的意义。随着草原上哈扎尔人统治的衰落，这些瓦利亚日公国和城市领区在政治上和经济上都依附于基辅,这样就造成了它们对基辅的从属关系。因此我认为,把留里克到诺夫哥罗德作为罗斯国家的开端是不妥当的:那时在诺夫哥罗德建立的是一个地方性的,而且是暂时性的瓦利亚格公国。罗斯国家是靠阿斯科里德和继他之后的奥列格在基辅的活动才奠定基础的,因为罗斯斯拉夫人的政治联合并不是由诺夫哥罗德,而是由基辅开始的;这几个武士建立的是基辅瓦利亚格公国,是各斯拉夫部落及其邻近的芬兰部落的联盟的核心,而这个联盟可以认为是罗斯国家的雏形[23]。

它的军事上和手工业上的起源 在划分成许多毫无联系的部分,怀有不同意向、甚至敌对意向的居民中间要形成一个国家,必须或者有一种武装力量能够把这些毫无联系的部分强制性地结合起来,或者有一种非常强烈的共同利益,使那些具有不同意向或敌对意向的人自愿服从于它。罗斯国家的形成兼有上述两种因素:共同利益和武装力量。共同利益在于:由于草原上充满了佩切涅格人,罗斯所有商业城市都感到需要有能保卫国境和草原商道、防止外敌袭击的武装力量。罗斯商队沿着草原上的河流通往黑海和里海市场,他们大多是从基辅出发的。一旦基辅出现了武装力量,而且证明它能满足全国的上述需要,罗斯的所有商业城市及其领区便自愿地从属于它。瓦利亚格王公及其亲兵队就是这种力量。瓦利亚格王公成了使全国商业城市从属于他的那个共同利益的体现者和保卫者,于是他和他的亲兵队便由武装力量变成了政治权力。而且瓦利亚格王公还利用这个政治权力所赋予他的新手段,开始强迫与这个共同利益无关的、并不积极参加通商活动的其他部落服从自己。征服离中央河道较远的部落的结果,就完成了东斯拉夫人的政治联合。因此,我重复一句,参与罗斯国家形成的因素包括共同利益和武装侵略势力两种,因为共同利益和侵略势力两者是联系在一起的：罗斯对通商的需要和进行通商的危险性，要求以王公为首的武装亲兵队对它进行保护，而这些亲兵又依靠着一些部落去征服另一些部落。你们仔细读一下《始初编年史》关于9世纪和10世纪的基辅王公们的记载，就能看到作为罗斯国家最古形式的基辅公国在军事上和手工业上的双重起源。最先依附于基辅公国并热心支持基辅王公向海外进军的那些部落，正是住在第聂伯河—沃尔霍夫河这个主要河道流域和向往商业大城市的各个部落。这些部落很容易地服从于基辅王公的政权。曾经邀请海外王公到来而又企图反抗留里克、后来又被奥列格和伊戈尔为取得基辅而舍弃的诺夫哥罗德斯拉夫人，也心甘情愿地服从奥列格和伊戈尔的统治。而征服其他部落，有时只需一次征伐，有时甚至没有经过斗争：斯摩棱斯克的克里维奇人和塞维里安人就是这样归顺的[24]。相反，那些离该河道较远而本身又没有商业大城市、也没有壮大的武装商人阶级的部落，则长期反抗新统治者的政权，直到经过一次又一次顽强的斗争，最后才归顺。例如，德列夫利安人和拉吉米奇人，就是在多次艰难的征伐以后才屈服的；10世纪末叶，在基辅公国成立后过了一百年，也是费了同样的力气才把维亚季奇人征服的[25]。以东斯拉夫人迁移到俄罗斯平原为开端的许多复杂的法律、经济和政治的过程，就是以这个最终的事实宣告结束的。现在我把这些过程重说一遍。

对上面研究的内容的概述 我们接触到东斯拉夫人是在7世纪和8世纪，那时他们正在迁移，处在社会组织的解体日益加剧的状态中。他们相互之间在喀尔巴阡山脉形成的军事联盟瓦解了，分裂为构成这个联盟的许多部落，部落又分解为氏族，甚至氏族又开始分散为小的农户或家庭经济，这些斯拉夫人就是以这种形式居住在新迁往的第聂伯河流域的。但是他们在这里，在新的条件的作用之下，却发生了一个相互逐渐结合的相反过程；不过在这个新的社会结构中，这种结合的因素已经不是血缘亲族的感情，而是国内特点和国外情况引起的经济利益。平原南部的河流和外界的压力把东斯拉夫人带进了活跃的对外通商活动中。这个活动把分散的、单独的农户联合成乡村的商业集合点——经商地点，后来成为商业大城市及其领区。9世纪初叶外部的新的危险引起了新的变革。商业城市武装起来了；于是有些主要的商业集合点变成了政治中心，而他们四周的商业地区成了它们的疆土，城市领区；这些城市领区中，一些变成了瓦利亚格诸公国，而这些瓦利亚格公国和其他公国的联合又形成了基辅大公国，这是罗斯国家的最古形式。在我国初期历史中经济情况和政治情况的联系就是这样的：经济利益逐步地变成社会联系，社会联系又发展为政治联盟[26]。

现在，研究了我国历史中的许多古代现象以后，我们要记住我们在开始这项研究时所提出的那个开端问题。对于我国历史的初期，我提出了对我国历史的开端的两种看法。有些人认为我国历史开始得相当晚，不早于9世纪中叶，是从瓦里亚格人到来的时候开始的，那时东斯拉夫人还处在野蛮状态，没有任何文明的萌芽；另外一些人把我国历史的开端向前推到基督纪元以前的蒙昧的古代。根据我们所研究的事实以及从这些事实中得出的理由，我们能够确定自己对这两种看法所抱的态度。我国的历史并不像有些人想象的那样古老，它的开端比基督纪元的开始晚得多；但是也并不像另外一些人想象的那样晚：9世纪中叶前后，并不是我国历史的开端，那时它已经经历了一段时间，这段时间虽然不能算非常久远，但也有二百多年了。

第十讲

最初几个基辅王公的活动——东斯拉夫各部落联合在基辅王公的政权下——管理机构——赋税；车马差役税和出巡索贡——管理机构和商业流通的联系——基辅王公的对外活动——罗斯和拜占庭的条约和通商关系——这些条约和通商关系在罗斯法制史中的作用——罗斯通商活动的外部困难和危险——草原边境的防御——11世纪中叶的罗斯国家——居民和疆界——基辅大公的作用——王公的亲兵队；他们在政治上和经济上对各大城市商人的密切关系——这些商人中的瓦利亚格成分——奴隶的占有是等级划分的最初基础——亲兵队中的瓦利亚格成分——"罗斯"这个词在不同时期的意义——部落分成等级

我们竭力研究隐藏在《始初编年史》关于最初几个基辅王公的故事中的、可以认为是罗斯国家的开端的事实。我们发现这件事实的本质是这样的：大约在9世纪中叶，罗斯各城市工商业界内外各种关系的配合，使保卫国境和保护对外通商成了它们共同的利益，这种共同利益又促使它们从属于基辅王公，并且使基辅的瓦利亚格公国成为罗斯国家的核心。这件事实应当是在9世纪的下半世纪：我无法更确切地指出它的年代。

基辅诸王公活动的指导力量 促使成立基辅大公国的那个共同利益——保卫国境和保护对外通商，还导致基辅大公以后的发展，对最初几个基辅王公的对内活动和对外活动起着指导作用。我们在阅读《始初编年史汇集》的时候，可以看到许多一半像历史、一半像神话的传说，在这些传说中，历史事实通过经过渲染的故事的薄幕透露出来。这些传说讲述9世纪和10世纪的那些基辅王公——奥列格、伊戈尔、斯维托斯拉夫、雅罗波尔克、弗拉基米尔的故事。我们在倾听这些模糊的传说的时候，不用花特别的批判力就能掌握住指导这些王公的活动的主要动机。

东斯拉夫人被征服　基辅[1*]不能停留于一个地方性的瓦利亚格公国首都的地位，它作为工商业活动的集合点，具有全罗斯的意义，因此就成了整个国家的政治联合的中心。阿斯科里德的活动似乎只限于保卫基辅领区的外部安全，编年史中没有记载他为保护自己的波利安人而去征服邻近的任何部落，不过福季提到的关于罗斯为奴役邻近的部落而感到骄傲的话，却仿佛暗示着这种事情。编年史提到奥列格在基辅的第一件事情是扩大领地，把东斯拉夫部落结集在自己的政权下。编年史叙述这件事的顺序是值得怀疑的，它说每年有一个部落归并于基辅。奥列格占领基辅是在公元882年，在883年征服德列夫利安人，884年征服塞维里安人，885年征服拉吉米奇人；这以后有好几年是空白的。显然，这是编年史作者回忆或想象的顺序，而不是事件本身的顺序。在11世纪初以前，所有的东斯拉夫部落都归属于基辅王公手下，同时部落的名称也愈来愈少出现，而代之以主要城市为名的领区。基辅王公在扩大自己领地的时候，在那些从属的国家内确立国家制度，首先自然是确立税收机关。旧有的城市领区成了国家的行政划分的现成基础。在所属的城市领区内，在切尔尼戈夫、斯摩棱斯克等城，基辅王公委派了自己的总督，地方行政长官，这些人或者是王公雇佣的亲兵，或者是王公自己的儿子和亲族。这些总督有自己的亲兵队，特别的武装部队，他们能够相当独立地进行活动，他们和作为国家中心的基辅仅保持着薄弱的联系，他们和基辅王公同样都是酋长，基辅王公不过是他们中间的首领，因此在这个意义上被称作"罗斯大公"，以区别于地方的王公——总督。为了提高基辅王公的尊严，这些总督在外交文书中尊称他为"大公"。例如，根据公元907年与希腊人签订的条约草案，奥列格要求基辅、切尔尼戈夫、佩列雅斯拉夫尔、波洛茨克、罗斯托夫、柳别奇和其他的罗斯城市缴纳"贡赋"，"因为统治着这个城的是大公，就是在奥列格统治之下"。这些城市在当时都还是瓦利亚格公国，不过已与基辅公国结成联盟。王公在当时还保持着原先的武装亲兵的意义，还没有获得王朝的王公的意义。奥列格斥责阿斯科里德和吉尔不是王公，"不是王室家族"而在基辅为王，他在基辅城下发起的宗谱上的争执，是奥列格想在事件的过程中占先，更加确切地说，是编年史汇集编者本人的设想。有些总督征服了某个部落，就从基辅王公那里取得管理该部落的权利，并且向该部落收取贡税，正像九世纪丹麦海盗在西欧的做法一样，他们抢夺了查理大帝的某个沿海省份，就向法兰克国王索取该省份作为自己的采邑。伊戈尔的总督斯维涅尔德战胜了居住在第聂伯河下游的斯拉夫部落乌格利奇人，不仅向该部落而且还向德列夫利安人索取贡税，因此他的亲兵——侍从——比伊戈尔本人的亲兵更加富裕[1*]。

赋税 王公的行政机关的主要目的是收税。奥列格在基辅巩固了自己的政权以后，立即规定向所属部落索取贡税。奥丽加巡视了所属的领地，同样也实行"规章和代役租，贡税和行辕"，即划定乡村的司法行政区和规定税额。贡税通常是缴纳实物的，主要是毛皮——"兽皮"。然而我们从编年史中知道，9世纪和10世纪不从事商业的拉吉米奇人和维亚季奇人向哈扎尔人，以及后来向基辅王公缴纳犁税或木犁税[1α],"每把木犁缴纳一个什里雅格(шляг)"[1б]。"шляг"这个词[1в]的意义大概是指当时在罗斯流通的各种外国金属钱币,主要是指阿拉伯银币"吉尔根姆",这是由于当时通商的关系而大批流入罗斯的。纳贡有两种方法:或者由从属部落把贡税运往基辅,或者是王公本人到各个部落索取。第一种收税方法称作运送贡税,第二种方法称作出巡索贡。出巡索贡是指王公为了行政和财政的目的而到所属的各个部落出巡[1*]。拜占庭皇帝康斯坦丁·巴格里亚诺罗德内在第10世纪中叶所写的一篇关于诸民族的文章里,描写了与他同时的罗斯王公出巡时的生动情景。一到11月,罗斯王公们就"带领所有的罗斯人",即带领自己的亲兵,从基辅出发到(ε ἰςτὰ πολίδια)各小城市去,也就是出巡索贡,关于这一点是他的斯拉夫罗斯的讲故事者讲给他听的,并且用同样的发音来造出"出巡"这个希腊词。王公们出发到德列夫利安人、德列戈维奇人、克里维奇人、塞维里安人,以及向罗斯纳贡的其他斯拉夫部落的领土,在那里吃喝整个冬天,到4月,当第聂伯河的冰融化以后,才下航重新回到基辅。当王公们带领罗斯人在所属领土巡行的时候,与此同时,向罗斯人缴纳了贡税的斯拉夫人,就在冬天砍伐树木,做成许多独木船,春天河流开冻以后,沿第聂伯河及其支流浮运到基辅,他们把这些独木船拖到岸上,卖给罗斯人,这时罗斯人已经结束了出巡,便顺着泛滥的春水回到基辅。罗斯人在所买的船上装了帆和索,满载货物,在6月里沿第聂伯河下航到维季切夫城,他们在那里等待数天,直到诺夫哥罗德、斯摩棱斯克、柳别奇、切尔尼戈夫、维什哥罗德的商船沿着这条第聂伯河聚集起来。然后再一起沿第聂伯河下航、出海到君士坦丁堡。在阅读拜占庭皇帝的这篇故事的时候,不难了解,罗斯人在夏天驶往帝都的商船队里装载的是什么货物,这是王公及其亲兵队在冬季出巡时所收的实物税，林间劳动的产品，毛皮、蜂蜜和蜡。除这些货物外还有亲兵队掠夺来的奴仆。几乎在整个10世纪中，都是基辅的斯拉夫部落和邻近的芬兰部落的被征服，以及战败的民众变成奴隶。10世纪上半世纪的阿拉伯作家伊本-达斯塔讲到罗斯时说，罗斯人侵袭斯拉夫人，乘船只驶近他们，上岸去俘虏居民，把他们出卖给别的民族。我们从拜占庭人列夫·季亚康的著作中看到一种极为稀罕的记载，他提到齐米斯希皇帝与斯维亚托斯拉夫订立条约，允许罗斯人运粮食到希腊出售。主要的商人是基辅公国的政府、王公及其"武士"，即大贵族。普通商人的船只也跟在王公和大贵族的商船队之后，以便在王公的护送队的掩护下到达帝都。同时我们还可以在伊戈尔与希腊人签订的条约中看到，罗斯大公和他的大贵族每年可派满载使臣和商人的船队，即满载他本人的执事，和罗斯自由商人的船队前往希腊大皇帝那里，想派多少就派多少。拜占庭皇帝的这个记载明确告诉了我们罗斯每年政治生活和经济生活之间的密切联系。作为执政者的基辅王公所收的贡税，同时又成了他经商的物资，因为他成了像酋长一般的国君以后，和瓦里亚格人一样，仍然是武装的商人。他和自己的亲兵们分享贡税，亲兵是他统治的工具，并且构成了执政的阶级。这个阶级是政治活动和经济活动中的主要杠杆，他们冬天治理国政，到各处去索贡，到了夏天，就去出售一冬天所搜刮到的东西。在康斯坦丁的同一篇记载里，还生动地描摹了基辅的中央集权作用，它是俄罗斯国家的政治生活和经济生活的中心。罗斯人[2]——以王公为首的执政阶级——用自己的海外经商支持着整个第聂伯河流域的斯拉夫居民的造船业，使他们能在基辅城下春季市场上销售独木船，并在每一个春天把沿希腊人——瓦里亚格人路线的全国各地的商船以及林间猎人和养蜂人的商品吸引到这里来。由于这种复杂的交易，阿拉伯的银币

"吉尔根姆"或拜占庭的金纽扣就从巴格达或帝都到了奥卡河或瓦祖扎河岸,考古学家们正是在那里发现这些银币和金纽扣的[2]。

156　　**管理和商业的联系**　9世纪和10世纪基辅公国的国内政治生活就是这样安排的。领导这种生活,并且使国内遥远的、分散的部分互相接近和联合的那种基本经济利益,是很容易看出来的:基辅王公及其亲兵队得到的贡税养育着罗斯的对外贸易。就是这种经济利益支配着最初几个基辅王公的对外活动。这种活动有两个主要目的:(一)获得海外市场,(二)清除障碍,保护通往这些市场的商道。据《始初编年史》记载,11世纪中叶以前罗斯外交史中最重大的事件是基辅王公向帝都的几次武装进攻。如果公元988年弗拉基米尔进攻拜占庭的移民区塔夫利亚的赫尔松涅斯这次不计在内,那么在雅罗斯拉夫去世以前一共进攻了六次:过去认定为公元865年而现在确定为公元860年的阿斯科里德的进攻,公元907年奥列格的进攻,公元941年和944年伊戈尔的两次进攻,公元971年斯维亚托斯拉夫向保加尔人的第二次进攻变成的对希腊人的战争,以及最后公元1043年弗拉基米尔之子雅罗斯拉夫的进攻。只要知道第一次和最后一次进攻的原因,就足以了解引起这几次进攻的主要动机。在阿斯科里德统治时期,罗斯侵袭帝都的原因,按福季都主教的说法,是罗斯的同族人(显然是罗斯商人)被杀害,以及在这件事情发生以后拜占庭政府拒绝给予道歉,并且以此废除了与罗斯签订的条约。1043年雅罗斯拉夫派自己的儿子率舰队攻打希腊人,是由于罗斯商人在君士坦丁堡遭殴打,其中一个被打死。因此,向拜占庭进攻的原因,大多是罗斯要想维持或恢复中断了的与拜占庭的通商关系。正因为这样,所以进攻的结果,往往是签订商约。流传到现代的10世纪罗斯与希腊人签订的所有条约,都是这种商业性质的。其中流传到我们现代的有奥列格的两个条约,伊戈尔的一个条约，斯维托斯拉夫的一个简短的条约，或者这仅是条约的开头部分。这些条约是用希腊文草拟的，并且在形式上作了应有的改变，译成了罗斯人懂得的语言。阅读这些条约的时候，很容易看出10世纪使罗斯和拜占庭发生联系的是什么利益。在这些条约中规定得最详细和确切的，是关于罗斯和拜占庭之间每年经商的方式，以及关于罗斯人在君士坦丁堡与希腊人的私人的关系准则。这些条约在这方面的特点是出色地拟定了法规，特别是国际法。

与拜占庭签订的条约和通商活动 每年夏季，罗斯商人到帝都去参加为期六个月的商业季节；根据伊戈尔签订的条约，他们之中谁都没有权利留在那里过冬。罗斯商人停留在君士坦丁堡城郊，在圣玛玛附近，那里过去有一个圣玛曼特修道院。从伊戈尔签订条约的时候起，拜占庭的官吏经常从到来的商人那里扣留载明从基辅派来的船只数量的基辅公国的文书，把到来的基辅公国的使臣和普通商人的姓名抄录下来，希腊人自己在条约中添加了一项："我们必须查明他们并未携带武器"，这是为了预防罗斯海盗装成基辅王公的使者潜入帝都[3]。罗斯使臣和商人在其停留君士坦丁堡的整个时期，从当地政府享受免费伙食和免费沐浴——这一点表明，他们把罗斯人到君士坦丁堡的商务旅行并不看作私人的营业，而是看作和他们联盟的基辅王室商务代表的活动。根据[4]列夫·季亚康的考证，罗斯到拜占庭来通商的意义是在齐米斯希和斯维亚托斯拉夫签订的条约中公开载明的，拜占庭皇帝有义务"按照自古以来的惯例"把到帝都来通商的罗斯人当作盟友接待。这里应当注意一点，罗斯是拜占庭的有报酬的同盟者，条约规定罗斯为取得规定的"贡税"有义务向希腊人提供保卫帝国边境的某种服务。例如伊戈尔签订的条约就规定罗斯王公有义务不让黑保加尔人到克里米亚来"危害"科尔松的国土[4]。罗斯的商务代办在帝都领取代办的俸禄，普通的商人领取每月的口粮，这种口粮是按罗斯各城市的尊卑而依次发给的，首先发给基辅的商人，然后是切尔尼戈夫、佩列雅斯拉夫和其他城市的商人。希腊人[5*]害怕罗斯人，甚至害怕那些以合法身份前来的罗斯人，规定商人带自己的货物进城不得携带武器，一队不得超过五十人，限从一个大门进出，那里设有拜占庭帝国的警卫监督，买卖双方交易公平；在伊戈尔签订的条约中有一附加条款说："罗斯人进城，不准有危害行为。"按照奥列格签订的条约，罗斯商人不缴纳任何税款。通商的主要方式是以物易物。这一点可以说明，为什么在古罗斯窖藏和坟墓中发现的拜占庭钱币数量比较少。罗斯人用毛皮、蜂蜜、蜡和奴仆换取绸缎、黄金、酒和蔬菜。通商期满回国的时候，罗斯人从希腊国库中领取路上吃的粮食和船上用具：锚、绳索、帆，以及他们所需要的一切东西。

它们在罗斯法制史中的作用 罗斯和拜占庭通商活动的这些规定，是在奥列格和伊戈尔与希腊人签订的条约中拟定的。它们对罗斯文化的多方面的影响是很显然的：只要想到，这是促使罗斯接受基督教（正是从拜占庭接受的）的主要手段，就足够了。但是现在还要提出一个方面——法制方面，这是早在接受基督教以前就起过作用的。罗斯人和君士坦丁堡的希腊人之间的法律关系也有明文规定：他们之间发生的违犯刑法和民法的行为，"均按希腊的法律和罗斯的法规及法律"审理。这样就产生了条约中提出的两种法律结合起来的混合法规。在这种法规中有时很难区别其构成的成分——罗马拜占庭法和罗斯法，况且罗斯法也是由瓦里亚格法和斯拉夫法两者构成的。这些条约作为基辅公国档案馆中所藏的外交文件，本身对罗斯法律并不起直接的作用，但它们作为古代的书面文献，则具有重大的学术意义，因为它显露出罗斯法律的特征，虽然我们在研究这些条约的时候，有时很难确定这是纯粹的罗斯法规还是里面混杂着拜占庭的成分。但是同与君士坦丁堡有关系的罗斯所建立的关系，不可能对其法律意识不产生影响，而且这种关系本身与在第聂伯河或沃尔霍夫河流域时是完全不同的。希腊和罗马的某种概念可能会不知不觉地渗入这些人的法律观念中，正像希腊—罗马法术语渗入奥列格与希腊人签订的条约的某些条文中一样。在君士坦丁堡有不少罗斯人在为拜占庭皇帝服务，他们之中有基督徒也有异教徒。在奥列格签订的条约中有一款规定，如果这种罗斯人生前没有安排好自己的财产而死去，没有留下遗嘱，又"没有亲人"，那么他的财产就转交给"在罗斯的较近的近亲"。亲人的罗马文是 sui（小辈），较近的近亲（在有些古罗斯文献中光是近亲）的罗马文是 proximi oi ο ί πκησ ίον（旁系亲族）。在拜占庭经商的罗斯人在自己国内是统治阶级，他们和当地的斯拉夫人的区别，最初在于他们是外族人，后来他们斯拉夫化以后，在于他们具有阶级特权。古代罗斯书面文献中反映的，主要是这种享有特权的罗斯人的法权，只有一部分由于相近的缘故才是当地的、人民的法律习惯，但不能与上述法权混淆。我们在研究罗斯法典的时候，必须记住这一点。

保卫通商道路 基辅王公关怀的另外一个问题，是维持和保卫通往海外市场的商道。自从罗斯南部草原出现佩切涅格人后，这就成了一件非常困难的事情。那位拜占庭皇帝康斯坦丁在叙述罗斯人到帝都航海经商的时候，生动地描写了他们在路途必须克服的种种困难和危险[5a]。王公、大贵族和商人的船只组成的商队在基辅南部的维季切夫城下汇集起来，6月开始出发。第聂伯河的石滩是他们的第一个障碍，也是最困难的障碍。你们知道，在叶卡捷琳诺斯拉夫城和亚历山大罗夫斯克城之间第聂伯河向东转了一个大弯，有70俄里的河段为阿夫拉亭高地的支脉所截断，这个大弯就是这些支脉造成的。这些支脉在这里有各种不同的形状：在第聂伯河沿岸分布着许多孤山状的巨大山岩，河岸本身就是高出水面35沙绳的峭壁，使广阔的河面变得狭窄起来；它的河床为许多岩石的岛屿所阻塞，为一堆堆露出水面的尖形或圆形石块所隔断。如果这样的石堆从此岸到彼岸把河面完全隔断，这就成了石滩；如果还留出船只往来的通道，就称为险滩。许多石滩的长度达150沙绳，有一个甚至达350沙绳。在没有石滩的地方，河流的流速每分钟不超过25沙绳，而有石滩的地方达150沙绳。水冲击着石块和山岩，带着轰响和巨浪往下流去。大的石滩现在有10个，在康斯坦丁·巴格里亚诺罗德内时代有7个。体积不大的罗斯独木船较容易驶过石滩。经过有些石滩的时候，罗斯人叫奴仆上岸，用篙撑船，拣近岸石头较少的地方行驶。遇到另外一些更加危险的石滩，他们就登岸，把武装部队调往草原，以保卫商队免受等候着他们的佩切涅格人的袭击，再把装载货物的船从河里拖到岸上，用绳索曳着拖过连水陆路或用肩扛着，驱赶着戴镣铐的奴仆前进。顺利地走出了石滩，把谢神的牺牲品献给了自己的神，他们就驶往第聂伯河河口，在圣叶列夫菲里雅岛（现在的别列赞岛）上休息几天以修理船上用具，准备出海航行。然后他们又上路，靠岸行驶，朝多瑙河河口驶去，一路上随时受到佩切涅格人的追击[5⁶]。当波浪把船只推近岸旁的时候，罗斯人就上岸保护自己的伙伴，抵抗窥伺他们的追击者。进入多瑙河河口以后的路程就没有危险了。我们在阅读拜占庭皇帝对罗斯人到帝都旅行所作的详细描写的时候，深切地感到罗斯商人进入海外市场的时候，罗斯商业是多么需要武装保护啊。无怪君士坦丁在自己的叙述结束时指出，这是充满灾难和危险的痛苦的航行[5ᴮ]。

保卫草原边境 但是游牧民族在堵塞草原上的罗斯商路的时候，同时还骚扰罗斯国家草原边境。这里就产生了基辅王公关心的第三个问题：防守和保卫罗斯国境免受草原野蛮部落的侵袭。由于草原游牧部落不断施压的结果，后来这种事情甚至逐渐成为基辅王公的主要活动。据《往年纪事》叙述，奥列格在基辅确立自己的政权以后，立刻就在基辅四周建立许多城市。弗拉基米尔信奉基督教后说："基辅附近城市很少，这是很糟的"，于是开始在杰斯纳河、特鲁别日河、斯图格纳河、苏拉河以及其他河流流域建立城市[6]。这些设防点驻扎着军人，照编年史的说法是"最好的男子汉"，他们是从居住在罗斯平原的各个部落——斯拉夫部落和芬兰部落——招募来的。后来这些设防地点互相逐渐用土城和鹿砦连接起来。这样，当时罗斯的南部和东南部边境，第聂伯河左右两岸在10世纪和11世纪时就建造了许多土堑壕和边卡——小城市，来抵御游牧部落的侵袭。圣弗拉基米尔的整个统治时期是在与佩切涅格人的顽强斗争中度过的，佩切涅格人有八个汗国散布在第聂伯河下游的两岸，每个汗国分成五个支系[7]。根据康斯坦丁·巴格里亚诺罗德内考证，大约在10世纪中叶，佩切涅格人在距离罗斯，即距离基辅领区一日路程的地方游牧。如果弗拉基米尔在斯图格纳河（第聂伯河右岸支流）旁建立城市，那就是说，基辅领地南部设防的草原边境沿这条河流到基辅的距离不超过一天的路程。在11世纪初，我们可以看到罗斯与草原敌人的斗争获得成就的记载。公元1006—1007年，德意志教士布鲁诺经基辅到佩切涅格人那里去传播福音。他在弗拉基米尔王公那里作客，并且在致亨利二世的书信中称弗拉基米尔为罗斯人的领主（Senior Ruzorum）。弗拉基米尔王公劝这位教士不要到佩切涅格人那里去，并且说，他在他们那里找不到获救的灵魂，反而自己会遭到屈辱的死亡。弗拉基米尔王公没能劝住布鲁诺，就自愿带领自己的亲兵队把他护送到自己的国境，"由于敌人在附近游荡，他在国境四周围上极长的木栅栏"[8]。在一个地方弗拉基米尔送这些德意志人从城门走出这个防线，并且站在草原作瞭望用的山冈上,派人对他们说:"我已经送你们到我领土的尽头和敌人的土地开始的地方。"从基辅到设防边境的整个路程,一共走了两天。我们在上面看到,10世纪中叶南部边境防线距离基辅一日的路程。这就是说,在弗拉基米尔时代半世纪顽强斗争的结果,罗斯已向草原深入了一日的路程,把设防的边境推到了罗斯河一带,在那里弗拉基米尔的继承者雅罗斯拉夫"开始建立一些城市",命波兰俘虏住在这些城市里。

这样,最初的几个基辅王公一直继续着在他们之前业已开始的罗斯武装商业城市的活动:与沿海市场保持联系,保卫商道和罗斯国境,防止草原邻人的侵袭。

11世纪罗斯国家的居民和疆界 描写了最初几个基辅王公的活动以后,我们综述其结果,对11世纪中叶前后罗斯的状况作一个简略的概括。最初几个基辅王公用武力开拓了十分广阔的疆土,而基辅就是这些土地的政治中心。这一片土地上的居民是相当复杂的;这些居民的成分中,不仅有逐渐加入的所有东斯拉夫部落,而且还有某些芬兰部落:波罗的海沿岸的楚迪人、白湖的维西人、罗斯托夫的默里亚人和奥卡河下游的穆罗马人。在这些异族部落中间很早就出现了罗斯的城市。波罗的海沿岸的楚迪人中间在雅罗斯拉夫时代产生了尤里耶夫城(杰尔普特城),该城是按雅罗斯拉夫的基督教教名取名的[9];出现得更早的是东部芬兰部落——穆罗马人、默里亚人和维西人——中间的罗斯行政中心:穆罗姆、罗斯托夫和别洛泽尔斯克。雅罗斯拉夫还在伏尔加河岸建立一座城市,按照他的公国的名称取名雅罗斯拉夫尔。这样,罗斯的疆土就从拉多加湖伸展到了第聂伯河的右岸支流罗斯河河口,以及它的左岸支流沃尔斯克拉河或普肖尔河的河口;东起克利亚济马河河口,那里在弗拉基米尔·莫诺马赫时代产生了弗拉基米尔城(扎列斯基),西迄西布格河上游地区，那里在更早的时候，在圣弗拉基米尔时代产生了另外一个弗拉基米尔城（沃林）。古代克罗地亚人的地方加利奇亚在10世纪和11世纪是波兰和罗斯之间有争议的未定边界[10]。奥卡河是罗斯的东部边界，它的下游以及南部诸河流——第聂伯河、东布格河和德涅斯特河——的下游地区似乎处于基辅王公的政权之外。在别处罗斯还拥有一个老移民区特穆托罗干，和它的联系是靠第聂伯河左岸支流以及注入亚速海的各河流的水路维持的。

国家的性质　占据着这整个疆域的各部落居民，构成了基辅大公国或罗斯国家的成分。不过这个罗斯国家还不是俄罗斯民族的国家，因为这个民族本身那时还不存在：在11世纪中叶以前仅是准备了人种的成分，这些成分后来经过长期的、困难的过程才形成了俄罗斯民族。所有这些不同部落的成分那时是纯粹机械地联合起来的；作为精神联系的基督教传布得很慢，甚至还没有能吸引住罗斯国家上的全部斯拉夫部落，因为在12世纪初叶维亚季奇人还没有信奉基督教。罗斯国家部分居民之间的主要的机械联系是公国的行政机构及其地方行政长官和贡税。这个行政机构的首脑是基辅大公。我们已经知道了大公政权的性质及其起因：大公出身于9世纪到罗斯来的那些瓦里亚格海盗，军事兼手工业团体的首领，即最初是罗斯为保护其商业、草原商道和海外市场而雇用的武装守卫者，因而他们能从居民那里获得口粮。不断征伐以及与种种异己的政治形式间的冲突，在这些雇用的武装守卫者的权力上印上了外来的特征，使它复杂化，并且具有国家上层政权的性质。例如10世纪时我们的王公受了哈扎尔人的影响，喜欢尊称为"可汗"。从伊本—达斯塔的叙述中可以看到，在10世纪上半叶罗斯王公的通常称呼是"罗斯汗"——罗斯可汗。在11世纪中叶进行写作的罗斯大主教伊拉利昂在对圣弗拉基米尔的赞辞中，甚至也用哈扎尔人的称号称这位大公为可汗[11]。新的政治观念、政治关系和基督教一起开始渗入罗斯。外来的神职人员把拜占庭对国君的观念转加在基辅王公的身上，国君是上帝派来不仅保卫国家的外部安全，而且还要确立和维持国内的社会秩序的。这位伊拉利昂大主教写道：弗拉基米尔王公"经常非常恭顺地和自己的主教们商量怎样在不久以前信奉上帝的人们中间建立教规"。最初的编年史汇集也引述弗拉基米尔和主教们的商议：主教们怂恿他必须惩罚强盗，因为他是上帝派来惩恶扬善的[12]。

亲兵队 现在来看一下基辅大公治理下的罗斯社会的成分。和王公一起分担管理和保卫国土的这个社会的上层阶级，是王公的亲兵队。亲兵又分成高低两级，高级亲兵由王公的武士或大贵族构成，低级亲兵由年轻的武士或大公亲兵中的少年队员构成；低级亲兵在古代统称为гридь或гридьба（斯堪的纳维亚语为grid——宫廷仆从），后来为двор（近侍）或слуги（仆人）这两个词所代替。我们知道，这些亲兵以及他们的王公都出身于大城市的武装商人阶级。在11世纪他们与这个商人阶级无论在政治上或经济上其特点都没有显著的区别。王公的亲兵构成军人阶级；而且商业大城市也是按军队方式组织的，建立了完整的、有组织的团队，称作千人队，千人队又分成百人队和十人队（营和连）。城市选出一人指挥千人队，后来由王公任命千人长；百人队和十人队也各选出百人长和十人长。选出来的这些指挥官构成城市及其所属领区的军事管理机构，军事行政长官，他们在编年史中被称为"城市长官"。城市的团，更确切地说，武装的城市居民跟王公的亲兵队一样，经常参加王公的远征。另一方面，亲兵是王公进行管理的工具，高级亲兵——大贵族——组成王公的杜马，即他的国务委员会。编年史提到过这种委员会："因为弗拉基米尔喜欢他的亲兵，常和他们一起研究国内建设、军事和法规"[13]。但是参加这个亲兵杜马或大贵族杜马的，还有"城市长官"，即基辅城或许还有其他城市所选出的掌管军政大权的人——千人长和百人长。因此关于信奉基督教的问题是由王公跟大贵族和"城市长官"商议以后决定的。这些[14*]"城市长官"或元老在管理事业以及在一切宫廷典礼中是与王公以及大贵族携手并进的，他们和王公的亲兵一起仿佛形成了国家的贵族。公元996年在瓦西列夫举行宗教仪式的时候，"所有城市的元老"也跟大贵族和地方行政长官一起应邀出席了王公的宴会[14a]。也是按照弗拉基米尔的吩咐，规定大贵族、宫廷侍从、百人长、十人长和一切有名的武士都出席他在基辅的星期日宴会[14б]。但是王公的亲兵一面构成军事行政阶级，同时仍旧作为他们出身的阶级——罗斯商人阶级——的首领，积极参加海外通商。10世纪中叶前后的这种罗斯商人还远不是斯拉夫罗斯人。

瓦利亚格因素 伊戈尔同希腊人的条约，是由基辅政府的使臣以及与拜占庭发生商业关系的客商和商人在公元945年跟希腊人签订的。在条约中使臣和商人提到自己的时候说："我们都是从罗斯氏族来的商人和客商"[14B]。所有的人都是瓦利亚格人。名单中的二十五个使臣没有一个斯拉夫姓名；二十五或二十六个商人中只有一个或两个可以认为是斯拉夫人。这个条约表明当时的罗斯商人和基辅政府的密切关系，基辅政府邀请商人参加这样重大的外交活动，说明了瓦利亚格人在当时罗斯海外通商中的作用：瓦利亚格人作为有经验的、熟悉海洋的人，加入当地的商人中间，充当他们的经纪人，和他们与海外市场之间的中介人[14*]。在旁观者看来，这两个阶级——王公的亲兵队和城市商人——属同一社会阶层，他们的共同名称是罗斯，而且根据10世纪的一些东方作家的记载，他们主要从事战争和经商，既没有村庄，也没有耕地，这就是说，他

166 们还没有成为土地所有者阶级。官吏占有土地的迹象在文献中出现不早于 11 世纪[15]；占有土地在王公的亲兵和城市商人之间划了一道经济和法律的界线，不过这是稍后的事情[16]：在较早的时期，也许城市商人也是土地所有者，这一点以后我们可以在诺夫哥罗德和普斯科夫看到。在《罗斯法典》中，等级划分的根据是人们对王公——最高执政者——的关系。王公的武士和大贵族取得了土地，成了享有特权的土地所有者，王公的享有特权的仆人。

奴隶占有 不过，也许在王公以前，奴隶占有大概是罗斯社会中等级划分的最初基础。在《罗斯法典》的某些条款中提到享有特权的阶级，这个阶级带着一个较古的名称：огнишан（总管），在另外一些条款中这个名称已为较后的名称 княжи муж（王公的武士）所代替；杀死一个总管或王公的武士要付双倍的罚金。在斯拉夫罗斯的古代文献中，огнише 这个词含有"奴仆"的意义；因此，总管是奴隶主。可以认为，这就是在海外王公到来以前罗斯商业大城市中居民的上层阶级，他们主要是贩卖奴隶的[16]。但是在 11 世纪王公的亲兵和城市商人无论在政治上或经济上还没有显著的区别，在他们之间只是部落不同。王公的亲兵也吸收当地的人士参加自己的组织，主要是吸收城市的军事行政长官。但在 10 世纪和希腊人签订条约的那些使臣的名单上可以看到，当时王公亲兵的成分绝大多数是"淘金者"——编年史中是这样称呼海外的瓦利亚格人的[17]。显然，11 世纪亲兵的成分大多还是瓦利亚格人。当时的罗斯社会习惯于把罗斯大贵族称为瓦利亚格人。有一个属于罗斯信奉基督教初期的有趣的文献：这是在圣四旬斋以及这以前的几个礼拜上的布道词。这些都毫无疑问是罗斯作品，其中有一篇是在收税人和法利赛人的礼拜上的布道词，主题自然是说到顺从，我们在这篇布道词中可以看到布道者的一个有趣的指示：这位布道者在启示贵族不要夸耀自己的显贵时说:"高贵的人,你不要夸耀自己的出身,不要说我们的父亲是大贵族,而要说基督的殉难者是我的弟兄"。这是暗指瓦利亚格人中两个的基督徒,于公元983年在弗拉基米尔大公时代受基辅的多神教徒折磨致死的父子两人[18]。这就是说,11世纪的罗斯社会认为罗斯大贵族一定是在基辅殉教的瓦利亚格人的亲属或同胞,虽然在10世纪和11世纪初叶可以从编年史上看到不少来自当地斯拉夫人的王公武士。写这篇布道词的时候,王公的亲兵已经变成了一个新的部落,然而习惯的社会观念还没有做相应的改变。

"罗斯"这个词的意义 王公的亲兵是基辅王公手下的行政管理工具、和大城市的商人一起经商、和他们一起有一个专门的名称"罗斯人"这几点,到目前为止还不能令人满意地解释这个莫名其妙的词的历史起源和词源意义。按照叙述罗斯国家的古代《纪事》作者的猜测,这个词的原始意义是有关部落的:这是指我国最初几个王公出身的瓦利亚格部落[19]。后来这个词获得了等级的意义:按照康斯坦丁·巴格里亚诺罗德内和一些阿拉伯作家的说法,10世纪的罗斯是指罗斯社会的上层阶级,主要是指大多数由那些瓦利亚格人组成的王公亲兵。再后来罗斯或罗斯国家——这名称最初出现在公元945年的伊戈尔的条约里——获得了地理上的意义:这主要是指外来的瓦利亚格人密集的基辅领区(按照《始初编年史》的说法,是"现在称为罗斯人的波利安人")。最后,在11世纪——12世纪,作为部落的罗斯和当地的斯拉夫人融合了,罗斯和罗斯国土这两个名称在没有失去地理意义的同时,还具有了政治上的意义:这开始指从属于罗斯王公的整个疆土,以及这个疆土上的所有信奉基督教的斯拉夫罗斯居民。

部落分成等级 不过在10世纪这个被称作罗斯的混合的上层阶级与当地的下层居民还有着明显的区别:上层阶级是军人和手工

168 业者阶级，大多数是外来的人；当地的下层居民是向罗斯纳贡的斯拉夫平民。这些平民不久[20]在我国的文献中并不作为向外来的异族人纳贡的当地群众，而是成了罗斯社会的下层阶级，他们与同族的罗斯社会上层只有权利和义务的区别。这样，你们就能在我国的历史中看到部落分成等级的过程：为命运所决定在同一个国家联盟中过共同生活的、一个对另一个占优势的两个部落，分成了不同等级。现在就可指出我国的这种过程和你们在西欧历史中看到的与它同时的过程的区别：在我国，外来的统治部落在分成等级以前，当地土著的成分已大大渗入。这就使社会的构成不具有明显的等级轮廓，从而缓和了社会的对抗性[20]。

我们想象中的11世纪中叶前后罗斯国家的状况，就具有这些特点。从这时起直到12世纪末，也就是到我国历史第一时期终结，那些古老的领区城市，以及后来最初的几个基辅王公所奠定的政治秩序和国内秩序，得到了进一步的发展。现在我们接下去研究表明这种发展的那些现象，首先研究政治现象，即雅罗斯拉夫死后在罗斯确立的王公领地制度。

第十一讲

雅罗斯拉夫死后罗斯国家的王公统治制——雅罗斯拉夫以前的制度不明确——雅罗斯拉夫诸子之间土地的分配及其基础——分配规则在以后的变动——统治制中的长幼次序是这种制度的基础——长幼次序概述——顺序制的起源——它的实际作用——促使它瓦解的条件：王公的协定和内讧；关于世袭领地的观念；区分出失去地位的王公；王公个人的勇敢；领区城市的干预——顺序制的意义

我们现在要来研究11世纪中叶雅罗斯拉夫死后罗斯国家确立的政治制度[1]。创立这种制度的，有各种社会力量和历史条件；但是作为它的基础的，是当时在罗斯国家实行的王公统治制。我们首先就来谈这方面的问题。

雅罗斯拉夫以前的王公统治制 雅罗斯拉夫的前辈统治时代，罗斯实行的是怎样的王公统治制，甚至那时是否有过什么明确的制度，这是很难说的。有时政权仿佛按照长幼次序从一个王公传给另一个王公，例如，留里克的继承者并不是他的年轻的儿子伊戈尔，而是他的亲属奥列格，传说中说是他的侄儿。有时整个国土似乎由一个王公统治；不过可以看到，这是在罗斯没有成年王公的情况下才这样。因此，在11世纪中叶以前，一人专政是政治上的偶然现象，并不是政治制度。一旦王公的几个儿子逐渐成长，他们中间每一个不管年纪大小，通常都还在父亲生前就能得到一定的地区来管理。斯维亚托斯拉夫在父亲死后年纪还很小,然而在父亲生前就已当了诺夫哥罗德王公。后来这位斯维亚托斯拉夫聚集人马,向多瑙河上的保加尔人发动第二次进攻时,把罗斯的领地分给了自己的三个儿子;弗拉基米尔对自己的几个儿子也是这样的。在父亲统治的时期,儿子作为他的地方行政长官(总督)管辖一个地区,并且像一般的地方行政长官一样,从自己的地区向当大公的父亲纳贡。例如,编年史提到过关于雅罗斯拉夫的事情,他在父亲统治时期管辖着诺夫哥罗德,每年向弗拉基米尔缴纳二千格里夫纳的规定的贡税。编年史中还附带说:"诺夫哥罗德的所有地方行政长官都纳贡。"[2]但是父亲死后,儿子们之间的一切政治联系似乎都断绝了:各地区年幼王公在父亲死后政治上从属于基辅长兄的事,尚未发现。父亲和儿子之间实行着家法;然而在兄弟之间似乎并不存在任何确定的、大家公认的法制,这就可以说明斯维亚托斯拉夫和弗拉基米尔的儿子们之间发生内讧的原因。不过编年史透露出关于长幼次序制度的不明显的观念。这种观念是弗拉基米尔的一个儿子——鲍里斯王公说出来的。父亲死后,当亲兵劝他代替兄长斯维亚托波尔克占有基辅王位时,鲍里斯回答:"我不愿举手打自己的长兄,既然父亲死了,那么应该由他继承父亲的职位。"

雅罗斯拉夫以后的分配 雅罗斯拉夫死后,罗斯国家的政权不再集中于一人身上:在雅罗斯拉夫以前有时偶尔发生的一人专政的制度不再重复;按照编年史的说法,雅罗斯拉夫的后裔中没有一人掌握"罗斯的全部政权",没有一人成为"罗斯国家的专政者"。这是由于雅罗斯拉夫氏族一代传一代子孙愈来愈多,罗斯国家在成长起来的王公们之间一分再分。必须[3]注意到这种继续不断的分配,才能看清楚逐渐形成的制度,以及明白它的基础。同时还应区别这种制度的模式或规范,以及它的实际发展。前者应当根据雅罗斯拉夫的最初几代子孙的实际情况来观察，但后来它被环境的变更从实际生活中排挤了出去，仅保留在王公们的意识中。生活中常有这样的事情：受环境的压力而摆脱习惯的、熟习的规则时，人们还长久地把这种规则保存在自己的意识中，人的意识通常比生活来得保守、呆板，因为它是个人单独的事情，而生活则是随着整个人群集体的努力和错误而改变的[3]。首先我们来看一下，雅罗斯拉夫刚死的时候，他的子孙是怎样分配罗斯国家的。当时他的子孙一共有六人：雅罗斯拉夫的五个儿子和一个孙子罗斯季斯拉夫—雅罗斯拉夫生前就已经去世的长子弗拉基米尔的儿子[4]。这里我们没有把以前分出去的、不参加雅罗斯拉夫子孙共同统治制的那些波洛茨克王公计算在内，他们是雅罗斯拉夫的长兄伊兹雅斯拉夫（弗拉基米尔和罗格涅达的儿子）的后裔[5]。弟兄们当然是按照父亲的遗嘱分配的，而且编年史还认为雅罗斯拉夫临终前有一个口头的遗嘱，把罗斯国家在几个儿子中间作了分配，而分配的情况与父亲死后他们实际统治的土地完全相符。雅罗斯拉夫的长子伊兹雅斯拉夫占有基辅，并且把诺夫哥罗德领区也归并在内：这样，"从瓦里亚格人到希腊人"的河道的两端都集中在他的手中。雅罗斯拉夫的次子斯维亚托斯拉夫得到第聂伯河支流和杰斯纳河所属地区，切尔尼戈夫国，以及和它接壤的沿奥卡河的穆罗姆—梁赞边区和在遥远的亚速海的旧拜占庭移民区塔玛塔尔赫（塔曼）上建立的罗斯移民区特穆托罗干。雅罗斯拉夫的第三个儿子弗谢沃洛德占有罗斯的佩列雅斯拉夫尔（现在波尔塔瓦省的一个县城），除了这个较小的、处在边境的领区以外，还得到在地理上和它隔离的、伏尔加河上游的苏兹达尔的和白湖的边区。第四个儿子维亚切斯拉夫占有斯摩棱斯克，第五个儿子伊戈尔占有沃林，沃林的行政中心是在圣弗拉基米尔时代建成的弗拉基米尔城（在西布格河的支流卢加河上）。成为孤儿的侄子从叔父们那里得到了处在佩列雅斯拉夫王公弗谢沃洛德的领地中间的遥远的罗斯托夫边区，虽然他的父亲生前是诺夫哥罗德王公[6]。显然，兄弟几人分配的是城市领区，有旧的也有新的。雅罗斯拉夫这样分配罗斯国家的时候，显然有两方面的考虑：他在几个儿子中间这样分派，是考虑他们在长幼次序上的相互关系以及这些部分收益的多寡。王公的年龄愈长，得到的地区就愈好，愈富。简而言之，分配的基础是根据王公们的宗系关系和城市领区的经济意义。有趣的是，雅罗斯拉夫在分配的时候，他排列的基辅、切尔尼戈夫和佩列雅斯拉夫尔这三个城市的先后次序，跟和希腊人签订的条约中的次序完全一致，在那些条约中，这三个城的次序是按照它们的政治和经济作用排列的。长兄所得的基辅，在11世纪是罗斯的商业中心，是罗斯最富的城市。11世纪的外国人甚至都喜欢夸大这个城市的财富和居民的众多。11世纪初的作家密尔泽堡的季特马尔认为基辅是一个异常巨大和坚固的城市，里面约有四百所教堂和八个市场[7]。同一世纪的另一个西方作家，不来梅的亚当认为基辅可以与君士坦丁堡媲美，是"希腊的闪光的装饰品"，即东正教东方的装饰品[8]。在我国的编年史中也可以看到这样的记载：公元1017年基辅大火灾中烧毁了将近七百所教堂。在财富和作用上次于基辅的，是雅罗斯拉夫的次子所得到的切尔尼戈夫。

以后的变动 现在提出一个问题：家庭的现有人员后来发生变动以后，雅罗斯拉夫的子孙怎样统治罗斯国家？每一个人[9]得到了自己分配到的土地以后，是否就成了所得地区的固定的统治者，他们的地区又是怎样继承的？我刚才提到了雅罗斯拉夫的临终遗嘱，你们想必在中学里已经读过这篇遗嘱了，因此我不再重复。它写得慈父般地恳切，但政治内容非常贫乏；你们会不由自主地发生疑问，会不会是编年史的作者在这里借雅罗斯拉夫的嘴说话。在教导儿子们要相亲相爱的训谕中，只有两点指出了继承遗产的弟兄之间的今后关系。列举了规定给每一个人的城市以后，遗嘱教导做弟弟的要听从长兄，像听从父亲一样："他处于我的地位来对待你们。"接着父亲对长子说："如果一个弟兄欺侮另一个弟兄，你要帮助被欺侮的。"要说的就是这些。不过对这篇遗嘱有两个重要的补充。在我们已经知道的僧侣雅科夫的关于鲍里斯和格列布的传说中我们看到，继承雅罗斯拉夫王位的并不是他所有的五个儿子，而只是三个大儿子。这是氏族关系中的明显的常规，后来成为门第制度的基础之一。按照这种规则，由许多弟兄及其家属，即许多叔父和侄儿组成的复杂家庭中，当权的第一代只由三个长兄组成，而其余的小兄弟都退到处于从属地位的第二代的位置上，和侄儿们相等：按照门第制度的算法，长侄相当于四叔，同时侄儿的父亲也算在叔父之例。编年史作者叙述了雅罗斯拉夫的第三个儿子弗谢沃洛德的死，他追述道，雅罗斯拉夫爱他甚于其余的儿子，在临终前曾对他说："如果上帝使你能在你的哥哥们死后合法地取得我的王位，而不是用武力取得，那么将来你死的时候，命人把你安放在我将要去躺的地方，在我的棺材旁边。"由此可见，雅罗斯拉夫清楚地想象到了他死后他的儿子们继承基辅王位的制度：这是一个按照长幼次序即位的制度。我们来看一下，事实上是不是这样的，以及这种制度的一般概况是怎样的。[9] 公元1057年，雅罗斯拉夫的第四个儿子斯摩棱斯克王公维亚切斯拉夫死了，留下一个儿子。雅罗斯拉夫的几个大儿子把伊戈尔从沃林调到斯摩棱斯克，而把侄子罗斯季斯拉夫从罗斯托夫调到沃林他的位置上。公元1060年，雅罗斯拉夫的另外一个小儿子斯摩棱斯克王公伊戈尔死了，也留下几个儿子。几个长兄并不把斯摩棱斯克交给这几个儿子，也不交给罗斯季斯拉夫。但是后者认为自己有权依次从沃林调到斯摩棱斯克，因此恼恨这几位叔父，跑到特穆托罗干去募集力量，以便报复[10]。公元1073年雅罗斯拉夫的儿子斯维亚托斯拉夫和弗谢沃洛德怀疑长兄伊兹雅斯拉夫阴谋反对那些弟弟，就把他赶出基辅，于是依照长幼次序就由切尔尼戈夫王公斯维亚托斯拉夫占有基辅，而弗谢沃洛德从佩列雅斯拉夫尔转到切尔尼戈夫占有他的位置。公元1076年斯维亚托斯拉夫死了，留下几个儿子，弗谢沃洛德从切尔尼戈夫转到基辅来接替他。但是不久伊兹雅斯拉夫靠了波兰的帮助回到了罗斯。于是弗谢沃洛德自愿把基辅让给长兄，而自己回到了切尔尼戈夫。分配不到的侄儿们想用武力来夺取领地。公元1078年伊兹雅斯拉夫在与他们的战斗中阵亡[11]。于是弗谢沃洛德成了雅罗斯拉夫唯一的还活着的儿子，重新又迁到基辅就任长兄的王位。公元1093年弗谢沃洛德去世。于是雅罗斯拉夫的第二代子孙，雅罗斯拉夫的孙子们登上了舞台，长孙斯维亚托波尔克·伊兹雅斯拉维奇就任基辅王位。

长幼次序 从上面列举的事例中，足以看出雅罗斯拉夫的子孙所确立的是怎样的统治制度。王公家属并不是所分得的领地的固定不变的统治者：王族的现有人员中每发生一次变动，就往上递升，随着年长的亲族的死亡，年幼的亲族从一个领地迁往另一个领地，从低的王位升到高的王位。这种变动是按一定的次序，按第一次分配时王公们的长幼次序进行的。这种次序表示着这样一种观念：王公对罗斯国家的统治是共有的，雅罗斯拉夫的子孙一起占有罗斯国家，但并不分割，而是按照长幼依次更替，重新分配。由王公的长幼关系确立的、表示王公统治共有观念的那种次序，按王公们的理解，是11世纪到12世纪末他们统治制度的基础。在整个这一段时期中，王公们一直表达着这样一种思想：他们所有的人，整个雅罗斯拉夫氏族，应当不分割地、依次地领有父兄和祖先的遗产。这是〔12*〕在雅罗斯拉夫的子孙的政治意识中逐渐形成的整个理论,当他们之间的利益错综复杂的时候,他们竭力以这个理论作为指导,并且当他们之间的关系异常复杂的时候,他们企图以这个理论来纠正自己的实际关系。在编年史的叙述中,这个理论有时表现得相当明确。弗拉基米尔·莫诺马赫在公元1093年殡葬自己的父亲以后,大概是听了人家的建议,曾想越过自己的堂兄斯维亚托波尔克·伊兹雅斯拉维奇而占据基辅的王位;"要是我占据这个王位,我就会和斯维亚托波尔克发生争执,因为他的父亲在我的父亲以前占有这个王位"〔12a〕。经过这番考虑之后,他还是派人去请了斯维亚托波尔克到基辅来〔12*〕。公元1195年,莫诺马赫的曾孙斯摩棱斯克王公留里克和他的几个弟兄认为莫诺马赫的孙子苏兹达尔王公弗谢沃洛德三世是自己这一系的尊长,留里克对这位弗谢沃洛德的第四代堂兄弟切尔尼戈夫王公雅罗斯拉夫提出这样的要求:"你应该和所有的弟兄吻十字架向我们宣誓,你们决不在我们手里,也不在我们的孩子们或者我们所有的弗拉基米尔的子孙手里夺取基辅和斯摩棱斯克;我们的祖先雅罗斯拉夫以第聂伯河为界把我们划分开了,因此你们和基辅毫无关系。"〔13〕这种前所未有的划分是留里克凭空想出来的:雅罗斯拉夫从来没有以第聂伯河为界来把自己的儿子弗谢沃洛德和斯维亚托斯拉夫划分开来;这两个儿子得到的都是第聂伯河东面的领地,即切尔尼戈夫和佩列雅斯拉夫尔。因为留里克的这种要求是认为苏兹达尔王公弗谢沃洛德是长系的思想引起的,因此切尔尼戈夫王公雅罗斯拉夫对这个要求直接向弗谢沃洛德三世作了答复,派人去对他说:"我们曾经约定,不在你和你的亲人留里克的手下夺取基辅;我们将遵守这个约定;但是如果你命令我们永远放弃基辅,那么要知道我们既不是乌果尔人,也不是波兰人,而是和你们同一个祖先的子孙:当你和留里克二人还活着的时候，我们不来索取基辅，你们死后——那要看上帝究竟给谁。"我们不要忘记，发生这个争执的是那些相隔很远的亲属，雅罗斯拉夫的第四代和第五代的子孙，然而他们还是明显地表示着以王族团结和祖先财产共有为基础的顺序制的思想。

顺序制概述 这种独特的王公统治制是雅罗斯拉夫死后在罗斯确立的。现在我们尽可能简短地来叙述一下。罗斯王公已经具有王朝的王公的意义：只有圣弗拉基米尔的子孙才能得到这个称号。那时没有一长的最高政权，也没有按照遗嘱而确定某人继承这种政权的事。雅罗斯拉夫的子孙并不把祖先的财产分成固定的部分，也并不把每个人分得的部分按照遗嘱传给自己的儿子。他们都是流动的统治者，按照一定的顺序从一个领地递升到另一个领地。这种顺序是由这些人的长幼次序确定的，并且在现有的那些王公和王公的许多领区或领地之间确定了一种不固定的、经常变动的关系。现有的一切王公按照长幼次序构成一种宗系的阶梯。整个罗斯国家也是同样地按照各个领地作用的大小和收入的多寡而形成一种阶梯。王公统治制就是建立在这两种阶梯——宗系阶梯和疆土阶梯，即人的阶梯和领地的阶梯——的严格协调的基础上的。人的阶梯中最上面的，是现有王公中辈分最长的基辅大公。这种最高的等级使他除了能占有最好的领地外，还能对年幼的亲属具有一定的权利和特权，他们必须"听从他的命令"。他享有大公的称号，也就是长公，自己的弟弟们的名义上的父亲。站在父亲的地位——这种法制上的假定使王族在其自然分散的条件下能够保持政治上的统一，补足或纠正着事情的自然进程。大公在年幼的亲属之间分配领地，把领地"分给"他们，调解他们的争端并评判他们，关怀他们的遗孤，他作为罗斯国家的最高保护人，"考虑和思考关于罗斯国家的事情"，关于自己和自己的亲属的荣誉[14]。这样，对领地的管辖、亲属的评判、亲戚的照料和整个国土的保护，都属于大公的职务。不过大公在领导罗斯和他的亲属的时候，遇到比较重大的事情并不由他一人裁决，而是召集王公们开全体会议，他负责这个亲属会议的决议的执行，一般说来他是整个专制王族的意志的代表者和执行者。这就可以说明王公之间的关系，这种关系大家都认为是正确的。在我国的历史文献中，最先详细研究这种关系的是索洛维约夫。要是我没有记错的话，在历史中我们不可能再看到这样独特的政治制度。我们按照它的主要基础——按长幼次序，把它称作顺序制，以区别于后来在13世纪和14世纪确立的封邑制。

它的起源[15] 我们现在来谈一下这种制度起源的问题。为了看清楚在这个问题中需要说明什么，我们再提一下这种制度的基本特点。它有两个基本特点：（一）最高政权是集体的，属于整个王族；（二）个别的王公暂时管辖这部分或那部分土地。因此，在我们研究的王公统治制的性质中，必须分清属于整个王族的所有权和作为实现这种所有权的手段的按照一定顺序统治的制度。

氏族的王公统治制的起源，可以用当地的局部生活习俗对全国政治制度的影响来解释：海外来的瓦里亚格王公们接受了在东斯拉夫人之间占主要地位的氏族概念和氏族关系，并据其建立了管理国家的制度。对集体所有权的起源作这样的解释是可以接受的，不过有几点声明：当王公们开始接受氏族概念和氏族关系的时候，当地人们的这种概念和关系已经处在崩溃状态。不过这一部分的问题未必需要解释。在国家制度中存在部分家庭法权，这是相当普遍的现象：例如，在君主国家里幼辈按照长幼次序来继承最高政权或者继承某一等级的权利等等，就是这样的。这是制度本身的特点，与居民的生活习俗无关。王朝的特殊地位自然会把每一个王朝限定在单独的亲族范围之内。纯粹的君主制思想在11世纪的罗斯王公们那里还不存在；以年长者为首的共同统治制是比较简单的，容易理解的。但是统治各领地的王公按长幼次序递升的王公统治制度本身，却无法用氏族关系来解释：我们在当时罗斯斯拉夫人的个人生活习俗中看不到类似的递升制度。氏族权利可以表现在各种统治制度中。王族中的一个长辈能够统治国家，使年幼的亲属处于自己的合作者的地位，或者在整个管理工作中作为自己命令的执行者，并且不使他们成为固定的疆土的所有者。弗拉基米尔对自己的几个儿子就是这样的，他派他们作为自己的总督来管辖各个地区，并且经常把他们从一个地区调到另外一个地区。也可以把整个氏族财产一下子分成几个固定的继承部分，像作为赫洛德维格的继承者的墨洛温家族所做的那样，或者像我们的弗谢沃洛德三世的子孙一样占有世袭领地。但是，按照长幼次序递升的统治制的思想，以及当占有领地的王公经常调动时必须永远维持使王公长幼次序的制度与地区的政治经济作用相符合，并且在现有人员的每一次变动时必须重新建立这样的符合，这种思想是从哪里产生的？是怎样产生的？这就是需要说明的地方。

要明白这种现象，必须深入了解当时罗斯王公们的政治认识。他们所有的人组成了一个王朝，这个王朝对罗斯国家的政权是大家一致公认的。但是王公作为疆土的所有者，作为与所统治的疆土有固定联系的、罗斯国家的某一个部分的统治者，这样的概念还没有发现。雅罗斯拉夫的子孙在很大的程度上仍然和他们九世纪的祖先——河上的海盗——一样，来自草原的危险使他们不敢从船上跳下来骑到马上去。他们还没有能够完全摆脱对自己是瓦里亚格人的原有看法，与其说他们把自己看作罗斯国家的统治者和执政者，还不如说是雇用的、受供着的国土保卫者，他们的职务是"保卫罗斯国家和跟异教徒作战"。受供着是他们的政治权利，保卫国土是他们的政治义务,是他们享有这个权利的根据,这两种思想似乎可以包括当时王公们的全部政治认识,这种认识是平常的、很普通的认识,并不是从书本中取得的或者由神职人员教导的崇高的认识。王公们的内讧和领区城市干预他们的事务,使他们更加深切地感到自己脚下的政治基础非常不稳固。雅罗斯拉夫的最亲近的继承者伊兹雅斯拉夫大公曾经两次被逐出基辅,第一次被基辅人逐出,第二次被自己的亲弟兄斯维亚托斯拉夫和弗谢沃洛德所逐出。这两次他都是靠波兰人的帮助回来的。他对自己的弟弟弗谢沃洛德所说的话是很有意义的,那时弗谢沃洛德也被自己的几个侄儿从切尔尼戈夫驱逐出来,悲伤地到基辅来投奔伊兹雅斯拉夫。伊兹雅斯拉夫是一个善良而质朴的人,因此比其他的人更懂得事理,他说:"不要悲伤,弟弟!你想一想我过去的事情:基辅人曾经驱逐过我,抢劫了我的庄园,后来你们,我的弟兄又驱逐我;我没有做过什么坏事,不是也失去了一切而在异乡漂泊吗?现在我们不要悲伤,弟弟!要是'在罗斯国家上有一分土地'属于我们,就是我们两个人的;要是失去它,那么我们两人都失去,我愿意为你而牺牲生命。"说这样的话的不会是罗斯国家的专制统治者,而是说不定哪一天便会遭到解雇的雇佣者。雅罗斯拉夫的子孙也像自己的祖先——瓦利亚格的军事和手工业组织中的英雄一样,互相争夺富有的城市和地区,不过现在他们已经形成了紧密的氏族集体,而不是一群偶然结合的寻求商业利益和丰裕的供养人。他们竭力用大家必须遵守的长幼次序制度作为固定的规则,来代替凭个人勇敢或个人成就而采取的不合制度的意外行动,并且认为自己不是雇用的、契约规定的国土保卫者,而是根据权利,或者根据对战斗和捍卫工作的胜任程度而落在每个人身上的继承性义务来保卫国土的。子弟们能否胜任是由父亲的意志来决定的,弟兄们能否胜任是由亲属中的长幼次序来决定的。按照长幼次序王公有权得到收入多寡不等的地区，按照同样的长幼次序他有义务保卫受到不同程度的外部威胁的地区，因为那时候王公的所有权、政治威信和保卫能力都是按照长幼次序来衡量的。但同时各地区收入的多寡和它们在对外防御中的需要是一致的，因为这两者都取决于这些地区离草原的远近，离罗斯的草原敌人和草原外的商业市场的远近。各地区的收入和它们的安全成反比：离草原愈近，即离海愈近，收入就愈多，而收入愈多的城市，愈容易受到外部的侵略。因此，一个王公在长幼次序的阶梯上升高一级，他的统治权也必须相应地升高一级，同时他的政治责任和保卫国土的责任也增加了，也就是说，他从收入较少和危险较小的地区调到了收入较多和危险较大的地区。可以认为，向王公们指出顺序制的，是各地区的战略地位和经济意义的这种独特的结合，以及其他条件的配合作用[15]。

顺序制的作用 指出了顺序制的起源、概况，以及它在雅罗斯拉夫的最初几代子孙的实际生活中的表现以后，我们现在来研究它的历史作用，更确切地说，研究它在以后几代的实际生活中的发展。这种制度是怎样的呢？这仅是浮现在王公们头脑里的、指导其政治意识的理想模式呢，还是历史现实，确立王公之间的关系的政治规律？要回答这个问题，必须把这种制度的起源和基础与它的发展的偶然性，即王公关系发展中的个别事件的附带影响严格区别开来，总之，要把法权和政策区别开来，把政策理解为实现法权的一切实际手段。

顺序制瓦解的原因 我们看到，这种制度的法律基础是：（一）王族对整个罗斯国家具有共同权力；（二）实现这种权力的实际手段，是按照长幼次序统治王族的每个族人都有权暂时管辖一定部分土地。12世纪末叶以前的雅罗斯拉夫子孙认为建立在这两个基础上的统治制度是唯一正确和可能的制度：他们想把国土当作自己氏族的财产来管理。但是最初几代雅罗斯拉夫子孙认为无可争辩和清楚的，仅是该制度的这些共同的基础，这些基础决定着在近亲的狭小范围内可能具有的最简单的关系。随着这个范围的扩大，氏族关系复杂化了，混乱了，就产生了不是这些共同基础所能解决的许多问题。于是就开始对这些基础拟订详细的临时规定。把基础运用于个别的事件引起了王公之间的争论。这些争论的主要根源，是按顺序制如何确定王公中谁居长的方法问题。雅罗斯拉夫死后，就开始实行顺序制，他的几个儿子对这种方法大概还没有完全弄清。他们也没有必要弄清：他们不可能预先看到一切可能发生的事件，即使预先看到了，也不能预先作出决定。他们想象中的长幼次序关系，还仅是从父亲和儿子这个狭小的家庭范围描画出来的最简单的模式：父亲应当在儿子之前，长兄应当在幼弟之前。但是这个简单的模式很难适用于雅罗斯拉夫族的以后几代，那时这个族的人数增多了，分成了几个平行的支系，在王公中出现了许多同代人，很难看出谁比谁年纪大，大多少，谁对谁是什么称呼。在12世纪下半叶，甚至很难按照编年史来计算当时所有的王公，这些王公已经不是近亲，大多数是第三代和第四代亲属，天知道他们是怎样的弟兄和叔侄。这样，王族的现有人员几乎每发生一次变动都要产生争执：（一）[16]关于长幼次序；（二）关于领地的次序。现在我举一个在王公中间时常发生和争吵的事件。长幼次序是由两个条件决定的：（一）辈分的尊卑，即和始祖相距的辈分（宗系的长幼次序）；（二）出生的先后，或同一代人年岁的大小（自然的长幼次序）。最初，在一个简单家庭的范围内，宗系的长幼次序和自然的长幼次序是相符合的：辈分上是长辈的年纪一定较大。但是随着简单家庭的扩大，即除了父子以外又出现了第三代——孙子，这种符合通常就不存在了。自然的长幼次序和宗系的长幼次序不一致了,人们年岁的大小不经常能够符合与始祖相距的辈分[16]。不论过去和现在,通常情形是叔父比侄儿年纪大,比他出生得早;因此叔父由于宗系上的称呼比侄儿尊,被认为是他名义上的父亲。但是当时的王公都习惯于早婚,而且死得很晚,结果是有的侄儿年纪比有的叔父大。莫诺马赫有八个儿子;第五个儿子维亚切斯拉夫有一次对第六个儿子尤里·多尔戈鲁基说:"你出生的时候我已经长了胡子。"这个长了胡子的五哥的长子,尤其是长兄姆斯季斯拉夫的长子,很可能比自己的叔父尤里·多尔戈鲁基出世得早。这就产生了问题:在长幼次序的级别上谁高,年纪小的叔父呢?还是年纪大而辈分低的侄儿?11世纪和12世纪大多数的王公内讧,都是年长的侄儿和年轻的叔父之间的冲突,也就是最初相符合的自然的长幼次序与宗系的长幼次序的冲突。王公们无法订出明确规定长幼次序的方法,来解决他们宗系关系中的一切争端。这样便引起了妨碍和平地实行顺序制的许多情况。这些情况有的是从这个制度本身自然地引起的结果,有的是从旁的地方带来的阻碍,但是如果王公们能够经常和平地解决自己在统治上的争端,那么这些阻碍也就不会产生效果。现在列举这两类情况中的主要情况。

协定和内讧 Ⅰ. **王公的协定和内讧** 王公之间产生的关于长幼次序和统治制度的争端,或者用协定——王公们在会议上订立的条约——来解决,或者如果不能达成协定,就用武器,即内讧来解决。王公的内讧与协定是同样的现象,它有着法律上的起源,正像当时个人之间在刑事和民事诉讼中实行的依法决斗一样,是王公之间解决政治争端的一种方法;因此王公们为争夺长位而进行的武装斗争也像决斗一样,称作"上帝的评判"。上帝在我们中间或者请上帝评判我们——这就是宣布内战的通常的方式。这就是说,王公的内讧和协定一样,并不否认王公之间的权利,而只是恢复和维持这种权利的手段。在实行顺序制过程中的王公协定和内讧的意义就是这样的,两者的目的都在于恢复这种制度的作用,而并不是另立一种新的制度来代替它。但是这两种手段经常把与这种制度的本质相违抗的因素带到制度中去,使它发生动摇,即:一方面,协定的虚拟性与血缘关系的自然性相违抗;另一方面,实力优势的偶然性与长幼次序的道德威望相违抗。一个王公取得尊长的地位,并不是由于他按照王公们出生和死亡的次序确定为尊长,而是由于大家都同意承认他为尊长,或者由于他强迫人家承认他为尊长。这样,在自然的长幼次序和宗系的长幼次序以外,又产生了第三种法律的长幼次序,假定的或协商的,也就是纯粹虚拟的长幼次序。

关于世袭地位的观念[17*]　Ⅱ. 关于世袭地位的观念　最高政权属于整个氏族,而不属于个人。顺序制的基础,是后代必须重复祖先的关系,儿子们必须按照氏族的级别递升,按照他们的父辈所经历的顺序统治各个地区。因此,孩子们必须按照父辈的次序递进;这一批家属的地位是父亲传给儿子们的,因此是他们的 отчина(世袭地位)。这样,отчина 最初具有宗系的意义,这个词的意义指的是家属在长幼次序阶梯中的地位,它是父亲按其出生先后而取得的,并且又传给自己的儿子。但是这样的地位纯粹是按数学计算得来的概念。出生先后与死亡先后的不相符合,人们个人的特性以及其他偶然的因素,阻碍着儿子们重复父辈的次序。因此每隔一代,最初确定的关系便混乱了,儿子们必须更换地位,重新排定次序,这种次序已经与父辈的次序不同了。由于这种困难,отчина 这个词逐渐又取得了另外一个意义——疆土方面的意义,它便于规定王公之间的统治权:儿子们开始把他们的父亲所统治的地区也看成是世袭的。这个意义是由于宗系地位和疆土的联系而从原先的意义发展出来的：当儿子们很难按照父辈来确定自己相互之间的宗系关系的时候，他们便尽量回到他们的父亲统治过的地区去。世袭地位的这种意义在一次王公会议的决议中得到了肯定。雅罗斯拉夫的儿子伊兹雅罗斯拉夫和弗谢沃洛德不公平地对待几个死去父亲的侄儿，不把他们父亲的领地分给他们。雅罗斯拉夫最后的一个儿子弗谢沃洛德死后，罗斯由雅罗斯拉夫的孙子们统治，他们意欲和平地解决那些受委屈的孤儿们掀起的内讧，于是公元1097年在柳别奇城的会议上作出决定："让每一个人保持自己的世袭领地"，这就是说，雅罗斯拉夫的每一个儿子的儿子，都应当占有他们的父亲按照雅罗斯拉夫的分配而得到的领地：伊兹雅斯拉夫的儿子斯维托波尔克占有基辅，斯维托斯拉夫的儿子奥列格和他的几个弟弟占有切尔尼戈夫国，弗谢沃洛德的儿子莫诺马赫占有佩列雅斯拉夫尔地方等等。从以后的几桩事件中可以看出，这次会议并没有订出固定的规章，并没有一下子用分配制来代替顺序制，而仅是考虑到现有的那些王公和他们之间的关系，因为他们终究只是几个父亲的孩子，只是按照雅罗斯拉夫的意志把罗斯国家在他们之间分配一下，因此即使在新的一代王公之间，也很容易恢复原先的分配方法，使他们的疆土上的世袭地位和宗系上的世袭地位相符合。早在这次会议以前，莫诺马赫就是这样做的，那时莫诺马赫住在切尔尼戈夫，他的父亲让他住在那里并不符合世袭的规定，斯维托斯拉夫的儿子奥列格为了想取得自己父亲的领地，于公元1094年到了切尔尼戈夫，莫诺马赫便自愿把"奥列格的父亲的地盘"让给他，而自己回到"自己父亲的地盘"佩列雅斯拉夫尔去。但是后来宗系关系混乱了，王公们便愈加牢固地遵照父亲们对疆土的规定，不管它与宗系关系是否相符。由于这样，随着雅罗斯拉夫族的分裂成许多支系，每一个支系愈益固守在雅罗斯拉夫的各个儿子所占有的最初的广大领区内，这些领区就被认为是各个王公的世袭领地。切尔尼戈夫王公弗谢沃洛德·奥利戈维奇于 1139 年占领了基辅以后，想把莫诺马赫的一个儿子从他世袭的佩列雅斯拉夫尔调到库尔斯克，但是他不肯听从，回答弗谢沃洛德说："我宁可死在自己的世袭领地上，不愿去当库尔斯克王公；我的父亲不是住在库尔斯克，而是住在佩列雅斯拉夫尔的，我要死在自己的世袭领地上。"[17a] 甚至有人企图把这种作用推广到居于长位的基辅领区。从公元 1113 年到 1139 年，莫诺马赫以及他的儿子姆斯季斯拉夫和雅罗波尔克依次占据基辅的王位，把伊兹雅斯拉夫系和斯维亚托斯拉夫系这两个长系排挤掉，于是基辅王位成了莫诺马赫的子孙的世袭王位。雅罗波尔克死后，基辅人拥立莫诺马赫的第三个儿子维亚切斯拉夫。然而当长期被排挤出基辅的斯维托斯拉夫系的代表切尔尼戈夫王公弗谢沃洛德要求维亚切斯拉夫自动离开基辅的时候，维亚切斯拉夫回答说："我是按照我们的父亲的遗嘱到这里来继承哥哥的位置的；但既然你抛弃了自己的世袭领地而要这个王位，那么我比你小，就把基辅让给你。"[17b] 当斯维亚托斯拉夫的另外一个子孙伊兹雅斯拉夫·达维多维奇占据基辅（1154 年）的时候，由于他的父亲以前不住在基辅，于是莫诺马赫的儿子尤里·多尔戈鲁基就要求他离开，派人去对他说："基辅是我的世袭领地，不是你的。"这就表示，莫诺马赫的子孙企图把基辅地区变成自己这支的世袭领地，正像切尔尼戈夫成为斯维亚托斯拉夫系的世袭领地一样[17*]。很容易看出，世袭的疆土上的意义有助于在那些计算不清长幼关系的王公之间支配领地，同时这种意义也可以预防一种政治危险。随着王族的各个支系的独立化，他们之间的争端和冲突就具有了几个可能形成的王朝为争夺罗斯国家而斗争的性质。某一支系的勇敢的代表人物可以在有利的条件下产生由"自己"和自己最亲近的弟兄一起"占有整个国土"的想法，正像上面提到过的切尔尼戈夫王公弗谢沃洛德一样，并且当他成为大公以后，可以为了同样的目的把亲属重新分派到各个地区；而亲属们也可以用莫诺马赫的儿子的话来回答他："我的父亲不是住在库尔斯克的。"然而同样很明显，世袭的疆土上的意义破坏着顺序制的根本基础——氏族领地的共有性：在它的作用下，罗斯国家被分裂成为几个宗系的疆土，王公们已经不再按照长幼次序，而是按照世袭的继承权来占有这些疆土了。

失去地位的王公 Ⅲ．区分出失去地位的王公　按照人类共同生活的一般规则，随时随刻都有父子两代在进行活动。在雅罗斯拉夫族人的统治制度中，随着父辈的离退，儿子们进入前排，并且按照自己父亲的次序在这个排列中占有位置；随着父辈的成长，即父辈变成祖辈而离退，孙辈又站到自己父亲的位置上。这就是说，王公的政治前途决定于自己父亲辈分的递升。然而出生的次序和死亡的次序是不相符的；因此，如果父亲死得比祖父早，那么孙子在前排就失去了父亲的位置，因为在这一排中已经没有他的父亲了。他成了没有父亲的、失去地位的王公，永远是不幸的孙子，宗系上的未成长者。他没有宗系上的世袭地位，因此又就失去了对疆土上的世袭领地的权利，就是说，他不被排入次序内，失去了参加按顺序制统治的机会。对于这些祖父在世时就已死去父亲的早孤的王公，年长的亲属把他们从自己的队伍中区分出来，给予他们一定的地区作为固定的领地，而剥夺他们参加氏族共同管理的权利，把他们从次序中除名[18]。这些早孤的王公成了王族中被划出去的自立的人。雅罗斯拉夫的孙子罗斯季斯拉夫的儿子沃洛达尔和瓦西里科早在11世纪就成了这种失去地位的王公，他们从波兰夺取了红罗斯的几个城市，成立了一个独立的公国。在12世纪，从共同的顺序统治制中分出了几个公国：切尔尼戈夫诸王公中的幼弟雅罗斯拉夫·斯维亚托斯拉维奇取得的穆罗姆—梁赞公国，归属于雅罗斯拉夫的孙子斯维亚托波尔克·伊兹雅斯拉维奇这个孤儿支系的、普里皮亚季河上的图罗沃—平斯克公国，以及起初在沃林后来在斯摩棱斯克的伊戈尔·雅罗斯拉维奇的后裔的固定领地戈罗德诺格罗德诺公国。罗格涅达[19]的长子圣弗拉基米尔公的后裔，波洛茨克的王公们并非由于早孤，而是由于特殊的环境更在上面这些失去地位的王公以前早就处在被划出去的王公的地位。把失去地位的王公从统治者的名次中剔除，是以顺序制为根据而经常为社会实际所破坏的这种制度的自然结果，是为维持这种次序所必需的；但是它显然缩小了顺序制所包括的人和地区的范围，并且把人们关系中的不符合和违反这种制度的特性带进了这种制度。例外情况作为偶然事件可以维护规则，但如果它变成了必需的东西，就会破坏规则[19]。请注意这些划出去的、逐渐压缩着顺序制作用范围的公国的地理状态：它们都在边区。受王公亲属关系支持的王公顺序统治制，是建立在宗系阶梯和疆土等级的相符上面的。现在它借以维持的那种相符还在它的破坏过程中重复着。如果可以作这样比较的话，有些王公成了宗系上的末端，早孤使他们处在氏族阶梯的最下层，距离他们名义上的父亲基辅大公最远，他们成了离开"罗斯城市之母"最远的罗斯国家边疆地区的领主，而在国家的心脏基辅附近激荡着的那种温暖的氏族感情，在离这个心脏遥远的末端仿佛已经冷却了，凝冻了。

上面列举的那些促使顺序制瓦解的条件，就是从它本身的基础中产生的，并且是王公们用来维持这种制度的手段。从它本身的基础中产生、又是作为维持它的手段的那些结果，同时却在破坏它的这些基础，这就是这种制度的内在矛盾。这一点意味着顺序制在破坏它自己，经受不住本身的后果的影响。此外，从制度本身产生的这些破坏条件还引起了同样促使他瓦解的旁的力量。

旁的阻碍 I．某些王公独具的个人勇敢，使他们在罗斯享有很大的声誉，因此这些王公能够不按照氏族的长幼次序把一些地区集中在自己手里。在 12 世纪，大部分罗斯国家都在一个王系——最有才能的莫诺马赫子孙——的统治下。莫诺马赫的子孙之一，莫诺马赫的勇敢的孙子沃林王公伊兹雅斯拉夫·姆斯季斯拉维奇在与叔父们的内讧中夺得了王位，是不按长幼次序而"用头颅夺得的"，因此把它看作自己个人获得的东西——战利品。这位王公第一个说出了完全违反传统规定的对王公统治制的看法。他有一次说："不是地方适合于首领，而是首领适合于地方"，即不是地方去寻找合适的首领，而是首领去寻找合适的地方。这样，他就把王公个人的作用置于长幼次序的规则之上了。

II．最后，还有一种旁的力量妨碍着王公相互之间的论资排辈，搞乱他们的统治次序。这就是各地区的主要城市。王公之间的次序以及因此而引起的内讧，大大地损害了这些城市的利益。在王公们经常不断的争吵中，各城市产生了对自己王朝的同情，与某些王公有了联系。例如，莫诺马赫甚至在属于切尔尼戈夫王公斯维亚托斯拉夫的子孙的那些城市中享有声望。领区城市为这种同情心所支配，并且为了保护自己的地方利益，有时不顾王公们的次序，邀请自己爱戴的王公前来统治。各城市为搞乱王公长幼次序所进行的那种干预，在雅罗斯拉夫死后不久就开始了。公元[20]1068 年基辅人驱逐了伊兹雅斯拉夫大公，请被雅罗斯拉夫的子孙关在基辅监狱中的、失去地位的波洛茨克王公弗谢斯拉夫接替他的位置。后来在公元 1154 年，基辅人又擅自承认斯摩棱斯克王公罗斯季斯拉夫为他叔父——名义上的大公维亚切斯拉夫——的共同统治者，对他说："在你活着的时候，基辅是你的，"即不顾那些年长王公的权利而承认他为自己的终生大公[20]。诺夫哥罗德蒙受王公们论资排辈和争论的后果特别厉害。诺夫哥罗德通常是由基辅大公的长子或另外一个近亲管辖的。在基辅大公经常更换的情况下，诺夫哥罗德的王公也经常更换。这种更换引起了该城市行政组织很大的不便。雅罗斯拉夫死后不到五十年，诺夫哥罗德更换过六个王公，于是诺夫哥罗德开始考虑，怎样替自己安置一个固定的王公。公元1102年，那里的统治者是从小就派在那里的、在诺夫哥罗德"抚养长大"的莫诺马赫的儿子姆斯季斯拉夫。斯维亚托波尔克大公和莫诺马赫决定要把姆斯季斯拉夫调离诺夫哥罗德，按照习惯派大公的儿子来代替他。诺夫哥罗德人听到这个消息，就派使者去基辅，那些使者在王宫中对大公说："诺夫哥罗德派我们来，要我们告诉你：我们不要斯维亚托波尔克，也不要他的儿子；如果你的儿子有两个头，那么你把他派到诺夫哥罗德来吧；姆斯季斯拉夫[21]是弗谢沃洛德（祖父）给我们的，我们为了自己把他抚养长大。"大公和那些使者争论了好几次，但是他们坚持自己的意见，他们领了姆斯季斯拉夫，和他一起回到诺夫哥罗德。王公们并不经常听从城市的干预，但是不得不顺应这种干预的能力和可能发生的后果[21]。

顺序制的意义 上述一切情况能够帮助我们回答上面提出的关于顺序制的作用，即它的意义的问题：这仅是王公们的政治理论和理想呢，还是一个真正的政治制度，如果是政治制度，那么它的作用是否大，时期是否长？它是两者都兼而有之的：在雅罗斯拉夫死后的一百五十余年中，它随时起着作用，又从来没有起过作用——永远起着局部的作用，从来没有起过全局的作用。到这段时期的末尾，就其基础适应于王公之间混乱的关系而论，它还没有失去自己的力量；但是它从来也没有发展和实际运用到能够解决这些混乱关系，以及消除王公之间的一切冲突的程度。它所没有解决的这些冲突，使人们离开它或曲解它，总之是使它瓦解。因此顺序制的作用就是它的自我破坏的过程，就在于它与促使它瓦解的它本身的后果的斗争。

这[22]是社会史中罕见的现象：人们心目中按这样一种生活制度生活，他们认为这种制度是唯一正确的，然而它却每一步都在破坏自己。但是对上面所描写的事情的过程，有人会问：在罗斯国家上能够建立怎样的制度呢？这种制度能保持吗？在回答这个问题的时候，必须把王公关系的制度和罗斯人民的制度严格区分开来。后者不是单靠王公维持的，甚至主要不靠他们来维持，它有着自己的基础和支柱。王公们并没有在罗斯建立自己的政治制度，而且不可能建立。人民请他们来是为了对外防御，所需要的是他们的刀枪，而不是他们的组织思想。人民按照自己当地的制度生活着，而且过着相当单调的生活。王公们在这种没有他们参加而建立的人民的制度上面滑过，他们的家族的论资排辈并不是国家关系，而是人民对他们的保卫工作所给予的酬报的分配。担任职务的时间长久以后，可能使他们产生政权思想，他们可能把自己想象为统治者，国家的君主，正像一个老官吏有时说的："我的办公室。"但这是想象，并不是制度，也不是现实。不过，下一讲我们还要谈这个课题[22]。

第十二讲

顺序制及反抗顺序制的事态所产生的后果——12世纪罗斯国家政治上的分裂——长系邑城的强大：邑城维切以及维切与王公间的契约——12世纪罗斯国家统一的因素：王公之间的关系对社会情绪与社会意识的影响；王公亲兵队对全国土的意义；基辅对王公与人民的意义；生活方式与生活兴趣的普遍一致——12世纪罗斯国家的政治体制——民族统一感的觉醒——本时期完成的事情

我们研究顺序制的王公统治，探讨了引起并支持这种制度的社会需要与社会观念，也探讨了对抗这种制度的种种障碍。现在我们来看看这些互相对抗的力量同时作用所产生的后果。

政治上的分裂　这种情势产生了两种后果。我国历史第一期结束时罗斯的政治结构就是由这两种后果造成的。第一类后果是罗斯政治的双重分裂：王朝的分裂与全国的分裂。随着王公子孙的繁殖，王公宗族各支之间距离越来越远，关系越来越疏。先是雅罗斯拉夫一家分成敌对的两支。莫诺马赫一支与斯维亚托斯拉夫一支，然后莫诺马赫一支又分成沃林的伊兹雅斯拉夫、斯摩棱斯克的罗斯季斯拉夫、苏兹达尔的尤里三支，而斯维亚托斯拉夫一支又分成切尔尼戈夫的达维德与诺夫哥罗德-谢维尔斯克的奥列格等两个分支。分支与分支为了统治顺序问题彼此不睦，结果大家越发倾向于待在一定地区长期统治。另一方面，在与王公宗族分成地方分支的同时，罗斯国家又分裂为彼此独立的地区，即邦国。我们知道，最早几个基辅王公曾建立各地区对基辅政治的从属关系，这种关系得到王公指派的行政长官的经常支持，其表现形式为各地区向基辅大公纳贡。但自雅罗斯拉夫死后，这种关系便告消失。各地区主要城市中基辅大公的行政长官不见了，位置让给了数目不断增加的王公。地区或地方的王公停止向基辅纳贡，因为就幼系宗室对宗主义父（基辅大公）的关系来说，纳贡是不相称的。幼系王公以不时向长系王公自愿献礼来代替纳贡。由于统治宗族的统治权分散，造成地区之间的政治联系断裂。只是，各地区王公对上固然比较独立，在下却也越来越处于窘境。王公位置的变动不已，加上变动中引起的种种争吵使他们在地方上的威信大为跌落。无论是王朝的关系，甚至个人的关系都不能把王公固定在统治地点，固定在一个位置上面。其来也快，其去也速，对地区说来，仅仅是政治的偶然性，是流过的彗星。各地区人民自然也就转向稳坐泰山的地方势力，并环绕在其周围。地方势力始终留在一个地方，不像王公那样来来去去，流动不定。这样的势力早就由我国历史的进程建立起来。这样的势力便是各地区的主要城市。

邑城 这些城市还在王公们到来之前就曾在某个时候单独治理着各自的地区。不过，后来在城市中已发生了很大的变化。在九世纪，城市与地区的统治权集中在主要城市的军事首领、军事长官、千人长、百人长手里。这些人都是城市中经商的显贵。自从王公出现之后，这种城市贵族就逐渐转变，成为王公亲兵队，成为王公武士阶级；否则就保持原来地位，不参与政治。原先，城市的军事管理就人员组织来说可能实行的是选举制，至少从人员的来源这一点上说，管理权力是在地方上。现在的军事管理则已是当差服役的性质，管理权力转到了由王公任命的武士手里。但是随着内讧所引起的王公威信的下降，各地区主要城市的作用又重新上升起来，不过这些城市的政治势力已非已经消失了的昔日当权显贵，而是参加维切的全体城市群众。这样，各地区主要城市中全民性的维切就成了古代城市工商贵族的继承者。基辅以及诺夫哥罗德的邑城维切自11世纪初，从雅罗斯拉夫跟斯维亚托波尔克在1015年发生冲突的时候起，已在编年史中出现[1]；到该世纪末叶这些维切更是声势显赫，成为一种普遍的现象，并且插足到王公的关系中来，王公们不能不重视这个势力，不能不跟它们打交道即跟城市订"契约"——一种政治性的协定。这些协定规定地方王公治理地方应遵守的制度，这样，地方王公的权力就受到邑城维切的约束。这种协定的例子我们在基辅曾见到过。公元1146年切尔尼戈夫一支的基辅大公弗谢沃洛德去世，大公的位置本来已跟基辅市民讲好，由大公的兄弟伊戈尔继承，可是，基辅市民在弗谢沃洛德在世的时候受够了大公任命的基辅城内法官、官员们的气，到时候就起来反对，要伊戈尔答应今后亲自审判市民，不把司法交给下属。伊戈尔王公不得不向基辅人民保证，说从今以后基辅城的法官将在本城，也就是本城的维切同意之下任命[2]。

王公与城市订的契约 王公们与城市订的这类契约[3]是11、12两个世纪罗斯国家的新现象。它们给罗斯的政治生活带来重大变化，更确切些说，它们体现了罗斯的历史进程酝酿成熟了的变化。整个王公宗族仍是罗斯国家最高权力的承担者[3]，个别王公[4]则仅仅是按辈分顺序继承的一个个公国的暂时统治人。在雅罗斯拉夫的子、孙两辈，这种顺序统治通行于罗斯全国。自此以后，雅罗斯拉夫这一支的后裔散成好些分支，每一分支在各自住定不走的一块罗斯土地上实行地方性的轮流统治，这一块块地方在12世纪的编年史上称作邦。这些邦几乎全是在王公应召到来之前就在古代商业

193 城市周围形成的城市地区：基辅、佩列雅斯拉夫尔、切尔尼戈夫、斯摩棱斯克、波洛茨克、诺夫哥罗德和罗斯托夫。除这些古代地区之外，后来又形成了另外几个：沃林、加利奇和穆罗姆-梁赞。所有这些邦之中，基辅、佩列雅斯拉夫和诺夫哥罗德等三个继续留在王公宗族的共同统治之下；也就是说，始终是王公们争吵的对象。其余则都归各分支所占据：在波洛茨克的是弗拉基米尔的儿子伊兹雅斯拉夫的后裔；在切尔尼戈夫的是雅罗斯拉夫的儿子斯维亚托斯拉夫这一支；在沃林、斯摩棱斯克和罗斯托夫的则是莫诺马赫的后代的几个分支，诸如此类。这些地区的原始缔造者是古代的罗斯商业城市，而这些城市的名称也就成了地区的名称。基辅公国形成之后，这些城市地区就成了公国划分行政区域以及后来雅罗斯拉夫的头几代后裔安排朝代体制的基础。那时候在行政方面也罢，在朝代方面也罢，王公们按着他们自己的施政观念与血统观念行事。现在，不但王公与王公之间的关系，就连王公们对各地区主要城市的关系也都变成协议性的了。邑城和它们的维切成了王公们在政治上非考虑不可的有力的参与者。到基辅来接位的王公不得不与维切协议以保证坐稳这个长公的位置，否则大贵族们就提醒他："你在基辅民众中脚跟尚未站稳"。维切城市并不冒犯整个王公宗族的最高权力，但对个别王公宗室却认为自己有权讨价还价[4]。

城市力量的增长　这些城市由于跟王公们达成的协议保障了本身地方性的政治利益，逐渐也就在各自地区成为能与王公们争雄的政治领导力量。到12世纪末叶它们更取得了决定性的优势。这时各地区社会的目光主要已放在主要城市的维切会议身上，而不放在短期待在地区内的地方王公身上。而且在每个邦只有一个邑城，而王公却常常有好多个[5]。整个地方的治理权[6]难得集中在一个王公的手里，因为通常一个邦总要按某一支宗室成年王公的数目分成几个公国，这些公国又按长幼辈分顺序继承统治，而大家照例又在这上面大闹纠纷。这些经常易主的地盘叫作王公领区或份地，例如在切尔尼戈夫，邦便有切尔尼戈夫、诺夫哥罗德—塞维尔斯克、库尔斯克、特罗勃契夫等公国[6]。结果每一个地区都有两个互相竞争的权力：维切和王公。王公是共同统治罗斯全部国土的统治宗族的成员，因而维系着本身治理的地区与其他地区的关系；维切是一股离心力量。随着维切的越来越占上风，城市地区在政治上亦越来越特殊化。结果，罗斯国家在12世纪便分裂成几个地方性的，相互很少联系的地区[7]。这样的政治秩序在12世纪下半世纪的罗斯编年史中有所记述。编年史在一处曾说，诺夫哥罗德人最早，后来斯摩棱斯克人，基辅人以及所有"当局"（指领区的主要城市）都召开维切，跟召开杜马一样，"凡首城（指秩长城市）所拟，属城（指秩幼城市）通用"[8]。意思就是，邑城中的首城维切作出的决定等于地区最高立法机关的裁决，对属城有约束力。编年史政论家在叙述各古老地区形成的政治体制时，只记载了首城的维切而忘了提到，或是认为无须提到王公。在维切的莫大作用前面，王公威信的跌落竟至于此。结果是，王公统治的顺序制在种种促使其瓦解的条件推波助澜下导致罗斯政治的加倍分裂：（一）统治罗斯的王公宗族逐渐分散成支，谱系上彼此越离越远；（二）罗斯国家分裂为城市地区，政治上彼此越来越不相统属。

统一的因素 这种统治制度尽管有反对的力量起着作用，但还是造成了或引起了一系列关系，将罗斯国家维系在一起，结成一个整体，如果不是政治的整体，至少也是生活上和邦上的整体。这是顺序制的第二种作用。现在我们来列述这些关系。

王公 一、在这些生活关系中首先要数罗斯政治分裂的主要负责人王公们本身，确切些说，也就是这些人以他们的统治关系在

195 罗斯国家所造成的印象。顺序统治制直接或间接地通行于罗斯国家一切领域,结果在区域与区域间建立了一种强制性的交往,到处鼓舞起同样的意识和想法,到处激励与触动同样的情感,引起同样的焦虑。尽管王公的威信普遍跌落,但在每个地区,在王公身上仍然还维系着许多重要的地方利益。各地区的社会固然厌烦王公们的争吵,对他们在辈分上的斤斤计较丝毫不感兴趣,可是,他们不能对这些争吵的结局漠不关心,因为有时有些结局对地区居民产生了极其严重的影响。这样,由于王公们从一个领区到另一个领区不断调动,整个国土的各个部分无论居民也罢,王公也罢,就不由自主、不知不觉地结成一根链条,一环环地套在一起。一个领区里王公的更动敏感地影响到其他领区,甚至极其遥远的领区的局势。莫诺马赫分支的一位王公一旦坐上基辅大公的宝座,就派自己的儿子去治理诺夫哥罗德。这儿子带着大贵族、亲兵队来到诺夫哥罗德就位,亲兵队就将领区里的一切重要行政职位全部抢光。于是这位王公、这些大贵族就开始按古代罗斯文献的讲法,"有案审案,有约立约,一应文书办理不误"。可是,一旦切尔尼戈夫分支或沃林分支的王公夺了大公的位子,被赶走的大公的那位儿子也得带着大贵族、亲兵队离开诺夫哥罗德。空出来的位子上来了新王公,他通常总是前任的敌人。在诺夫哥罗德人方面就产生了一个重要的问题:新王公是否知道诺夫哥罗德的规矩,是否知道本地的古风旧制,甚至他是否愿意知道这些。说不定,因为仇恨前任,他竟不按老规矩有案审案,有约立约,而对旧的文书也要翻案。这样,大公位子的转换本身势必牵涉地方的生活、地方的利益,不可能让各地区真正各谋其是、各自为政。各地区不由自主地被牵进王公制造出来的纠纷里去,还谈不上有什么统一的民族精神,谈不上有什么共同利益的意识和国土统一的思想;可是至少已学会彼此越来越互相关心,密切注意相邻地区乃至遥远地区发生的事情。这样，实行顺序统治制的结果，就形成了一种共同的情绪，最初的明确表现可能只是一种同病相怜的感觉，但这种感觉逐渐便发展成为罗斯国家各个地区彼此休戚相关的意识。

王公的亲兵队 二、跟王公的情况一样，王公的亲兵队也具有了全国性的意义。王公宗族越繁殖，跟草原的斗争越炽烈，当差的王公亲兵阶级的数目也越上升。我们没有足够的资料说明每个王公有多少亲兵，我们只是发现，在长系以及幼系而有钱的王公那里，廷臣的数目相当大。基辅大公斯维亚托波尔克曾夸耀说，光是少年侍从他就有七百名。在加利奇（12、13世纪中的一个富有的公国）的一次内讧（1208年）中，光是大贵族，死的就有五百，逃走的更不必说了。在长系以及幼系而富有的王公那里，上阵出战的亲兵总有两三千。同时，还可以此来证明亲兵阶级人数之多：每个成年王公都有自己的（尽管有时是人数不多的）亲兵队；在12世纪下半叶成年王公本身的数目即使不足一百也总有好几十。亲兵队的成员跟先前一样，是民族混杂的。我们知道，在10、11两个世纪，亲兵队里还主要是外来的瓦利亚格人。在12世纪又添了另外一些外来因素：除当地人和已经罗斯化的瓦利亚格人后裔之外，我们还见到从东西两方围绕罗斯的外族里来的人：托尔克人、别伦第人、波洛伏齐人、哈扎尔人，以至犹太人、乌果尔人、波兰人、立陶宛人和楚德人。王公统治的顺序制使王公们不断地调来调去，使王公亲兵也一样地流动不定。在王公按顺序从差的位置调往好的位置的时候，其大贵族和仆从跟随着他有利可图，便也跟着离开了原领区。在王公因内讧违反顺序制从好的位置降到差的位置的时候，它的亲兵则脱离他留在原领区较为有利。王公宗族是统一的，容许亲兵离开这个王公去跟随那个王公；国土也是统一的，也容许亲兵离开这个地区到那个地区去。易主也好，换地也罢，总之并不构成叛逆问题。顺序制使亲兵们习惯于换领区，像王公们换领区一样；习惯于换王公，像他们换领区一样。同时，正因为有这种流动性，结果占据高级行政职位的高级亲兵、家臣、大贵族就不可能长期在一个领区占据高级职位，因而也不可能在某个地区取得永久性的地方政治影响，更不可能像实行封建制的西欧以及邻国波兰那样将自己的职位改成世袭职位。有人曾把编年史中自雅罗斯拉夫去世起到1228年为止所提及的亲兵计了一下数，共有150名。在这个总数中，老王公死后亲兵仍跟随小王公的不超过六起；公位调动以后亲兵仍留在原领区的也不超过六起；同一大贵族的氏族成员几代留在一个主要地区城市的要职上担任千人长、军事长官的只有两起。主要的原因是，由于这种流动性，把人系在一个地方的坚固带子——土地占有——在大贵族中发展得极慢[9]。我们发现在11、12世纪已有人谈及大贵族和低级亲兵的土地[10]，可是，很容易看出，大贵族的地产始终发展得不快，土地并不构成服役人员的主要经济利益。亲兵们喜欢别种进款方式：他们继续参与商业活动，领取王公发的薪俸。我们甚至知道这种薪俸通常有多少。13世纪的编年史作者谈到古代生活情况时说，从前大贵族们并不对王公说："王公，两百格里夫纳少了。"[11]两百格里夫纳·古那（不少于五十俄磅银子）显然是12世纪贵族所领的最一般的俸额。这就是说，大多数大贵族在地区里既得不到永久的行政地位，也没有什么了不起的经济上的意义，因此，服役人员也就既不会固定在供职的地点，也不会始终追随他所服务的王公本人或其家庭。不固定在某一王公身上或某一公国之内，这些人就把自己看成整个王公宗族的仆人，整个罗斯国家的"上士"。在他们身上既没有任何永久性的地方利益，也找不到跟某个王公支系的王朝性的君臣关系。人数众多的亲兵阶级，和社会另一高级阶级——神职人员一样（甚至等级更高些）是罗斯国家不可分割、罗斯国家具有统一性这个思想的有功之臣。

基辅 三、王公统治的顺序制支持并加强了罗斯政治中心基辅城的全国性意义。基辅是王公关系的枢纽：公位的循环转向这儿，又从这儿转出去。锦衣玉食的生活，古老的家庭传统，长系的尊荣，宗教上的意义等等使基辅成为每个王公朝夕思慕的对象。年轻的小王公，辗转于边远地区，眼睛始终望着基辅，梦里也都想它。我们在《伊戈尔远征记》里就看到这种青年王公为思念基辅而愁苦万状的抒情描写。1068年基辅人造反，把伊兹雅斯拉夫大公赶走，把被长系王公们关进牢里的波洛茨克王公弗谢斯拉夫立为大公，这位大公在位不过七个月，宝座尚未坐稳，就不得不逃回波洛茨克，可是他从此一生忘不了基辅，老把波洛茨克圣索菲亚教堂清晨晨祷的钟声当作基辅圣索菲教堂的钟声[12]。王公们对基辅的这种情感多少也传染给了罗斯各地区，乃至最边远地区的居民，他们也都越来越想念，越来越经常想念基辅：这儿是罗斯国家长公的公位所在，王公们征讨草原异教徒时都从这儿出发，这儿还住着罗斯教会的最高牧师，全罗斯的大主教，这儿集中着罗斯国家最受尊敬的圣物。人民对基辅的这种态度在赞美《创世记》的著名宗教诗里反映了出来。在回答哪一座城是万城之母的时候，诗里竟至忘了耶路撒冷，唱起"基辅城是万城之母"来。

王公关系对文化的影响 四、王公顺序统治制加强了罗斯国家主要城市的全国性意义，因而也促进了罗斯最边陲地区公共生活及公民观念的发展。王公数目越多，罗斯国家便分得越细。每个成年王公一般要从长系宗室取得一分领地，这么一来，连边陲地区的穷乡僻壤都逐渐变为一个个的公国。每个这样的公国都设立一个都城，由王公率领自己的亲兵队、大贵族来此登位。城市兴建了起来；王公们给它兴建了寺院、教堂；在简陋的民房丛中出现了仿基辅式样的王公与大贵族的大厦和宫殿，于是，一个模子里出来的生活环境与生活方式普及罗斯每个角落，基辅成了地方生活的指导者，成了当时全罗斯法律、财富、知识、艺术的源泉。由于王公散居罗斯国家每个地区，地方生活的差异趋于消灭，日常联系在一定程度上具有了普遍性：在全国的一切地区建立起了同样的生活方式，同样的社会趣味和见解。王公及其亲兵是罗斯国家上的候鸟，将罗斯国家中心点基辅所产生及发展起来的文化种子到处传播。

王公与邦 研究清楚了顺序制跟促使它瓦解的力量两相斗争而产生的两类相反后果，我们就可以肯定当时罗斯国家上的政治体制，并以我们所习惯的术语来说明其政治生活方式。那么罗斯国家在12世纪时期是怎样一种政治组织呢？它是不是一个统一完整的国家，有一个统一的最高权力体现国家的政治统一呢？当时的罗斯有一个统一的最高权力；只是这统一并不是一个人。这个最高权力的作用是相当有条件，相当受限制的。王公们并非国家掌握绝对权力的君主，而只是军警性质的执政者。他们之被承认为最高权力的承担者只是因为他们对外保卫国土，对内维持秩序；也只是在这些范围内他们才能立法。至于创建新的国家制度，那就不是他们的事：最高权力的这种立法全权在当时的现行法中并不存在，在当时国家的法制意识中也不存在。王公们给罗斯的邦的关系增加了不少新东西；但这并非出于他们的权力，而是出于事物的自然发展，是势之所趋：这些新东西的产生并非仅仅由于王公统治制的作用，而同时也是由于相反力量的作用，例如由于邑城的干涉力量。这些新东西中有一项是，王公宗族成了罗斯国家统一的因素。父子相传的自然继承使圣弗拉基米尔王公的后裔取得了朝代的外貌，使罗斯雇用的这些守卫人员独掌了世代继承治理国家的权力。这只是简单的事实，从没得到全国的认可；根本也没有一个能表示这种认可的机构：在王公更替的时候，各个邑城只是和个别王公订协议，并非和整个王公宗族订协议。王公共同统治制成了将国家联合起来的一种手段，可这并不是他们行使了创制的权力，而只是他们不会像后来苏兹达尔的弗谢沃洛德三世的后裔那样分家而已。结果两股社会力量互相对垒：一方面是具备宗族的统一性的王公们；另一方面是分成地区的邦[13]。初看起来，罗斯国家像一种地方联邦，是独立的地区（邦）的联合。可是，这些地区仅仅是靠一个王公宗族在政治上联了起来，除此之外，地区之间没有其他政治联系。就是王公宗族的统一也并非什么国家制度，而只是一种生活习惯。各邦对这种习惯很冷淡，有时还要对抗。这里就体现着12世纪的罗斯之为邦的联合与习惯意义上的联邦之间的重要区别[14]。联邦的基础[15]是固定的政治协定，是法律的因素，而王公共同统治的基础则是出身，是世系的因素，由此也就产生了经常变动的个人协议。这种情况使王公们不得不团结一致，因为他们并没有固定的准则可以凭借，各种关系也非一成不变。其次，联邦中照例有对全联邦领土行使职权的联邦机构[15]。的确，就在12世纪的罗斯也有两个这样的机构：基辅大公的政权和王公大会。可是，基辅大公的政权来自世系关系，并非来自固定的协定，这个政权并无明确的规定亦无坚固的保障，不具备行使权力的足够手段，结果渐渐变成一种尊贵的荣誉，起极有限的作用。像义父的称号这种非政治性泉源能产生多少明确、强制的政治关系呢？这是世系上的虚构的权力，并非实际的政权。任何幼系宗室、地区王公，如果觉得基辅大公的所作所为不对、不合于父道，就都自以为有权反对他。另一方面，大公常常召开王公大会商讨公共事务，这种公共事务一般是立法问题，常常是王公间的相互关系以及如何抵御外侮、保卫国土的问题，可是，这种大会从未能团结所有在位的王公，大会所作决定究竟起什么作用亦非常难说。未出席大会的王公很少认为大会的决议对他们有约束力，即使是出席了大会的也都认为完全可以不遵照大会的决议，而只凭自己的意思行事。1100年在维季切夫大会上斯维亚托波尔克、莫诺马赫、达维德与奥列格（两人系斯维亚托斯拉夫的儿子）四个长系堂兄决定要惩罚沃林的达维德·伊戈尔维奇，因为他弄瞎了瓦西里科的眼睛，同时还决定免去瓦西里科的特列波夫尔邑城的公位，因为他无能治理，但是罗斯季斯拉夫的儿子沃洛达尔和瓦西里科两人不承认这个决定。长系王公们打算以武力制裁他们，可是亲自参加那项决定的、大会最显要人物莫诺马赫却拒绝出兵。他承认罗斯季斯拉夫的两个儿子有权抗拒大会，因为上次（1097年）在柳别奇城[16]举行的大会曾决定把特列波夫尔划归瓦西里科。

由此可见，大公政权以及主公会议都没有为罗斯国家提供真正的政治联邦（联盟的国家）所应有的性质。罗斯[17]国家并非王公的联盟，亦非地区的联盟，而是通过王公的地区联盟[17]。这个联邦不是[18]政治性的，而是世系性的。如果可以将远不相同的各种制度归结在一个概念里的话，这是个建筑在统治者的宗族关系上的联邦；是个按出身无法不联合而在行动上又丝毫不受约束的联合。这是中世纪的一种社会组合；这类组合都是在私法关系的基础上产生的政治关系[18]。罗斯国家没有分裂成彼此完全不相关的部分，罗斯国家并不是仅仅因为彼此接壤而联合在一起的一些地区。罗斯国家将各部分联结成为一个整体的种种关系在起作用，但这些关系并不是政治的，而是民族的、经济的、社会的以及宗教道德的。并没有国家的统一，但是已产生了国土的，人民的统一。将这种统一缝合起来的线并不是法律和制度，而是利益、习尚和尚未固定为法律与制度的种种关系。让我们将这些关系重新再说一遍：（一）由于实行王公顺序制的结果,地区之间的互相往来;(二)社会统治阶级上层,神职人员与王公亲兵队所习惯的全国性;(三)罗斯的中心基辅不仅在工商业方面而且在宗教道德方面的全国性作用;(四)实行王公顺序制的结果罗斯各地区建立的国内生活方式与生活环境的一致。

顺序制的双重作用 顺序制及其抗衡力量所起的双重作用产生了两项结果:(一)破坏了头几个基辅大公该说是一帆风顺地缔造起来的罗斯国家的政治完整、国家统一;(二)促进了罗斯社会中国土统一感的兴起、罗斯民族的诞生。要解开我国人民和我国史料编纂学对古老基辅罗斯所抱的那种特殊情感的谜,看来应该从上述第二项结果中去找。我国人民和历史学家至今对基辅罗斯深具同情,这是跟我们在研究这段历史时期所得的一团混乱的印象极不相称的,因而也是使人感到突然的。在现代俄罗斯生活中古老基辅罗斯及其生活情况的遗迹非常稀少,人民的记忆中照理不可能有多少印象留下来,更不会有什么使人感恩戴德的地方。基辅罗斯那种混乱的情景,王公间的内讧,草原异教徒的入侵,这一切能有什么值得怀念的呢?再说,圣弗拉基米尔王公的古老基辅对人民说来只是诗意的和宗教的回忆对象。"有嘴就能到基辅"这句老话并不是说,到基辅去的路需要打听,而是说,任何地方任何人都能告诉你哪条路到基辅,因为条条道路通基辅;这是跟中世纪西方的一句老话"条条道路通罗马"的意思一样的。人民迄今还记得、还知道有这么个古老基辅,有王公与壮士,有圣索菲亚教堂和佩彻尔斯基大寺院。他们真心诚意地爱这基辅,尊敬这基辅胜过任何一个(克利亚济马河上的弗拉基米尔也罢,莫斯科也罢.彼得堡也罢)在后来代替它的首都。人民已经忘记了弗拉基米尔,事实上在当时就不十分知道它。莫斯科对人民来说是很沉重的,他们多少有些尊敬也有点怕它,但并不真诚地爱它;人民不爱彼得堡,不尊重、甚至不怕它。[19]我们史料编纂学对基辅罗斯也同样地有好感。基辅罗斯并没有建立起足以抵御外来打击的政治体制;可是即便是分歧最大的学派对基辅罗斯的生活也都喜欢以鲜艳的色彩来描写。这是什么原因?[20]古老基辅的生活中尽多混乱,尽多无条理的拥挤;"王公们毫无意义的吵架",按卡拉姆津的说法,简直就是老百姓的遭殃[21]。可是反过来说,在当时的王公身上,宗族(应该说是世系)的感情是如此强烈,生性如此骁勇,"人人都想争取荣誉,人人都愿为罗斯国家牺牲头颅",而在社会的表面亦有那么多运动,一般讲人们对于时代并不漠不关心,而时代又是如此这般地充满着情感与运动[22]。不过[23]这是我们后来的观察者,在11、12世纪的编年史所描写的活跃运动中得出的美感。运动的参加者本身对自己制造并且经受的喧嚣得出的印象当然有所不同。他们见到自己越来越处于内外夹攻,日益困难与危险的情况之中;他们越来越感觉到,用地方分散的力量已不足以应付这种情势,必须整个国家协同动作才行。在雅罗斯拉夫和莫诺马赫之后这种必要性势必特别显著。这两位王公为人精明强悍,能把整个国家的力量集中在手里,哪里需要便向哪里使用。他们死后,宗室后裔都是无能之辈,整天图谋一己的私利,内部纠缠不清;社会越来越清楚地看到,非社会自身起来找寻出路将无法摆脱困境,抵御危险。在盘算出路的时候,基辅人越来越想到切尔尼戈夫人,切尔尼戈夫人越来越想到诺夫哥罗德人,而大家一起又都想到罗斯国家,想到整个国家的事业。把罗斯国家看作完整的,全国的事业,看作全体与个人不可逃避、责无旁贷的事业——全社会对罗斯国家的这种观念的觉醒,是根本的,最深刻的时代因素;王公、大贵族、神职人员、邑城、换言之,当时一切形形色色的社会力量、互不协调、互相冲突的意图与愿望结果都导致这个因素的产生。一个历史时代，如果全体人民都参加了它的事业并从而感觉自己是从事共同事业的完整的单位，这个时代就永远会特别深刻地留在人民的记忆之中。时代的主导思想及情感，如果深入人心而使人们的意识和情绪受其支配，就常结晶为流行的一个术语，在一切场合反复应用。11、12世纪就有这样一个术语：罗斯国家。它经常出现于王公和编年史作者们的笔下和口中[23]。在这里就可看出这两个世纪中我国历史发展的根本情况：罗斯国家原先是头几个基辅王公将各个不同种族机械地拼凑成的一个政治整体；现在，它丧失了这个政治整体性，开始感到自己是完整民族或国土的组成部分[24]。后世人民想到基辅罗斯就想到它是俄罗斯民族的摇篮。

全国土感 这个事实，当然，你举不出什么引文，指不出哪一个历史文献来予以证明，但是它到处流露出来，在时代精神与时代情绪的任何一个表现中都能见到。你不妨念一念或是回忆一下切尔尼戈夫国的朝圣者达尼尔所讲的故事，讲他自己怎样在12世纪初将罗斯的长明灯放在耶路撒冷主的墓上。他向国王巴耳杜英请求容许他这么做。国王认识这位来自罗斯的寺院院长，和蔼地接见了他，因为知道他是个善良恭顺的人。"你要什么啊，罗斯的寺院院长？"国王问达尼尔。"国王在上"，达尼尔回答说，"我代表罗斯国家全体王公和全体基督教徒恳请准我将整个罗斯国家的一盏长明灯安放在主的墓上"。按罗斯当时的政治局势来说，切尔尼戈夫国早已跟其他地区分离，就切尔尼戈夫国斯维亚托斯拉夫后代的性格和态度而论，罗斯国家感在这里应比其他地区其他王公统治下可以吸收的养料要少得多。可是这一点在《伊戈尔远征记》里一点儿影子也没有，而写这篇东西的诗人是切尔尼戈夫王公的亲兵。整个诗篇渗透着热烈的国土感情，丝毫没有地方情绪和地方偏见。在写到它的谢维尔斯克部队和库尔斯克部队开进草原的时候，诗里高呼："啊！罗斯国家！你已远在丘岗背后"。诗歌将这些部队称作罗斯人，罗斯部队；战败之后，他们倒在罗斯国家上；失利的消息传播开去，整个罗斯国家沉浸在忧郁之中。这位谢维尔斯克诗人呼吁的不是自己切尔尼戈夫的斯维亚托斯拉夫的后裔，而是莫诺马赫的后裔、苏兹达尔邦的弗谢沃格德、斯摩棱斯克的留里克和达维得、沃林的罗曼；他呼吁他们起来报仇雪耻，起来捍卫罗斯国家。

国土感的限度 到处是罗斯国家，没有一处，没有一个古代文献里碰得到罗斯民族这个说法。觉醒起来的统一感还只是抓住了疆土界限，还不是人民的民族特性。民族——这是个极端复杂的概念，它包含着一些精神道德特征，是那时的意识所领会不到，甚至可能在当时罗斯居民身上根本还没有充分发展的。同时，古代部落分类的残余还没有消除。就是在罗斯国境内也还有许多尚未同化的异族人，他们还无法包括在罗斯社会这个概念里。在构成一个国家的一切因素之中，领土这个因素最容易为人理解，因此也就成了民族的定义。民族统一感目前为止还只表现在共同的乡土这个思想里面，还没有表现为民族性格与历史使命的共同意识，也没有表现为为人民福利服务的责任观念，虽说当时已产生了应对乡土犹如对圣地一样负起道义责任的想法。在柳别奇大会上，王公们吻了十字架，表示决心对破坏协定的人采取一致行动，同时还立下誓言：谁敢背约"圣洁十字架暨全罗斯国家"将共起诛之。[25]

第十三讲

11及12世纪的罗斯社会——《罗斯法典》是这个社会的反映——对这个文献的两种看法——《罗斯法典》的特点是指出其本身的起源——将地方的法律习惯汇编加工供11、12世纪教会审判员使用的必要——法典编纂工作在律法的基本形式中的意义——拜占庭的法典编纂工作及其对罗斯法典编纂工作的影响——《罗斯法典》源于教会司法——《罗斯法典》中的货币计算与法典的编纂时代——《罗斯法典》的史料——《罗斯法》——王公的法令——王公的判决书——教会立法草案——它们使用的参考材料

我已把11及12世纪罗斯建立的政治制度讲完。现在得看一看比较深刻因而也就比较不易为观察者所发觉的生活领域,看一看社会制度,看一看私人间的日常关系以及支配这些关系与巩固这些关系的物质利益与概念[1]。不过我只限于描绘社会生活的法律的一面。迄今为止我们的历史文献中有一种普遍的看法,就是认为,古代罗斯的私法在罗斯古代法律文献——《罗斯法典》中反映得最充分,最翔实。在通过这面镜子观察私法关系之前,我们得考察一下到底这面镜子反映这些关系充分和翔实到什么程度。抱着这个目的,我先跟大家谈谈《罗斯法典》的起源及结构,然后再叙述法典的主要内容。

两种看法 在我国俄罗斯法律史文献中,对《罗斯法典》的起

源有两种看法:一种看法认为法典并不是官方文件,并不是出自诸定法者之手的正式立法文献,而是一种非正式的法律汇编,由一位或几位古罗斯法学家编纂起来供个人自己使用的[2];另一种看法则认为罗斯法典是官方文件,是罗斯立法机关的正式产物,只是被那些抄写的人抄坏了,结果出现了好些不同的法典抄本:数量上不同,次序上不同,连条文文字本身都有不同[3]。让我们把《罗斯法典》研究一下,看看到底两种看法哪一种正确。

阅读《罗斯法典》,首先就能从这个文献最老的几个抄本的第一条上看出,这是雅罗斯拉夫的"判书"或"规章"。文献本身不止一次地碰到这样的话,说是雅罗斯拉夫如此"判决"或如此"规定"。由这种现象得出的第一个结论是,《罗斯法典》是雅罗斯拉夫制订的法典,供11世纪王公法庭司法工作之用。就在我们的古籍中也谈到过雅罗斯拉夫是个法律制定人:有些场合人们称他"判官"[4]。可是更仔细地研究文献,我们又会得到数目可观的证据,否定这个结论。

雅罗斯拉夫儿子及莫诺马赫的痕迹 一、我们在法典中遇到一些法令,是雅罗斯拉夫的继承人,他的几个儿子甚至他的孙子莫诺马赫所颁布的。莫诺马赫颁布了一项法律,禁止重利盘剥,这项法律就收在法典里。所以,法典并不是雅罗斯拉夫一个人的立法活动的成果。

解释 二、有些条文并不是立法者原订的字句,而是原订字句的解释,出于编纂者或叙述者之手,在于说明某项法律是怎么订立的。例如详本法典第二条就是如此。这一条是第一条关于血仇问题的附款,更可以说是修正款。条文这么说:"雅罗斯拉夫死后,其儿子伊兹雅斯拉夫、斯维托斯拉夫、弗谢沃洛德及亲兵等集会,废除血仇血报,代之以赔款赎仇,其余一切,雅罗斯拉夫如何制定,其儿辈亦如何制定"。大家可以看到,这并不是雅罗斯拉夫儿辈所制定的法律原文,可以说根本不是什么法律条文,只是一种王公会议记录,或是编纂者叙述法律制定经过的一些话。[5]

神职人员的影响 三、在《罗斯法典》中从未发现古罗斯司法程序中的一个重要特点,一种法庭证明法,即当庭决斗或司法决斗的痕迹。可是事实上在我国历史的古代史料中却保存着这种痕迹:无论是在《罗斯法典》之前或在其后很久一段时间内都有这种决斗。10世纪拜占庭作家列夫·季亚康在谈到斯维亚托斯拉夫出征保加利亚这段故事时曾说,当时的罗斯人有以"血和杀戮"解决纠纷的风俗。"血和杀戮"这话究竟指什么并没肯定,也可能是指世代的仇杀。不过阿拉伯作家伊本-达斯塔在列夫之前写的东西给我们描绘了一幅富于形象的图画,说明10世纪前半期罗斯所行的当庭决斗的情况[6]。按他的说法,在罗斯要是某甲对某乙有不满,他便可向王公控告,双方在王公面前争吵,然后由王公判决。要是双方对王公的判决不满,就可诉诸武器,作最后决定:谁的剑快,谁就胜诉。决斗时双方亲属在场,均携带武器。在决斗中取胜的人,就算赢了案子。所以,在雅罗斯拉夫的《罗斯法典》之前罗斯司法工作中长期实行着当庭决斗是不成问题的。再说,在罗斯法律的古文献中自8世纪初就提到决斗这种办法了[7]。《罗斯法典》怎么对这样重要的一种司法手段,对古罗斯法庭如此喜欢采用的这种司法手段会不知道呢?《罗斯法典》是知道这种情况的,只是故意避而不谈,不愿承认而已。所以如此,也有其道理。因为我们的神职人员多少世纪来一直坚决反对当庭决斗,认为这是多神教的残余;他们甚至采取教会惩罚的办法,设法从罗斯司法工作中取消这种判决方式,可是他们的这种努力直到16世纪末一直未能成功。由此可以看出,《罗斯法典》跟古罗斯神职人员的法律观念之间有着某种程度的吻合。

《罗斯法典》是教会法典的一部分 四、从各种不同抄本看来，《罗斯法典》主要有两种编本：简本与详本[8]。在文献中详本出现较早，我们在 13 世纪末诺夫哥罗德的《主导法典》[1]中就已见到，而简本的最古抄本则在 15 世纪末诺夫哥罗德编年史抄本中才见到。详本法典始终在同一种环境中出现，在某一类文献中出现。简本则通常在司法实践中并不应用的纯文献性的古文献中出现，多半是在诺夫哥罗德编年史最古辑本的抄本中出现[9]。详本法典我们主要在《主导法典》，也就是古罗斯教会法汇编中遇见，有时也在称作"训诫准绳"的教规性汇编里见到。可见，《罗斯法典》是在教会法律界里采用的：我们在源出教会或源出拜占庭的古法律文献中碰到过它。这些文献是神职人员带给罗斯的，在教会法庭中有实践意义。让我给大家列举《罗斯法典》的这个神职人员教会法律界里的一些成员。你们知道，古罗斯的《主导法典》($πηδάλιον$)是拜占庭的《东方教会法纲要》的译本。《东方教会法纲要》是教会法规($κανόνες$)以及拜占庭皇帝涉及教会法律($νόμοι$)的法典。俄罗斯教会在过去（及至现在还部分地）遵照这部法典管理教会事务，特别是宗教案件方面的司法工作[10]。拜占庭的《东方教会法纲要》（我们的《主导法典》）在我们文献里的第二部分中，也就是在皇帝的法律这部分中有许多补充篇幅。主要的一些是：（一）莫依谢耶夫法律的摘录；（二）"埃克洛伽"（$Ἐκλογὴ\ τν\ νόμων$ 法律摘录）——这是 8 世纪前半期列夫·伊苏里亚和儿子康斯坦丁·科普罗尼姆这两个反偶像主义的共朝皇帝时代编的法典，内容主要是亲属法及民法条款，但也有一章是关于刑事罪的处分[11]；（三）"审案法"或

---

1 《主导法典》，13 世纪末以来古罗斯的宗教与世俗法律汇编。——译者

《康斯坦丁大帝法典》——就是"埃克洛伽"的斯拉夫文改写本，主要是刑事处分条款[12]；这本改写本在斯拉夫文中出现的日期比"埃克洛伽"原本的翻译还要早，似乎是在保加尔人信奉基督教之后（也就是在9世纪中）赶着为保加尔人改写的；（四）"普罗希隆"（Ὀπρόχειρος νόμος，民法）——这是马其顿的瓦西里大帝的法典，也是在9世纪中[13]；（五）我们的头两个基督徒王公弗拉基米尔和雅罗斯拉夫所订的教会规章，全文以及摘录。就在《主导法典》的这些补充篇幅中我们碰到了《罗斯法典》的详本。因此，《罗斯法典》不是在罗斯立法的独立文献而是教会法典的补充篇幅之一。

教会拜占庭法的特点　五、我们分析源出教会拜占庭的补充篇幅，发现它们跟我们的《罗斯法典》之间有着某种内在联系：我们法典中的有几条规定好像是借助补充篇幅编起来的。例如，在莫依谢耶夫法律的摘录中我们看到一条关于夜间盗窃的条文。这一条从旧约《出埃及记》里借来的条文在我们印刷出版的圣经里写成这样："夜盗被获，死，非杀；若日间，即罪，抵死。"[14]条文的意思是：如果夜里在犯罪现场捉住盗贼，把他杀死，不作杀人罪论；可是，如果在太阳出来之后把他杀死，那么杀人者就有罪，杀人者本人得被判死刑。我们的《罗斯法典》关于夜间盗窃的条文是这么说的："夜间发现有人在屋旁或在偷窃，可将其杀死，如杀狗一般；但如将盗贼捉住扣至天明，则应将其送至宫廷受审；如此时贼已被杀，而旁观者已见其被绑缚，则杀人者应以杀人罪判罚款十二格里夫纳"[15]。你们可以体味这一条文跟上面引的莫依谢耶夫法律之间的内在联系，同时也可以看到，莫依谢耶夫的规定在《罗斯法典》中已经罗斯化，适应了当地社会条件，有了当地的特殊表达方式。再举一个例子，在上面提到的《埃克洛伽》及《普罗希隆》中我们看到有如下一条简短的条文："奴隶不作证"（不准在法庭上作见证）[16]。在我们罗斯，除奴隶之外还有一种半自由的人，叫作"债农[1]"。《罗斯法典》中关于证人，"作证"的条文是这样的"奴仆不得做见证人（但为奴仆作见证不在此限）；如无自由人作证人，必要时可传大贵族之差官（管事）作证人，而非其他（普通）奴仆；仅在小诉讼上，且亦需在必要时，才得传债农作证"[17]。《埃克洛伽》的思想在《罗斯法典》中又有所发展，适应了罗斯的社会结构，并以纯粹的罗斯方式表达了出来。我们还可举上面提到的"审案法"作例。"审案法"中有一条条文，规定如何处罚未经同意而骑别人马的人："未邀而骑人马者，应受三击"，也就是说，应打三下作为处罚[18]。我们《罗斯法典》也有这么一个规定，说是"未经邀请而骑人马者，罚款三格里夫纳"[19]。《罗斯法典》时代的罗斯人不喜欢体罚，因此拜占庭的三下鞭子到我们的法典里就改成我们所习惯的罚款了，改成三个格里夫纳了[20]。最后[21]还有一个例子。"审案法"中有一条从《埃克洛伽》或《普罗希隆》借用的条文，规定如何处理不是偷自己主人而是偷别人东西的奴隶：如果奴隶的主人仍要这个奴隶，那么必须赔偿失主；否则就把这个奴隶给与失主。在我们《罗斯法典》里也有一条规定，如果奴仆偷了人家东西，主人得赔偿一切损失并付罚款赎回这个贼，否则得把他交给失主。不过，我们的条文除了这一点之外还加了一项，规定如何处理这位做贼奴仆的家眷以及参与盗窃的自由人[21]。这样，我们也就看出，《罗斯法典》的编纂者既非一字一句地照抄教会法及拜占庭的古文献，但又遵循了这些古文献。这些古文献给它指出了需要肯定的情况，提出了立法问题，至于答案，则在当地的律法里找。

结论 上面所阐述的种种情况给《罗斯法典》的起源问题提供

---

1 债农，古罗斯时由于借债而依附于封建主的半自由农。——译者

了一些线索。我们看到,《罗斯法典》并不仅仅是雅罗斯拉夫一人的法律,在雅罗斯拉夫去世之后很久,在 12 世纪中还在编纂;这部法典并不篇篇都是法律条文本身,常常只是对条文的阐述;这部法典故意忽略当庭决斗;当庭决斗在 11、12 世纪的罗斯司法工作中毫无疑问是有的,只是教会反对而已;《罗斯法典》并不是一部独立的法典,而只是《主导法典》的补充篇幅之一;《罗斯法典》的编纂不无受教会与拜占庭法古文献的影响,《罗斯法典》就在这些文献中回旋。这一切情况总的说明什么?我认为,这一切说明:我们现在读到的《罗斯法典》并不是在王公法庭的范围内,而是在教会法庭范围内形成的,是在教会裁判权的范围内形成的;法典的编纂者在工作中遵循了教会立法的种种需要和目的。教会的法律编纂者将当时在罗斯实行的律法复现出来,心中考虑的是教会立法的需要和原则,因此写下来的东西也就不出这些需要的范围,也就符合这些原则的精神。这就是为什么《罗斯法典》不提当庭决斗的原因,也不提教会法庭职权范围之外的政治性犯罪,也不提诱拐,不提对妇女及儿童的虐待,不提诽谤的原因。因为这些事情也归教会法庭审理,但根据的不是《罗斯法典》,而是我们将谈到的教会法规。另一方面,在 11 世纪中叶以前,王公法庭未必需要成文的法典。王公的法官有许多理由无须这种法典,因为(一)古代的法律习惯还很有力量,王公及其法官在司法实践中已可遵循;(二)当时主要的审理方式是争论,就是法官忘了或是不去想那些习惯,争论双方自会一再提醒他这些习惯,等于争论双方自己在审理案件,法官在场与其说是主持人不如说是漠不关心的观客或不管事的主席;最后(三)王公视需要随时可以行使其立法权来补救法官法律记性之不足或解决其案件处理上可能发生的疑难。

可是,如果到 11 世纪中或 11 世纪末王公法官还无须一本成文法典的话，那么对教会法官来说这样的法典就绝不可缺少。罗斯教会在罗斯信奉基督之时起就有双重裁判权。首先，教会在某些宗教道德性的案件上可以审判一切基督徒，包括僧侣和俗人。其次，教会在一切教会的、非教会的、民事的、刑事的案件上也可以审判某些基督徒，包括僧侣和俗人。教会在一切案件上都可以审判的这"某些"基督徒形成一个特殊的教会团体，其构成方式我们在下面再谈。在可以审判一切基督徒的宗教案件上，教会法庭根据的法律是从拜占庭借用来的《东方教会法纲要》及由罗斯的头几个基督徒王公颁布的教会规章。在仅能审判教会人士的非宗教性刑事及民事案件上，教会法庭得根据当地的律法审判，这就产生了要有当地法律的成文法典的必要，这就是《罗斯法典》。有两种原因造成这种必要性：（一）最初在罗斯的一些教会法官是希腊人和南方斯拉夫人，不熟悉罗斯的法律习惯；（二）这些法官需要写一部当地法律的成文法典，以便取消，至少是削弱当地的某些法律习惯，特别是受拜占庭教会法及民法观念熏陶的基督徒法官的道德感和法律感所厌恶的一些习惯。从《罗斯法典》的语言中[22]就可以找出一些线索，说明法典是出于熟悉拜占庭及南方斯拉夫法的术语者之手。例如我们看到有这么一个词："异弟"，是罗斯语言中所没有的，意思是堂表兄弟，实际上这是把拜占庭法律中的一个术语（-$άδελφóπ$-$αις$）机械地译了过来。同样还有一个词"仇"，意思是凶杀罚款或是一般法庭上的罚款，也是南方斯拉夫法律古文献（例如《杜山法典》[1]以及《维诺多尔斯基法》）中相当常用的词，最后，就在外表上，《罗斯法典》也让我们看出它跟拜占庭法律的关系。它是一本小小

---

1 《杜山法典》，中世纪塞尔维亚的法律汇编（以编纂者的名字命名）。1349年由封建贵族大会批准，1354年加以补充。——译者

的大纲式的法典，跟《埃克洛伽》和《普罗希隆》相类似。法典这种律法的形式本身是教会法学家给我们带来的，只有这些人懂得这种形式的意义和需要。

法典形式 律法有两种基本形式：法律习惯和法律。法律习惯是律法的原始与自然的形式：在公共生活的初级阶段，一切律法都归结为法律习惯。法律习惯是通过对同样的事件或关系连续不断地应用某一项规则而逐渐形成的。规则本身则是由人民的法律意识在自身生活历史条件影响之下创造出来的。由于与人民的法律观及宗教观一致，由于连续不断的应用，这项规则就取得了习惯（传统）所具备的物质强制力量。法律是国家最高权力为了满足国家当前需要而立的规则，在国家需要的压力之下立即取得拘束力，国家权力以一切手段支持这种拘束力。法律比法律习惯出现的时期晚，起先也只是补充或是稍稍修正法律习惯，后来才以新的律法来挤掉，来代替法律习惯。法典编纂则更晚，通常都把前述两种律法的形式一起放在法典里面。按照对法典的一般理解，法典编纂并不订立新的法律准则，而只是将已由法律习惯和立法者订立的规则加以整理，或是使之适应起了变化的人民道德、法律观念及国家需要。但是，在现行准则的整理和应用中也在不知不觉地改变这些准则，准备新的律法。根据来自罗马法学的传统，拜占庭孜孜不倦地在制订一种特殊的法典形式。这种法典不妨称为大纲式法典。查士丁尼皇帝的敕令就是这种法典的范例；后来的标本便并列于根据《主导法典》编成的《罗斯法典》：《埃克洛伽》和《普罗希隆》。这些都是律法的简括而有系统的叙述，与其说是法律文件，不如说是法学著作，与其说是律法汇编，不如说是法学教本，写得浅近易懂，目的在于灌输法律知识。法典分成章节，章节的题目极像民法课上各讲的段落大意。这一类手册是立法机关编的。此外还有按这种格局而加以修订补充的私人汇编，有各种名称，如《民间埃克洛伽》，《埃巴那高伽—普罗希隆合编》，《埃克洛伽：按普罗希隆修订本》等等。这些私人编本也是在11、12世纪时在希腊人中流行的，而我们当时也正模仿拜占庭的样本做着类似的法典编纂工作。当地教会司法方面的需要推动了这项工作，而拜占庭的大纲式法典又给这种工作提供了现成的形式和方法[22]。在前述种种需要推动之下，教会人士也就开始尝试编纂一本法典，既要把在罗斯实行的法律习惯复现出来，又要符合教会所带来或在教会的影响之下改变了的观念和关系。这种尝试的结果便是《罗斯法典》。因之，我再重复一遍，《罗斯法典》是在教会司法范围内产生的。

古文献的遭遇 对《罗斯法典》作了这样的分析之后我们就能回答先前所提出的问题：《罗斯法典》是王公立法当局所制订的官方文件呢，还是既非源出官方、亦无强制功能的私人法律汇编？两者都不是。《罗斯法典》不是王公立法当局的产物，但也不是私人的法律汇编，《罗斯法典》跟立法性的法典一样在一部分罗斯社会里取得了强制的功能。《罗斯法典》在教会司法权能管及的非教会案件的一部分社会里起强制作用，而这种强制性亦为王公当局所承认。同时，可以想象，《罗斯法典》的作用随着时间的推移也就超出了教会司法的范围。11世纪中叶以前，根深蒂固的古代习惯还让王公法庭可以不用成文法典。但是，各种不同的环境，文明的进展，特别是基督教会的出现，带来了罗斯所不知的教会法与拜占庭法，带来了对罗斯来说是新的法律观念与法律关系，而这一切不可能不动摇当地的古法律习惯，不可能不搞昏法官的法律记性。现在，司法实践的每一步都会发生一些问题，在当地古代的法律习惯中找不到答案，即使找到，也是牵强附会。这也就不可能不在王公的法官中间引起一种需要，用文字阐明现行的司法制度，以适应已经变化了的形势。《罗斯法典》消除了司法工作的一部分困难：对许多新的问题提供了答案，并尽量适应新的观念与新的关系。我认为，随着时间的推移，《罗斯法典》本来只在教会司法范围内有制约作用的，也开始成为王公法官的手册，不能说有制约作用，但倒确是一本法律参考书，可以说，具有解释现行法律的参考价值。因此，《罗斯法典》严格地讲是产生于古罗斯法典编纂工作的古文献，而不是产生于古罗斯立法工作的古文献。这就是为什么会有这么一种看来很奇怪的情况，就是，《罗斯法典》以后的国家法律以及教会法律的文献，就我记忆所及，尽管是重复《罗斯法典》的准则，但从没有一处提及是引用的《罗斯法典》。

编纂的日期　《罗斯法典》是在什么时候编纂的呢？我们谈《罗斯法典》的起源，必须回答这个问题才算完全。在古代诺夫哥罗德编年史中我们看到这样的记载：1016年雅罗斯拉夫在遣送帮助他跟斯维亚托波尔克作战的诺夫哥罗德人回家的时候，据说给了他们"法典，立下规章"，并对大家说："颁给汝等诏书，按章行事无误"。这句话之后就是一部简编的《罗斯法典》，其中包括雅罗斯拉夫儿子们的补充法令。这个资料或传说之所以产生，显然是想说明，为什么这个文献在编年史中被放在1016年项下。可是我们知道，在《罗斯法典》的详本中也包括弗拉基米尔·莫诺马赫大公的法令；这说明，法典在12世纪上半叶还在继续编。简本中还没有这个法令：可能是简本是在莫诺马赫大公当朝之前就已编好，也就是不迟于12世纪初。只是法典最后完成的形式是体现在详本里，那就应是12世纪中叶以前的事了。这一点我们可以在《罗斯法典》用的币制中看出来。这在文献史中是个相当错综复杂的问题。我跟大家谈谈，但是不打算谈得过于仔细。

《罗斯法典》的币制　《罗斯法典》中不仅民事，而且刑事违法行为的主要惩罚方式，我们将要看到都是罚款。罚款是以"格里夫纳·古那"及其分币计算的。格里夫纳在德意志词"磅"尚未进入我国语汇以前意思就是磅。而磅本身是从拉丁词"磅杜斯"来的。一格里夫纳银子就是一磅银子。古那的意思就是钱；我们现在用的钱这个词是从鞑靼语来的，意思是有响声的硬币，它进入我们的词汇不早于13世纪。一格里夫纳·古那就是一磅钱，指的是不同形式的一块银子，通常是条形的。14世纪以前或更早些时候，在卢布还未取而代之之前，这是古罗斯市场最大的银质交换单位。一个格里夫纳·古那分成二十个诺加塔，二十五个古那，五十个列扎那；一个列扎那分成多少个维克夏没法肯定。古文献中没有直接说明，到底哪种毛皮叫诺加塔，哪种叫古那，哪种叫列扎那；但是我们知道，这些都是毛皮货币单位，而"古那"这个词在解释作钱的时候，也就专指在市场上作为货币流通的毛皮。传教士在四旬斋戒节里责难人们把财富埋在地下，就是用的你们现在已知道的古词：让"古那和衣裳给蛀虫去蛀"，这儿说的当然不是金属钱币。不过，金属钱币在罗斯出现、流通是相当早的。我早已说过，在欧俄范围内曾发现而且现在还发现许许多多窖藏起来的8世纪到10世纪流通的阿拉伯硬币"吉尔根姆"，这是跟我们的半卢布一样大小的一种银币，就是薄些。这些窖藏大多都不大，总数不超过一磅。像在穆罗姆城发现的那些窖藏，重量在两普特以上（数目超过一万一千个），那是极为少有的。值得注意的是在窖藏中除了完整的吉尔根姆之外还有半个的，四分之一个的乃至分得更小的小块。在梁赞附近发现的一个窖藏里都是十世纪时的硬币，除了十五个完整的吉尔根姆之外竟有九百个小块，其中最小的一些等于四十分之一的吉尔根姆。这就使我们很可以相信我们的假定，就是在我们这里把吉尔根姆截开和敲碎了，充当零钱使用。我们自己的硬币，重量不超过吉尔根姆的俄罗斯"小银币"直到圣弗拉基米尔时代才开始铸造，而且不用说，铸造的数量是很少的。吉尔根姆及其分块对珍贵毛皮有一定的市场比例，结果这些分块也就取得了名称：能以之买一列扎那毛皮的吉尔根姆分块就叫作列扎那，依此类推。这么一来，算账时就可以说使用的是两种通货了：毛皮通货和金属通货。古文献中不止一次地将两种货币单位加以对比，如："一张狐皮五个诺加塔，三张狐皮四十个古那找一个诺加塔"，这是在12世纪的一个文件里见到的。在《罗斯法典》中我们还见到在毛皮货币与金属货币之间有经常的比率。法典规定在法庭罚款之外还要加缴五个古那的税："计两个诺加塔的毛皮"。这就是说，五个金属古那可以拿两个诺加塔的毛皮代替。也就是一个诺加塔的毛皮值两个半金属古那。有意思的是，这种不同货币间的比率在伏尔加河流域的保加尔人那里也能见到。当时市场的特点是物价稳定，罗斯和保加尔人居住的伏尔加河流域之间的贸易关系既有契约保障，又十分活跃，因之罗斯出口商品的市场价格和保加尔人的市场价格有密切关系。阿拉伯人伊本·达斯塔在10世纪上半期曾描写过保加尔人的情况，说在保加尔人那里毛皮货币古那可以代替硬币使用，每块毛皮货币值两个半吉尔根姆。如果可以把由空间和时间所隔开的资料并拢在一起谈的话，那么《罗斯法典》时代在罗斯使用的金属古那是吉尔根姆。

币制在各世纪的变迁 在不同的时期，随着罗斯银价的变动，一个格里夫纳·古那的价值也不一样。在10世纪中，我们从奥列格和伊戈尔跟希腊人所订的一些协定里看出，格里夫纳的重量约等于三分之一磅。有不少传到我们手里的格里夫纳重半磅或近乎半磅；从罗斯货币史资料来考察，这些格里夫纳是在11世纪及12世纪初叶雅罗斯拉夫，莫诺马赫及姆斯季斯拉夫时代流通的。可是在12世纪下半期，我们谈过的一些情况压缩了罗斯的对外贸易；国外贵金属的流入减少，银价大涨；结果在12世纪末13世纪初的古文献中我们见到，格里夫纳·古那的重量对折了又对折，只剩四分之一磅了。这一个变动也影响了币制。格里夫纳·古那本身固然因为银价上涨而重量减了，但还保持着原有的购买力，因为商品也跟着跌价。可当作格里夫纳·古那的分币使用的外来的银质硬币重量并未改变，同时作为货币使用的毛皮在罗斯市场上也保持着原先的购买力；这么一来，毛皮以及一切商品对金属货币单位的市场比例就变了：一诺加塔毛皮货币，原先值两个半完整的吉尔根姆-古那，现在值两个半地尔艮-列扎那和半个吉尔根姆了；我们的一列扎那毛皮货币现在在市场上可以购买原先付一整个吉尔根姆（我们的一古那）的东西。由于习惯于以价值相当的本地毛皮名称称呼外来硬币，本来的列扎那现在叫作古那了，而一个格里夫纳不是二十五个古那，而是五十个古那。这就可以说明，为什么在罚款方面，简本《罗斯法典》是以列扎那计算，详本却全部用古那代替列扎那，而数字并不改动。偷一条帆船，在简本里罚款六十列扎那，在详本里罚款六十古那，并依此类推。所以，《罗斯法典》的最后完成是在12世纪下半期或13世纪初。如果把法典开始编纂的日期算作在雅罗斯拉夫时代，那么，这部法典的编纂过程便不少于一个半世纪[23]。

史料[24*] 弄清了《罗斯法典》的缘起，也就是弄清了编纂法典出于什么需要，同时也肯定了法典编纂的大致时期，这样，我们也就有了一项根据来答复在开头所提出的另外一个问题：罗斯法典反映当时在罗斯实行的法律制度充分到什么程度，忠实到什么程度。但是，要完满地答复这个问题还得有另一根据：必须看一看，法典的编纂者，该说是它的一大批编纂者应用了哪些史料，是怎么应用的[24a]。

《罗斯法典》的史料是由法律本身的起源和用途所决定的。这本法典是供教会审理教会人士的非宗教案件时应用的。因此它就必须从两种性质的史料（教会的史料和非教会的史料）里汲取材料。让我们从非教会的史料谈起。

罗斯法 按10世纪罗斯和希腊人所订协定的规定，罗斯人以剑或其他武器袭击希腊人，或是希腊人袭击罗斯人，应按"罗斯法"处以罚款[246]。这个罗斯法（也就是信奉多神教的罗斯的习惯法）就是《罗斯法典》的基础，是法典的主要史料。我把这一史料说成是多神教罗斯的习惯法，我担心可能是说得模糊了，甚至说得不正确。可是问题要比这个定义所表述的情况复杂。协定中说的罗斯法，跟《罗斯法典》当作史料用时它那个时代的律法是不是一回事呢？奥列格在君士坦丁堡城下与希腊人讲和时是地道的瓦利亚格人，他的武士大多数（如果不说是全部的话）也是瓦利亚格人；他们按"罗斯法"以斯拉夫诸神：雷神，"自己神"及沃洛斯神的名义宣誓遵守和平。这意味着罗斯法就是罗斯的法律习惯，就是当时统治东斯拉夫人、和拜占庭打交道的瓦利亚格-斯拉夫混合阶级的法律习惯。这种法律习惯在起源上和构成上也是混合的，跟生活受其规范的阶级的情况一样。只是，要分清它的成分，指出哪些是瓦利亚格成分，哪些是斯拉夫成分是困难的，尤其是在《罗斯法典》里来分。两个民族在一起生活了两个世纪，这个时间已足够使不同民族的习惯融合成为有机的不可分的整体。同时，在沿第聂伯河及平原其他河流的商业城市中，外来的瓦利亚格人也罢，本地的斯拉夫人也罢，他们所遇到的情况，所形成的关系在这些城市中也是初次产生的；因此在瓦利亚格人的法律习惯里也罢，在斯拉夫人的法律习惯里也罢，都找不到现成的标准。9世纪中，瓦利亚格人在这些城市里成了统治阶级，至少是城市中最显要的分子，他们在10

世纪初在奥列格时代就把他们统治下的斯拉夫人的神道作为自己的神道，以之宣誓；他们通过为拜占庭服务以及与拜占庭通商的关系成了将拜占庭法律观念与法律习惯传给基辅罗斯城市居民的传导者；他们在基辅罗斯的治理工作与司法工作中把自己的某些行政及法律观念连同一些术语如讼师、判官、卫队、血款（凶杀罚金）等带了进来；自伊戈尔朝起他们是最早把基督教传到罗斯的人；在多神教徒弗拉基米尔时代，他们从自己的行列里为罗斯出了头几个基督教殉教者；可是在编纂《罗斯法典》的时代，离他们并不十分久远的已告斯拉夫化的后裔却把自己的同族，把新来的按天主教方式祈祷的瓦利亚格人看成未受洗礼的异族，按《罗斯法典》某一个版本的说法是"未受洗礼之瓦利亚格人"。罗斯法就在这种状态之下传到《罗斯法典》的编纂者手里。罗斯法反映九到11世纪罗斯商业城市中形成的生活情况，渊源是瓦利亚格人及斯拉夫人的多神教民间习惯；但是这些根源在各方面的影响之下，在散处各城市的瓦利亚格人与当地斯拉夫人两世纪共同生活与民族融合的情况之下，得到了如此巨大的发展，形成了那么多的新的生活方式，结果就成为一种特殊的生活结构，不同于还保存在乡村斯拉夫罗斯居民中的古代民间习惯，不同于很可能还保存在斯堪的纳维亚某些地方的古代民间习惯。《罗斯法典》在把当时罗斯所行的律法复写出来的时候，心目中的对象就是城市上层阶级这种新的生活方式；只有在民间习惯作为等级特点而跟新的生活方式发生联系，或是城市阶级因为地产及商业买卖关系而跟乡村百姓发生接触的时候，《罗斯法典》才注意到民间习惯的特点。我举个例来说明自己的意思。在属于家庭法范围的条款中，《罗斯法典》所理会的家庭是行教会婚礼所成立的基督教徒家庭。有一个条文规定了非婚家庭的地位，规定"私生子女"跟他们的母亲在父亲死后便获得自由。在另一古文献中我们看到，还从亡父的财产中分出"私通份额"给他们。可是，从大主教约翰第二的教规上我们发现，在罗斯接受基督教之后的一百年中，既非王公亦非大贵族的"老百姓"一般还是按老的多神教习惯成立家庭，并不行教会婚礼，而教会也还是把这种家庭看作非婚家庭，非法家庭。在这种家庭里在遗产制度上不可能按"私通份额"办理，因为如果这样办，在数量巨大的罗斯老百姓中间就根本没有合法的家庭和合法的直接继承人了。事实上，在雅罗斯拉夫的教会规章里我们看到，"非婚妻子"从教会的观点看是非法的，从法律的观点看却被承认是合法的，只要丈夫并不另有"婚"妻。这种非婚夫妻如果擅自离异，也跟合法夫妻擅自离异一样，要处以罚款；只是罚款的数额减半。《罗斯法典》根本不提这些所谓的非婚婚姻，尽管这种婚姻是合乎古代法律习惯的，甚至亦为基督教罗斯的新的律法所容忍。所以，尽管罗斯法是《罗斯法典》的史料，我们不能把它看成东斯拉夫人的原始法律习惯，而应看成9到11世纪间由来相当不一的各种成分形成的城市罗斯的律法。[24*]

王公立法权[25*]　　在罗斯法之外，编纂者也从其他史料中汲取材料；这样的史料随罗斯的信奉基督教而涌现出来或增多起来，它们为编纂者提供了修改罗斯法或发展罗斯法的准则。这些史料中最重要的应该说是罗斯王公们所发布的立法性的命令。所以，详本《罗斯法典》第二条就叙述了雅罗斯拉夫诸子的一项法律，规定凶杀案件以罚款代替复仇，并在以下的条款中详细说明罚款的分等情况的以及有关凶杀案件的其他程序的细节。立法是君主的天职，社会生活可以乃至必须由当权者的意志来调节的思想是随基督教一起到我们这儿来的，是教会灌输给我们的。第二种史料是王公们在特殊案件上所作而结果成了先例的判决：这是古代立法最通常的方法。伊兹雅斯拉夫·雅罗斯拉维奇的一个判决就是这样，多罗戈布日的居民杀死主公的马夫班长（总管），王公判处他们双倍"血款"（双倍罚款），这个判决就作为一般的法律放进了法典里，按被杀所处罚款的多少把马夫班长归到了王公的高级卫士一级里去。在这两种史料之外还得加上一种：宗教界所拟订而由王公们采用的法律草案。

宗教界的影响 宗教界的这种立法工作的痕迹我们在编年史关于弗拉基米尔王公的记载中就已看到[25a]。这是抢劫之风在罗斯国家越来越盛的时候，主教们向王公建议对抢劫犯不处以罚款，而处以较严的政府的刑罚，结果在《罗斯法典》里我们看到一条法令：对盗贼不处以罚款，而处以"一清二洗"，即犯人的财产全部没收，犯人本身连同全家卖往国外做奴隶[25⁶]。这是教会及拜占庭的影响，从而罗马法又通过这种影响，深入罗斯社会的一条途径，甚至可说是主要途径。这种影响之重要不仅在于它把新的法律准则带进罗斯的律法里，还因为它带来了构成法律意识的基础的一般法律概念与法律定义。对宗教界的法律工作敞开大门的主要是家庭关系这个领域，而家庭关系在当时必须予以改造。在这个领域内宗教界的法律工作被赋予了极大的权力，不仅是审理权，而且还包括立法权；这样一来教会的法律工作也就能相当独立地使家庭生活规范化，将教会法规应用于当地情况。因此，我们有相当大的把握这么说，《罗斯法典》中有关继承、监护、寡妇地位及寡妇对子女的关系等条文的一篇是在这种史料的直接或间接影响下编纂起来的。例如，在寡妇的财产项目中便明确地区分了：（一）寡妇份额，这是从子女所得的遗产中拨给她的份额，直到她亡故或再嫁为止；（二）丈夫给她的财产，这是完全归她所有的。而条文的规定叫人想起罗马人用以表示完全所有的术语："主权"这个词。条文是这么规定的："至于丈夫所赠财物，自是伊作主人"[25*]。

参考材料[26] 教会法律及法律编纂工作本身在解决问题、制订条文中所应用的参考材料，也可以算作《罗斯法典》的史料，因为《罗斯法典》里也有这些问题。这样的参考材料首先应数《主导法典》里罗斯法典原先也在其中的补充条款。这些条款能够在《主导法典》这样的古文献里出现已足够证明它们有资格做律法的史料。当然，古罗斯的教会法律家也不会忽略资格较差的史料，只要他们能在里面找到合适的材料；问题是我们很难发现这些史料。好像其中有一件还有些痕迹，《罗斯法典》里有一系列条款是关于打人、伤手、伤脚或伤身体其他部分的。在叫作《埃克洛伽，按普罗希隆修订本》的私人法律手册里也有一系列内容相似的条款。这部手册据著名教会法学家查哈里埃说，是在10世纪初叶以后编纂的，其中某些条款所规定的罚款不由得不叫人猜想，会不会罗斯法典的编纂者在拟订打人及伤害肢体案的罚款时参考了这些条文。伤害眼睛与鼻子，《埃克洛伽》规定罚款三十个西克拉（东方硬币），给与受害人；《罗斯法典》规定罚款及赔偿受害人三十个格里夫纳。打掉一个牙齿，《埃克洛伽》规定罚款十二个金质诺米斯玛，《罗斯法典》中是十二个格里夫纳·古那。这本希腊的私人编本，古罗斯法学家很少知道，而且要是我没有搞错的话，它在法律古籍中已无踪迹可寻。如果两者之间的相似不是耦合，那么我们真可以说，《罗斯法典》的编纂者手头的确有些史料，种类相当多，有些甚至是出乎意料的[26]。

第十四讲

《罗斯法典》编纂工作中的一些问题——古罗斯法律文献中局部编纂的迹象——局部地编起来的条文如何汇集加工——《罗斯法典》的编纂及其结构；主要版本间的相互关系——《罗斯法典》和当时所行律法的关系——《罗斯法典》所反映的公民社会——初谈律法古文献对历史地研究公民社会的意义——《罗斯法典》中刑法与民法的界限——刑罚制度——《罗斯法典》的古代基础与后来的积层——对财产与人格两者的评价——社会的两种划分——有关财产的契约与义务——《罗斯法典》是资本的准则

古文献材料的加工[1] 我们已考察了《罗斯法典》的重要史料。可是我们还不能接着就谈这个古文献的具体内容，因为首先还得解决一个非常困难的问题：法典是怎样编纂起来的。问题在于：法典的编者是怎样利用自己的史料的；通过什么编纂程序，用哪些部分，和怎样编纂起来的。

形式的利用 从《罗斯法典》中可看出两种利用史料的方法，形式的利用与材料的利用；或是仅从某一史料取其法律案例，而按其他史料定出法律准则，或是直接借用准则本身。利用外国的、拜占庭的史料主要用第一种方法；利用本地的史料主要用第二种方式。上一讲我在分析《罗斯法典》中留下的它的起源的痕迹时，已经举过一些例子，说明《主导法典》补充条款的译文应用案例的办法。这种方法在罗斯法学的发展中当然有其自身重要的教育意义：它让法学家们学会如何分析并确定人与人之间的关系，从而在律法与人生的关系方面深入理解法学思想和法学精神，一句话，它锻炼了并磨砺了法律思维。同时《罗斯法典》从这里也吸收了拜占庭大纲式法典的一个内在特性。拜占庭法典受着两种影响：罗马法学的影响与基督教传道的影响。第一种影响给了它写法律论文的手法，第二种影响给了它布道及进行道德感化的手法。两种手法在拜占庭法典编纂者身上的结合，使他们爱去论证法律的正确性，提出论据。我们的古文献也就尽力模仿这种倾向。论据极其多样化：既有心理的及道德的动机，也有实际目的及日常生活的考虑。《罗斯法典》有一条文规定，奴仆偷窃可不向王公缴纳罚款，因"彼等身不自主"。另一条规定，债主放款超过三个格里夫纳而无见证人者，丧失起诉权。法官应向起诉人说明为什么他不得起诉。这项说理原文如果用现代话来说而仍保持其戏剧形式的话就成这样："是呀，老表，可对不起，是你自己错了，那么好心肠，居然把这么大一笔钱敢不请一个见证人而借给别人"。

材料的利用 不管对《罗斯法典》来说史料形式的利用本身如何重要，对实证律法的历史来说，另一种利用方式，材料的利用方式，则更为重要，但同时也更难觉察。要在史料中找出一个条款来处理同《罗斯法典》已知条款同样的案例是容易的，但是，要推测《罗斯法典》中订得与史料中相应条款不相同的准则是怎么订出来的，那就难得多了。首先，让我们从书目的外表来看一看。

原始古罗斯法律准则 在古罗斯法律书籍，主要是教会法律书籍中，我们碰见一些孤零零的渊源于罗斯的条款，像是碰巧掉在我们碰见它们的地方似的，跟自身所依附的文献并无有机的联系。在我们的古籍中流传着一种版本，叫作《法律全书》，由已故教会法教授巴甫洛夫研究考订并付印出版。这本集子由拜占庭法的几篇古文献组成，译成了斯拉夫文。其中一篇"死刑法"是我们所知道的《普罗希隆》中刑法的翻译。希腊罗马法不准妇女跟自己的奴隶结婚。根据上述刑法的条文，没有子女的寡妇跟自己的奴隶私通，要被剃发并受体罚；如果她有合法子女，她的财产就得归子女，只留必要的一部分维持生活。罗斯的翻译者或是其他什么人在这条拜占庭条文之外自行添加的一条，跟拜占庭法完全不相符合。根据添加的这一条文，寡妇不仅可以跟自己的奴隶结婚，而且她所承担的法律后果只是一般性的再婚后果。《罗斯法典》家庭法篇中没有这条条文。另外还有一条罗斯条文，在《教规准绳》[1]的一个古抄本所抄的《埃克洛伽》的条文里有，而在《罗斯法典》里没有。条文的题目叫作"处理盗窃"，内容是在规定盗窃案件的物证及盗贼本人不在犯案地区（领区）而在别个地区时的管辖问题。另外一些游移的条文只在罗斯法典的后期抄本中有，在古抄本中没有。例如，15世纪一个《罗斯法典》的抄本中有一条，说一个人如以欺骗手段，借口什么事情或采办什么东西骗得别人钱财（"骗人得钱"）逃往他乡，那么这种犯罪行为按推理应作盗窃论处，不作经商破产、不幸事故或任何其他不按盗窃罪处分的罪论处。条文并没有放在应放的地方，没有放在有关盗窃的条文中间，而被放在抄本最后，作为附款，跟另一条同样也是未得其所的后期条文放在一起，而这个条文的内容却是说的怎么补偿一个被人诬告而受拘禁或受鞭刑的人。在《罗斯法典》的某些抄本里我们见到还有一些在别的抄本里根本没有找到地位的插入条文或追加条文。在其中一个抄本里有一条关于

---

[1] 亦译《法范》，古罗斯法律文献汇编。编于12至13世纪。14至16世纪为手抄本，分两册，上册包括"判词"及法院和法官的正错判例，下册包括拜占庭教会和世俗法律的译文及《罗斯法典》等内容。——译者

破坏名誉的条文在《罗斯法典》里放得最为牛头不对马嘴：我们在分析雅罗斯拉夫的教会法规时将会看到，这是法规中一条训诫，或是注解；没有那个条文，这个注解是怎么也看不懂的。它跟《罗斯法典》中任何一个条文都没有关系，可是一般却总被抄在法典里面；就我所知，在任何一个抄本中它都没有被放在雅罗斯拉夫法规里面应放的地方。最后，我们还碰到一些条文，甚至整组的条文在文献中独立地流传，结果，详本《罗斯法典》的一切抄本里都有它们。字句上可能有些出入或者经过了编辑加工，但内容实质原封未动。《罗斯法典》的奴仆地位篇里有一条限制奴隶来源的条文：凡因债务，因生活或借贷关系而来或被送来替人做一定期限工作的人，不算作奴仆，可以未到期而离开，只是必须偿还主人，也就是必须清偿债务或贷款，或交付伙食费。这三种不作奴隶论的情况之中有一种情况在保加尔人编的"审判法"中所添的罗斯条文里有相同的规定：饥荒时节替人做工不成为完全的奴仆，"彼无需长侍"，他可以离开，只是应付三个格里夫纳。当然，这是说如果他没有做够他应付的伙食费的话。至于多做的工，那就不作账了，算是"白做"。

拟订条文的环境 我所举的只是已知的这类条文中小小的一部分。进一步研究古罗斯文献，相信必然会增加这类条文的数目。事实上其数目现在就已相当可观。这些条文透露了《罗斯法典》的编纂过程。我们看到，在能够编出像《罗斯法典》这样有体系的文献之前，编纂者先是拟订局部性的个别准则，然后将个别准则集成完整程度不等的法典，或是根据这些个别准则将以前编好的法典加以修订。这种对我们古代法的历史极为重要的工作是在哪里，在什么社会环境中进行的呢？相信你们已猜到了我将说的是什么环境。这是教会法学界，也就是教会里外来的以及当地的一部分神职人员，他们环绕在主教教座周围，在主教们的指导下，充当教会行政和司法的最得力工具。当时的罗斯社会找不出另一个阶级有做这项工作所必需的修养：一般的文化修养也罢，专门的法学修养也罢。11、12世纪传到我们手里的几个文献，清楚地阐明了这项工作的进行情况。从多神教向基督教的过渡，对并无经验的基督教徒及其领导人物说来，是经历了很大困难的。主教属下的管事人员、法官、神甫等等将各自经管的事务方面碰到的疑难问题请示主教，从后者得到指示。问题大多是关于宗教实践及基督教教纪方面的，但也有不少是纯法律问题：利钱与重利盘剥，凶杀及其他刑事罪的教会处分，婚姻、离异及非婚同居，吻十字架宣誓之为法庭证据，奴仆地位以及教会法庭对它的态度等等。一方面有人在问："基督徒穿什么衣服最好？"回答是："爱穿什么就穿什么，都不碍事，穿张熊皮也行。"同时也有人在问："奴隶杀人该怎么处罚？"得到的回答是"减半处罚，更轻些也行，因为他们是非自由人"。教规应用到司法实践中，成了法律准则；又被写成文字，变为条文，记录在需要的地方。然后，这些散处四方的条文被选集成组，成为整部的法典，有时又作了修订，编本多少有些改动。

《罗斯法典》各种抄本里的条文选集 有迹象让我们相信，在《罗斯法典》的编纂工作中，条文有局部制订和在不同时期选集的情况。这种情况说明为什么《罗斯法典》的各种抄本在条文数量、编排次序和措辞方面有不同的地方。我们断定这个文献主要有两种版本：简本和详本。简本分两部分：第一部分包括很少几条（十七条）关于凶杀、斗殴、侵犯财产权及恢复财产权，以及损坏他人财物如何赔偿的条文；第二部分阐述雅罗斯拉夫长系诸子在会议上通过的一系列决定，也是关于危害生命财产这类罪行的罚款与赔偿问题，以及诉讼税及费用等问题的。在详本中，简本里的条文发展了，写得较严整，较详细；同时王公会议的各项决定也被纳入法典的体系。我们很可以把简本看做是详本的节本，只是有两点阻碍我们这么做。简本有一条文规定，如果奴仆打了自由民，奴仆的主人如果不愿交出奴仆就得付罚款，而后，被打的自由民如果碰到这个奴仆，"可打（即打死）他"。详本在重写这一条时补充道：在碰到这个奴仆时，雅罗斯拉夫原来规定杀死他，可是雅罗斯拉夫的儿子们让被打的人挑选：或是打死奴仆，或是让他的主人出钱"赔不是"。这就是说，简本的条文可算是表达了雅罗斯拉夫本人的法令。另一方面，我们也已看到，简本的第二部分在违法罚款方面用的币制较详本用的要古。因此，我们可以把简本看做是雅罗斯拉夫本人及其儿子时代复现法律体制的第一个尝试。当然我们不能凭这一点就说，简本是真正的雅罗斯拉夫法典。详本是复现同一法律体制的另一个尝试，做得比较精细，又添了莫诺马赫的律法以及后来的实践所建立的准则。可是，要将详本里的组成部分按其不同时期一一划分清楚，则又很困难。在一些古抄本中，这种划分做得相当机械。在文献近一半的地方，有条"关于月息"（利息）的条文。条文之后就是弗拉基米尔·莫诺马赫大公跟千人长及其他大贵族举行的会议作出的一项关于限制利率的决定。以叙述文体写着此处就是把罗斯法典分成两个部分的分界线：此前的条文所标的大题目是"雅罗斯拉夫·弗拉基米洛维奇的裁判"或"雅罗斯拉夫·弗拉基米洛维奇法令"；这个决定之后的条文则是标的"弗拉基米尔·弗谢沃洛多维奇法令"。可是，这两个题目仅与各自部分的头几条条文有关。对第一条关于凶杀的条文来说，这个题目的意思就是：对凶杀罪，雅罗斯拉夫或在雅罗斯拉夫时代是这样判的：死者的血亲（兄弟，父子等等）得为死者报仇，在没有这类合法的报仇人时改交罚金，"血款"。但是第二条马上就说，雅罗斯拉夫的儿子们取缔了报仇，规定罚款为法律处分。事实上，《罗斯法典》的条文不能只分成两个时期，而是要复杂得多，只要从这两部分里抽出几条加以对照就可看出来。有些条文还间接地指出了本身是在什么时期编纂的。例如，有一条规定，拿未出鞘的剑刺人，罚十二个格里夫纳；而另一条规定，拿出鞘的剑刺人，致伤而不致死只罚三个格里夫纳。有一条规定拿棍棒打人罚款十二个格里夫纳；另一条对拿树枝打人的人罚款三个格里夫纳，好像被打得光彩些！在简本《罗斯法典》中则是两种情况一样罚款。我们见到的条文的这种不一致，必须用《罗斯法典》的构成来解释。在《主导法典》和《教规准绳》的古抄本中有"关于证人"的汇编起来的部分条文，这是从拜占庭史料中取来的；但有些条文则显然是起源于罗斯。上面所谈《罗斯法典》中三个用格里夫纳罚款的条文就是从这里摘引来的，只是罚款数目订得不同而已。对以树枝打人，在"关于证人"的条文中并没有规定罚款的确定数目，而是让法官酌情处理，"便宜行事"。这是较古的版本的特点。但是对以出鞘的剑刺人定的罚款则不是三个格里夫纳，而是九个格里夫纳。这只有一些抄本是如此，而另一些抄本则是三个格里夫纳。但这儿并没有不一致。《罗斯法典》中以未出鞘的剑打人罚款十二个格里夫纳的条文是在12世纪下半期编进的，当时格里夫纳·古那已跌到四分之一磅。这样，我们就不妨说，在格里夫纳重半磅的时候这样的打人得罚六个格里夫纳·古那，而在1195年诺夫哥罗德跟日耳曼人订的协定里的确如此：以"武器"打人罚六个"老"格里夫纳，也就是六个半磅的。可是我们到时候会看到，在格里夫纳·古那从重半磅跌到重四分之一磅的这一阶段里，也就是在12世纪中叶，格里夫纳·古那的重量约计三分之一磅。汇编里"关于证人"的罗斯条文是在12世纪中叶编的，那时的格里夫纳·古那重三分之一磅，于是六个格里夫纳的罚款被折成了九个格里夫纳；而在另一种编本里又被折成了磅，成了三个银格里夫纳；结果这些条文又一一被编进《罗斯法典》，放在对这些违法行为已经有了规定的一些条文后面，只是这些条文里的罚款按另一种货币单位计算（是十二个四分之一磅重的格里夫纳·古那）。莫诺马赫关于利息的决定无疑义又是按半磅重的格里夫纳·古那算的。这么一来，我们便不妨说，《罗斯法典》的罚款表反映了12世纪罗斯市场所经历的货币行市变动的全部情况。对《罗斯法典》其他地方的分析同样也可发现法典的构成并不尽属同一时期。例如，有一条文规定，奴仆偷盗，不付给王公罚款，因为贼不是自由民，只是奴仆的主人得付给失主双倍的失物价钱。但在法典另一处另有一条，规定奴仆偷马要罚款（当然是由他主人出），数额跟自由民偷马相同。在法典末了又有一条，规定偷东西的奴仆的主人可以选择或是"赎回"奴仆，或是把他交给失主，这一点在其他条文里都未提及。可能人们会这样想：后面的条文总是取代前面的。但也未必尽然。与这个文献的性质比较切近的说法应该是这样：这些条文是不同时期的产物，表达相仿而非相同的事情，它们的不同之处编写条文时没有明白反映出来。我们应该记住，我们这部《罗斯法典》不是立法性法典，可以拿一些法则来代替另一些法则；它是一部汇编性法典，只是力图把史料中已有的一切准则搜集拢来，编成一个整本而已。

抄本的汇集性质　在《罗斯法典》的各种抄本中，这种意图真是表现得太明白了。在家庭法的条文中插入了酬金的限额表，即规定对守备城防、建筑桥梁和修理桥梁的人员给多少酬金；而在法典末了，有些抄本还附了一个条例，规定桥梁税在诺夫哥罗德城各区之间应如何分摊；此外还附了几条（我们已经谈过）应该归到法典其他篇章里去的条文。《罗斯法典》里有一条文，规定借债应付的年息为50%。按这个规定，有个看来是罗斯托夫地区的农户，拿自己村上的财产作本，像做算术一样做了笔异想天开的账，算出在十二年或九年中他的牲畜和蜜蜂应生息多少，播种的谷物及五垛干草应生息多少，而应付给母女两人十二年的农业劳动工资又是多少。这笔账充满了13世纪（从币制上看甚至可说是12世纪）罗斯农业中饶有趣味的特点。而在《罗斯法典》的某些抄本中，这笔账居然被附在上面提到过的利息条文之后。这些"插入物"妨碍了我们精确地划分法典的构成部分，妨碍了我们抓住法典条文安排的体系。仅有某几组条文有些迹象表明是同一编本的个别部分。《罗斯法典》中关于损坏或盗窃各种经营项目或用具，关于家庭法，关于奴仆地位等篇幅就是如此。从内容的安排上看，可以看出有一种倾向：先列重的罪行而后依次列轻的，然后再列可以归入民法的法令。

所以，《罗斯法典》是由不同时期的局部的汇编及个别条文编纂而成的一部法典；这部法典保存在几个版本之中；这些编本也都是时期不同的。法典中能称为雅罗斯拉夫法典的只是少数复现这位大公治下的法律体制的古条文而已。

现在，我想，我们已有了充分的准备来历史地、批判地分析《罗斯法典》的主要目的，来解决到底法典复现当时行使的律法，充分到什么程度，忠实到什么程度。严格说，问题就在要说明，《罗斯法典》怎么利用自己史料里的实质内容，特别是那个主要的史料，也就是我们上次讲起的罗斯律法。

法典的范围 我们已经说过，《罗斯法典》按其本身起源和宗旨来说不可能将当时罗斯所行的律法全部包括在内。法典局限在涉及神职人员及教会俗人的非宗教案件的裁判权上。因此，《罗斯法典》一方面不涉及非教会范围内的政治案件；另一方面亦不过问有专门法律审判的宗教道德性案件。在其余案件上，法典的任务是把王公法庭的司法实践以及教会法庭在被授权范围内脱离这种实践的情况复现出来。《罗斯法典》与当时的罗斯律法，也就是与当时王公法庭的司法实践的关系，是值得大力研究的一个专题。我只限于将我认为最典型的几个情况谈一谈。

《罗斯法典》与王公法庭　我们已经知道，《罗斯法典》不承认当庭决斗，如果我们不去看法典最古的简本中一条不很清楚的条文对这种由上帝裁判的方式所作的暗示的话。这一条文说：如果被打的人到庭时身上有殴打痕迹，或是伤或是青肿，那么即使没有见证人也受理他的控诉；如果没有殴打痕迹，就必须有见证人；否则，案子就此结束，"不了了之"。条文又说：如果被打人无力报复，就罚伤人者三个格里夫纳，以"息气"和"治伤"，也就是给医药费。最后这句话的意思是，条文指的情况是，被打人到庭时的伤痕显然是必需医治的，即他的控诉应得法庭认可的，而认可也就是指法庭批准受害者对打人者加以报复。那么什么叫报复呢？根据法庭判决自己动手？如果报复包括不许已决犯抵抗，那么这是体罚，执行体罚的是受害人自己；如果已决犯对报复人还可抵抗，那么就变成双方按法庭判决打架了，这也就有些像当庭决斗了。但是，不管怎么说，详本《罗斯法典》在复现这一法律事件时，去掉了任何可以暗示"根据判决自己动手"的说法。以伤痕或由证人证明自己被打的人按判决领到赔偿金；要是法庭判明他是打架的肇事者，那就不判给他赔偿金，尽管他受了伤：受的伤不能归咎于被告，受伤是出于自卫、不可避免。详本这种将私刑抹去不提的倾向在其他地方也显露出来。简本容许子女为打成残废的父亲报复："亲子制裁"。详本取消了子女的报复，代之以罚款，数目等于凶杀罚款的一半。同时还付给致残者赔偿金，数目等于凶杀罚款的四分之一。这就是说，教会法庭最初对当地法律习惯作了很大让步，但后来自己渐渐强固之后就将自己接受的法律原则坚决用于实践之中。

《罗斯法典》里没有死刑。但是从收在"佩彻尔斯基寺院圣僧传"里的一本13世纪初的作品中我们知道,在11世纪末,重罪犯如果交不出这种罪行应付的罚款,就得判处绞刑。《罗斯法典》不提这种情况可能出于两种原因:第一,教会法庭审理杀人越货等最严重的罪行时自有王公的法官参加,非常可能就由王公法官按情节宣判死刑。可是基督教自有其对人的看法,对死刑是想不通的。莫诺马赫也很理解这种看法,所以在其《训言》中一再告诫小辈,无罪的不能杀,有罪的也不要杀,哪怕是罪该致死。《罗斯法典》里不提主人殴打奴仆致死不负任何责任这点也可以同样理由解释。《埃克洛伽》和《普罗希隆》在处理这条不受处分的所谓律法或特权的时候附有条件,目的在于区别无意杀死奴隶与蓄意杀死奴隶:蓄意的话,要按常规处罚。我们的律法,显然不承认这些条件;至少1397年的德维纳裁判规章简短明了不附条件地说,如果主人"作孽",殴打自己的奴仆或奴隶而造成死亡,不受审判。另有一本根据《罗斯法典》和《雅罗斯拉夫教会法规》编写而题目叫作《大主教审案》的古编本对这种情况也是那么说的,只是又拿法庭实践作了些补充,说是:如果主人杀死家奴,"此非彼杀人,乃天命作孽"。教会法庭不可能承认奴隶主的这种特权,但也不可能把它取消。教会只能以教会的罚法,以苦行赎罪在精神上惩罚他们;在被认为系11世纪时的罗斯大主教格奥尔吉所立的教会惩罚条例上明文规定:"杀死奴隶者,按暴徒论处赎罪"。在刚才提到的《佩彻尔斯基寺院圣僧传》里曾谈起,斯维亚托波尔克大公的儿子拷问佩彻尔斯基寺院里的两个僧人,要他们说出瓦利亚格人在他们的山洞里藏宝的地方。可能这仅是王公一时的任性。可是,如果这是当时王公法庭所惯用的审讯方式,我们也能懂得为什么《罗斯法典》对这种方式闭口不提。

编纂工作的缺陷　可以把《罗斯法典》的这些缄默之处看作是基督教法律家们对老的多神教习惯或新的残忍手段的无声抗议。但是，法典中也发现有些遗漏及未尽之处，并非这种理由所能解释的。这势必要归咎于当时法典编纂工作的未臻完善，因为要做到在一切有关的关系中得出一条法律准则，要做到预见一件法律案例在人世生活中的一切变种，这在当时还很困难。例如，《罗斯法典》没有指出，神甫按保障其生活的罚款数目来说其地位相当于王公的武士、老亲兵队员和大贵族。《罗斯法典》只说，与主人姘居的女奴及其子女在主人死后获得自由，但没有说，在这种情况下她跟她的子女"按敕令"可以在主人的动产中分得一份"姘居份额"。除此之外，《罗斯法典》也没有说明还有其他什么情况必须将奴隶解放为自由民。在"审判法"里有一条文，规定如果主人挖掉奴隶一只眼睛或打掉他一颗牙齿，就得解放该奴隶。从其他史料中我们知道，必须解放由于主人的罪过而致残的奴隶；被玷污的女奴也可获得自由。

好在我们只要记得《罗斯法典》是怎样编纂起来的，我们就不会在它里面寻求一贯的完整性和严密性。《罗斯法典》并不是一个完整思想的产物，它是由不同时期编的东西镶嵌拢来的，而各个时期的篇章又都是按当时教会法庭实践的需要编纂的。详本结尾处关于奴仆地位的一些条文对"免税的"，完全的奴仆只指出三个来源：在有证人的情况下卖身为奴；"无约"而与女奴结婚，即未与女奴的主人约定要保留新郎的自由身份；"无约"而为人做家仆。可是，从《罗斯法典》本身的其他条文里我们看到，奴隶的产生还有别的来源，例如犯某些罪（行劫，盗马）或是因商业破产；从别的文献里我们还知道，当俘虏以及失宠于王公也造成奴仆地位；至于奴仆生的子女那就不用说了。《罗斯法典》关于奴仆地位的条文是特殊的一篇，是最后放进《罗斯法典》的篇章之一，是关于奴仆地位的部分法规，而编纂的时候并没有考虑这部分所牵涉的整体，因为编辑人员根据实践的需要，用意只在规定由民事协定产生奴仆地位的几个重要来源，并不涉及刑事性及政治性的来源。

编纂条件的困难 我们研究《罗斯法典》跟当时实行的罗斯法之间的关系，不应当忘记当时罗斯的法典编纂者所处的地位。他所处理的是尚未形成体制的法庭实践，其中旧的习惯跟新的法律观念与法律要求还在斗争；在法庭之前人与人出现的种种关系既未曾为法律亦未曾为法庭实践所规定，而法官们又是始终在狐疑不决与斟酌办理（也就是主观决定）之间来回摇摆。在这种司法情况之下，许多准则即使只求抓住它们的意义写成文字都已非易事。让我举个例来加以说明。《罗斯法典》主要注意的是：由生活，以及由生活中的主要利害关系最坚决地不断提出来的物质权利的基本准则；惩罚与报复和违法案件应向王公交纳的罚款以及给私人的赔偿。在诉讼程序上，法典对物件失落或被窃，特别是奴仆逃跑或被窃的案件制订得最为详细。可是，我们在法典中找不到对说明当时社会制度及法律意识极关重要的一个问题的直接指示，就是，追究罪行纯粹是由私人起诉呢，还是在没有原告的场合，社会当局就把此事视为己任？应该假定后一种情况对司法当局是有利可图的，因为审理任何违法案件法庭都要经手罚款。让我们看看与《罗斯法典》同时或时间相近的一些文献。在我已不止一次地引证过的基辅"佩彻尔斯基寺院圣僧传"里，有一篇谈到圣费奥多西的徒弟格里戈里修道士的故事。有一伙盗贼想偷他的东西，结果东西没有偷成，反被他抓获，而他宽恕了他们，把他们放走了。可是城里的"老爷"知道了这件事，把这些盗贼抓来坐牢。格里戈里不忍盗贼为他的缘故而受罪,把钱给城里的老爷,把他们放了,"窃贼获释"——但不是被法官释放而是被格里戈里释放,这儿只能说是,格里戈里放弃了私人在"受辱"之后可要求的处分(令盗贼坐牢),而法官在收到应收的"赎金",即盗窃罚款之后,就没有理由继续监禁他们了。在俄罗斯文学史中大家知道,有一篇很有趣的12世纪的古文献,内容是由基里克和其他僧人提问而由诺夫哥罗德主教尼丰特和其他主教作答。其中基里克曾问:偷过东西的人是否可擢任祭司。他得到的答复是:如果偷得很大而且没有私下料理好而声扬出去,"设未妥自料理而于王公暨众人之前发生争讼",那么这个人就不宜擢任祭司;如果私下料理妥当,未曾声扬出去,那就可用为祭司。甚至大宗的偷窃案如私下与原告和平了结免予诉讼,主教并不认为不可原谅,而认为是可以的(也就是很平常的)。如果我们注意下面情况:根据《罗斯法典》,胜诉一方(不论是原告还是被告)要给法官一笔"助金"酬谢他的协助,那么《罗斯法典》时代的司法情况就呈现了这样一种面貌:任何违法案件都要涉及三方:原告,被告与法官;任何一方对其余两方总是敌对的,而任何两方一联合也就解决了案件,并叫第三方吃亏。

文献的总的性质 现在,我们终于可以答复为了要答复而对《罗斯法典》做了相当详细的分析的问题了,就是:《罗斯法典》反映当时在罗斯实行的法律制度,充分到什么程度,忠实到什么程度。在法典中可以看出对罗斯的某些过于令人想起多神教古代的法律习惯不表苟同的痕迹。但是,法典在表达王公法庭所行制度的时候,并没有复现教会法庭在非宗教案件上未遵照王公法庭所行制度的一些地方,并没有以新的准则来代替通行的准则,从而修改当地的法律习惯。《罗斯法典》应用的是另外几种修改方法:第一,法典对认为必须从法庭实践中取缔且亦是教会法庭所不采用的东西干脆就不提，它对当庭决斗及私刑就是如此；第二，很可能它充实了当时通行的律法，判明通行的律法未曾直接答复的某些法律案例与法律关系：这在关于遗产及关于奴仆地位的条文中可以推断出来。当时通行的律法中有许多东西法典没有包括进去，或是因为没有这么做的实际需要，或是因为在当时王公法庭审判手续如此无定规的情况之下不知如何把它们写出来。因此，我们可以承认《罗斯法典》是相当忠实的，但并不是它那时代的法律制度的完完整整的反映。法典固然并没有创立新的律法来代替通行的律法，但是也并没有把通行律法的一切部分全部复写出来，而是某些部分有所补充、有所发展、经过加工，其叙述的明确，相信当时的王公法官是做不到的。《罗斯法典》是11、12世纪的罗斯律法的一面好的，但是碎了的镜子[1]。

现在[2]我们根据《罗斯法典》来研究一下公民社会。

王公顺序统治制的后果之一，我们认为，是11、12世纪罗斯各地区人民生活方式的显著趋于一致。这就是说，我们研究当时罗斯的公民生活也就等于观察王公统治制给罗斯社会带来的国土统一或民族统一的一个因素。

法律文献在历史研究中的作用 公民社会是由法律、经济、家庭、道德等等非常复杂的关系形成的。这些关系建立在个人的利害、情感与理解的基础上面并由这些东西推动运转。这主要是个个人的领域。但在动机千万而各不相同的情况之下，如果这些关系仍保持协调而且形成一种秩序，这就是说，在某个时期的一切个人利害、个人情感和个人理解之中有着某种共同的东西在协调它们，在调节它们，而这也就是大家所承认人人都必须遵守的东西。有这些东西才能造出种种框子将一切私人关系放在里面，才能建立种种规则，以之调节无数个人利害、个人情感及个人理解方面的活动与冲突。这些框子和规则的总和构成法律；法律保护公共利益，表达社会关系，将公共利益与社会关系铸成要求与原则，习惯和法律。个人的志趣通常总是主观任性的，个人的情感和理解总是偶然的：此也好彼也罢，都是难于捉摸的；要凭它们来判断公众的情绪和社会发展水平是不可能的。衡量这些东西的尺度只能是种种被认为正常而人人必须遵守的关系，这些关系被规定在法律里，通过法律才能将它们研究清楚。这些关系是由时代的占主导地位的动机与利益所建立，所维系的，因为在这些动机与利益中表现着时代的物质状况与精神内容。所以，法律文献为学者所提供的线索，足以接触所研究的社会生活的最深厚的基础[2]。

《罗斯法典》的刑罚制度 先有了这样一些认识，我们就可以分析《罗斯法典》的内容了。不过，我并不是将法典的内容尽其所有和盘托出，我只是谈一部分，只要你们能凭它抓住当时罗斯社会人民生活的主要动机和主要利益所在就行。《罗斯法典》的主要内容是关于一个人的行为对另一个人造成生理上或经济上的损害在法律上应如何处理的问题。对这类行为中的某些行为，法律规定只要私人赔偿受害人即可；对另一些，则除赔偿外还要受王公的王法处分。显然，《罗斯法典》区分了刑法和民法：上面所谈的第一类行为法典认为是民事性违法行为；第二类行为则认为是刑事性犯罪。单这一点[3*]已是说明当时罗斯社会特征的一个重要资料。一般地说，刑法与民法间的界线本来就是不够清楚的，要在民事违法案件中分析出犯罪的成分，要抓住德意志法学家所称的"罪因"本来是桩难事；这让道德的敏感来辨识比作法律的分析要容易。因此，对犯罪行为或犯罪的因素与程度的处分方法在古代法中也是很不一致的。按奥列格跟希腊人的协定，在犯罪现场被抓住而未加抵抗的贼处以三倍的惩罚：除归还赃物外，按所盗物品的价值加倍赔款；贼如果不是当场被抓获而是被事后揭发出来，按伊戈尔订的协定，加倍惩罚；在赃物已被卖掉的场合"交其价值两倍之款"。按《罗斯法典》，偷东西奴仆的主人应付给失主失物双倍的钱，作为纵容或管束不严的惩罚。甚至在纯粹的民事违法案件中也都规定要付双倍的损失费，作为任意破坏契约的罚款。[3ª]《罗斯法典》在刑事犯罪与民事违法之间所划的界线是：刑事犯罪要罚款给王公。这就是说，如果《罗斯法典》也明白，罪犯不但要对受害人负责，而且要对以王公为代表的整个社会负责，那么这种责任感只是外表的，物质的，并没有道德的动机在内[3*]。不过，《罗斯法典》[4]也并不是完全不理会道德动机的：法典区分了"在无意中"或"在气愤中"的并非蓄意杀人与预谋的"劫杀中"蓄意杀人；区分了显然怀有恶意而犯的罪与由于无知、不知而违的法；区分了伤害身体或危及生命如砍掉手指、拿剑刺人等虽伤了人但尚未致命的行为与危险固然较小但辱及荣誉，如拿棍棒、树枝、手掌打人乃至扯掉人家胡须的行为，而且规定了对后者比对前者要多罚三倍的罚款。最后，法典根本不把为了自卫的必要而危及人家生命的行为算作罪行。同样，因荣誉受到侮辱，例如被人家持棍棒殴打，"无法忍受"，一时火起，拿剑刺人也不算罪行。这儿首先是，法律让人看出，它对经常备剑在身的人（也就是军人阶级）的荣誉特别注意，而这种注意并不是人人都有的权利，只是少数人的特权。

古代的原则和后加的因素　　其次，对不同的侮辱按其精神上的作用作仔细的区别应该说是后来《罗斯法典》里才有的，因为另外有一条文对拿树枝打人及打人耳光所规定的是一般的罚款，并不是三倍的罚款[4]。这[5]是在《罗斯法典》所复现的古代律法原则上堆积起来的一层新的法律观念，而且还可以看出这一层新观念是从哪方面来的。对严重罪行严厉惩罚这种规定也是后来新加的因素，就是说，犯抢劫、纵火或偷马罪的人并不课以一定的罚金交与王公，而是没收全部财产并剥夺自由。我们已经知道，在弗拉基米尔王公时代对抢劫罪跟一般杀人罪一样本是处以罚金，后来，根据主教们的建议改成了"大刑"，也就是抄家和没收财产。

古代原则的表现是，如盗贼交不出罚金就改为绞刑。在这里格里夫纳·古那成了不仅是人的荣耀感的，而且还是人的生命的唯一可理解的尺码[5]。除上述三种罪行以外，其余一切犯罪行为法律都规定交给王公一定罚金，交给受害人一定赔款。王公罚金和私人赔款在《罗斯法典》里构成一个完整的体系，都以格里夫纳·古那计算。我们无法确知当时银子的市场价值，我们只能估计它的重量价值。在12世纪银子要比现在贵重得多。政治经济学家估计，和发现美洲大陆之前相比，现在买同样一件东西，至少多付三倍的银子。我们假定说，现在一磅银子是二十卢布，那么11世纪至12世纪初期的格里夫纳·古那，就银子的重量来说，大约值十个卢布，而在12世纪末大约值五个卢布。犯杀人罪应交付王公的罚金叫作"血款"；应付给死者家属的赔款叫作"赔头"。"血款"有三种：一种是双倍"血款"，计八十个格里夫纳·古那，被杀的是王公的武士或长系王公的亲兵；一种是普通"血款"，计四十个格里夫纳·古那，被杀的是普通的自由民；一种是折半"血款"，计二十个格里夫纳·古那，被杀的是妇女，或对人造成严重残废，砍掉手、脚、鼻子，弄瞎眼睛等。赔头的差别要大得多，这按死者的社会地位而定。例如，杀死王公的武士，赔头是一个双倍"血款"，杀死一个自由农民是五个格里夫纳。对其他一切罪行，法律规定的处分是：交付王公"罚款"；给受害人"赔款"。《罗斯法典》所反映的惩罚制度就是如此。我们不难看出这个制度的基础是什么观点。《罗斯法典》把一种行为使人受到的人身侮辱，人身委屈跟财产所受的损失区别了开来；但是，就是人身委屈（也就是身体上的伤害）主要也是从经济损失的观点上来看的。法律对砍掉手的处分重于砍掉手指，因为受害人被砍掉了手更难于从事劳动，也就是更难于创造财富。罗斯法典对罪行主要是从经济损失上看，所以对罪行所定的赔偿也是跟物质上所受的损失相当的。在通行近亲复仇的时代，赔偿的原则是：以命偿命，以牙赔牙。后来，换了另一条原则，可以说是以格里夫纳偿格里夫纳，以卢布赔卢布。这条原则在《罗斯法典》的惩罚制度里是贯彻始终的。《罗斯法典》既不关心预防犯罪，也不关心纠正犯罪意识。法典只看到罪行所造成的直接的物质后果，处分的方法也是让犯人受到物质财产上的损失。法律像是这么在对犯人说：尽你打，尽你偷，只是要乖乖地按罚款表付钱。作为《罗斯法典》基础的原始的法律观点不过如此。

财产与人格 我们如把《罗斯法典》中关于缴给王公的"罚款"和付给私人的赔款的一些条文加以比较，那将是很有趣的。法典里反映了经商、打猎和农耕等日常生活。偷窃他人陷阱里的海狸，毁坏田界，打掉他人一颗牙齿以及杀死他人奴仆，一律罚十二个格里夫纳。割掉他人一个指头，打他人一记耳光或持剑刺人而未致死，损坏他人的捕鸟网，偷盗他人看守陷阱的猎犬，未经法官判决擅自"折磨"自由农民（剥夺其自由）等一律罚款三个格里夫纳，赔款一个格里夫纳[6]。放火和偷马罚款最多，较之造成严重残废和杀人还要严厉得多。这就是说，人的财产不但不比人本身，人的健康及其安全价廉，反而更加贵重。法律把劳动产品看得比活的劳动工具（人的劳动力）更为重要。对财产与人身的这一种看法在《罗斯法典》的其他一系列条文中同样存在。最显著的是，财产的安全、资本的完整以及财产的神圣不可侵犯在法律中都是以人身来加以保证的。商人借款或赊货经营买卖，如果由于自己的错误而破产便可以被债权人出卖为奴。农业劳动的雇工在被雇用时借钱，必须为雇主劳动以偿付借款；如果没有付清债款而偷跑，那就失去人身自由，变成完全的奴仆。这就是说，法律把资金的安全看得比个人的自由还重，也保障得更为周到。人的身体被看成一种普通的有价物品，跟财产可以交换。不仅如此，连个人的社会意义也都由其财产状况决定。我们根据《罗斯法典》研究当时社会（世俗的，不是教会的社会），就可以看出这一点。

社会的两种划分 按《罗斯法典》，当时社会有两种分法：政治的和经济的。在政治上，人按其对王公的关系分成两个等级：服役等级和非服役等级，即王公武士和老百姓（普通人）[7]。王公武士直接为王公当差，组成他的亲兵，是享受特权的高级军事、行政等级。王公就通过这个等级治理公国，抗御敌人。王公武士的生命值一个双倍"血款"；普通人，自由的老百姓向王公纳税，组成当时社会的纳税阶层：城市的和乡村的。很难肯定，是否可以在这两个等级之外，还加上一个等级，最低等级：奴仆。按《罗斯法典》，奴仆严格地说并非一个等级，甚至并非人，而是物，跟牛马一样；因此杀死他人的奴仆并不罚"血款"和"赔头"，而只是向王公交罚金，给奴主以赔偿；而主人杀死自己的奴仆国家法庭根本不予处分。教会对奴仆的看法不同，认为他们是人，杀死奴仆要受教会处罚[8]。王公的立法也开始向这种看法低头。《罗斯法典》中已看得出法律在对奴隶的态度上改变先前看法的尝试。在雅罗斯拉夫去世之前，自由民如被别人的奴仆殴打，可以将这个奴仆打死。雅罗斯拉夫死后，他的儿子们禁止这么做，改为事主可以打奴仆，或是取一笔"羞辱"罚金（当然是由奴隶的主人付出）。因此我认为，若不从国家的律法来看，而按由当时法律及道德关系总和形成的生活实践来说，奴仆可以算作罗斯社会构成中的一个特殊等级，其不同于其他两个等级的地方是：他们不纳税，亦不为王公当差，而是为私人服役。因此，11及12世纪的罗斯社会按人们对王公的关系来说分成：（一）直接为王公服役的自由人；（二）通过农村公社向王公缴纳贡赋而不为王公服役的自由人，以及（三）为私人服役的非自由人。在这种政治的分法之外，我们在《罗斯法典》中还看到另一种分法：经济的分法。在国家的各等级之间开始产生中间阶层。例如在王公武士中产生了享有特权的土地私有者阶级。《罗斯法典》中这个阶级被称作大贵族。《罗斯法典》中的大贵族并非朝廷的封爵，而是有特权的地主阶级。同样，在普通人，也就是不为王公当差的自由老百姓中间，特别是在农村居民中也形成了两个阶级。一个是在并不构成任何人的私产的王公土地（也就是国家土地）上生活的农民，这种人在《罗斯法典》中叫作斯默尔德；另外一个阶级是住在地主私有土地上向地主借款耕作的农业工人，这种人在《罗斯法典》中叫作雇农或借贷农。这些是罗斯社会构成中形成的三个新的阶级，与罗斯社会构成的政治分法不相符合，区别主要在于财产。斯默尔德是公家的农民，种的是公家的地，用的是自己的农具、牲畜等等；雇农是农业工人，种的是地主的田，用的是向地主借的种子、农具和牲畜。只是这种财产区别又跟法律上的不平等结合了起来。地主大贵族这一阶级享有一种特权：其动产与不动产在其本人死后，如果没有儿子可归女儿继承。以自备农具、种子等物耕种王公土地的斯默尔德只可以将动产传给女儿，其余财产（土地及房屋）在无子嗣的场合便归王公。不过斯默尔德跟大贵族一样是自由人。雇农就不同，他们是接近于奴仆的半自由的人，有点像服临时性劳役的农民。这种半自由的状态在《罗斯法典》里有如下特征：（一）地主有权体罚自己的雇农；（二）雇农不是完全的法人：在法庭上只能为微小的诉讼事件作证，而且还得在没有自由人可做证人的场合;(三)雇农犯了偷窃之类的罪行自己不负责任:罚金由其主人交付,但主人因此就可将他变成十足的奴仆[9]。这就可以看出,经济的阶级,尽管跟基本的国家等级不相一致,但也跟国家等级一样,在法律权利上彼此有所不同。政治的等级是由王公和王公权力造成;经济的阶级则是由资本,由财产的不均衡而形成。结果,在《罗斯法典》中,资本和王公权力同样为积极的社会力量:资本也将自己的特殊的社会划分带到了社会的政治构成中来,而王公的法律也不得不承认这种划分。资本在《罗斯法典》里又是王公法律的同事,又是王公法律的劲敌,正如城市资本家在当时的编年史中又是立法者的王公的同事,又是其维切的劲敌一样。

契约与义务 资本之所以有这样重要的意义,在《罗斯法典》民法条例,也就是在其关于财产契约及义务的条文里亦有所透露。《罗斯法典》(也就是由法典所复现的律法)对违反道德秩序的罪行,理解是很模糊的;法典中几乎看不到有什么非难不道德的思想。可是,它对财产关系却区别得很细致,规定得很精确。法典严格地区分了下述情况:寄存财产(寄存像是希腊字 κατα϶ ήκη 的翻译)不同于借债;普通债款,无利息的贷予,出于友谊的借贷不同于讲好一定利息的债款;短期有息的借款不同于长期有息的债款;最后,借债不同于商业佣金及放在商业公司中取不固定的利润或红利的存款。此外,我们在《罗斯法典》中还看到在清理破产的债务人的业务时关于清偿债款的明确规定:在处理商业破产时分清以欺诈为目的的破产与不幸的破产。我们看到了[10]凭信用经营商业在当时已是相当发达的迹象。《罗斯法典》相当明确地区分了几种信贷方式。客商(外城或外国商人)可向本地商人"发货",采取赊账办法。商人委托自己的客商(跟其他城市和国家做买卖的本地商人)附带代办货品,付以"采办金",佣金;资本家将"客户金"交给商人，代为周转生息。《罗斯法典》把后面两种情况看作是朋友间互相信任的做法，其法律特点是：委托人将钱交给被委托人（代办人或朋友）时无须像放债取息时那样，要有证人，即"中间人"在场。如果发生争执，委托人向法庭起诉，受委托人只要能起个誓就算了事。商人破产后债权人会集时，如破产商人还有"余金"，那么客商（外城、外国的债权人）和国库享有优先权：先由他们拿足，余下的再在"本地"债权人中间分配。《罗斯法典》似乎没有估计到客商跟国库会在债权人集会上碰头的场合，所以在法典中就看不出，是国库有优先权呢，还是客商有优先权。较后的立法在这种场合就规定了国库有优先权；1229年斯摩棱斯克跟德意志人订的条约规定了客商有优先权。我们不妨在此指出，在《罗斯法典》中存在一些内在的不平衡：在复现个人法权地位的场合，法典仅举一二事例，且非常简单，对个人安全，只提供最起码的保障；可是在规定财产关系、保卫资本利益的场合，它就表现了按当时法学的成长状态而论十分惊人的精确性和预见性，充满了精制的准则和定义。显然，是生活和司法实践在人身与财产两个领域里给法典编纂者提供了价值不等的材料。[10]

《罗斯法典》是资本的法典　《罗斯法典》的主要特点就是如此。我们在这些特点中可以看出，昔日基辅社会的生活基调、占统治地位的生活趣味得到了表达。《罗斯法典》主要是部资本的法典。资本是当时立法者的注意力特别集中的地方；劳动本身，也就是人本身，被看作是资本的工具。可以这么说：资本是《罗斯法典》中最享有特权的事物。是资本指出了最重要的法律关系，法律关系形成法律，结果法律对侵犯产权的行为处分重而对侵犯人身安全的行为处分轻。资本又是赔偿的手段，用以抵偿各种刑事和民事的违法行为，因为处分与罚款制度本身就建筑在资本上面。人本身在《罗斯法典》中与其说是社会的成员，不如说是资本的拥有者或资本的生产者：没有资本或是不能生产资本的人就丧失自由人或十足法人的权利；妇女生命的保障只是半个"血款"。资本昂贵之至：短期借款每月利率的大小法律不予限制；《罗斯法典》中有一条文规定年息为"三分之一"，三分之二，也就是50%[1]。直到[11]弗拉基米尔·莫诺马赫当大公时才将取"对半年息"的期限加以限制：这种利息只能取两年，两年之后债权人依法只能要求还本，也就是说，两年后的债没有利息；谁要是第三年还取这样的利息，连索回本钱的上诉权也都丧失。同时，莫诺马赫对长期借款只许取年息40%。但是，这些限制未必被大家遵守。在上面谈到过的基里克的提问中，主教指示，要教育俗人，取利息要发些善心：每五个古那希望只取三个到四个古那的利息。在年息方面，等到莫诺马赫一死，取60%到80%还算是良心好的呢，而这样的利率已超过规定利率一倍半或者两倍。稍后一些时候，在13世纪，这时商业城市已失去它们在国民经济生活中的优越地位，教会牧师才可能叫人取"轻"息："每个格里夫纳取三个古那或七个列扎那"，也就是12%或14%[11]。资本在《罗斯法典》中所起的这种作用给了法典一种无情的市侩面貌。我们很容易看出是哪种社会力量订立的法律结果成了《罗斯法典》的基础：是商业大城市。农村在《罗斯法典》中处于暗处，处于后边，农村产权的保障只在法典较后部分的条文中占了短短的一行。占着首要地位的（至少在法典的古代部分中）是城市有产阶级的利益与关系，也就是奴仆主及工商界的利益与关系。因此，我们在通过《罗斯法典》研究市民秩序，研究人们的民法关系的时候，也碰到了在我们所研究的第一期历史中对政治制度的建立

1　原文如此。——译者

始终起着强大作用的力量。在政治生活中，这个力量是商业城市加上它们的维切；而在市民生活中，也同样是这种城市，不过加上了它们的活动工具：工商资本。

　　我们已相当冗长而仔细地研究了《罗斯法典》。在分析了《始初编年史》之后，你们跟我一起研究《罗斯法典》，相信一定已不止一次地在心中想，老师授这门课是不是保持了材料分配的平衡呢？怎么对历史事实一掠而过，对一些史料却滔滔不绝，讲了这么许多。我也看到这种不平衡，可也并非师出无名。你们听着我讲历史事实，你们得到的是现成的结论；我已当着你们的面仔细分析了我国历史的最重要最古老的史料，我希望你们能清清楚楚地看到，这些结论是怎么得出来的。在下一个钟点，我们还要来做一个性质类似的尝试。

第十五讲

罗斯头几个基督徒王公的教会条令——按圣弗拉基米尔条令所建立的教会机构——雅罗斯拉夫条令所规定的教会法庭的司法范围与教会世俗会审法庭——犯罪概念、罪责范围及惩罚制度的转变——雅罗斯拉夫条令中的货币计算；制定条令的年代——条令最早的基础——教会的立法全权——教会法典编纂工作的过程——雅罗斯拉夫条令中采用教会法典方法的痕迹——条令与《罗斯法典》的关系——教会对政治制度、社会习性与市民生活的影响——基督教家庭的建立

教会古文献的资料补充了《罗斯法典》 我在分析《罗斯法典》的时候，说法典相当忠实地反映了11和12世纪中罗斯的法律实况，但反映得极不完全。法典表达的是一系列以物质、经济利益为基础的民法关系。可是，从10世纪末起一种新的法律关系的体制已经打进了这个物质利益的王国而且一天深似一天。这种新的体制几乎没有为《罗斯法典》谈到过。它是一种建立在不同基础上的，建立在道德观基础上的体制。是教会把这些关系引导到罗斯的生活中来的[1]。反映这种新关系体制的古文献从另一方面（《罗斯法典》所缄默未谈的方面）来阐明这两个世纪中的罗斯的生活。我打算用很短的时间简要地向大家讲述最古的几个有关文献。

圣弗拉基米尔的条令 《始初编年史》曾叙述圣弗拉基米尔王公如何在996年指定以其本人收入的十分之一作为他在基辅所建

的什一大教堂的经费，同时又补充道："并将写成的誓约存此教堂中"〔2〕。在保存下来的弗拉基米尔教会条令中我们见到了这个誓约。王公以此誓约约束承继人严格遵守他根据各总教堂教规及希腊诸皇帝的法律（也就是根据希腊的寺院法类编）所编的法规。在这个法令的无数抄本之中最古的一本保存在13世纪末诺夫哥罗德城的《主导法典》里面，它给我们保存了《罗斯法典》的最古的著名抄本。时间已大大地损坏了这个古文献，原本上面盖了厚厚一层后世所涂的笔墨。条令的好些抄本已有许多修正、改动、增补和刷新之处，总之是有了许多不同的本子，也证明这个法令保持了长时期的实用价值。尽管如此，如果说我们不易恢复这个文献的本来面目，至少我们不难找出它的法律基础，达到能了解立法者所持基本思想的程度。法令规定了教会在对教会说来是个新国家里的地位。教会在当时的罗斯不但掌管拯救灵魂的事，而且，还担任了许多纯属世俗的事务，跟国家行政事务极为接近。教会在建立社会及维持国家秩序方面是世俗政权的同事，有时甚至是指导者。一方面，教会对全体基督徒享有广泛的司法权，裁判范围包括家庭案件、亵渎神圣、侵犯基督教寺院及基督教的象征的案件，叛教案件以及有伤风化、污辱妇女、言语伤人等等案件。因之教会被赋予了建立并监督家庭的、宗教的及道德的秩序的权力。另一方面，教会对从教徒中分离出来的一个特殊社会，所谓"神职人员"又拥有特别的监护责任。教会当局掌握与裁决这个社会中的一切教会与非教会事务。这个社会由下列几种人组成：（一）白僧侣、黑僧侣和白僧侣的家属[1]；（二）为教会服役或为教会提供种种世俗需要的俗人，例如医生、接生婆、做圣饼的妇女以及教会中一般低级差役，另外还有依

---

1 白僧侣，为正教中不穿黑袈裟，不禁止结婚的僧侣，与黑僧侣相对。——译者

附人，也就是根据遗嘱获得自由的奴隶或为了追悼亡灵遗赠给教会以及作为半自由农民通常居住在教会土地上被称作氓民[1]的奴隶；（三）由教堂照料的贫苦无依的人，如流浪汉、乞丐、盲人等大抵丧失了工作能力的人。当然，使教会人员获得种种庇护的宗教及慈善机构，如寺院、医院、朝圣者招待所、养老济贫院等等也在教会管辖之下。教会主管部门的这一切形形色色的机构在弗拉基米尔条令中只有极一般的规定，常常只有一些暗示；关于教会案件与教会人员只是简短枯燥地列举一下而已。

雅罗斯拉夫条令 我们在弗拉基米尔条令中见到的有关教会司法的原则到他的儿子雅罗斯拉夫的教会条令[3]中才有了切合实用的发展。这个条令可说已是一本相当详细而有条理的教会法典。条令几乎把在弗拉基米尔条令中所列举的应归教会审判的案件与人员都重述了一下；但本来是枯燥的罗列现在已加工成为分析得意外明白、叙述得极其精确的条文，有很复杂的惩罚制度，有些地方对诉讼程序也都有所规定。这种惩罚制度以及诉讼程序的基础是分清与协调罪孽与罪行的概念。教会掌管罪孽，政府掌管罪行。教会将一切罪行看作罪孽；政府可并不将一切罪孽看作罪行。罪孽[4*]是道德上的不义或不正当行为，破坏的是神的法律；罪行是对社会有害的不正当行为，破坏的是人间的法律。罪行是行为，是一个人使别人遭受物质损害或道德耻辱的行为；罪孽则不仅是行为，而且还是思想，是对造成或可能造成物质或道德损害的行为的思想，而且这种损害不一定是害的旁人，也包括害的是作孽者自己。因此，一切罪行都是罪孽，因为一切罪行都有害于犯罪者的心灵；而罪孽则只有在损害别人或侮辱别人以及妨害公共生活的场合才是罪行。将

---

1 氓民，指失去原有身份的人。——译者

这些基本观念综合的结果就产生了雅罗斯拉夫法令中的教会司法制度。这是被改编成法纪性条文的道德教义问答。教会可以审理一切基督徒的罪孽以及在特殊的教会机构内的人的违法行为。教会司法权的这种双重成分，条令中也已指出。条令站在王公同时又是立法人的立场上说："凡属罪孽之事与神职人员（也就是宗教阶层）犯法均归之教会"[4a]。从这样一个综合的办法上看，法令划归教会审理的案件可以分成三类。

教会审理案件的分类 一、没有罪行成分的纯属罪孽性的案件，完全由教会当局审理，由高级僧侣（也就是主教）的法庭按教会法律进行，没有王公的法官参加。这些便是不在王公法庭职权之内的违犯教会戒律的案件，诸如：行使妖术、巫道，近亲结婚，与多神教徒有饮食来往，吃禁食物品，夫妻协议离异等等[4б]。

二、既是罪孽又有罪行性的案件，其中违犯教规的罪孽跟暴行，跟对别人造成的身心损害或者跟破坏公共秩序的行为纠缠在一起。这种案件，既然违犯政府的法律，因此要由王公法官审理而由教会法官参加。这种法庭制度与其组成可由下述公式来表达：向大主教认罪，或向都主教缴若干格里夫纳罚金，而由王公惩处（审判并处罚，与大主教共分罚金[4в]）。这类案件包括诱拐少女，以言语或行为侮辱女性，强迫跟没有过失的妻子离婚，夫妻不忠实等等。[4г][4д]

三、最后是"神职人员"的案件，即涉及神职机构所辖特殊阶层人员的案件。这指的是教会中的神职人员及俗人所犯的一般违法行为。按弗拉基米尔条令规定，这种人在一切诉讼案件中都归教会当局审理（当然，仍是根据王公法庭行使的法律与习惯进行）。不过，王公作为法庭判决的执行人，作为执行处分的警察工具，作为社会秩序的最高监护人，在审理教会所辖人员的案件中保留着某些干预之权。这种干预权在法令中是以王公的话这样表达的："凡教会案件交与教会审判,审时俗人不参与(世俗的、王公的法官均不参加),至如当场捕获之盗窃案件,则当有余(寡人的法官)参加审判,凶杀亦然;其余案件寡人概不过问"。这就是说,教会人员所犯重罪应由教会法官会同王公法官审判,罚金分摊。这种司法制度在雅罗斯拉夫条令中是这样表达的:罚金由大主教与王公平分,或:可缴"血款"由王公与大主教平分,即银钱罚款由政教两方对半平分[5]。

划分案件的目的[6] 从雅罗斯拉夫条令所规定的这种案件划分上我们可以看出,划分的主要目的在于区分两种裁判权(王公裁判权和教会裁判权),并从教会审理的案件中分出一部分案件,归政教两方的代表会同审定。条令规定,哪些场合由教会法官单独审理,哪些场合须组织政教会审法庭,在会审法庭上,用条令中的话来说,应有"俗人(民政法官)参与"。这种混合法庭是因为案件或人员的特殊性而组织的;某些案件兼有刑事与宗教双重性质,本应由王公法庭审理的当事人,因案件中有宗教成分,因而吸收教会法官参加;有些人员本应由教会法庭审理的,但因犯的案件应由王公法官审理,因此教会法庭必须吸收王公的法官参加。在前一个场合,教会法官是王公法官的助手;在第二个场合,就正好相反。这种会审法庭必须跟另外一种,后来称作"共同"或混成庭的区别开:这种法庭审理的是当事人分属于不同裁判权(如教会法庭与王公法庭)之下的案件。弗拉基米尔条令在列举在任何案件中都归大主教或主教审理的各类教会人员的场合,曾扼要地提到这种法庭:"如他人与此人相涉,则以共同法庭审理之",也就是说,如果非教会人员与教会人员牵涉在一个案件中,就以共同法庭来审理案件。雅罗斯拉夫条令中说的会审法庭是一种特殊的,独具一格的综合体:它处理的案件属于甲裁判权之下,但犯案的人却是属于乙裁判权之下的。

雅罗斯拉夫法令添加的新内容 雅罗斯拉夫条令所建立,或更确切地说,所描写的教会法庭除加深了罪行的概念外,还将一些很重要的新的内容带进律法里来。第一,教会法庭显著地扩大了责任能力的范围。它的整个职责范围几乎扩及一切信教的人,包括了家庭生活、宗教生活及道德生活,处理的案件已非古代法律习惯所曾负担或曾预见的,诸如:诱拐,窃取圣物,破坏寺院及神圣象征的不可侵犯性,用言语侮辱人(骂人异教徒,骂人为配制毒药和迷魂药的药师,用污言秽语辱骂妇女等)。定出言语侮辱人的这三种形式是要在受洗礼的多神教徒中唤醒对个人人格应予尊重的第一个尝试。这是教会司法机关做出的贡献,这种努力并不因为收效不大而减少其意义。同时在惩罚犯案上增添的新方式,意义也并不小。旧的法律习惯只注意犯法行为的直接物质后果,对犯法行为的处分只是罚款和赔款。基督教立法者的眼光较为宽阔与深刻,从后果上升到原因:立法者不仅限于制止犯法,还尝试加以预防,设法影响犯法者的意志。雅罗斯拉夫法令在保持罚款之外对某些行为还给以道德感化性的处分:拘禁在教堂内,当然还要强迫做工以及罚以苦行(或暂时丧失某些教会的福利,或做某些忏悔)。条令规定父母杀害婴儿或子女殴打父母应处犯人以"禁于教堂";凡近亲结婚应处以罚款,交予教会当局,并"将之分离且罚苦行"。条令中并未直接提到法律处分的一种道德感化方式(一种最不成功的,对教会的牧师说来也是最不体面的,可在当时教会法庭的实践中是允许的惩罚):体罚。这种处分方式是从拜占庭的立法中借用来的。拜占庭的立法机构非常喜欢这种方式,费尽心机加以设计,使身体疼痛外还加上损毁外形、挖眼、断臂及其他各种莫名其妙的酷刑。雅罗斯拉夫条令中有一条文规定妇女如操某种巫术,应受"制裁之刑",

并向大主教缴罚金六个格里夫纳[6]。罗斯大主教约翰第二（1080—1089年）的教规中有一条[7]说明了这是一种怎样的"刑罚"：凡行巫术的先应规劝其停止罪孽，如若不听，"处以严刑，但不得鞭笞至死，亦不得割裂身体"。既不能处死又不准"割裂"（也就是不准损毁外形），那么所谓"严刑"也就只能理解为简单的体罚[7]。

雅罗斯拉夫条令的大致内容就是如此。不难看出，这个条令给罗斯法及法律意识带来了哪些新的概念：（一）条令把罪行的概念复杂化了，本来罪行只理解为给他人造成物质损害，现在又加了这样的思想：罪行亦是罪孽，是道德上的不义或道德损害，损害的不限于他人，还可以是罪犯自己；（二）条令把旧的法律习惯不认为有责任能力的罪孽行为，划为有法律责任能力的；最后，法令根据对罪行的新的看法，在当时行使的惩罚制度中增加了道德感化的方式，目的在于使有病的意志复原、亏虚的良心强健，诸如苦行赎罪，教堂拘禁，体罚等等。

雅罗斯拉夫条令跟《罗斯法典》是同时代的产物　因此，雅罗斯拉夫条令在以旧的法律习惯为凭借的物质利益与物质关系的秩序之上，建立起一个新的较高级的秩序：道德宗教利益与关系的秩序。条令所规定的教会法庭成了罗斯社会中将构成这些利益与关系之基础的新的法律、道德概念引进罗斯社会中的向导。在这一点上，《罗斯法典》作为反映当时占统治地位的法律关系的文件来说，已是一本开始过时、开始解体的法典；雅罗斯拉夫条令则相反，它反映的正好是刚发生、刚开始有生命的法律概念与法律关系的天下。《罗斯法典》和雅罗斯拉夫的教会条令作为法律文献而论，是罗斯社会法律发展中的两个不同因素；以两者作为法典编纂工作的文献而论，则是一对劲敌。我们如果仔细看看条令的原文，看看条令里未被时间磨灭的古代特点，我们就可大概确定条令编纂的时日。而且[8]跟《罗斯法典》一样,在条令这个文献中解决问题的关键仍是罚款。在不同的抄本中,这种罚款在初看之下似乎是极其紊乱,毫不一致的。有一抄本规定某一罪行罚款一格里夫纳银子交与教会当局;而另一抄本却规定一个卢布;更有一个抄本规定"一格里夫纳银子或一个卢布",这些无疑是不同时期的货币单位。对同一罪行,有时罚二十,有时罚四十格里夫纳;对另一罪行,一会儿罚款四十,一会儿罚款一百格里夫纳·古那。这种不一致反映了货币行情的波动。这种特征我们在《罗斯法典》中也看到;只是在雅罗斯拉夫条令中反映得更充分、更明显。在《罗斯法典》的简本中某些罚款是一定数目的列扎那,在详本中却是同样数目的古那。同样,在雅罗斯拉夫条令中,凡以粗野言语侮辱农妇("农村"妇女)的,某些抄本规定罚六十列扎那付与该农妇,另一些抄本则是规定六十古那。我们知道,所以有这样的变动是因为一格里夫纳·古那在12世纪初为半磅重,而到12世纪末只有原来的一半重了。法庭的罚款表根据币制的变动作了调整,只是这种调整并不始终跟货币的市场价值相适应,人们关心的是:在货币单位的重量减轻的时候,而法庭罚款还保持原来的金属重量。为此,要么维持原先规定的罚款数额,以"老古那"缴付,要么按货币单位重量减轻的情况相应地提高罚款数额。教会法官同样也应用这第二种调整办法,他们在司法实践中遵循雅罗斯拉夫条令,将罚款数额按货币行情的波动加以调整。如果在条令的某个抄本中规定重婚罪应罚款,交给教会当局二十格里夫纳,而在另一抄本中却是四十格里夫纳的话,这就是说,第一个抄本重现的是12世纪上半世纪的编本(或是让我们说,版本),当时的格里夫纳·古那重半磅;而第二个抄本复现的是该世纪下半世纪的编本,当时的格里夫纳已减轻一半。不过,根据古文献的某些情况我们可以假定,在格里夫纳降到这样的重量之前，其间还有一个中间阶段，不妨说是1126—1150年间，在姆斯季斯拉夫于1132年死后的一段时间里，当时市场上流通的格里夫纳约重三分之一磅，这样的格里夫纳在窖藏中也有发现。这个中间阶段的情况所引起的条令的修订在抄本里也留有痕迹：有一些抄本规定对诱拐少女的"诱拐者"罚款一格里夫纳银子，另一些抄本则规定六十诺加塔（等于三个格里夫纳·古那）。另一方面，在1226—1250年间，我们在上一讲里已经说过，市场上流通着格里夫纳·古那。这种钱币一磅银子铸七个半，也就是说，它们比一磅银子铸三个的格里夫纳要轻60%。我们在条令的不同修订本中正好见到对同样罪行所订罚款间也是这种比例：有些抄本上是四十格里夫纳·古那，有些抄本上则是一百格里夫纳。最后一些抄写者把不同时代修订本上的罚款表混在一起抄在同一些抄本中，结果把罚款体系全搞混了：把莫诺马赫时代的古格里夫纳·古那跟14、15世纪的货币单位放在了一起。不过，借助古罗斯货币流通史，我们还是可以把情形搞清楚，而且得出这样的结论：按传到我们手里的条令抄本来看，条令最古的版本编于12世纪初，无论如何也在12世纪中叶以前。就是说，雅罗斯拉夫条令是跟《罗斯法典》同时制订的。我们把这两个法典编纂工作中的古文献加以比较，更发现它们不但是同时代的产物，而且还是同乡（如果可以这么说的话）：它们来自同一故乡，它们同在教会立法的基础上成长起来。

条令的编纂过程　不同抄本文字上的不一致以及条令中显著的更改及刷新，在对雅罗斯拉夫条令的历史评论中引起了两个问题：条令是真是伪？它的原始形式如何？如果我们指的是那个时代罗斯立法及法典编纂工作应用的方法，那么就值得怀疑，历史评论惯提的这种问题是否能应用在雅罗斯拉夫条令这样的文献上。在条令开头的序言里，同时也在不同抄本的写法各异的短序中，雅罗斯拉夫大公说，他遵照他父亲的"遗言"或"遗书"与大主教伊拉里昂"言定"按照希腊宗教法规，授予大主教及主教以教会法规、宗教法规中写明的审判之权，具体说，就是审判罪孽案件与教会人员案件的权利；同时声明，立法者对那些案件为世俗当局保有一定参与权。根据这个序言不能得出结论：已有一个现成的法令草案呈雅罗斯拉夫批准，因为说的只是世俗当局与教会当局双方之间的协议，该协议原则上根据希腊宗教法规的精神划分了双方司法审判的范围。可以认为，协议本身也就止于两个司法审判范围的这种笼统的原则性的划分，而条令的短序也就是律法的原始形式。有一个晚期的编年史（《阿尔汉格尔哥罗德编年史》）所引的条令就是这种简短的形式。教会法庭的司法实践就是根据这个协议建立起来的，后来逐渐写成书面规则，编纂成形，成为条令，探根溯源称之为雅罗斯拉夫条令。所以，那时的立法是先实践而后编法典，并不像后来那么先编法典而后实践的。这种编纂过程使条令对变动的时间、地点条件给教会法庭实践带来的种种变动特别敏感。

教会的立法全权 我如此地阐述雅罗斯拉夫条令的起源，目的亦在说明在罗斯皈依基督的初期罗斯教会与国家政权间所形成的关系。王公政府在取得教会的协作，按基督教原则建立社会秩序的同时，把一些事务与关系的管理权交给教会。这些事务与关系是多神教社会时代所不知道，只是在信奉了基督教之后才发生的，连这些案件与关系的概念本身都是由基督教神职人员首次灌输给新开化的头脑中的。在安排这些事务与关系的时候，神职人员遵循教会的规矩；而国家当局亦授与他们应有的全权，让他们在将自己的教会规矩应用于罗斯生活条件之际去采取他们认为必要的某些建制和行政措施。教会上层，作为政府在建立国家秩序中的左右手，也就在国家划分给他们的范围之内创立法律。让我们来看看，这种立法权的委托是什么原因促成的，是怎样，用什么形式交给教会上层人物的。莫诺马赫的孙子弗谢沃洛德任诺夫哥罗德王公的时候将教会条令授与该城，并在条令的附言中说，他常碰到同父异母子女之间的遗产诉讼案，他的决案办法是"遵照圣父之训示"，也就是说，按照《寺院法类编》中的指示。不过这位王公认为，这种案件与他无关，因而在法规的附言中对这一类诉讼案作了一个概括的声明："凡此讼案均交诸主教，查看《寺院法类编》，俾我人心上少一负担"。王公心上很是不安，不知自己是否处理得了需要有宗教法典的知识和权威才能处理的案件，因此他号召教会当局去掉他心上的道义责任，让比他内行的教会当局去处理那些案件，根据《寺院法类编》，斟酌罗斯习俗，自行定夺。但是根据拜占庭法律而参照罗斯现实，就等于是既要改订法律又得改造现实，把借来的法律原理放到当地的关系之中；也就是说，要创立新的法律。这种立法工作结果又是放在教会上层身上。教会的司法审判权力就这样不知不觉地转变成了立法权力。

弗谢沃洛德王公在附言中叙述了他如何处理遗产案件；可是他没有规定自己的处理情况有成为先例的约束力量，而是将这种案件转交给主教去办。不知什么人在王公的附言中加了个注，说是根据王公在司法实践中遵循的教会规则，父亲的财产应由子女均分。这一条规则是罗斯的继承法所不知而且也从未实施过的，同时它跟附言中所谈的法律问题实是风马牛不相及；这条规则被放在附言里面，做得乃至像是出自诸法令制定者的王公之口，用意所在当然是希望它能行得通。

教会的法典编纂工作 这一切清楚地阐明了11和12世纪罗斯的司法、立法及法典编纂工作的情况。基督教使当时的生活复杂化了，带来了新的志趣，新的关系。王公武士，政权机构，及其旧观念与旧习尚已无法胜任司法与行政的新任务，而其错误与过失则更（按上述弗谢沃洛德条令的说法）"令王公的神魂溺死"。王公们力图纠正这种情况，于是划分范围，明确职权，寻求新的法律准则、新的政府机构，结果也就转向教会上层，转向教会的道德指示及法律手段。教会法官及法学家搜集了教会和拜占庭有关司法及行政的著作，从中摘取合适的规则，不明之处就向上级请示，取得启发与开导；根据这些规则与指示制订的法律准则，多少都能适应罗斯生活；随着这些准则之被用于教会司法实践而将它们写成法律性的条文，并将这些条文放进先前出版的罗斯条令里面或是将它们合并成为新的法典，冠以王公的名字，因为这项编纂工作可能是这位王公发起的，也可能因得到自己立法者的认可而使这部法典得到尊崇。这种经年累月而难于察觉的立法及编纂工作的痕迹在古罗斯手抄本的《主导法典》，《训诫准绳》及其他法律性质的集子里还保存着，其形式或是像弗拉基米尔及雅罗斯拉夫两位王公的条令似的，为整部的律例，或仅是些个别的条文，不知是什么时候在什么场合之下制订的，其作用仿佛只是为某部法典作注解或补充。这种过程，我们已经谈过，这就是《罗斯法典》的编纂过程。

教会法典编纂工作在雅罗斯拉夫条令中的痕迹　雅罗斯拉夫条令的各种抄本中相当明显地保存着这种过程的遗迹。就条令本身的目的而论，它是一部刑法—纪律性的教会法典，因此它比《罗斯法典》更为接近教会—拜占庭法。这是容易理解的，因为这部条令做的工作是将基督教原则输入建筑在多神教习尚上的罗斯生活之中，而《罗斯法典》则是表达多神教的习尚，只是稍以基督教的观念来加以修正。条令的主要来源是跟它一起收在我们的《主导法典》中的拜占庭法典：埃克洛伽和普罗希隆，主要是两部法典的刑法部分或"刑罚篇"。只是，条令并不按本照抄，而是重新加工过的，它参照当地的习尚与关系对借来的法律准则作了加工，并把来源中的一般原则发展成为具体案例的细微规定，有时还添了新的法律情况，显然是根据当地的生活现象。这些方法我们在《罗斯法典》中也都见到。我想略举数例来说明这些方法。

举例说明 根据普罗希隆中的某一条文，凡拐骗有夫之妇或处女（不论被拐骗者的身份地位），甚至罪犯本人的未婚妻者，视罪犯及其共犯、同谋者、帮凶、包庇者是否携带武器而定其处罚之轻重。雅罗斯拉夫条令第一条谈到了罗斯当时常见的拐骗少女情况，并按被拐者的身份地位而区别了罚款的多少，这就是，要看被拐者是"显赫的大贵族抑或次要的大贵族"（即王公亲兵队的高级卫士还是低级卫士）的女儿，或者是"良民"（有身份、有财产的市民）的女儿；同时，"协同作案人"，拐骗案的共犯也要处以罚金。后来对这一条文作了个说明：条文中规定的罚款应在"女子居家"，即不嫁给拐骗者的情况下征收。这也就是说，如果拐骗者（这在信奉基督之前本是一种婚姻的方式）后来行了基督教的婚礼，那么也就不交付教会法庭审判，也不处以罚款，而是处罚夫妇两人同做赎罪苦行，"以儆不按上帝之法而相结合"，正如据说是诺夫哥罗德大主教伊利亚-约翰在12世纪对神职人员的训示中所说的一般。此外，上述说明还在条令第一条所说的三个社会阶级之外添了第四阶级："庶民"，老百姓。后来，这个说明本身又有了一项补充：原条文以及说明中所规定诸点只有在"拐骗者得女欢心而共举"的情况下才生效力，也就是说，拐骗必须是男女双方合作的（所谓"共举"），要有女方同意，事先讲好：一般所谓拐骗也就是如此做法。这也就是说，如果女子是硬抢去的，并没征得她的同意，那么处理办法也就不同，后果也不一样。说明也好，补充也好，没有跟有关的第一条条文放在一起，而是作为阐述特殊情况的独立条文（第六条和

第七条）放在条令里的，因此这么一来也就简直无法看懂了。我所以跟各位谈得这么仔细，有两个目的：一是让各位看看这个具体事例，了解本地的法典编纂工作是怎么处理外来的案例以适应当地的习尚的；二是让各位看看，在你们跟古罗斯文献打交道的时候，会碰到怎样一些困难。我还要举一个例子来说明这第二点。在我们所知道的《审判法》和《罗斯法典》中后来在抄本中又添了一条看不懂的条文，内容是关于处罚侮辱行为的，说是：凡侮辱他人应罚一格里夫纳金子，如祖母及母亲应是金子，一格里夫纳金子按五十个格里夫纳·古那收取，但如祖母应是金子而按母亲不应是金子，取一格里夫纳银子，一格里夫纳银子取七个半格里夫纳·古那。这一条文首先说明了金银货币单位间的比率：一磅金子值五十个格里夫纳·古那，一磅银子值七个半格里夫纳。这条条文是13世纪中添的，由此可知，13世纪金子只比银子贵五、六倍（五倍又三分之二）。可是，条文里说的祖母和母亲应是金子等话是指什么呢？这些话的意思在比照了雅罗斯拉夫条令的一条条文之后才弄明白。根据这条条文，以脏话侮辱他人妻子应付后者五或三格里夫纳金子的罚款"以雪辱"，如受辱者是显赫大贵族或次要的大贵族的妻子的话；但如受辱者是普通市民的妻子，那就只罚三格里夫纳银子。因此，那条没着落的条文的意思就是：被人骂及父母的人可向骂人者收一格里夫纳金子的罚款，如果祖母与母亲嫁的是王公的亲兵的话；如果母亲按丈夫的地位只是个普通人，那么尽管祖母嫁的是王公亲兵，也只有权索取一格里夫纳银子的罚款。

雅罗斯拉夫条令和《罗斯法典》 在研究雅罗斯拉夫条令时，我们看到教会司法实践和教会法典编纂工作好比是在路途之中，处于摇摆、初期试验和力量还没放正的状态。对同一罪行，在一个抄本中已规定了一定数额的罚款，在另一个抄本中就好像还没下定决心，而是交教会当局斟酌办理："交主教责之，正之"。条令并没有把当时实行的教会司法实践全部复写出来，并没有将11及12世纪教会当局早已作出确切指示的许多罪行予以规定。我们只要将条令跟我提到过的大主教约翰二世的规则和尼丰特主教对基里克和其他人所提问题的答复相对照，就可发现这些空白。尽管如此，雅罗斯拉夫条令在思想上、在内容上仍是我们所研究的时代的唯一文献。雅罗斯拉夫的后辈所颁发的一些教会条令都只有地方性或专门性的意义：要么就是把圣弗拉基米尔王公的总条令重抄一遍，在某些部分为某个管区作些更动，像莫诺马赫的孙子弗谢沃洛德给诺夫哥罗德的教会条令那样；要么就是把某一地区教会对国家的财政关系作一番规定，像诺夫哥罗德王公斯维亚托斯拉夫1137年的法令和斯摩棱斯克王公罗斯季斯拉夫1151年的条令那样。雅罗斯拉夫条令则是一本供全罗斯教会应用的法典，它力求在国家法庭与教会法庭之间划一分界线而又肯定两者间的接触点。从这方面看，条令与《罗斯法典》有极为接近的法律与历史关系。说真的，什么是《罗斯法典》？《罗斯法典》就是处理宗教机构人员的非宗教案件的教会法典；而雅罗斯拉夫条令则是处理宗教界及世俗人的宗教案件的教会法典[8]。《罗斯法典》是刑事犯罪及民事违法条例的汇编，其内容全视教会法官在处理教会人士的非宗教案件上的需要；雅罗斯拉夫条令是罪孽行为的条例汇编，犯这些罪行的人，无论是神职人员还是世俗人士，只要是基督教徒，全归教会当局处理。《罗斯法典》的主要来源是当地的法律习惯和王公的立法，教会—拜占庭法只是间接参与；雅罗斯拉夫条令的主要来源是希腊的《寺院法类编》、教会—拜占庭法的其他文献与弗拉基米尔的教会条令，本地的法律习惯与王公立法是间接参与。《罗斯法典》从雅罗斯拉夫条令的拜占庭资料中找到了法典编纂工作的范例；雅罗斯拉夫条令则从《罗斯法典》的罗斯资料中取得了建立自己的惩罚制度和货币罚款的基础；而两个文献都从自己的拜占庭范本，埃克洛伽和普罗希隆中借用了一样的摘要与提纲性的法律汇编形式。因此，《罗斯法典》与雅罗斯拉夫教会条令仿佛是一部教会法典的两个部分。

教会对政治制度的影响 根据上述这些教会条令并参考它们同时代的其他文献，就可对教会在罗斯社会开始信奉基督教的头两个世纪对社会生活及习尚所起的作用作一个总的判断。11世纪罗斯大主教希腊人约翰二世在其教会规章中对向他询问有关各项教会业务的神职人员告诫说："多遵照法律，少遵照当地习惯"。可是就《罗斯法典》及雅罗斯拉夫条令所表明的情况而论，无论罗斯的教会司法实践，或是罗斯的法典编纂工作都没有遵照这个告诫，而是对当地习惯都过于重视了。教会对国家制度未曾触动，从未尝试改建其形式或其基础；事实上，外来的教会上层是习惯于严格的君主政权与政治集中的，而罗斯的国家制度这两种情况都不具备，所以是得不到教会的同情的。教会上层只是想法消除或是削弱像王公内讧之类当地制度的某些沉重的后果、灌输较好的政治观念、向王公们解释他们活动的任务所在，并指点他们哪些方式方法最为适宜、纯正[9]。毫无疑问，教会的行政机构和训诫给王公的行政和立法工作，甚而至于他们的政治意识带来一些技术性的和道德性的改进，带来关于法律、关于统治者的观念，司法程序的初步形式，以及公文的处理方法，难怪我们的文牍员，文书工作者自古以来就以希腊名称"季雅克（дВяк）"相称。只是[10]，当时罗斯王公们的道德感和公民感水平很低，教会还不能促成政治制度上的本质改进。在王公们发生争吵，准备动武残杀的时候，大主教受罗斯最古城市基辅之委托可能对双方晓以大义，说："我们求你们，不要毁灭了罗斯国家。你们自己人之间动起武来，得意的是异教徒，他们会侵占我们的国家，我们的父兄祖先以极大的劳动与勇武争来的国土；他们在平定了罗斯国家之后还会向外发展，去夺取别人的土地，而你们却想把自己的国家葬送掉"。善良的王公像莫诺马赫、切尔尼戈夫的达维德一样听完这话后流了泪，可是事情仍按老规矩进行；善良归善良，规矩还是老规矩，两者并行不悖；只有极个别的人在很短的时期内让老规矩听从了善良，但是时间一过，亲族纷争又起，个别人物的建树一扫而光。12世纪有一篇激昂慷慨的《论王公》传到了我们手里。这是教会的一位雄辩家为纪念鲍里斯和格列布两位圣公而讲的话。主题思想不用说，是兄弟友爱和爱好和平；目的在于告诫和揭发王公之间的内讧，因为这番话显然是在内讧之患达到最高峰时说的。"听着呀，你们这些违抗兄长、兴兵作乱、引异教徒入境攻打亲人的王公们！上帝就不会在森严的法庭上审判你们了吗？圣鲍里斯和格列布容许自己的弟兄不仅剥夺了他们的权力，甚至剥夺了生命。而你们呢，竟不能容忍自己的弟兄说一句话，稍有委屈，就起仇杀之心，把异教徒引来对付自己的亲人！你们与自己弟兄，与同教之人竟如此不共戴天，你们的良心何在！"这种愤慨之词是评判当时人们的一种依据，要是我们根本听不到这种抗议当时王公之间秩序紊乱的呼声，我们可能会把当时的人评得很低。可是，尽管如此，传道者的愤慨还是无济于事，紊乱的源泉在于王公统治制本身。王公们自己也为之苦恼，可是没有意识到可用别种制度来代替，而且即使意识到了也不知如何取代。同时教会方面亦既无足够权威又无足够精力来制止王公们的血统的势力。在教会上层统治阶层里有许多外国人。进入遥远的、黑暗的西徐亚大主教辖区的不是很好的希腊人，他们并不关心当地的需要和疾苦，一心专注送更多的钱回老家。这种情况很为12世纪诺夫哥罗德大主教约翰在告诫属下神职人员的时候顺便挖苦了一番。就在那时代，希腊人这个词在我们这里就已有了不太好的含义：滑头，他心怀鬼胎，因为他是希腊人。编年史对某个罗斯主教下的评语就是这样。

对社会的影响 在教会上层起影响作用的与其说是人的力量，不如说是由他们带来的规章制度；而受其影响的与其说是政治制度，不如说是民法关系，特别是家庭关系〔10〕。这儿，教会并不横冲直撞地去打击业已根深蒂固的习惯与迷信，而是将新的观念与关系一步一步地嫁接到当地生活上去，改造人们的头脑与志趣，使它们能够接受新的准则；这样，教会也就深深地渗透到了社会的法律与道德结构中去。我们在《罗斯法典》中看到了这个社会的构成。这个社会按权利与财产状况分成高高低低的政治阶级与经济阶级，一个阶级在另一个之上，也就是说，阶级是横向划分的。教会却换一个方向来划分社会，是从上至下的，即垂直。你们可以想一想教会人员的社会构成。教会人员并不是一种稳固、一色、有世袭意义的阶级，不是罗斯社会构成中的一个新阶级：因为在教会人员中有世俗社会各阶级的人，而作为教会人员也不是凭的出身，而是凭的个人的意志或临时的地位，乃至偶然的境遇（贫苦残废，无依无靠，漂泊流浪等等），甚至王公都可能成为教会人员。1126—1150年以弗拉基米尔条令为根据编起来发给诺夫哥罗德索菲亚大教堂的弗谢沃洛德王公条令把"失位人"也算做教会人员。这种人因为不幸或其他原因丧失了自己身份所应享受的权利，不能再走祖辈所走的生活道路。上述条令把失位人分成四类：（一）神甫的文盲儿子、（二）破产的商人、（三）赎了身的奴仆、（四）早年丧父的王公。这就是说，在按权利与财产情况所作的社会划分之外，教会提供了按另一原则所作的划分。教会〔11〕或是以本身宗旨，世俗的需要或宗教道德上的服务为理由，或是以同情与慈悲心为理由把不同地位的人结合在一个社会里。在这种构成状态下的教会社会并不是一个以神职人员为首的新的国家等级,而是一个特殊的社会,与国家社会两相平行,国家不同等级的人以平等及宗教道德信念为由而结合在一起的社会。[11]

对家庭的影响 教会对民间私生活的形式与精神,即对其基本组织——家庭的影响也同样地深刻。在这方面,教会完成了在它到来之前就已开始的多神教氏族联盟的瓦解过程[12]。基督教传入罗斯国家时,见到的已只是氏族联盟的残余,例如[13]血族复仇[1],完整的氏族已不存在。氏族完整性的标志之一是按遗嘱继承的方式,而从奥列格跟希腊人订的协定里我们已看到,早在弗拉基米尔受洗之前七十五年,书面遗嘱已是主要的继承形式,至少在跟拜占庭有直接来往的各罗斯社会阶级中是如此。氏族联盟是建立在多神教基础上的,在教会眼中是讨厌的,所以教会在罗斯一站住脚,就马上动手粉碎氏族联盟,并在其碎片上建立起自己所尊崇的家庭组织。为此所采取的主要手段是教会在婚姻与继承方面的立法。我们已经知道,编年史就曾指出波利安人还在多神教时代就有在晚上把未婚妻送到未婚夫那儿的送亲方式,而且还承认这是婚姻。可是,在人们认为是诺夫哥罗德大主教约翰给神职人员的告诫中,我们又见到,甚至在这位大主教的时代(那已是信奉基督教之后将近两百年)社会各阶级还实行着多神教的各种婚姻方式,又有送亲,又有抢亲,而不用基督教的婚姻方式。"未行婚礼"的妻子在老百姓中是如此普通,结果教会不得不在某种程度上跟她们妥协,尽管不承认她们完全合法,至少还容忍她们,雅罗斯拉夫条令甚至还对擅自脱离这种妻子的丈夫处以罚款,而刚提到的大主教也坚决要求神甫

---

1 血族复仇,氏族社会的一种习俗残余:本族一名成员被他族成员杀害,要杀死他族一名成员来为死者复仇。——译者

给这类夫妻举行婚礼，即使他们已经有了孩子。雅罗斯拉夫条令对近亲结婚的处分要比不行教会婚礼的严厉得多。大主教约翰二世在 11 世纪下半期对第四代堂表亲结婚都处以赎罪苦行；不过后来第三代堂表亲的结合也都获准了。基督教婚姻不准许近亲即自己人结婚，结果教会逐渐缩小禁止通婚的亲属圈子，把较远的亲属看作外人。这样一来，教会就把伸展得过远的信奉多神教的亲族支系都给砍去了[13]。

家庭制度的发展 教会在建立家庭的工作中遇到的困难是：为家庭建立新的法律及道德原则。这儿的问题是要将法律和纪律灌输到迄当时为止最不受原则约束、一凭本能与主观行事的关系中去；要和多妻现象、姘居现象以及丈夫将日久生厌的妻子赶入修道院的任意离婚现象进行斗争。基督教家庭是经未婚夫妇双方同意而结合的公民组织，是建立在丈夫跟妻子法律上平等、道德上协作的原则之上的。妻子享有平等法律地位的必然结果，是她获得了财产权。早在 10 世纪中，亲兵与商人的罗斯就已经有了夫妻财产各归各的情况：据奥列格和希腊人签订的协定，丈夫犯罪，妻子的财产不因此而受累。教会的任务是支持与巩固这个规定，圣弗拉基米尔王公的教会法令授权教会处理丈夫与妻子之间关于"生计"（财产）的纠纷。再说，教会对家庭生活的影响也并不限于由一些法令所规定的正式的教会法庭的活动，还有一些关系被教会交给牧师纯作道德案件处理。雅罗斯拉夫条令规定了妻子殴打丈夫的处罚办法，但对丈夫打妻子就只字不提。在研究教会条令中关于亲子关系的条文时不能忘记牧师。在这里，法律只限于处理一些可以说是家庭生活中最简单、最难于容忍的过错，例如抑制父母专断子女的婚嫁，责成父母维护女儿的贞洁，处罚殴打父母的子女（不仅给予教会的处罚，还把这种子女作为刑事重犯而处以"国法"等等）。此外，对丈夫及父亲之作为立遗嘱人又给了充分的自由：罗斯法的最古文献对男子的生前志愿未加任何限制，也就是说，没有跟从拜占庭的范例。"人于死时如何分其房屋与其子女，即照此分之"——据《罗斯法典》的规定，继承法的原则就是这样。法律没有说，在有子女的场合，遗嘱还可指定家庭以外的人作继承人。近亲只能在寡妇再嫁、子女尚未成年的场合出来做监护人，在奥列格协定中，在死者既无子女亦无遗嘱时近亲是合法的继承人。

让我再提一遍，在家庭制度战胜氏族制度的这场斗争中，教会立法不过是将在多神教时代即已受别的影响而开始的事情完成而已。这些影响我在前面第八、第十两章中已作过交代[14]。

第十六讲

俄国历史第二时期的主要现象——瓦解基辅罗斯社会制度、破坏其繁荣的因素——上层社会的生活；文明及教育上的成就——下层的状况；占有奴隶与剥削奴隶上的成就——波洛夫齐人的入侵——第聂伯罗斯荒芜的迹象——人口向两个方向流迁——向西流迁的标志——对西南罗斯今后命运的看法与小俄罗斯民族的起源问题——人口向东北流迁的标志——人口流迁的意义与这个时期的基本史实

第二个时期 我们现在开始研究我国历史的第二个时期，即从13到15世纪中叶的这个时期。我先把构成我们研究对象的这一时期的重要现象说一说。如果和第一个时期中的重要现象相比，第二个时期的重要现象便是罗斯生活的根本转变。在第一个时期，罗斯人口的主体集中在第聂伯河地区；在第二个时期，则是在伏尔加河上游地区。第一个时期政治及经济秩序的缔造者与领导者是大的商业城市；第二个时期则已是在各自封邑上的世袭领主：王公。所以，我们现在研究的这一个时期已出现了新的历史舞台，新的领土，出现了另外一种政治统治力量；第聂伯罗斯被伏尔加上游罗斯所代替；与王公分庭抗礼的首府把位子让给了王公。这个地域与政治的双重性的变动在伏尔加上游罗斯创立了一种跟基辅罗斯完全不同的经济政治生活。跟新的政治力量相适应，这个伏尔加上游罗斯并不分成若干城市领区，而是分成许多王公封邑；跟新的地域相配

合，也就是跟罗斯的人口主体所处的外部环境相配合，伏尔加上游国民经济的动力也不再是对外贸易而是依靠佃农自由劳动的农业耕作。我们怎样来研究这些新的事实呢？你们且回忆一下，你们在中学里对12、13世纪本国历史现象是怎样了解的，就是说，在中学教本里这些历史现象是怎么叙述的。大致在12世纪中叶以前，在安德烈·博戈柳布斯基以前，学生的注意力集中在基辅罗斯上面，集中在基辅罗斯的王公以及那儿发生的事件上面。可是，从12世纪中叶或是末叶开始，你们的注意力就骤然转到另一个方向，转到东北方，即苏兹达尔邦和那儿的王公以及那儿发生的事件上。历史舞台像是突然之间改变的，出乎意料，没有给观众一定的心理准备。乍一看，我们对这个变动简直不知怎么解释，旧基辅罗斯到哪儿去了？新的伏尔加上游罗斯又从哪儿冒了出来？我们现在着手研究我国历史的第二个时期，自应首先解释清楚，这个历史舞台变换的原因。这么说来，研究第二时期的第一个问题应该是：罗斯人口的主体是什么时候迁到新的土地上来的，怎么迁来的。这个迁移是基辅罗斯所建立的社会秩序解体的结果。解体的原因相当复杂，既存在于基辅罗斯本身生活之内，又存在于其外界环境之中。我将简要地谈谈几个主要的原因。

基辅罗斯的表面繁荣 自12世纪中叶起，破坏基辅罗斯社会秩序与经济繁荣的条件开始显露形迹。如果从几个上层阶级的生活来评论这个罗斯，那就可以说它在物质享受、公民教养与文明程度方面都有相当大的成就。国民经济的领导力量，即对外贸易给了当时的生活不少的动力，给罗斯带来了极大的财富[1]。货币[2]流通数量极大。在流通中别说银子，就是格里夫纳金子，一个希腊"立脱拉"（72佐洛特尼克）重的金锭也都不少。11、12世纪在基辅罗斯的大城市中，王公与贵族手里有着大量款项、大量资金是很明显的。手头没有大量闲钱是不能建造像雅罗斯拉夫时代基辅索菲亚大教堂那样的寺院的,因为花了大量贵重材料,建造得如此富丽堂皇。12世纪中叶,斯摩棱斯克王公在他的公国里仅贡税一项(不算其他收入)就收到3 000格里夫纳·古那。按当时银子的市价来算不下于现在的15万卢布。弗拉基米尔·莫诺马赫有一次送他父亲一笔菜金,数额达300格里夫纳金子,而加里西亚王公弗拉基米尔科为了求和在1144年给了弗谢沃洛德大公1 200格里夫纳银子。我们也看到一些迹象,说明私人手里也有大笔款项。外来的瓦里亚格人富翁希蒙的儿子在犹里·多尔戈鲁基手下当千人长时,为了给圣菲奥多西铸口棺材,捐了500磅银子,50磅金子。雅罗斯拉夫教会条令对地位崇高的大贵族擅自遗弃妻子也能规定一大笔罚款:付女方300格里夫纳·古那以偿"耻辱"(所受的委屈),并向大主教缴纳五格里夫纳金子。除金钱外,还有许多记载谈及王公私人领地的大量收支项目和储备。在王公领地上有数以百计的家仆在工作,有数以千计的马匹在放牧,有数千普特的蜂蜜,有几十瓮酒等等;1147年在基辅被杀的王公伊戈尔·奥利戈维奇的庄子上,粮仓里堆了900垛谷物。

  文化上的成就 各地与海外流入基辅和其他商业与行政中心的大量财富,都被统治阶级用在为自己建造高楼大厦、锦衣玉食和奢华自在的生活上。多少世纪以来人们对罗斯时代基辅王公的星期大宴都难以忘怀,直到现在奥洛涅茨及阿尔汉格尔斯克农民唱的壮士歌还在追忆这些宴会。物质的富裕表现为艺术与书本教育的成就。财富招来了海外的艺术家与海外的生活饰物。11世纪的基辅王公在宴会上以音乐款待宾客。直到今天在南罗斯的古墓和窖藏中还能找出属于那几个世纪的金银物件,而且常常是艺术水准很高的。基辅罗斯几处古城遗留至今的11与12世纪的建筑物(寺院)残址以其水彩壁画与镶嵌技艺使受莫斯科克里姆林宫建筑与绘画的熏陶而具有艺术眼光的人都感到惊异。除财富和艺术之外，从拜占庭传来的还有种种公民观念与道德观念。10世纪时从拜占庭传来了基督教，随同也来了神职人员，传来了基督教的书籍、法律、祈祷仪式、圣像画术、声乐与传教术。这些物质与精神财富流到罗斯、流入基辅，其大动脉是第聂伯河，是从那时传诵至今的一首罗斯歌中所唱的"威名赫赫的第聂伯爸爸"。据11、12世纪的文献记载，当时罗斯王公懂外国语，喜欢藏书与念书，热心提倡教育，设立学校，甚至设置希腊语、拉丁语课程，尊重来自希腊与西欧的学者。这些记载所谈的并非对一般教育水平无任何影响的奇闻怪事，稀有现象，相反，在启蒙教育方面的这一切关心与努力留下了显著的成果。靠翻译文字创立了罗斯的书面语言，形成了文学流派，发展了创作文学；12世纪的罗斯编年史在写作技巧上已不亚于当时西方最好的史册[2]。

奴隶制 但这一切只是生活的正面；生活还有其反面。这就是下层社会、下等阶级的生活。11及12世纪基辅罗斯的经济繁荣是建筑在奴隶制上的。到12世纪中叶，基辅罗斯的奴隶制达到了极其巨大的规模。早在10世纪、11世纪时，依附人已经是罗斯向黑海及沿伏尔加到里海一带市场输出的主要项目[3]。当时的罗斯商人无论出现在哪里总带着自己的主要商品——依附人。10世纪的东方作家给我们生动地描绘了罗斯商人在伏尔加河兜售家奴的情景。他们一下船来便在伏尔加河岸的市场上，在保加尔城或伊蒂尔城里摆开长凳，摆上自己的活商品——奴婢。他们还带着这些商品出现在君士坦丁堡。如果希腊人，帝都的住户想买奴隶，他们就到"罗斯商人带着依附人来出卖的"市场上去：这一句话是我们在11世纪中叶的显圣者尼古拉的死后奇迹中看到的。就《罗斯法典》来看，奴隶制也是古代罗斯立法所注意的重要对象之一：关于奴隶制的条文是《罗斯法典》中篇幅最大、订得最仔细的一篇。奴隶制显然也是罗斯土地占有制的最早的法律与经济起源。10世纪末以前罗斯社会的统治阶级就居住地点与生活特点来说都是城市性的。管理与贸易给这个阶级生活上的好处如此之大,他们根本想不到去占有土地。在第聂伯河流域大城市定居下来之后,他们的目光转到了这个经济泉源上来。军事征讨使他们俘获了为数甚多的依附人。城里的房屋塞满依附人之后,多余的奴隶就运往海外出售:从10世纪起,我们已经说过,依附人和皮毛一样,是罗斯的主要出口项目。这时,上层社会开始把依附人用于田地,把奴隶占有制应用到土地占有上去。罗斯出现私人地产的迹象不早于11世纪[4]。12世纪时,我们见到有关私有土地者的一些记载。他们是:(一)王公及其家属,(二)王公的武士,(三)教会机构、寺院与主教。但在关于12世纪私有土地的一切记载中,土地所有权总带着一个特有的标志:土地由奴隶聚居并耕种,这就是"依附人之村"。显然,依附人成了大大小小世俗与教会私有土地的必要附件。从这里可以作出结论,土地所有权的观念(可以像占有其他一切东西一样占有土地这个观念本身)是从奴隶占有中得出来的,是奴仆所有权思想的发展。这块地是我的,因为是我的人在耕种这块地;我们的土地所有权观念就是根据这个推论程式成立的。奴仆兼农人(用古罗斯的经济语言说:"苦命人")就成了从主人到土地这个思想的导体,成了主人与土地之间的法律联系,正同他是为主人耕种其土地的工具一样。这样[5]就产生了古罗斯大贵族世袭领地,10世纪享有特权的商人兼王府总管与王公武士一变而为有特权的地主,在《罗斯法典》中称作大贵族[5]。11、12世纪奴隶依附于土地的结果,奴隶的价格上涨。我们知道,在雅罗斯拉夫逝世之前,自由民如果被他人的奴隶殴打,法律容许把这个奴隶打死。雅罗斯拉夫的儿子们则禁止这么做。

自由劳动者沦为奴隶 古罗斯地主的奴隶占有观念与奴隶占有习惯后来也用于他们对自由劳动者，对农民的关系上来。《罗斯法典》里有所谓"劳力"阶级，也就是种田的雇工或佣工。佣工和奴仆的地位很近，尽管法律上他们有区别：正如我们已经说过的，佣工是有暂时义务而无完全法权的农民，用人家的农具在人家地上耕作，必须犯了某种罪（偷窃或逃跑）才变成完全的十足的奴仆。从佣工所处的这种被压迫的法律地位可以看出古罗斯地主的奴隶占有习惯的作用，看出地主如何将自己对待家奴所持的习惯看法用到自由雇用的农民身上。在这种看法[6]的影响下，一些带法律性质的古文献简直就违背法律，把雇工直接叫作"依附人"。这种把自由的佣工跟奴仆相混淆的情况可以说明圣弗拉基米尔王公在1006年跟伏尔加流域的保加尔人所订协定的一个特点。这个协定没有传到我们手里，但塔季谢夫在他的《俄罗斯史》中作了叙述：在罗斯城市做买卖的保加尔商人不得到罗斯乡村把商品卖给"庄户人与斯默尔德"。斯默尔德是指居住在王公或国家土地上的自由农民；庄户人是指私有土地上的劳动人民，不分依附人和佣工。古罗斯法律对债务未清而逃跑的"劳力"佣工处分极严，把他们变为完全的奴仆。这一情况既说明地主对劳动力的需要，也说明被雇佣的劳力（暂时依附农）是何等地想逃脱自己所处的难受的法律地位。这样的关系是当时占统治地位的利害关系造成的。发财致富与奴役别人造成个人的社会地位。12世纪的罗斯大主教克里曼特·斯摩利亚季奇在一篇作品中描写他那时的名流显贵时说：他们盖了一屋又一屋，建了一村又一村，尽其所能收罗蜂房与田地、"失位者与异乡人"、不自由的人[6]。这就是说，基辅罗斯的经济繁荣与社会生活的成就是以奴役下层阶级的代价买来的；社会顶层的舒适生活是建筑在人民大众法律地位的降低上的。11、12世纪罗斯大城市中社会阶级之间财产情况的大相悬殊更显露出下层屈辱的程度。《始初编年史》在我们面前展示了这一社会特点，展示了工商资本大力活动所建立起来的生活的通常特点。1018年诺夫哥罗德人决定召开维切，向海外雇用瓦里亚格人来帮助雅罗斯拉夫和他的兄弟基辅的斯维亚托波尔克作战。当时规定的摊派比例是：普通人每人四个古那，大贵族每人十八个格里夫纳·古那。一格里夫纳是二十五个古纳，因此，社会的上层阶级摊派的与普通公民的相比是一百一十二点五比一。劳动阶级的法律与经济地位如此之低，是摇动基辅罗斯的社会秩序与繁荣的因素之一。这样的秩序得不到下层居民的拥护；这样的秩序只能让人感到它的种种不良后果。

王公内讧 王公们的统治关系对这种不利条件又起了加剧的作用。王公顺序统治制给国民经济带来非常有害的后果。在经常不断的内讧中王公很少想到对外掠取土地以扩张自己所在地区的地域，因为他们只是这些地区的暂时的统治者，相反，他们却非常苦于自己私有领地上的人口稀少，总想以人为的方法增加居民。最好的方法是抓俘虏。结果他们共同的军事习惯便是：攻进敌方领土，破坏它，能抓多少俘虏就抓多少回来。按照当时的罗斯法，俘虏全沦为奴隶；王公和他的亲兵们将其瓜分，安置在各自的私有土地上。失明王公瓦西里科在哀痛之中曾追述自己有个时候想把多瑙河流域的保加尔人抢来安置在自己的捷烈博夫利公国里。针对12世纪末的沃林王公罗曼说的一句俗话（"活得没趣味，骂骂立陶宛"）表明，他曾把立陶宛俘虏捉来安置在王公领土上，当农奴或义务劳动者。这种抢夺邻国人民的殖民活动只有一点不便之处，就是会引起对方采取同样办法报复。可是，在内讧期间王公把这种战争行动用于自己人身上，情形就更糟。在进入与自己竞争的弟兄的领土之后，他们关心的第一件事是放火焚烧他的村庄，抢走或毁灭他的"生计"，即他的经济储备、粮食、牲畜和依附人。弗拉基米尔·莫诺马赫是11、12世纪雅罗斯拉夫诸子中最善良、最聪明的人，但这种残暴手段对他也并不陌生。在给小辈们的"训诫"中他曾讲到，一次他袭击明斯克，杀得"人畜"[7]不留。另一次（1116年），他的儿子雅罗波尔克侵犯德鲁茨克（也是在明斯克公国里），将该城居民全部迁往自己的佩列雅斯拉夫领地，在苏拉河流入第聂伯河入口处为他们筑了一个新城。12世纪的编年史在叙述某王公如何胜利攻入他人的封邑时，结尾处总是说，胜利者"满载依附人和牛羊"而归。就是被俘的族人也都变为奴隶：1169年安德烈·博戈柳布斯基的军队攻打诺夫哥罗德未获成功，结果在那里将苏兹达尔俘虏出卖，一名俘虏售价两诺加达。在内讧期间被罗斯王公无耻地引到罗斯国家来的波洛伏齐人对待罗斯俘虏也是一样。王公内讧变为抢夺劳动力的残暴斗争之后，自由居民减少了，下层阶级的痛苦加深。这些阶级即使没有王公内讧也已被11、12世纪的贵族立法机关压得够低、治得够苦了。

波洛夫齐人的入侵 除上述因素之外，基辅罗斯的外部关系又给添上一个新的，对它的社会秩序和繁荣最为致命的因素。我们研究这个罗斯的生活，一分一秒不能忘记，它是建立在有文化的基督教世界的边缘，即欧洲的边上的，再向外去便是作为亚洲前门的一望无际的草原。这个草原连同其游牧民族也是古代罗斯历史上灾难的根源。在雅罗斯拉夫于1036年大败佩切涅格人之后，罗斯草原平静了一个时期；但在雅罗斯拉夫死后，自1061年开始，新的草原邻居波洛夫齐（古曼）[8]人又不断地入境侵扰。在11和12世纪罗斯和这些波洛夫齐人进行了顽强的斗争，这种斗争是编年史的记述与壮士歌[9]歌唱的主要题材。波洛夫齐人的入侵给罗斯留下了可怕的后果,我们阅读那时候的编年史,发现对罗斯所受草原灾害的精彩描写俯拾皆是[10]。到处田园荒芜,满目杂草丛生,放牧之处,野兽为窝。波洛夫齐人屡次窜到基辅城下:1096年"癞皮"可汗博扬克几乎窜进基辅城,他冲进佩彻拉寺院的时候,僧侣们做完晨祷正在睡觉,他洗劫了该寺院,还放火焚烧了它。一些城市,甚至整个地区人烟绝迹。11世纪的波罗赛(处于基辅下方第聂伯河西支流罗斯河上的一个地方),从雅罗斯拉夫时代起就人烟稠密。这儿人种杂处:有从雅罗斯拉夫迁来的波兰俘房,有罗斯移民和和平的游牧民族:托尔克人、贝伦台伊人,乃至从波洛夫齐人手中逃出参加罗斯方面跟波洛夫齐人作战的佩切涅格人[11]。这些和平的外族人过着半游牧生活:夏天带着畜群和"房舍"(帐幕或马车棚)在邻近草原游牧;冬天,或在危险时刻就待在罗斯河岸设防的宿营地和城市里,这些宿营地和城市构成草原边界担任守卫的军屯。罗斯人把这些人称作"熟夷"以别于野蛮的波洛夫齐人。11世纪末波罗赛成了一个特别主教区,教堂设在罗斯河上的尤里耶夫城。这是雅罗斯拉夫修建的一个城,以他自己的教名命名(雅罗斯拉夫·格奥尔基或尤里)[12]。波罗赛的居民经常担心草原来的侵扰。1095年尤里耶夫居民遭到一次新的侵袭,他们已无法忍受波洛夫齐人的经常威胁,全部迁到基辅,于是波洛夫齐人焚烧了空城。斯维亚托波尔克大公为他们在第聂伯河上基铺下方建造了一座新城——斯维亚托波尔城[13];于是别的逃亡者也从草原边境赶来。与佩列雅斯拉夫草原接壤的地区经受的威胁更大:这个地区几条河流(特鲁别日、苏波伊、苏拉、霍罗利)的流域几乎年年(有些年份甚至一年几次)发生罗斯和波洛夫齐人的战斗,结果在12世纪这个地区便由盛而衰,逐渐荒芜。在[14]这种危险与不安的压力之下,加以王公内讧越演越烈,基辅罗斯社会秩序的基础便动摇不稳,时刻有毁灭的危险：人们开始怀疑，能否在这种环境里生活下去。1069年，因与波洛夫齐人作战不力而被基辅人赶走的伊兹雅斯拉夫借波兰军队来攻打基辅，基辅维切召请伊兹雅斯拉夫的两个弟兄斯维亚托斯拉夫和弗谢沃洛德出来保卫他们父亲的城市时，最后说了这么一句话："要是你们不肯出兵，我们就无路可走了，我们只好烧掉自己的城市，迁往希腊。"罗斯对付野蛮人的手段逐渐枯竭。任何和议和协定都阻挡不了他们习以为常的掠夺行为。莫诺马赫曾和他们订过十九次和议，给过他们无数衣装和牛羊，全无用处。王公们为了和平还娶可汗的女儿为妻，可是丈人还是照样抢掠罗斯女婿，置亲戚关系于不顾。罗斯在草原边境筑起土城，筑起一连串小城堡与军屯，并挥兵出征，深入草原；草原边沿地区的亲兵队几乎缰绳不离手，随时待命。这种令人疲惫不堪的斗争锻炼出一种特种壮士，他非壮士歌中所歌唱的，而是这种壮士的历史"原型"，就像编年史所载12世纪中叶生活在佩列雅斯拉夫尔·罗斯的杰米扬·库坚涅维奇那样。他带领一名仆人和五名青年迎战大队敌军，把他们全赶跑了；一次他盔甲不穿，身着便服，单枪匹马地迎战波洛夫齐军队，杀伤无数，自己也身受重伤，幸逃回城。这样的"勇士"当地称为"神人"。他们是从河中小舟跳上草原骏马的瓦里亚格武士的直接承继人，他们是既在马上又在船上跟克里米亚鞑靼人和土耳其人搏斗的第聂伯哥萨克的遥远的先行者。有好些这样的壮士在11、12世纪活跃于毗邻草原的罗斯地区并长眠在那里。一本16世纪西南罗斯的古地图把从佩列雅斯拉夫尔·罗斯到基辅途中的一块地方画成一个壮士墓，写着："罗斯壮士埋葬于此。"〔14〕在莫诺马赫的儿子姆斯季斯拉夫去世（1132年）之前，罗斯尚能击退波洛夫齐人的边境侵犯，有时甚至还能跟踪追击，深入草原；可是自莫诺马赫的这位干练儿子去世之后，罗斯显然已无力抵御游牧民族的侵扰，只得在他们面前退却了。不言而喻,在这种侵扰中受害最深的是没有城墙掩护的边境农村居民[15]。弗拉基米尔·莫诺马赫在1103年的王公会议上向斯维亚托波尔克大公生动地描述了草原接壤地区农民生活的不安:"春天,斯默尔德带着马在田间耕作,波洛夫齐人来犯,发箭射击斯默尔德,抢去他们的马匹,然后又到村子里,抢去他们的妻子、儿女以及一切财物,还把他们的粮仓焚毁。"[16]罗斯跟波洛夫齐人持续两个世纪的斗争[17]在欧洲史上有其自身的意义。罗斯的草原斗争正值西欧以十字军进攻东方亚洲人,而比利牛斯半岛也正开始同样性质的反对莫尔人的运动的时候,因此,它刚好掩护了欧洲进攻战线的左翼。只是,罗斯为这个历史性的贡献付出的代价太大:战斗逼使它不得不迁出长住久居的第聂伯河地区,战斗急剧地改变了它今后生活的方向[17]。

基辅罗斯的荒芜败落 在下层阶级的法律与经济地位低下,王公内讧及波洛夫齐人的侵扰这三种不利因素的重压之下第聂伯河流域的基辅罗斯[18]自12世纪中叶起便开始显露败落征象。很早以来人口稠密的第聂伯河中游及其支流流域从这时起人烟稀少了,居民跑光了。王公内讧史中有一段插曲最能说明这个情况。1157年莫诺马赫的儿子尤里·多尔戈鲁基大公在基辅去世,大公位由切尔尼戈夫诸王公中最长的伊兹雅斯拉夫·达维德维奇继承。这位伊兹雅斯拉夫按长幼次序应将切尔尼戈夫王位与地区让给幼系的堂弟——诺夫哥罗德—谢维尔斯克王公斯维托斯拉夫·奥列格维奇,可是伊兹雅斯拉夫没有把整个切尔尼戈夫地区给斯维托斯拉夫,而只把首府切尔尼戈夫城和另外七个城给了他。1159年伊兹雅斯拉夫准备出师攻打反对他的两个王公——加利奇亚的雅罗斯拉夫和沃林的姆斯季斯拉夫,召斯维托斯拉夫出师助战;斯维托斯拉夫拒绝了他,结果堂兄就遣书威胁堂弟说:"瞧着吧,好兄弟!等我拿下加利奇亚,你别怨我,我叫你从切尔尼戈夫滚回诺夫哥罗德-谢维尔斯克去"。斯维托斯拉夫的答复很有意思,他说:"天哪,你没看到我是多好说话;为了不愿白流基督徒的鲜血、毁灭我家的产业,我作了多大的牺牲;我接受了切尔尼戈夫和另外七个城,而且都是空的:只剩些饲犬人和波洛夫齐人"。这就是说,这些城里只剩下了王公家的佣人和迁到罗斯来的和平的波洛夫齐人。令人惊奇的是,在切尔尼戈夫地区的这七个荒芜的城里我们看到了最古最富的一个城,第聂伯流域的柳别奇。在人口流出基辅罗斯的同时,我们还看到它经济衰落的迹象:罗斯空虚荒芜,向时也贫穷下来。我们在12世纪的货币流通史里看到了这种情况。在研究《罗斯法典》的时候我们就已看到,当时的通货银质的格里夫纳·古那在雅罗斯拉夫和莫诺马赫时含银量约为半磅,从12世纪中叶起含银量的迅速下降表明贵重金属流入罗斯的渠道,即对外贸易的道路开始阻塞,于是银价也就昂贵了。12世纪后半叶一个格里夫纳·古那的重量跌到二十四个佐洛特尼克[1];在13世纪跌得更低,结果在1230年左右诺夫哥罗德流通的格里夫纳·古那只重十二三个佐洛特尼克银子。编年史家给我们说明了银价上涨的原因:罗斯的对外贸易额由于入侵的游牧民族的猖獗越来越小了。12世纪后半叶南方一个王公的话直接说明了这一情况:安德烈·博戈柳布斯基的著名劲敌,沃林的姆斯季斯拉夫·伊兹雅斯拉维奇在1167年力图劝说王公弟兄们出征草原野蛮人[19],他指出罗斯的穷困状况时说:"可怜可怜罗斯国家,可怜可怜祖传的产业吧!年年夏天,异教徒将基督徒劫持到他们的帐幕里去,而今连我们的道路也都给强占了",接着就列举了罗斯的通商要道黑海,其中提到通希腊的路线[20]。整个12世纪王公们几乎年

---

1 1佐洛特尼克等于1/96俄磅。——译者

年带着武装队伍自基辅出发，出迎并护送"走希腊的"，到帝都及其他希腊城市或自那里回来的罗斯商人，这种为罗斯商队护航的工作是王公的重要公务，显然，在12世纪后半世纪，王公及其亲兵队已无力应付来自草原的侵扰，他们已是只求能将通过草原的罗斯对外通商航道保持在自己手里了。

这就是指明在基辅生活的表面繁荣之下有哪些毛病隐藏在罗斯社会深处，又有哪些灾难来自外部的种种迹象。现在我们要来解决下述问题了：荒芜的基辅罗斯的居民到哪里去了？下层劳动阶级把第聂伯河流域让给王公家仆与和平的波洛夫齐人之后自己向哪个方向流迁了？

人口向西流迁 第聂伯河流域的人口向两个方向成两支相背的潮流退去。一支潮流向西，向西布格河，进入德涅斯特河上游和维斯拉河上游地区，深入加利奇亚和波兰。这样，第聂伯河沿岸的南罗斯居民又回到了他们祖先在7世纪离开而早为人们忘记的地方。向这个方向流迁的痕迹在加利奇亚和沃林两个边区公国的命运中看得出来。就政治地位而论[21*]，这两个公国在罗斯各地区中算是幼系的。加利奇亚公国是雅罗斯拉夫氏族幼系的一支，按其王公世系谱地位来说是一块分出来给孤儿的领地，可是在12世纪后半世纪却成了西南方势力最强盛的公国之一；按歌颂雅罗斯拉夫·奥斯摩梅斯尔的《伊戈尔远征记》的说法：它的王公把守着基辅的大门。从12世纪末叶起，在把加利奇亚并入自己沃林的罗曼·姆斯季斯拉瓦维奇王公和他的儿子丹尼尔王公时代，这个联合公国显著地繁荣起来，人口迅速增多，王公大发其财，尽管内部有争吵，他们支配着西南罗斯乃至基辅的事务，编年史把罗曼誉为"全罗斯国家的君主"[21a]。这种罗斯移民的大量涌入，我相信，说明了为什么13及14世纪克拉科夫地区和东南波兰其他地方都有关于东正教教堂的记载[21*]。

小俄罗斯民族　人口的向西流迁说明俄罗斯民族学上的一个重要现象：小俄罗斯民族的形成。第聂伯罗斯的衰落开始于12世纪，至13世纪由于鞑靼人自1229—1240年的入侵而告完成。自此以后人口一度十分稠密的第聂伯罗斯那些古代地区便长期沦为荒野，仅剩下残余的少数居民。更重要的是，整个地区政治与国民经济结构全被破坏无遗。在鞑靼人蹂躏之后不久，1246年教皇的使节普拉诺-卡尔皮尼自波兰经基辅到伏尔加河访鞑靼人，他在笔记中写道，从沃林的弗拉基米尔到基辅一路他经常提心吊胆，因为立陶宛人常常出没其间，侵扰罗斯这块地区；至于遇到罗斯人，那他是完全安全的；这儿罗斯人已所剩无几：多数不是被鞑靼人杀害，便是被捉去当了俘虏。他经过基辅及佩列雅斯拉夫两块南罗斯的广阔地区，一路只见白骨累累，骷髅遍野[22]。过去人丁兴旺的大城基辅，当时所剩房屋不到两百幢，住户均受着可怕的虐待[23]。此后两三个世纪中基辅经历了许多波折，数次起伏。例如，1240年基辅刚从破坏中恢复，1299年基辅人又因鞑靼的暴行四散逃亡；在基辅罗斯荒芜的草原边境上徘徊着它以前的邻人佩切涅格人、波洛夫齐人、托尔克人和其他异族人。南部地区：基辅和佩列雅斯拉夫以及切尔尼戈夫的一部分几乎到15世纪中叶一直处于这种荒凉状态。西南罗斯和加利奇亚于14世纪被波兰和立陶宛侵占之后，第聂伯的荒野成了波兰立陶宛联合王国的东南边疆。在14世纪的文件中，西南罗斯有了一个新的名称：小俄罗斯[24]。从15世纪起，第聂伯流域中部又呈现居民住满的现象。这是由两种情况促成的：（一）由于汗国的瓦解与莫斯科罗斯的强大，罗斯南部草原边区已较安全；（二）波兰国家境内，先前的代役租制农民经济在15世纪由劳役租制所代替，而农奴制的加速发展，又加强了被奴役的农村居民脱离地主枷锁前往较自由地区的企图。这两种情况相加引起加利奇亚和波兰内地农业人口向波兰国家东南第聂伯河流域边区的大量流动,这个殖民运动的领导者是在这里取得大片领地的波兰富有的达官贵人,由于这一情况,荒凉至今的旧基辅罗斯的一些地区很快又人口稠密起来[25]。科涅茨波尔斯基,波托茨基,维什涅维茨基等家族很短期间就在自己辽阔的草原领地筑起数以百计的城镇,数以千计的庄子和村落。16世纪的波兰政论家对同时发生的下列两种现象很抱不平:一方面,第聂伯河、东布格河与德涅斯特河流域荒芜的土地上,居民增加之速不可想象;另一方面,波兰中部原来人口众多的地区、村落人口减少,土地荒芜。第聂伯河边疆区就这样又人口稠密起来,而且来到这里的主要人口是纯粹的罗斯人。由此可以得出结论:从波兰内地、加利奇亚和立陶宛到这里来的多数移民原来就是在12、13世纪从第聂伯河迁往西方的罗斯人的后裔。他们在两三个世纪中生活在立陶宛人和波兰人中间而仍保存着自己的民族性[26]。这些罗斯人现在又回到了老家,跟还留在这里流浪的古代游牧民族托尔克人、贝伦代人、佩切涅格人等相会合。我不能肯定地说,回到第聂伯老家的或是留在这里的罗斯人跟这些东方异族混合的结果形成了小俄罗斯民族[27],我自己既没有[28],同时在历史文献中也找不到足够证据来肯定这个说法,或是否定这个说法。同样,我也不能说,小俄罗斯方言一方面与古代基辅方言不同,另一方面又与大俄罗斯方言不同的特点是在什么时候、在什么影响之下形成的这个问题是否已经完全弄清楚。我只是说,在俄罗斯民族的一个分支,小俄罗斯民族的形成过程中,12、13世纪离开第聂伯河流域向西方,向喀尔巴阡山脉和维斯拉河流迁的罗斯人口从15世纪起显著起来或增强起来的返流运动也起了作用[28]。

从第聂伯河流域迁出的另一支殖民人口是向相反方向的罗斯国家的一个角落流去的,即流向东北,流过乌格拉河,流入奥卡和伏尔加上游之间的地区。现代的观察家们很少注意到这个运动：它是在社会下层阶级中逐渐地悄悄进行的，因此不易为站在社会顶端的人们所察觉。不过，证明这个运动的迹象还是有的。

打通通往东北苏兹达尔边区的直通道路 一、在 12 世纪中叶以前看不到基辅罗斯和遥远的罗斯托夫—苏兹达尔边区之间有直接的通道。斯拉夫人到罗斯这块东北边区来居住开始于 12 世纪之前很久，但罗斯的殖民最先主要是从西北，从诺夫哥罗德地区过去的。287 在头几个罗斯王公的时代，这一边区本来属于诺夫哥罗德国家。在 12 世纪以前这里就建立了几个罗斯城市，如罗斯托夫、苏兹达尔、雅罗斯拉夫尔和穆罗姆等等。在主要的几个城中还不时出现罗斯的王公。例如在弗拉基米尔时代，他的儿子鲍里斯就是罗斯托夫的王公，另一个儿子格列布是奥卡河上的穆罗姆的王公。有趣的是，在罗斯托夫王公或穆罗姆王公要南下去基辅的时候，他们走的不是直路而是绕了一个大圈去的。1015 年穆罗姆王公格列布得知父亲生病，前往基辅探亲。他走的道路可以从如下记载看出：在伏尔加河上的季马河口，王公的坐骑绊了一下，伤了王公的腿（季马河是伏尔加河左岸的一条支流，在特维尔的上游）。王公到斯摩棱斯克之后想从第聂伯河顺流而下直到基辅，可是在这儿碰上了斯维托波尔克派来的刺客。更有趣的是，连壮士歌也曾提到从穆罗姆到基辅之间没有直通道路的那个时期。穆罗姆族人伊里雅到达基辅之后在王公的宴席上为壮士们叙述了他是经什么道路从本乡来到这里的：

   若问取道哪条路，
   我从都城穆罗姆，
   从卡拉恰洛沃村，
   一直往南到基辅。

壮士闻言齐声说：
仁慈的太阳弗拉基米尔王公！
真是明人面前鬼话说，
哪来大路北通南；
自从出了大盗索洛夫，
路途阻塞已三十年。

12世纪中叶前后自基辅到遥远北部的苏兹达尔的通道开始渐渐形成。弗拉基米尔·莫诺马赫是个不知疲劳的骑士，一生之中南北东西走遍了罗斯国家。他在《训子篇》中不无夸口地说，有一次他从基辅"穿过维亚季奇人"地区到了罗斯托夫，意思是说，从第聂伯取道这一地区到罗斯托夫并非易事。维亚季奇人地区是森林密布的地区，说"跑进了维亚季奇人的林子"，意思就是躲得无影无踪。维亚季奇人归切尔尼戈夫的王公们管辖，这些王公被自己的弟兄打败之后常跑到这里避难。在奥卡河上游与杰斯纳河之间从卡拉切夫城到科泽利斯克城以及再往北的一大片空间，也就是今天的奥勒尔和卡卢加两省的大部地区有一大片密密的森林，这些森林曾因响马勃伦的传说而非常出名（勃伦是古代一个邑，现在是卡声加省日兹德拉县的一个镇，镇在日兹德拉河的支流勃伦卡河或称勃伦河上）[29]。杰斯纳河上的布良斯克城的城名本身就保存着说明当时这是块密林地区的标志：布良斯克，特别是捷布良斯克（密林）；这也就是为什么苏兹达尔在古时叫作扎列斯（林后）地区的原因，这是基辅罗斯给它取的名称，因为它们之间隔着维亚季奇人的密密层层的森林。这些密林从12世纪中叶起开始被砍去。如果说莫诺马赫是带着少数亲兵很不容易地从这里通过到罗斯托夫去的话，那么他的儿子尤里·多尔戈鲁基就不同了：他在和侄子沃林的伊兹雅斯拉夫长期作战期间（1149—1154年），就已带着大军自罗斯托夫经大路直指基辅了。这就不得不使人假定，一定有大量迁徙的人口在这个方向上通过密林，清除道路。

苏兹达尔边区的殖民 二、而且我们也找到了这种人口移动的证据。正当人们抱怨南罗斯荒凉下去的时候，我们却见到在遥远的苏兹达尔边区建筑活动极为繁忙。在尤里·多尔戈鲁基和安德烈两个王公的时代，这块地区新的城市一个接一个地建立起来。1134年尤里在大涅尔利河于卡利亚津附近流入伏尔加河的地方建立了克斯尼亚津城。1147年开始知道有个莫斯科小城。1150年尤里"在旷野里"建了尤里耶夫城（或称波兰城，现在是弗拉基米尔省的一个县城），同时还把在这时期前后产生的一个新城，佩列雅斯拉夫尔—扎列斯基城[30]迁到一个新的地方。1154年他又在雅赫罗马河上建立了德米特罗夫城，以纪念他们夫妇两人在这年巡视全邑收取贡赋期间生的儿子季米特里-弗谢沃洛德。1155年左右安德烈·博戈柳布斯基在克列亚济马河上的弗拉基米尔城下建立了博戈柳博夫（敬神）城[31]。编年史上记载城市的建立一定同时记载教堂的建筑，父子两位王公是苏兹达尔国最热心的寺院创立人[32]，上述城市的出现在古代编年史中都有记载。同时，从别的史料里我们还知道，当时苏兹达尔国还新建了另外许多城市[33]。按编年史的记载，特维尔城为人知晓不早于13世纪，可是在弗拉基米尔城圣母神像显灵故事中特维尔城已经是个很像样的城市，而这个故事是在安德烈时代编的，也就是说编于1174年前。塔季谢夫在他的《编年史汇编》中说，他从尤里·多尔戈鲁基接位为王公以后，在自己（现在已散失）的史料中开始碰到此前无人知晓的一系列北罗斯的新城市，例如伏尔加河上的戈罗杰茨，科斯特罗马，克利亚济马河上的斯塔罗杜布，加利奇，兹韦尼戈罗德，普罗特瓦河在谢尔普霍夫附近流入奥卡河处的维什哥罗德等等[34]。安德烈·博戈柳布斯基本人也很夸耀自己的殖民活动,他打算在克利亚济马河上的弗拉基米尔创立一个独立于基辅之外的罗斯大主教区,得意地对自己的大贵族们说:"我将使整个白(苏兹达尔)罗斯布满大城巨镇,殖以众多人口。"

人口的来源 三、再说,我们还看到一个标志,直接指明住满苏兹达尔的这些大城巨镇的人口是从哪儿来的。我们只要听一听苏兹达尔的这些新城市的名称就够了:佩列雅斯拉夫尔、兹韦尼戈罗德、斯塔罗杜布、维施戈罗德、加利奇——这些都是南罗斯惯用的名称,在叙述南罗斯生活大事的旧基辅编年史中几乎每一页上都碰到这些名字;仅兹韦尼戈罗德在基辅地区和加利奇亚地区就有好几个。基辅两条小河的名称,雷别季和波恰伊纳在梁赞,在克利亚济马河上的弗拉基米尔,在下诺夫哥罗德都能碰到。基辅地区有条小河伊尔品很出名,它是第聂伯的一条支流,传说(并不很可靠)1321年立陶宛大公格底敏曾在这条河上大败南罗斯的王公们[35],而弗拉基米尔县境内克利亚济马河上的一条支流也叫作伊尔品。就是基辅这个名称在苏兹达尔国也没被人遗忘:16世纪莫斯科县的古文书里写着基辅山谷的基辅村;卡卢加县境内奥卡河的一条支流叫作基辅卡;土拉省的阿列克辛附近有个基辅人村。不过在地理名称流动史上最有趣的要数佩列雅斯拉夫尔这一个名称的到处出现了。古代罗斯曾有三个佩列雅斯拉夫尔:南佩列雅斯拉夫尔,或称罗斯的佩列雅斯拉夫尔(现在波尔塔瓦省的一个县城),梁赞的佩列雅斯拉夫尔(现在的梁赞)以及查列斯基的佩列雅斯拉夫尔(弗拉基米尔省的一个县城)。这三个同名的城市都在特鲁别日河上。南罗斯的地名搬到遥远的北方(苏兹达尔)无疑是从南方的基辅来的移民做的事。所有移民都有这种习惯,把离别了的故乡的地名带到新地方：我们根据美国城市的名称可以温习一下很大部分旧大陆的地理。在最近的史料中我们还找得到另外的线索，证明罗斯移民的上述方向。塔季谢夫在他的《编年史汇编》中叙述尤里·多尔戈鲁基如何在自己的苏兹达尔邑内开始兴建新的城市，并从各处搜集人迁入这些城市，给他们"相当的贷款"[36]。由于这种办法，大量人口迁入他的城市，罗斯人之外还有保加尔人、莫尔多瓦人和匈牙利人，结果，"城境之内住满了成千上万的人"。在这些外来人中间怎么会有匈牙利人呢？尤里·多尔戈鲁基跟沃林的侄子作战，他侄子的同盟者是匈牙利国王。显然，尤里把南方战役中俘获的匈牙利俘虏迁到了北方的新城市里。

壮士歌提供的线索　四、最后我们还碰到另一个线索，证明上述的殖民方向，而且这线索是在最未意想到的地方，在俄罗斯民间诗歌中找到的。我们知道，歌颂弗拉基米尔时代的英勇壮士的一组壮士歌是在南方产生的[37]。只是现在南方已不记得这些歌，弗拉基米尔时代的壮士早已被人遗忘，代替他们的是歌唱哥萨克人对波兰人、鞑靼人和土耳其人英勇作战事迹的哥萨克民歌。当然，这些民歌所反映的已完全是另一个历史时代，即16与17世纪。可是壮士歌在遥远的北方，即在沿乌拉尔和外奥涅加，在奥洛涅茨省和阿尔汉格尔斯克省却至今流传，不失其新鲜活力，令人甚为惊异，而且还从这些地方跟着移民深入到辽远的西伯利亚。在大俄罗斯中部人们还记得弗拉基米尔时代的壮士，但是已不知道壮士歌，不会唱这些歌，忘了壮士诗的格律，关于壮士的传说也已变成普通的散文故事。这种民间史诗不在播种的地方生长反在未播种的地方开花，是怎么回事呢？显然，这些诗体故事是跟随编它们、唱它们的人民一起迁到遥远的北方去的。这种迁移早在14世纪之前，也就是在罗斯南部出现立陶宛人和波兰人之前业已完成，因为在最古的壮士歌中没有提到罗斯的这些比较后期的敌人。

结论 这就是一些线索,使我们猜想,在罗斯东北边区也在进行着和我们在西南边区所见到的相仿的人口移动。总的事实是,自12世纪中叶起开始了(更确切地说,加强了)古代罗斯中部人口向相反方向的两个边区移动的情况,这种移动表明了我国历史的新阶段,第二时期的开始,正如斯拉夫人从喀尔巴阡山坡迁到第聂伯河流域表明我国历史第一时期的开始一样。指出了这个事实之后,我们就要来研究它的后果。在研究中我将专谈东北这一支的罗斯移民。这一支移民是12世纪中叶以后伏尔加上游罗斯生活中所发现的一切现象的根源;这支移民的后果形成了这个罗斯的整个政治和社会生活。这些后果是非常多方面的。我只谈两个方面:民族方面的后果和政治方面的后果。

民族的分裂[38] 可是现在我要说一说向东北方向移民的一般意义。我将叙述的这支移民的后果在于这一时期中一个隐蔽的根本事实,就是:在第一时期中团结起来的罗斯民族,在第二时期一分为二。罗斯民族的主体在无力抵御的外界威胁面前从地处西南的第聂伯流域向奥卡河和伏尔加上游撤退,在那里收拾残部,在俄罗斯中部森林中安顿下来,站住脚跟,保存了自己,然后凭借国家的团结,力量强大起来,又回到西南的第聂伯流域,打算把处在异族压迫与影响之下本来留下未走的最弱的一部分罗斯民族解救出来[38]。

第十七讲

伏尔加上游罗斯殖民的民族学方面的后果——大俄罗斯民族的起源问题——奥卡—伏尔加两河河间地区异族人的消失及其遗迹——罗斯移民与芬兰土著的关系——芬兰土著对大俄罗斯人的人种、对大俄罗斯方言的形成、对大俄罗斯的民间信仰以及对大俄罗斯社会结构所产生影响的痕迹——伏尔加上游的自然环境对大俄罗斯的国民经济及大俄罗斯人的民族性格产生的影响

大俄罗斯民族的形成 现在我们要研究伏尔加上游，罗斯托夫—苏兹达尔地区罗斯殖民的民族学方面的后果。这些后果归结为我国历史中一个重要的事实，就是：在俄罗斯民族的结构中形成了一个分支：大俄罗斯民族。要想评价这个分支在我国历史中发生的重要作用，我们只要想一想俄罗斯民族三个主要分支的数量对比关系就够了：大俄罗斯人比（在俄罗斯境内的）小俄罗斯人大致多两倍，而小俄罗斯人又比白俄罗斯几乎多两倍。这就是说，大俄罗斯民族占俄罗斯地区全部俄罗斯人口的十三分之九，也就是三分之二以上[1]。

我们在[2]研究大俄罗斯民族的起源之前，首先要明确我们所要解决的问题的实质。当然，在13世纪之前就已存在一些地方性的生活特点。这些特点是在罗斯国家的地区分划的影响之下形成的，甚至也可能是从更古的波利安人和德列夫列安人等的民族生活

中遗传下来的。但是这些特点因为时间过久，因为迁移而磨灭了，或是已经潜入人民生活气质的深处，很难为历史的观察所发觉。我说的不是这些古代民族或地域的特点，我说的是大约从13世纪开始的俄罗斯民族的分为两个新的分支：本来是原始俄罗斯民族基地的第聂伯中游中央地带的人口分成两支，向相反方向移动，等到两支人口丧失了彼此维系、通气的中心（这在当时是基辅），并进入彼此不同的新条件的支配之下以后，也就不再有彼此共同的生活了。大俄罗斯民族并不是古代地域特点继续发展的产物，而是从民族分裂之后开始发生作用的种种新的影响所造成的结果；同时其所在地域已超出古罗斯的老根之外，而且12世纪中在这块地域之内异族的成分甚至大于罗斯的成分[2]。移民的结果竟使罗斯移民会在奥卡河中游及伏尔加河上游地区定居下来的条件有二：一是导致罗斯移民与异族人在奥卡河与伏尔加河河间地带相会的人种条件；一是地理条件，也就是相会地区的自然界所起的作用。因此，在大俄罗斯民族的形成过程中，两个因素同时产生着作用：人种混合和自然环境。

奥卡—伏尔加两河河间地区的异族人　罗斯移民在河间地区碰到的异族人是一些芬兰部落。根据我们编年史的记载，芬兰人自东斯拉夫人开始在我国平原上分布开来之时起就是他们的邻居。芬兰人在俄罗斯中部和北部的森林沼泽间定居下来的时候，这些地方还见不到斯拉夫人的踪迹。早在6世纪时约尔南德就知道几个芬兰部落：他曾说到4世纪时日耳曼纳利赫的哥特王国成员中的有一些北方民族，这些民族的名称被他搞错了，可能称为爱沙人、维西人、默尔德人、莫尔多瓦人，还可能有车累米西人[3]。11—12世纪奥卡河和伏尔加河上游地区住着三个芬兰人部落：穆罗马人、默里亚人和维西人。始初基辅编年史相当准确地指出了这几个部落的居住地区：它知道穆罗马人住在奥卡河下游，默里亚人住在佩列雅斯拉夫湖和罗斯托夫湖区域，维西人住在白湖地区。现在大俄罗斯中部已根本没有这些部落的后代了，但是他们在地理名称上给自己留下了纪念。在从奥卡河到白海之间的广阔地区内我们碰到的几千个城镇、村落、山川其名称都是非俄罗斯的。我们仔细听听这些名称就能发现，它们是从同一套词汇里取出来的。某个时期这一地区一定说着一种语言，这些名称就是属于这个语言的，而它是现今芬兰当地居民以及伏尔加河中游地区的异族芬兰人、莫尔多瓦人、契列米西人所说的方言的本家。例如，在这一地区以及在欧俄东部地带我们碰到许多河流，名称都以"瓦"字结尾：普罗特瓦，莫斯克瓦（莫斯科），塞尔瓦，科斯瓦等等。就一条卡马河而论，就足有二十条支流的名称以这个"瓦"字结尾。"瓦"字在芬兰语中意义就是水。就是奥卡这名称也来自芬兰语：他是芬兰语"活基（joki）"披上了俄语的形式，"活基"的意义就是河。连默里亚和维西这两个部落名称在大俄罗斯中部也并未消失得无影无踪：有许多村镇小川叫默里亚或维西。特维尔省的一个县城叫作维西耶冈斯克就是因为这里住过叶戈纳的（叶戈纳河上的）维西人的缘故。从这些地理名称的线索上来推断默里亚人和维西人散居的范围，我们可以发现这些部落某个时期曾居住在从苏杭纳河和尤格河的合流处，从奥涅加湖和奥亚季河一直到奥卡河中游，包括卡卢加、土拉和梁赞等三省的北部地区。因此，往罗斯托夫边区迁移的罗斯移民是在现今大俄罗斯的中心地点和芬兰土著相会合的。

  罗斯与楚德人相会 他们是怎么相会的呢？此一方是如何影响彼一方的呢？一般地说，他们的相会是和平的。无论古文献或大俄罗斯人的民间传说都没有提到外来者与当地人之间发生过持久的全面斗争[4]。芬兰人的性格本身造成了双方接触中的这种和平性质。芬兰人初次出现在欧洲历史记载中时就以一个性格上的特点受人注意：这就是爱好和平，甚至有些胆怯，逆来顺受。塔西佗在他的《日耳曼尼亚志》中谈到芬兰人时，说这是个非常不开化的穷困民族，不知造屋，没有武器[5]。约尔南德把芬兰人称为北欧所有居民中最温和的民族[6]。芬兰人给罗斯人的印象也是个和平和退让的民族。古罗斯把所有小的芬兰人部落通称为楚德。罗斯人在平原上遇到住在那里的芬兰人马上就感到自己比他们优越。从根词"чудь"派生出来的俄罗斯词中所含的讥讽意味证明了这一点，诸如"чудить"（古怪），"чудно"（怪），"чудак"（怪人）等等。芬兰人在欧洲土地上的遭遇完全证实了这种印象。有一个时候芬兰人诸部落曾分布在远离莫斯科河与奥卡河一线以南的地方，但后来我们就找不到他们的踪迹了。横扫南罗斯的民族浪潮把这一个民族不断地往北推去；这个民族不断地退让，在退让中与强邻融合而逐渐消失。这个消失的过程直到现在还在继续着。同时[7]殖民者也并不跟当地土著挑起战斗。他们大多是和平的农村居民，他们受不了苦难而离开西南罗斯，他们到北方森林中来不是为了战利品而是为了找块安全地方耕作营生。这是一个定居的过程，而不是争夺地盘，奴役和赶走土著。可能发生过邻居间的争吵或打架，但是古文献中既无征服者进军犯境的记载也无被征服者抗拒起义的明文[7]。罗斯殖民的这种过程、这种性质可以从大俄罗斯地名录的特点看出。村庄、河流的名称并非大块地区都是芬兰的或罗斯的，而是两者穿插着的，间隔着的。这就是说，罗斯移民并不是"大队人马"进入芬兰人的地区，而是如细小的水流一样渗透进来的，罗斯人住满了散布在沼泽和森林中的芬兰人村落所遗留下来的大片空地。殖民者如与土著进行过剧烈斗争，那就不可能有这种方式的定居。不错，在大俄罗斯的传说中有些模糊的回忆，说到有些地方有斗争，但这说的不是两个民族间的斗争，而是两种宗教的斗争。冲突并不是由外来人与土著的相会本身引起的，而是由于企图将基督教传布到土著中去。这种宗教斗争的痕迹我们可以在11世纪后半期活动的古罗斯托夫两个圣人的圣人传里见到。这两个圣人是列翁季主教和修士大司祭阿夫拉米。主教的传记里说，罗斯托夫人顽强地反对基督教，赶走先前的两个主教，费奥多尔和伊拉里昂，杀死了列翁季。从列翁季之后不久任职的阿夫拉米的传记中我们看到在罗斯托夫城有一端叫作楚德（说明这个城里多数居民是罗斯人）。这个楚德城脚的居民在列翁季之后还是信着多神教，膜拜斯拉夫人的《畜神》，维列斯的偶像。这就是说在基督教输入之前，当地的默里亚人就已开始模仿罗斯斯拉夫人信仰多神教。列翁季的传记说，全体罗斯托夫多神教徒顽强地反对基督教传道者，这就是说，除楚德人之外还有罗斯托夫的罗斯多神教徒参加在内。甚至17世纪的一个传说还说，罗斯托夫地区的一部分多神教徒，当然是默里亚人，为了逃避"罗斯的洗礼"，迁到卡马河上的保加尔国境内跟同族的切利米斯人住在一起。这就是说，某时某地的确发生过斗争，但不是民族性的斗争而是宗教性的斗争：是基督教徒同多神教徒，而不是外来者同土著，罗斯人同楚德人的斗争。

芬兰人的特点 关于罗斯人和楚德人相互影响的问题，即两个民族相会之后如何彼此影响，彼此之间取得些什么，提供些什么，这是我们历史上最有趣、最困难的问题之一。但是，既然相互影响的结局是一个民族被另一个所吞掉，具体说也就是楚德被罗斯吞掉，那么对我们来说，重要的只剩了一个方面，就是芬兰人对外来的罗斯人的影响。这个影响问题就是大俄罗斯民族起源问题的民族学关键，因为大俄罗斯民族是由斯拉夫成分和芬兰成分两相混合而成，其中以斯拉夫成分占优势。芬兰人的影响通过两条途径深入罗斯社会：(一)外来的罗斯人定居在楚德土著中间，因为邻居间的交往不可避免地要从他们的生活中学习、模仿些东西；(二)楚德人在逐渐罗斯化过程中整个民族，连同其人种的特点：自己的容貌、语言、习俗、信仰就全部渗入罗斯民族的组成之中。从与自己融合的芬兰人那儿继承下来的不少生理上和精神上的特点同时通过这两条途径流到罗斯人身上。

人种类型 一、必须承认，在大俄罗斯人种类型的形成上芬兰民族也有些份。我们大俄罗斯人的容貌并不完全一模一样地复现一般斯拉夫人的特点。别的斯拉夫民族承认大俄罗斯人有斯拉夫人的共性，但也发现有些非斯拉夫人的杂质，如：大俄罗斯人颧骨大，脸与头发的颜色黑色成分重，尤其还有一个标准的大俄罗斯鼻子，生在很宽的底盘上面——这些多半都是由于芬兰人的人种影响。

方言[8] 二、古罗斯方言的变化也不无同样的影响参与其间。在古代基辅罗斯的方言里有三个特点：(一) o 音化；(二) ц 和 ч 两个音混淆不清，可以互相代替；(三) 元音和辅音的组合中有一种语音的和谐：喉辅音 г、к、х 跟硬元音 а、о、ы、у、э 及半元音 ь 组合；齿音或咝音 з、с、ц 和颚音或嘘音 ж、ч、ш 则跟软元音 я、е、и、ю 及半元音 ь 相组合；动词第三人称单复数词尾都发软音（пишеть имуть），也可以说是语言和谐。我们在 12—13 世纪的古文献残本中找到了这些特点的遗迹。外国词译成俄文时没有重音的 а 和 е 被 о 音所代替：Торвард → Трувор, Елена → Олёна。基辅罗斯人把喉音 к 跟硬音 ы 拼在一起，而把齿音 ц 或颚音 ч 跟软音 и 或 ь 拼在一起，因此，他们不像我们那样违背古俄语的发音规则说"基辅"（Киев），他们说"该辅"（Кыев）；古俄语的发音规则要求，к 如果遇到 и 应该发成 ц 或 ч；所以 12 世纪南俄罗斯一本路加福音的手稿写成了"路契福音"（由"路加"变成"路基"，再变成"路契")。这种古代发音部分地还保留在小俄罗斯人的方言中。
"林中旷地"他们说成"波良栖"(полянци);"哥萨克"他们说成
"哥萨乞"(козаче)。我们大俄罗斯人正相反,不把ц和嘘音ж,ш
跟软元音相拼,我们说кольцо(戒指),шыре(更宽),жызнь(生
命),我们不会像小俄罗斯人那么精细地发出跟这些辅音相拼的软
元音:отьця горобьця。此外,在古代南方方言中ц音跟ч音相混
或可以互相代替:在《伊戈尔远征记》里有веци(也有вечи)和
галичкый等词。12世纪中也有这些特点,有一部分直到如今还保
留在诺夫哥罗德方言里:在大主教伊里亚-约翰给教士们的训诫里
有гыбять(гибнуть灭亡),простьци和простьчи(再见),льга
(льзя可以);在1195年跟日耳曼人订的协定里有немечьскый和
немецкый(日耳曼的),послухы和послуси(证人)。这种语言
特征我们在第聂伯河上游地区的方言中也见到:在1229年的斯摩
棱斯克协定里有немечкый(日耳曼的),вереци(教会斯拉夫语
为врещи拖),гочкого(готского哥特的)。这就是说,有个时
候,在整个希腊—瓦里亚格人的通道上讲着一种方言,这种方言的
某些特点可说至今还保存在诺夫哥罗德方言里面。如果你们现在从
伏尔加中游,假定从萨马拉起向西北划一道弯曲的对角线,让莫斯
科、特维尔、上沃洛切克和普斯科夫划在略偏左边,而将科尔切瓦
和波尔霍夫划在右边,你就把整个大俄罗斯分为两个地带,东北和
西南;在东北地带,方言的代表音是о;在西南地带则是а,也就
是将没有重音的о和е说成а和я〔如втарой,сямой〕。弗拉基米
尔人、尼日哥罗德人、雅罗斯拉夫人、科斯特罗马人、诺夫哥罗德
人都是о腔,打喉头深处发出音来,同时嘴张得像个罐子(这是
俄罗斯方言学家兼词典家达里的说法)[8]。梁赞人、卡卢加人、斯
摩棱斯克人、唐波夫人、奥勒尔人、部分莫斯科人和特维尔人都

是 a 腔，嘴完全张开，弗拉基米尔人和雅罗斯拉夫人因此把他们叫作"大开口"。a 腔口音自莫斯科而西逐渐增强[9]，结果到了白俄罗斯方言里，根本连 o 音本身都不能容忍了，甚至是带重音的 o 都拿 a 或 y 来代替了：стол（桌子）成了стал或стул。о腔音在俄罗斯方言学中叫作大俄罗斯北方分支方言，a 腔音叫作大俄罗斯南方分支方言。两个分支的另外一些特点是：在南方，г 的发音像送气的拉丁音 h，е 近似 y；动词第三人称词尾是软音（ть），跟现代的小俄罗斯以及古代的罗斯发音一样（векоу 即 веков（世纪））；在 1229 年的协定中有 узяти у ризе 即 взять в риге（在里加取）；在北方，г 的发音像拉丁语的 д；в 在词尾读硬音，如 ф；动词第三人称词尾是硬音（ть）[9]。不过，在北方分支中还可分出两种口音：西面的诺夫哥罗德口音和东面的弗拉基米尔口音。诺夫哥罗德口音更接近于古罗斯口音，较好地保存着古罗斯的语音，甚至词汇；诺夫哥罗德人说 кольце（戒指），хороше（好），而且还用着许多在罗斯其他地区早就忘了的古罗斯词：граять（каркать，鸦叫），доспеть（достигнуть，达成），послух（证人）。弗拉基米尔口音离古代口音就较远了；占优势的 о 音拖得很长，以至于有些粗气；古代元音和辅音的那种组合丧失了，代词及形容词单数二格中的 г 发成 в（хорошово，好）。莫斯科[10]在方言学方面也都像它在政治及国民经济方面一样，是枢纽地点。它正好在各种方言的会合点上；在它西北向克林去是诺夫哥罗德式的 о 腔；在它东面向博戈罗茨克去是弗拉基米尔式的 о 腔；在它西南向科洛姆纳去是梁赞式的 a 腔；在它西面向莫扎伊斯克去是斯摩棱斯克式的 a 腔。它吸收了四周各种口音的特点，形成本身一种特殊的方言，其中南方方言的主音跟北方方言动词第三人称的硬词尾同时存在；同时硬 г 在词尾变成 к（сапок，靴子），而代词和形容词单数第二格则又变成了 в。不过，为俄罗斯知识界所使用,作为标准语言的莫斯科方言在某些方面离古代基辅罗斯的语音更为遥远:гаварить по-масковски(说莫斯科话)几乎比弗拉基米尔人或雅罗斯拉夫人更进一步地破坏了古罗斯语音规则。莫斯科方言毕竟形成较晚,尽管它的一些征象在文献中出现得相当早,在14世纪上半期,跟莫斯科最初的政治成就同时出现。在伊凡·卡利达1328年的遗嘱中我们似乎找出了从о过渡到а的时刻,因为在отця(父亲)、одиного(一)、росгадает(看出)等形式之外我们还看到这样的字:"Андрей, аже"其中аже代替了古代的оже(若)[10]。

大俄罗斯方言的各种口音就这样在原始罗斯口音逐渐受损的基础上形成起来。口音与方言的形成——这是民族迁徙和居民形成地区性集团的有声编年史。基辅罗斯的古音在东北方,也就是在罗斯人跟芬兰人融合而成大俄罗斯民族的这个罗斯殖民方向上变得特别显著。这就产生了两个过程有联系的假定。达里认为大俄罗斯人的а腔方音是在楚德人罗斯化的过程中形成的。东方[11]异族人在罗斯化时总把学来的语言作些变动,把它的语言糟蹋了,加进一些硬元音和不悦耳的元音辅音组合。罗斯化了的楚德人并没有丰富俄语词汇:格罗特院士曾计算过,一共只六十个左右的芬兰词,大部分进入了北方各省的俄语之中,只少数几个在大俄罗斯中部可以听到,如пахтать(搅黄油)、пурга(暴风雪)、ряса(东正教僧袍)、кулепня〔即деревня(乡村)〕等。楚德的杂质虽未弄杂词汇,还是损坏了方言,带来一些外来音和外来的音的组合[11]。古罗斯方言在诺夫哥罗德方言中最为纯粹地保存了下来,在弗拉基米尔方言中我们见到俄语在芬兰人的影响下受到损坏的端倪;莫斯科方言则是这种损坏的进一步推演。

迷信 三、文献和传说对彼此相遇的两个民族在迷信这个领域内的相互关系讲得比较明确。这里我们见到有很活跃的交流的迹象，特别是从芬兰人方面来的影响。大俄罗斯人的民间习俗和迷信至今还保存着受芬兰人影响的显明特征。曾经居住在（而且至今还有一部分仍居住在）欧洲俄罗斯中部及东北地带的芬兰人诸族在跟罗斯人相会之前似乎还停留在宗教发展的初级阶段。他们中间流传的神话在跟基督教接触之前还没有达到拟人观的阶段。这些民族崇拜外界自然的势力和征兆，但不把它们人化。莫尔德瓦人或切列米斯人直接崇拜土地、石头、树木，但不把它们看作是更高级的存在物的象征；他们的信仰因此带着简陋的拜物教的性质。大自然中居住着精灵的说法是受了基督教的影响以后的事。沿伏尔加河的芬兰人崇拜水和森林的迷信特别发展。莫尔德瓦人、楚瓦什人居住在森林深处或丛林中的河水岸边，因此感到这些是生身的宗教环境。这种拜物的某些特点整个被吸收在大俄罗斯人的神话里面。大俄罗斯人的神话和芬兰人的一样，在神话中的奥林匹斯山上，树精是个突出的角色；而且树精的特点也都说得一样：他保护树木、根块、百草，他有个恶习惯，喜欢哈哈大笑和像小孩般叫闹，并以此恐吓和欺骗过路人。在波罗的海西岸较为开化的芬兰人的叙事诗（卡列瓦拉）中，我们看到有一个水王。他是个一脸青草胡须，身穿泡沫衣衫的老头，是司水和风的王，住在海洋深处，喜欢兴风作浪，吞食船只；他酷爱音乐，在卡列瓦拉的主人公贤人维涅曼宁把自己的竖琴抛在水里的时候，这位水王便把它接住，拿了它在自己的水下王国中弹奏取乐。这些特点令人想起诺夫哥罗德一首有名的壮士歌《萨特阔》[1]中的水精或海王。萨特阔是个有钱的客商和琴手。他带

---

[1] 萨特阔（Садко），古斯里琴手和歌手，诺夫哥罗德壮士歌中的主人公。这一题材在19世纪俄国艺术作品中得到进一步提炼，·A. K. 托尔斯泰写了长诗《萨特阔》，H. A. 里姆斯基-科萨科夫写有同名歌剧。——译者

着琴跌到水下的水精国里，在那里给水精弹琴，竟使水精忘了自己的君王威严，跳起舞来。诺夫哥罗德壮士歌中所描写的水精，其容貌和卡列瓦拉中水王的面貌极其相似。俄罗斯其他地区也都有水精之说；但是上述水精故事只在诺夫哥罗德地区才有。这就有理由让我们相信，这个故事是诺夫哥罗德人从邻人，波罗的海的芬兰人那里借用来的，而并非相反。最后，在收入大俄罗斯古圣者传中的一些传说中，我们可以见到崇拜石头和树木的迹象，它们披上了基督教的外衣，但披得不好，同时这种迹象在俄罗斯南部和西部是见不到的。

两个故事 在1071年左右的《始初编年史》中我们读到两个故事。这两个故事在与后来的一些记载对照之后我们了解到，罗斯人是怎样对待邻人楚德人的多神教迷信的，同时楚德人又是怎样看待罗斯人的基督教的。我们简单地叙述一下这两个故事。罗斯托夫地区发生了饥荒，两个从雅罗斯拉夫尔来的术士沿伏尔加河一路宣扬，说："我们知道谁拦住了丰年（阻碍了收成）。"他们跑入乡村教堂，把最美丽的妇女叫来，说："她拦住了五谷，她拦住了蜂蜜，她拦住了鱼。"大家有的把姐妹，有的把母亲，有的把妻子带到他们跟前。术士们把她们的双肩划破，取出五谷或是鱼来，于是这些妇女就被杀死，她们的财物归了术士。术士们来到了白湖。这时正好斯维亚托斯拉夫大公，即大贵族杨也到这里来收税。他听说术士们已在舍克斯纳河和伏尔加河一带杀死许多妇女，就要白湖人把术士抓来交给他，并威吓他们说："否则我就整个夏天待在这儿（也就是，吃你们的）。"白湖人慌了，把术士带到杨面前。杨就问他们："你们为什么杀死这许多人？"术士们回答说："是她们拦住了丰收，杀死她们，就不会有饥荒；你要看的话，我们可以当你的面从她们身上取出五谷、鱼或是别的东西来。"杨反驳说："你们全是胡说,上帝用泥造了人,人身上除了骨头、筋和血之外,什么别的东西都没有,而且除了上帝之外谁也不知道人是怎么造出来的。"术士们道:"我们可知道人是怎么造出来的。""怎么造的呢?""上帝洗澡的时候拿块破布擦身,擦过以后把破布往地上一掷;魔鬼就跟上帝争起来,抢着要拿这块破布来造个人,结果由魔鬼造人的身体,由上帝把灵魂放在里面;所以人死的时候身体回到地里去而灵魂归上帝。"这两个术士是罗斯托夫默里亚族的芬兰人,他们向杨讲的造人的故事至今还保存在尼日哥罗德的莫尔德瓦人中间,只是更完整更明白易懂,不像基辅的编年史者那样是按杨的话转述的,有些遗漏;同时现在的说法已经显然看得出受了基督教的影响。内容是这样的。莫尔德瓦人有两个主要的神,善神羌巴斯和恶神下伊旦(撒旦)。想造人倒不是羌巴斯的主意,而是下伊旦的主意。他用黏土、砂子和泥,开始塑造人的身体,可是怎么也塑不出一个人样来,不是塑出只猪,便是塑出只狗,而下伊旦的意思是要按上帝的模样造人。他塑呀,塑呀,最后把飞鼠叫了出来(那时候,老鼠还会飞),并叫它飞到天上,在羌巴斯的毛巾里造个窝,生出孩子来。飞鼠照他的话飞到天上,在毛巾的一头生下一只小老鼠,羌巴斯在澡堂拿起毛巾擦身,由于小老鼠的重量,毛巾掉下地来。下伊旦于是拿起毛巾擦他的塑品,结果塑品就有了上帝的模样。下伊旦进而设法把活的灵魂放进人体里面,可是怎么也放不进去。他正想敲碎自己的塑品,这时羌巴斯走来,对他说:"你走开,该死的下伊旦,你给我滚到火烧的地狱里去吧;我没有你也造得出人。"下伊旦不同意,说:"不,让我站在这儿,我瞧你怎么把活的灵魂放进人体里去;我也花了一份力气,他身上的东西也该有我一份,否则羌巴斯兄弟,我太吃亏,而你也不光彩。"双方争了又争,最后决定把人分了;羌巴斯自己拿了灵魂,把肉体给了下伊旦。下伊旦总算让了步，因为羌巴斯比下伊旦不知强多少倍。结果是，人在死的时候，灵魂带着上帝的模样归天，到羌巴斯那儿去，肉体失去了灵魂，失去了上帝的模样，腐烂起来，走进地里，到下伊旦那儿。至于飞鼠[12]，羌巴斯因为它捣蛋，罚它把自己的翅膀去掉，给它装上一条秃尾巴，还给它装了一副像下伊旦一样的脚爪。从这时起，老鼠就不会飞了。当杨问术士们信仰的是什么神时，术士们回答说："信仰基督之敌。"杨问："他在哪儿？"回答是："坐在地底里。""坐在地底里！这算什么神！这是鬼。神在天上，坐在宝座上。"在这个雅罗斯拉夫术士的故事之后，编年史又讲了另外一个故事。一个诺夫哥罗德人到楚德人那儿去找巫师为他卜卦。巫师就作起法来召鬼。诺夫哥罗德人坐在门槛上，巫师在狂怒状态中躺着，于是鬼躲开了他。巫师站了起来，对诺夫哥罗德人说："我的神不敢进来；你身上有什么东西，他们见着害怕。"这时诺夫哥罗德人想起自己身上带着个十字架，他就拿下来，放在屋外。巫师重新作法召鬼，鬼使他发起抖来，把诺夫哥罗德人要知道的事情告诉了他。之后诺夫哥罗德人就问巫师："怎么你的神会怕十字架？""因为这是天上的神的象征，我们的神怕天上的神。""那你们的神是住在哪里呢？什么模样呢？""他们黑颜色，有翅膀，有尾巴，住在地底下，他们在天底下飞，偷听你们的神讲话；而你们的神则住在天上；要是你们的人死了，就被带到天上，要是我们的人死了，就被带到地底，到我们的神那儿。"编年史者添上自己的意见说："事情就是这样，恶人住在地狱里，千年万年受苦难，好人住在天堂里，和天使们在一起。"[12]

迷信方面的互相影响 这两个故事明白地表达了罗斯外来者与芬兰土著在宗教迷信领域里互相影响的过程。双方在这一领域里的相会也同在共同生活中的情况一样：和平无争，双方在信仰上并不敌视，也没有不可调和的对立。很明显，我们这儿谈的不是基督教的教义，而是罗斯人和芬兰人的民间迷信。两个民族在各自的神话观中都能找到同时适合于两种（芬兰人的与斯拉夫人的，多神教的与基督教的）信仰的地方。两个民族的神彼此和睦地划分了地盘：芬兰人的神住在下面，在地底，罗斯人的神住在上面，在天上；这样一划分，彼此便能长久地友好相处，各不相犯，甚至还会互相尊重。地底的芬兰神被冠以基督教的名称：鬼，在这个名称的庇护之下他们就在罗斯人的基督教信仰中取得了一席之地：罗斯化了。他们在罗斯人的眼里也就消失了他们的异族性质：芬兰人的性质。在这些神身上所发生的也正是在他们最初的崇拜者芬兰人身上发生过的事：芬兰人被罗斯人包括了进去。这就是为什么11世纪的罗斯编年史者说到术士，说到显然是芬兰人的迷信或习俗时，没有丝毫暗示这谈的是异族人，谈的是楚德人。多神教，异教，罗斯人的也罢，芬兰人的也罢，在他看来完全是一回事；多神教信仰的民族起源或人种区别他一点也不放在心上。随着两个民族的越来越接近，这种区别在由于这种接近而形成的混合人口的意识中也越来越淡下去。为了[13]说明这种信仰上的无民族区别，我把保存在索洛维茨寺院里的一个短短的故事引在下面。这是在形式和内容上独具一格的一个故事。这儿透过传说的朦胧光线质朴地描写了白湖地区舍克斯纳河上建筑第一所教堂的情景。教堂建筑在一个多神教的祈祷场上（不用说它一定是芬兰人的）。在白湖地区住着维西族芬兰人；石头和桦树是芬兰人崇拜的偶像；但是在故事中一点没有暗示这是异族的事物，楚德人的事物。

舍克斯纳河上第一座教堂的故事 "在白湖，居民尚未受洗，但自开始受洗，信奉基督之后，他们即建一教堂，但不知应以哪位圣者的名字命名。大家于清晨集合，往教堂礼拜并决定择一圣者。

及至教堂，见教堂旁溪中有一小舟，舟中有一小椅，椅上立大瓦西里神像，神像之前有一张圣饼。他们取起神像，遂名教堂为大瓦西里教堂。有一莽汉取圣饼欲嚼，忽然昏倒，而圣饼化为石头。于是大家向教堂礼拜，行弥撒。但刚念福音，忽然一声巨响犹如霹雳，异乎寻常。大家都既惊吓又恐惧，以为教堂将倒，奔出，经查看，是昔日礼拜桦树及石头的祭台。桦树已从根拔起，石头自地中跃出，落入舍克斯纳河中。自信奉我主之后，这是白湖第一座教堂，大瓦西里教堂。"

生活上的同化 可是，楚德人虽从罗斯人那里接受了基督教，但基督教并未将楚德人的多神教迷信连根拔起：民间的基督教观念并不排挤多神教观念，只是在多神教观念之上建筑起来，形成上层宗教观念，其基础仍然是多神教的。对混合在一起的罗斯楚德居民来说，基督教和多神教并不是你我对立彼此相克的宗教，而是同一信仰的两个相辅相成的部分，分属于两种生活方式、两个世界：一部分属于上面的天上的世界，另一部分属于下面的"地"底的世界。按不久前尚保存在伏尔加河沿岸诸省的摩尔多瓦人以及与其相邻的俄罗斯人村落里的民间迷信及宗教仪式来看，我们可以一眼看出这种关系是怎么形成的。东斯拉夫人跟楚德人最初相遇时所建立的宗教秩序在东芬兰人逐渐罗斯化的几个世纪中一直没有任何重大变更。摩尔多瓦人的节日，大祷节就正好安排在罗斯人庆祝民间或教会节日：如悼亡节、三一节、圣诞节和新年的时候。在对摩尔多瓦人的神，最高的创造者羌巴斯、众神之母天使巴佳伊及其子辈众神的祷告中，随着俄语的逐渐为摩尔多瓦人使用而添进了俄语词汇；在"大慈大悲"的同时我们也听到了"保佑我人健康"这种话。词汇之外，宗教观念也被借用：羌巴斯升为"上帝"，安格-巴佳伊成了"圣母"，她的儿子尼什基巴斯（牧神）成了大伊里；元旦向猪神祷告时这么说："大瓦西里，请赐给我们你自己喜爱的黑小猪、白小猪。"向自然势力做的多神教祷告披上了罗斯基督教祷告的形式："水妈妈！保佑我们受洗的人们身体健康。"此外，多神教的象征也换成了基督教的象征：原来是把桦树扫帚挂满手帕和毛巾，现在则是在前厅角落里放上神像，神像前点起蜡烛，跪着向自己的羌巴斯和天使巴佳伊念俄文祷告，古摩尔多瓦语的祷告已被遗忘。罗斯人看到摩尔多瓦人的公开的大祷与自己罗斯人的、基督教的祈祷如此相似，于是先在边上看，接着就参加了进去；同时在自己做祷告时也采用他们的一些仪式，唱同样的歌。这一切的结果使双方都弄不清楚，到底是行的哪一方的习俗和仪式：是罗斯的，还是摩尔多瓦的。雅罗斯拉夫尔的术士回答杨·维夏季奇的问题时说，他们信仰的是住在地底的基督之敌；杨喝道：这是什么神！这是鬼；楚德人的巫师回答诺夫哥罗德人的问题时，述说自己神的模样，说是有翅膀，有尾巴。这显然取自罗斯神像的模样，因为罗斯神像上画着这种模样的鬼。1636年，奥列阿里问喀山的一个切列米西人知道不知道天地是谁创造的，后者回答（据奥列阿里的记录）："鬼知道。"多神教徒嘲笑"罗斯的神"，但害怕罗斯的鬼。耶稣会士阿夫里利在17世纪80年代从萨拉托夫到外地去，见到多神教的摩尔多瓦人也在尼古拉圣日酗酒，完全是学罗斯人的样。

驳杂的宗教意识　双方彼此承认对方的信仰当然促进了双方生活上的同化和事务上的接近，甚至可以说是促成了基督教在异族中的胜利。在这种相互承认对方信仰的环境下，楚德人没有背叛自己的神，却不知不觉地跨越了基督教和多神教间的界限；而罗斯人则在接受楚德人的迷信与习俗的同时，仍然坚信自己是基督信徒。这种情况说明了后来发生的在初看之下无从理解的一些现象：16、17世纪伏尔加河流域的异族人：摩尔多瓦人或切列米西人取基督教的名字，但在附近寺院的募捐簿上写捐款时却注明条件：要为他行洗礼，同时如果他想在本寺落发为僧的话，应考虑他这笔捐款而接受他，为他剃发。只是，这些渊源不同的概念交织在一起给宗教意识带来了很大的混乱，在人民的道德宗教生活中出现了许多不良现象。接受基督变成不是意味着从黑暗走到光明，从谬误走向真理，而是如同从低级神道的管辖之下出来归高级神道管辖，因为这些低级神道并没有作为迷信的产物而被废止，仍被认为是宗教的真实存在，只是处于反派地位而已。混乱的本源在于将多神教的神话改头换面，改成基督教的魔鬼论。早在11世纪在罗斯本身就已发生这种情况。当时佩彻拉寺院的圣费奥多西就评论一种人，说他们对自己的信仰和别人的信仰同样的赞美。他用了一个中肯的字眼，这个字眼极可用来命名上述的混乱，这就是：双重信仰。如果圣费奥多西能见到后来在罗斯多神教之外还有楚德多神教也嫁接到基督教上来，相信他一定会把这种驳杂的宗教意识称作三重信仰[13]。

殖民潮流的农村性质 四、最后，应该承认，芬兰族土著对伏尔加河上游罗斯殖民所建立的社会的成分起了相当大的影响。芬兰族土著居民主要聚居在苏兹达尔的村落里。根据前述圣阿夫拉米的传记，11世纪罗斯托夫城只有一头城脚住着楚德人，至少这一头叫作楚德[14]。罗斯托夫地区多数古代城市取俄罗斯名这一点说明，这些城市是罗斯人建立的，罗斯人到来之前并无城市；同时也说明，罗斯人在这些城市的人口结构中占着优势。而且在芬兰族土著居民中我们没有发现显著的社会分化迹象，即分成上等阶级与下等阶级，因为全体土著居民是清一色的农业人口。可能就因为这个缘故，一部分逃避罗斯人的同化的默里亚人在记载这项史实的文献中被称作"罗斯托夫平民"。不过，我们看到，殖民本身给奥卡河与伏尔加上游两河流域带来的主要是农业人口。由于这一点，伏尔加上游的罗斯及罗斯化居民在成分上势必比在南罗斯时更农业化。

结论 这样我们就答复了伏尔加河上游地区罗斯移民与芬兰族土著如何相会及如何互相影响的问题。相会之中并未发生民族性质的、社会性质的,乃至宗教性质的顽强斗争:两族的相会并未引起在征服的场合通常都会引起的政治、人种以及道德宗教方面的激烈对抗。相会的结果发生三种混合:(一)宗教的混合,形成了大俄罗斯人的神话观的基础;(二)民族的混合,创造了大俄罗斯人的人种类型;(三)社会的混合,让农业阶层在伏尔加河上游人口构成中占绝对的优势。

大自然的影响 此外我们还得说一说大俄罗斯的自然环境对罗斯移民在这里形成的混合人口所起的影响。民族的混合,这是形成大俄罗斯民族的第一个因素。大俄罗斯自然环境对混合人口所起的影响,这是第二个因素。大俄罗斯民族[15]不仅是一个人种的构成,而且也是一种独特的经济体制,甚至是一种特殊的民族性格:这里的自然环境既对这种体制也对这种性格起着很大的作用。

构成大俄罗斯中央地区的伏尔加上游即使在今天同第聂伯罗斯在地理上也有显著的不同;6、7世纪之前,区别更大。这个地区的主要特点是:森林与沼泽特多;砂质黏土占优势;河流纵横,犹如蛛网。这些特点无论对大俄罗斯的经济生活,或是对大俄罗斯人的民族特性都打上了深刻的烙印。

大俄罗斯人的经济生活 在老基辅罗斯,无数城市形成大大小小的贸易中心,构成国民经济,对外贸易的主要动力。在伏尔加上游罗斯,因离沿海市场太远,对外贸易不可能成为国民经济的主要动力,因此,在15、16世纪在这里见到的城市数目较少,即使在城市大部分人口也还是从事耕作。农业村落在这里对城市占着绝对的优势。而且,就是这些村落也同南罗斯的村庄性质大为不同。在南罗斯，外犯频仍、草原辽阔和饮水缺乏迫使居民不得不群居，集中为数千人口的巨大村庄，至今这还是南罗斯的一个特点。在北方则刚巧相反，移民要在森林与沼泽之间找一块干燥地方比较安全、比较舒适地立足其上，建造房屋都颇为不易。那些干地，那些露出来的丘岗是森林与沼泽之海中难寻的岛屿。在这样的小岛上只能安置一二户，多则三户农家。因此，一两户农家的村落成了北俄罗斯人口分布的主要形式，这种情况几乎一直持续到17世纪末。在这些四下分散的小村落周围要找到相当完整宜于耕种的空间是很难的。村落周围宜于耕种的地方常是一块块小片地。这些小片地也是小村落里的住户清理出来的。清理工作非常费力：在选择好宜于耕种的干地之后得烧去森林，掘去树桩，把地开垦出来。由于离国外大市场远，出口不多，种田人缺少扩大开垦面积的动机，何况开垦总是如此之困难。伏尔加河上游砂质黏土上的农耕只能满足耕田人本身的日常必需。如果我们以为古代大俄罗斯地广人稀，农民耕种很多土地，多于过去，多于这一世纪，那我们就错了。16、17世纪大俄罗斯农民每户的耕地面积一般不超过2月19日法令所规定的份地。同时当时的耕地方法也给农亚以一种游动不定的游牧性质。农民焚烧荒地上的树林，增加砂质黏土的肥力，一连几年从这块土地上获得丰收，因为灰烬是很好的肥料。但是，这种肥料是硬加上去的，而且很容易消耗：六七年之后土壤的肥力就消耗殆尽，农民就不得不让它长期休息，作为休耕地搁置一旁。而农民便迁往别处（常常是更远的地方），再开一块荒地，再"在森林里清理"。大俄罗斯农民就这样开发着土地，不断地从一块地方搬到另一块地方，同时始终是朝着一个方向，东北方向移动，直到俄罗斯平原的天然疆界，到乌拉尔和白海为止。农民在伏尔加河上游砂质黏土上耕作收入很少，必须从事副业以增加收入。森林、河流、湖泊、沼泽，在在都是用武之地，加以利用就能贴补农耕上的微薄收入。大俄罗斯农民的经济生活长久以来就有特点的根源就在于此；被称为手工业的地方农村副业能够发展的原因也在于此。韧皮编制、打猎、野蜂饲养（把树林里的蜜蜂养在树洞里）、捕鱼、制盐、蒸馏树脂、打铁这些行业中任何一个行业长久以来已是整个地区经济生活的基础与"苗圃"。

在地区的自然条件影响之下建立起来的大俄罗斯经济的特点就是：（一）居民分散，小村落占优势；（二）农民耕种面积不大，农家可耕地狭小；（三）农耕有流动性，熟荒农作制占优势；最后，农业小副业很发达，森林、河流及其他生产资源的利用程度很大。

民族性格 地区的自然环境除对大俄罗斯的国民经济发生影响之外，对大俄罗斯人的民族性格我们也见到有强烈影响的痕迹。13—15世纪大俄罗斯森林、洼地、沼泽随处可见，给移民造成无数小危险，无数预料不到的困难与麻烦。他们身历其境，无法逃避，必须随时随刻进行斗争。这种情况养成了大俄罗斯人小心注意自然环境的习惯，用大俄罗斯人的话说，叫作把眼睛睁大。他们行走时，常常环顾四周，试探脚下土地，可别一不注意掉进水里。自然环境发展了大俄罗斯人闪避小危险、小困难的能力，养成他们对不幸与贫困坚忍战斗的习惯。在欧洲没有一个民族像大俄罗斯人这样如此地未受自然的娇生惯养，如此地不奢望贪求，不期待自然及命运的恩赐，如此地能忍受一切。同时，由于地区本身的特点，任何一个角落，任何一个地点都给移民提出了困难的经济任务：不管他们定居在哪里，他们首先得研究这块地方，研究它的一切条件，找出最为有利的开发场所。在时令农谚中表现出来的大俄罗斯人民的令人惊异的观察力就是从这一切中发展起来的。

时令农谚 在农谚中，大俄罗斯自然环境中每年轮回的一切典型现象（常常是很难于捉摸的）却被捉住了，气候和经济方面的各种偶然情况被指示出来，农民经济每年轮回的整个轮廓被勾画出来。对一年四季[16]、每一个月、几乎每月中每一天的气候和经济情况农谚都有极其精确的描绘，同时在这些常常是以痛苦的经验为代价而取得的精确观察中既明白地反映着被观察的自然现象，也明白地反映着观察者本身。这儿，观察者既观察了周围环境，又思量了自身，同时又将自己观察到的一切都联系到教会日历，联系到圣者的名字和节日上去。教会日历是它对自然所作种种观察的备忘手册，同时也是它对自己的经济生活所作种种思考的日记。一月，是一年的开头，冬季的中心。在一月里，大俄罗斯人受够了冬季的严寒，开始取笑它。对受洗节日的严寒，他们说：任你噼啪响，受洗已经过去；随你刮与不刮，前面不是圣诞，复活节已快到来。可是一月十八日还有个阿法纳西节和基里尔节；阿法纳西节的严寒很有分量，大俄罗斯人泄气地意识到自己高兴得过早了：阿法纳西和基里尔给了我们个巴掌。一月二十四日是纪念圣克赛尼亚的日子：阿克西尼是半谷半冬神：冬天一半过去了，陈粮一半吃掉了。农谚是：欲知春如何，且看阿克西尼。二月是侧晒月，太阳打侧面晒过来；二月二日是奉献节，奉献节冰消雪融：冬天遇见了夏天，农谚是：奉献雪纷飞，春天雨淋淋。三月温暖，但不稳定：三月天是哄人天。三月二十五日是报喜节。这一天春天战胜冬天，熊起来报喜。农谚是：报喜节怎样，复活节后的一周就怎样。四月里土地返潮，刮着暖风。农民开始注意：农忙时节快要来了。农谚说：四月飕飕暖风起，农妇喜，农夫急，冬藏的白菜快完了。四月一日是埃及玛利亚节。这个节日的绰号是：清汤玛利亚。四月里就想喝酸菜汤了！四月五日是殉教者费杜尔的节日。费杜尔是风神。费杜尔一到，暖风就吹起来。费杜尔撅起嘴（阴雨绵绵下不停）。四月十五日是普德使徒节。这一天的规矩是：把蜜蜂从冬季暖房里拿出来，放在蜂场上，因为花开了。一到圣普德节暖房养蜂要不得。四月二十三日是圣者格奥尔基·波别多诺谢茨节。这一天同五月九日在经济及气候上有联系：叶戈里带露水，尼科尔有青草；叶戈里天气暖，尼科尔有饲料。五月到了。冬天的储粮吃光了。啊！五月，五月固然好，身上不冷肚里饥。冷天气偶尔还是有，而田里庄稼可真还没有。俗话说：五月，干草喂马吃，热炕自己躺。农谚是：五月下雨黑麦壮；五月天冷收成好。五月五日是殉教大圣伊里娜的节日。阿里娜是秧神：把菜秧种下去，把去年的草拔起来，免得妨碍新苗的生长。俗话说，阿里娜节一到莠草全除光。五月二十一日是康斯坦丁皇帝及圣阿廖娜太后的节日。太后这名字跟亚麻部分同音[1]，结果：在圣阿廖娜节要种亚麻，要种黄瓜；亚麻献给圣阿廖娜，黄瓜献给康斯坦丁。

  大俄罗斯人的其余几个月份也都在这类俗话、俏皮话、经济性的时令农谚，有时甚至"伤心的话儿"中度过：六月，粮囤已空，青黄不接，被叫作糟六月！接着七月是忙月，是工作月；八月，正当镰刀使得发热，河水却已发凉，所以，一到变容节（第二个救主节）手套要准备；接下来是九月，九月虽已冷，肚子饱胀胀，正是秋收之后；往下是十月，十月泥泞月，轮子滑木都难使，马车雪橇难通行；十一月是吃鸡月，因为十一月一日是科兹马和达米安节，妇女要宰鸡，因此这天也叫鸡子命名日、鸡子死亡日。最后，来了十二月，十二月是冰冻月，隆冬季节：一年要完了，冬天开始了。室外冷难当，且在家中坐，读书度日月。十二月一日是先知纳乌姆节，文化节：大家教孩子识字。俗话说："老爹纳乌姆，开导又启

---

  1 圣阿廖娜原文为 Алёна，CB.，亚麻原文为 лён。——译者

发。"天气越来越冷，东西冻得噼噼啪啪响的严寒到了。十二月四日是殉教大圣瓦尔瓦拉节。俗话说："噼噼啪啪瓦留哈，耳朵鼻子要保护好。"

　　大俄罗斯人手里拿着（应该说，心里记着）教会日历，就这样一边观察与研究，一年又一年周而复始地过着生活。教会让大俄罗斯人学会如何观察与计算时间。圣者和节日是他们观察与研究时的手册。他们不仅在教堂中记住它们，还从教堂带出，带回家中，带到田野，带往森林；并在节日的名称上加上自己的时令农谚，像是给老朋友取名一样。他们常取些不恭的绰号：例如：铁线莲阿法纳西，烂干草沙姆松（因为七月里下雨干草腐烂），刮风费杜尔，荞麦阿古里娜；此外对三月里的阿夫多季亚节说是门槛湿透，对四月里的玛利亚节说是烧起雪、做游戏。诸如此类，不计其数。大俄罗斯人的时令农谚既是他们的气象学，又是他们的农业读本，还是他们的言行录；他们本人连同他们的生活与观点，理智与情感在农谚中全部表现了出来；他们在农谚中又思维又观察，又喜悦又哀伤，而自己既嘲笑自己的哀伤，又嘲笑自己的喜悦[16]。

　　大俄罗斯人的心理　大俄罗斯人的民间农谚是非常古怪任性的，正如农谚所反映的大俄罗斯的自然环境是古怪任性的一样。大自然常常嘲弄大俄罗斯人的最小心谨慎的打算，气候与土壤的古怪任性常常使大俄罗斯人的最微小有限的期待也都落空，结果，谨慎的大俄罗斯人在习惯于这种失望之后，有时就不顾一切作出一个最属无望最不谨慎的抉择，拿本身的勇敢同样任性地对抗大自然的任性。这种逗弄命运，碰自己运气的倾向也就是大俄罗斯人的侥幸心理。

　　大俄罗斯人深信一点：必须珍惜明朗的夏天时光，大自然只给予他们很少一点宜于农作的时间，而且大俄罗斯的短暂的夏天还可能因意料不到的来得过早的连阴雨而再度缩短[17]。这种情况使大俄罗斯农民不得不抢快工作，鼓劲工作，在短时间内做完许多活，及时收割完毕，而后让秋天和冬天闲着。大俄罗斯人因此就养成了在短时间内超乎寻常地集中力量的习惯，习惯于很快地，拼命地，速战速决地干活，而后在不得不空闲下来的秋天和冬天里居家休息。在欧洲，没有一个民族像大俄罗斯族人这样在短时间内那么紧张的劳动；同时，在欧洲也似乎找不到像大俄罗斯那么一个地方如此不习惯于平稳、适度、经常而有节奏的劳动。

另一方面，地区的特点决定了大俄罗斯人分散居住的习惯。相距遥远、各自孤立的村庄生活在缺少交通设施的情况下自然不可能使大俄罗斯人养成联合起来以大单位合作方式行动的习惯。大俄罗斯人不像南罗斯居民那样，在彼此能相望的宽旷的田野上工作：他们是手拿斧头孤零零地在丛林深处和自然斗争。这是一种缄默的艰苦工作，对付的是外界的大自然，森林或荒野，而不是自己的情感或与别人的关系。所以，大俄罗斯人在独处的时候，在没有人看着他的时候最能工作，而最不习惯于与人协作。大俄罗斯人一般地都是孤僻、谨慎甚至畏缩的；永远独自想心思而不爱交际；一个人的时候比在众人之中要好；在事情开始的时候，在对自己还没有信心、在成功还没有把握的时候比已经有了成绩、引起别人注意的时候要好；没有信心与把握反而激发他的力量；成功反而减少他的力量。在他们[18]，克服困难、战胜危险与失败比之以机智与风度保持胜利要容易；做伟大的事情比之意识到自己的伟大要容易。他们是这么一种聪明人：在意识到自己聪明的时候，笨起来了。一句话，大俄罗斯人比大俄罗斯社会要好[18]。

照例是[19]，每个民族从周围世界以及从自己所经历的种种遭遇中所吸取而化为自己的性格的，并不是所有一切影响而只是某一些影响；正因为这样才产生了形形色色不相雷同的民族气质与民族类型,正如对光的吸收不一致而产生各种不同的颜色一样。与此相仿,民族也只是在某个角度看到周围环境,看到所经历的东西并在带有一定主观见解的他们的意识中把它们反映出来。国家的自然环境当然也不可能不对这个折射的程度与方向有所影响。不会筹划将来,不会事先订出行动计划并直趋预定目标,显著地反映在大俄罗斯人的智力性质,反映在他们的思想方式上面。生活的不稳定与多意外养成了他们议论已走过的道路多于设想未来,往后看多往前看少的习惯。在与意外的风雪与意外的变暖,意外的八月严寒与意外的一月泥泞的斗争中,他们变得更为谨慎而不是更为有远见;学得更为注意后果而不是更会树立目标,在自己身上养成的不是订方案的艺术,而是作总结的才干。这种才干也就是我们所说的事后聪明。俗话说,俄罗斯人事后最聪明,这完全是说的大俄罗斯人。不过,事后聪明并不是暗中聪明。大俄罗斯人在坎坷的道路上,在多意外的生活中摇摆不定、转弯抹角地走路的习惯常常给人以不爽直、不真心的印象。大俄罗斯人常常三心二意,结果看起来好像是表里不一。他们确是朝着直接的目标走去的,虽说常常是没有好好地想过,只是走的时候老是东张西望,结果走路的样子便像是在犹豫,便像是在闪避。事实上大俄罗斯人的谚语是这么说的:胳膊拗不过大腿!乌鸦才直线地飞。自然和命运产生作用的结果,大俄罗斯人养成了绕小道走上大路的习惯。大俄罗斯人的思想方法和行动方式跟他们走路一个模样。你说,你能想得出比大俄罗斯的乡村土道更为曲折更为蜿蜒的东西吗?完全像条蛇一样在爬行。你不妨试一试笔直地走去:包你要迷路,走来走去还在这条曲折的小道上[19]。

　　大俄罗斯的自然环境对大俄罗斯人的经济生活与民族性格所起的作用就是如此。

第十八讲

伏尔加河上游罗斯殖民的政治后果——安德烈·博戈柳布斯基王公及其对基辅罗斯的态度：将大公的家长权力转变为国家权力的尝试——安德烈在罗斯托夫地区的行动方式：他对近亲、对长系首城以及亲兵的态度——安德烈王公死后罗斯托夫地区的王公内讧与社会内讧——弗拉基米尔的编年史家对这种内讧发表的意见——弗谢沃洛德第三时代伏尔加河上游罗斯对第聂伯罗斯所占的优势——安德烈与弗谢沃洛德王公的政治成就对苏兹达尔社会情绪所起的影响——列举学过的事实

我们在进而研究伏尔加河上游罗斯殖民的政治后果时，必须常常记住，我们是在研究将在下一时期出现在我们面前的国家体制的最早与最深刻的基础。我现在就要把这些基础指出来，以便各位能更方便地注意到它们是如何锻炼成为成长中的新体制的。首先，伏尔加河上游的行政中心长期地在罗斯托夫、苏兹达尔、弗拉基米尔及特维尔等城市之间徘徊后，终于在莫斯科河上固定了下来。其次，罗斯北方许多封邑王公努力造成的新的统治形式在莫斯科王公身上得到充分体现：这是定居的世袭地主王公代替了南方的祖先——按顺序制统治罗斯国家的宗室王公。这一新的统治形式成了莫斯科国君的权力构成中根本的，也是最活跃的因素。我们现在来浏览一下历史事实，看这两个基础（先是新的政治形式，而后是新的国家中心[1]）如何慢慢地逐渐地显现出来。

安德烈·博戈柳布斯基　伏尔加河上游地区罗斯殖民的政治后果在殖民来潮最猛的苏兹达尔公国传到老王公儿子的手里，也就是在安德烈·博戈柳布斯基时代，就开始显露出来。这位安德烈王公本人就是显著地反映当时殖民活动的一位伟大人物[2]。他的父亲尤里·多尔果鲁基是莫诺马赫的一个小儿子，也是罗斯托夫地区这一支系王公的鼻祖。罗斯托夫地区就是在他的时代独立为一个公国的：在这以前，这块楚德人居住的偏僻地区只是附属于南方佩列雅斯拉夫公国[3]的一块土地。安德烈王公可能就是在 1111 年生于这个北方地区的。他是一位道地的北方王公，在习惯和观点上，在政治教养上都是名副其实的"林后"人，即苏兹达尔人。他大半生的时间居住在北方，根本没见过南方。他父亲让他治理克利亚济马河上的弗拉基米尔城。这是苏兹达尔一个小小的附城，刚建立不久。安德烈在这里做了三十年以上的王公，其间一次也没有去过基辅。南方的以及北方的编年史都没有提到过他，直到他的父亲和他的堂兄弟沃林的伊兹亚斯拉夫自 1146 年起发生激烈的争吵之后，这种情况才算改变。安德烈在 1149 年之后才初次在南方出现；这一年尤里打败了侄儿，坐上了基辅的大公宝座[4]。从这时起南方罗斯才开始谈论起安德烈来；南罗斯的编年史记载了生动地描绘他的特征的几个故事。安德烈也以自身性格和政治态度上的特点很快地在当时一大批南方王公中显露头角。他的骁勇善战不亚于劲敌伊兹雅斯拉夫。他常在酣战之中奋不顾身，单枪匹马深入险境，甚至连头盔打落都不在意。这在南方本不足为奇，经常的外患和内讧把王公们锻炼得个个都骁勇非凡。奇怪的是，安德烈能很快从军事胜利的陶醉中苏醒过来，在激烈的战役之后马上既是个头脑清醒的政客，又是个审慎行事的首长。在安德烈那里，一切都有条不紊，有备无患：你不可能给他个措手不及。在大家都慌乱的环境中，他能保持镇静。在随时随刻有所戒备,随时随地有条不紊这个习惯上,他像他的祖父弗拉基米尔·莫诺马赫。尽管他骁勇善战,但安德烈并不喜欢战争,在胜利之后,是他第一个向父亲说情,与战败的敌人讲和。南罗斯的编年史家对他这种性格非常惊异,说"安德烈不好武功(也就是说,不喜欢军事上的荣耀),而求神宠"。同样,安德烈也完全没有他父亲对基辅的那种狂热,他对罗斯众城之母以及对整个南罗斯根本不感兴趣。1151年尤里被伊兹雅斯拉夫打败,老泪横流,直是舍不得离开基辅[5]。这时已快到秋天。安德烈劝他父亲,说道:"父亲啊,我们在此已无事可做,还是趁热(趁天还热)走吧"。1154年伊兹雅斯拉夫死后,尤里才坐定了基辅大公位子,直坐到自己在1157年去世时为止。尤里把最可靠的儿子安德烈留在身边,安置在靠近基辅的维什哥罗德;可是安德烈并不喜欢待在南方。他未经父亲许可,偷偷奔回北方出身之地苏兹达尔,走时从维什哥罗德带走了从希腊运来的圣母显圣像,这个圣像后来成了苏兹达尔地区的主要圣物,叫作弗拉基米尔圣物。一部较后的编年史集给安德烈的这个举动作了如下解释:"安德烈目睹兄弟子侄以至整个宗室的混乱状况,极为不安:这些人犯上作乱,永无休止,人人都在觊觎基辅大公国,无人愿意相安无事,结果所有公国悉尽荒芜,人烟稀少;波洛夫奇人又自草原进犯,大肆掳掠;安德烈王公对此甚为痛心,因此,也不告诉父亲,决心返回故乡罗斯托夫与苏兹达尔,因为那里安静得多。"[6]尤里死后,基辅公位经过几个王公,最后到了尤里劲敌的儿子,安德烈的远房侄子沃林的姆斯季斯拉夫·伊兹雅斯拉维奇的手里。安德烈认为自己是长系,不服,等候时机派遣苏兹达尔民兵随自己儿子南下,许多不满姆斯季斯拉夫的王公也出兵前来会师。联军用"矛"和"盾"攻陷基辅,将全城洗劫一空(1169年)[7]。按编年史家的叙述,这次洗劫,连庙宇妇孺都无一幸免:"其时基辅城内哭声震天,人人悲痛欲绝,泪流不止。"[8]但安德烈虽以大军攻下基辅,并不到基辅来坐他祖父和父亲的公位:他把基辅给了弟弟格列布。安德烈的儿子让叔父在基辅即位之后,带着军队回北方老家向父亲报命;凯旋回朝自是无限光荣(北方编年史家这么说),亦受尽唾骂(南方编年史家添了一句[9])。

王公相互关系中的新特点 罗斯众城之母从未[10]遭受过这样的灾难。自己人洗劫基辅,这是基辅作为国家与文化中心已经衰落的突出表现。显然,政治生活跟人民生活并肩而行;甚至可以说,政治生活紧跟人民生活,按其轨道行进。这位北方王公现在刚一开始破坏南方王公从祖先那里承袭下来的种种观念与关系,当地生活的深刻变革就已清晰可见,一条血染的地带显露出民族的分裂,北方移民与他们离开的南方故乡之间的疏远早是既成事实:在1169年基辅失陷之前十二年,尤里·多尔戈鲁基一死,基辅城乡都曾发生过殴打尤里带来的苏兹达尔人的事件[10]。在格列布死后,安德烈把基辅地区给了斯摩棱斯克的几个侄子(罗斯季斯拉夫的儿子们)。长侄罗曼登上了基辅公位,罗曼的两个弟弟达维德和姆斯季斯拉夫被安置在附近的城市里[11]。安德烈自封为大公,但却仍住在北方苏兹达尔。一次,罗斯季斯拉夫的儿子们表现出不服从安德烈,他马上派使节送去一道严厉的命令:"罗曼,要是你们弟兄不听我的话,你自己就给我滚出基辅,姆斯季斯拉夫滚出别尔戈罗德,达维德滚出维什哥罗德;你们全给我滚回斯摩棱斯克,随你们去争去。"[12]一个大公,小兄弟们的义父对宗室说话如此不像一个父亲,不像一个长兄,这还是第一次。这种态度上的转变在罗斯季斯拉夫的最小也是最好的儿子"勇敢的姆斯季斯拉夫"看来最为痛心:在安德烈的一再逼迫之下他把安德烈派来的使臣的胡须头发全部剃光,放逐回去,告诉安德烈:"在此以前,我们一直把你当作我们慈爱的父亲，但你如果派人来讲那种话，根本不像对待王公而像对付藩臣或老百姓，那你想怎么办就怎么办吧，等上帝给我们评个是非。"〔13〕这样，一个新的政治字眼——藩臣便在主公中间被第一次说了出来。这也是最早的一个尝试，让王公间按长幼顺序形成的不很确定的宗族关系由幼必须服从长，幼和老百姓一样是长的臣民这种政治关系所代替。

苏兹达尔大公国的分立 这些就是在安德烈·博戈柳布斯基与南方罗斯及其他地区王公的关系中所暴露出来的一些不寻常的现象。在此以前取得长系大公称号必然就取得长系的基辅公位，两件事是不可分的。宗室成员中公认的长辈，总坐基辅公位；坐在基辅公位上的，总是宗室成员中公认的长辈：这是大家承认的正规体制。安德烈第一个把长系辈分同地方分了开来：他强迫大家承认他是整个罗斯国家的大公，但他又不离开自己的苏兹达尔领地，不到基辅去承继祖先的公位。伊兹雅斯拉夫所说的头儿与位子的一句名言不意在这里用上了：一般是头儿越小，越想爬上长系的位子；现在是长系头儿自己愿意待在小位子上。这样一来，王公的辈分，因为和地点分了开来，就取得了个人的意义，因而也就闪现出一种思想：给人以最高当局的权威。与此同时，苏兹达尔地区在罗斯国家所有地区中的地位也变了，苏兹达尔的王公对罗斯国家也取得了前所未有的关系。在此之前，一个王公进入长系并在基辅即位之后，照例放弃原先的领地，按顺序把它移交给另一个王公。因此，任何王公领地都只是某个王公按顺序轮到而暂时前来治理的地方，是宗室的财产而不是个人的财产。现在安德烈做了大公但又不放弃自己的苏兹达尔地区，结果就使这块地区失去了宗室财产的意义而成了王公固定的私人财产。这样也就使这块地区脱离了按辈分长幼顺序统治的范围〔14〕。这些都是安德烈在处理同南罗斯及其余地区的王公的关系中所出现的新现象：他这样做的企图是要变革罗斯国家的政治体制[15]。古代编年史家也都是这样看问题。他们所反映的当然也是安德烈·博戈柳布斯基的同时代人的印象。编年史家认为，从安德烈·博戈柳布斯基时起，本来一直是单一的基辅大公国现在分成了两个部分：安德烈王公连同他的北方罗斯从南方罗斯中分了出来，形成了另一个大公国——苏兹达尔大公国，并以弗拉基米尔城为全体王公的首都（大公公位所在地）[16]。

安德烈与宗室、城市及亲兵的关系 我们研究安德烈生前和死后在苏兹达尔国土上发生的事件，发现在苏兹达尔内部的体制中还有另一种变革也在进行的迹象。安德烈王公就是在自己家里，在管理自己领地的时候，也不是按陈规办事的。按照在王公宗族分成几大支而总的顺序制停止之后所实行的惯例，各支的长房王公仍应与本支最近的宗室共同治理属于这一支的地区，把这些人安置在本地区的幼系城市（幼城）里。可是[17]在罗斯托夫地区，因为处于移民潮流的动荡环境之中，一切惯例和关系都发生了动摇，甚至紊乱不清。尤里·多尔鲁基竟把罗斯托夫地区指定给自己的几个幼系儿子，而罗斯托夫和苏兹达尔这两个长系城市（长城）竟亦不按惯例，向他吻十字架宣誓保证在他身后接纳这些幼系儿子，但在尤里死后却又把长子安德烈请了来。安德烈本来非常孝顺父亲，但也违背了他生前的意志，接受了这些背弃誓言的人的召请[17]，而且他还不愿跟最近的宗室共同统治奉献给他的这块地区。他从这些兄弟手里截获遗产之后把他们当作敌手全部赶出罗斯托夫地区，而且没有忘了把侄子们也一起赶走。我们知道，罗斯国家所有长城治下的主要地区都是由两类贵族所统治的：服役人员和工商人士；他们是王公的行政工具或是王公的顾问或同事。服役贵族的成员是王公的亲兵和大贵族；工商贵族的成员是长城中非服役上层居民，所谓上等人,他们通过城市维切的民主组织领导本地社会。不过,工商贵族在12世纪中主要是以王公的对手而非同事的姿态出现的。这两类贵族在安德烈的父亲尤里的时代就可以在罗斯托夫地区见到,但是安德烈和苏兹达尔社会的这两个领导阶级都相处不好。按成规,他应该在自己领地的长城中居住,并在其维切的协助与同意之下治理这个城市。在罗斯托夫地区当时有两个有这种维切的长城:罗斯托夫和苏兹达尔。安德烈对这两个城市一个也不喜欢,结果去住在自幼熟悉的一个小小的附城,克利亚济马河上弗拉基米尔里面。这里没有举行维切的规矩。安德烈把全部心思集中在这里,巩固它,美化它,按编年史的说法"大兴土木",造了一座富丽堂皇的圣母升天大教堂,一座"美妙绝伦的圣母金顶楼阁",把自己从南方带来的圣母显灵像安放在内[18]。按某部编年史集的讲法,安德烈扩充这个城市,迁了许多机灵的商人和各种行业的工匠和艺匠到这里。这样,附城弗拉基米尔在安德烈时代就在财富和人口方面超过了本地区的长系首城。这种把公位从长系首城迁到附城的异常举动使罗斯托夫人和苏兹达尔人很为愤慨,他们抱怨安德烈说:"我们罗斯托夫和苏兹达尔是长系首城,弗拉基米尔只是我们的附城。"同样,安德烈也不喜欢长系的、父亲时代的亲兵。他甚至不叫大贵族们跟他一起游乐,不带他们一起打猎,而是命他们(按编年史的说法)"各自听便另找乐趣"。他只带少数少年亲兵出去打猎。最后,为了能个人独行其是,他在把兄弟和侄子们赶出罗斯托夫地区之后,又把父亲的"前茅武士",也就是显赫的大贵族赶了出去。安德烈的这种做法,按编年史家的说法,是想做全苏兹达尔国的"专制君主"[19]。为了这种出乎寻常的政治意图,安德烈付出了生命的代价,他死于他的严酷行为促成的一次阴谋之中。先是他处死了第一个妻子的兄弟,古契科夫维奇,朝内的一个重臣,结果死者的兄弟和其他朝臣制造了一个阴谋,在1174年刺死了安德烈。

安德烈王公的个性 安德烈这个人物浑身散发着一种新的气息;可惜这种新气息并不太好。安德烈王公是个严峻但又任性的君主,什么事情都按自己的心意去做,不顾陈规与习俗。他的同时代人[20]注意到他这种双重性格:力量里有弱点,权力中带任性,编年史家这么说他:"安德烈王公在一切事情上如此聪明,如此英勇,但以不能自持(也就是缺少克制自己的能力)而败坏了自己的意图。"他年轻时代在南方时在军事上表现得非常英勇,在政治上表现得非常明智,但后来在自己的博戈柳波夫城坐定不动之后竟做出不少蠢事:征集并派遣大批队伍时而去抢基辅,时而去抢诺夫哥罗德;他坐在克利亚济马的阴暗角落里向罗斯国家全境撒开玩弄权术的阴谋之网。先是把事情搞到这样的地步,使七千人的苏兹达尔军队被四百个诺夫哥罗德人在白湖地方打得个落花流水;然后又组织了一次对诺夫哥罗德的进军,结果诺夫哥罗德人出售苏兹达尔俘虏比羊价还贱三分之二。这种事情不必有安德烈那副头脑也都能做。他把父亲时代的大贵族都赶出罗斯托夫领土,用了这么一批仆从在身边,结果他们卑鄙地杀了他,还洗劫了他的宫殿来报答他的恩典。他笃信上帝、爱护穷人;在自己的地区建了许多教堂,晨祷之前亲自在教堂点蜡烛,像个勤恳的教堂主持,他派人在街上给病人和穷人布施饮食;他像父亲般的爱护自己的弗拉基米尔城,想使它成为基辅第二,甚至还特地设一位(俄罗斯第二位)大主教;他在城里建了一座有名的金门,打算出人不意地在本城的圣母升天节打开,向大贵族们说:"瞧吧,大家都来过节,抬头便见金门。"谁知到节日那天石灰浆来不及干,来不及凝固,门倒了下来,把十二个看客压在底下。安德烈王公向神圣的圣母神像祈祷:"如果你不救出这些人,我这罪人对他们的死就负有责任。"门被扶了起来,压在下面的人全部活着，毫无损伤。弗拉基米尔城对自己的保护人是感激的：弗拉基米尔人哭声震天地迎接被杀王公的灵柩，唱着送殡哀歌（歌声中可以听到歌唱死难壮士的历史歌曲的萌芽）。安德烈从1155年自维什哥罗德出走之后，在近乎二十年间寸步未离自己的领地，在那里建立了这么一种统治，但等他一死马上就出现了不可收拾的无政府状态；到处发生抢劫，凶杀；到处殴打行政长官、判官和其他王公官吏。编年史家沉痛地责备凶手和匪徒，说他们把事情做错了，因为有法律的地方总不免有许多"冤屈"和不公道的事。在罗斯，还没有一次王公的死带来这么多可耻的现象。原因应当从下列情况中去找寻：安德烈凭主观收罗了一批坏人在自己周围，对人缺乏辨别能力，蔑视习俗和传统。在谋杀他的阴谋事件中连他的续弦妻子也有份。她是卡马河上的保加尔人，安德烈对她的故乡不好，她为故乡报仇。编年史隐约地暗示，安德烈所处的社会环境十分糟："安德烈王公的家人恨王公，罗斯托夫和苏兹达尔地区对他也是一片痛骂之声。"同时代人本打算把安德烈看成新的政治理想的传播者，可是他的行为方式不由得令人提出问题，他是遵循负责的专制君主理应相当周密地考虑过的原则行事的呢，还是凭他个人的冲动，刚愎自用？通过安德烈王公，大俄罗斯人首次登上历史舞台，但决不能认为这次登台是成功的。在患难时刻，这位王公确实发挥过巨大力量，但在安闲岁月他却把精力耗费在琐碎小事和错误上面。安德烈的行为方式并非全属偶然现象，而是全与他的个性、他的怪脾气有关[20]。不妨认为，他的政治观念和行政习惯在很大程度上是由他在其中生长，在其中活动的社会环境养成的。这个环境便是安德烈在其中过了大半生的附城弗拉基米尔。苏兹达尔的附城在当时构成了由罗斯殖民潮流造成的一个特殊世界，其中种种关系与观念都是罗斯的旧地区所未曾有过的。安德烈死后发生的一些事件使这个世界昭然若揭。

  安德烈死后的内讧 安德烈死后，苏兹达尔国发生了激烈的内讧。就其根源来说，与旧基辅罗斯的王公内讧非常相似。发生了在基辅罗斯常发生的事情：小叔叔同大侄儿争吵起来。安德烈的小兄弟，米哈伊尔和弗谢沃洛德同侄子们，早已过世的长兄罗斯季斯拉夫的儿子姆斯季斯拉夫和雅罗波尔克发生了争执。这么一来，当地的居民就有了选择王公的机会。长城罗斯托夫和苏兹达尔以及罗斯托夫地区的大贵族邀请安德烈的侄子们；可是不久前成为大公国首都的弗拉基米尔城却邀请了安德烈的兄弟——米海伊尔和弗谢沃洛德，这就引起内讧。起初是侄儿们占上风，大侄儿得了本地区的长城罗斯托夫，小侄儿得了弗拉基米尔；后来，弗拉基米尔起来反抗侄儿们，反抗两个长城，重新把叔父们接来；这次叔父战胜了侄儿，两人分了苏兹达尔国，丢掉了长城，分别在两座幼城，弗拉基米尔和佩列雅斯拉夫尔就位。在大叔米海伊尔过世之后，内讧又在小叔弗谢沃洛德和长侄姆斯季斯拉夫之间爆发起来，因为弗拉基米尔人和佩列雅斯拉夫尔人仍然宣誓效忠叔父，而罗斯托夫人和大贵族们依旧拥护侄儿。姆斯季斯拉夫在尤里耶夫城下和科罗马夏河上的两次战斗中被击败，从此弗谢沃洛德便成了苏兹达尔国唯一的主人。苏兹达尔内讧的经过就是如此，前后共计两年（1174—1176年）。从经过情形来看，北方的这次内讧同南方的内讧并不完全相似：这次内讧中有些现象在南方的王公纷争中不曾有过。在罗斯南部的许多地区地方居民对王公们的纷争一般漠不关心。在那里，彼此相争的是王公本人及其亲兵而不是地区，不是地区社会；是莫诺马赫的儿子们同奥列格的儿子们斗争，而不是基辅地方或沃林领地同切尔尼戈夫国相争，尽管地区社会不由得不牵涉进王公及其亲兵的这些斗争之中。苏兹达尔国就不同。当地居民积极地参加了自己王公们的争吵。原先是附城而在不久之前成为大公公位所在地的弗拉基米尔支持叔父们。本地区的长城罗斯托夫和苏兹达尔则一致拥护侄儿们,两个长城甚至比王公自己更起劲,它们对弗拉基米尔表现得非常残忍。在其他地区,长城都为自己定出一项权利:在维切选举附城的行政长官。罗斯托夫人在内讧期间谈到弗拉基米尔时说:"它是我们的附城;我们可以放火烧掉它,也可以派个行政长官去;我们的瓦匠奴仆都住在那里。"显然,罗斯托夫人指的是被安德烈迁到弗拉基米尔去的匠人。但是弗拉基米尔附城也并非孤军作战:苏兹达尔地区的其他附城加入了它的行列。编年史家说:"佩列雅斯拉夫里人跟弗拉基米尔人一条心。"还有一个新的小城莫斯科,也倾向于这一方,只是因为害怕两位侄儿王公,才不敢公开参加战斗。地方上的对立并不仅仅限于长城跟附城为敌,这种对立深入社会内部,从上到下席卷了整个社会。苏兹达尔的全体高级亲兵全站在侄儿和长城一方;甚至弗拉基米尔城的一千五百名亲兵在罗斯托夫人的命令之下也都附和长城而反对弗拉基米尔市民所支持的王公[21]。如果说,附城里的高级亲兵站在长城方面,那么长城的下层民众却站到附城方面。在叔父们初次战胜侄儿之后,苏兹达尔人来到米海伊尔跟前,对他说:"王公,我们并没有跟从姆斯季斯拉夫对你作战,跟他的只是我们的大贵族,所以你别生我们的气,请你上我们这里来。"显然,这是苏兹达尔城的老百姓的代表在说话。这就是说,苏兹达尔地区的整个社会在斗争中并不是横向分裂而是垂直分裂的:两类地方贵族,高级亲兵和长城的上层非服役居民站在一边;长城的下层居民跟附城一起站在另一边。斗争的参加者之一,叔父弗谢沃洛德就曾直接指出过这种社会划分。在尤里耶夫战役前夕,他想避免流血,和平解决,派人去对侄儿姆斯季斯拉夫说:"老弟,如果你受的是高级亲兵的指使,那你到罗斯托夫来,我们在那儿讲和；是罗斯托夫人和大贵族们在指使你；我跟我兄弟则是受上帝以及弗拉基米尔人和佩列雅斯拉夫里人的指使。"

内讧基础上的阶级对立 在上述的内讧中暴露了当地社会不同成分以及它们之间的对立关系。我们看到王公叔父同王公侄儿在斗争；有维切的长城跟附城、幼城在斗争；当地社会的上层阶级、服役阶级和商人阶级跟下层居民（罗斯托夫称之为"瓦匠奴仆"）在斗争。但是，在这个表现为三种形式的斗争的深处隐藏着的是产生于当地社会构成的一种地方对立。要想理解这种对立的起源，就应该记住：罗斯托夫和苏兹达尔的城市显贵是这个边区的古罗斯居民，他们远在尤里王公在这里就位之前就由早期的殖民浪潮带到这里，而且已习惯于领导当地的社会。和尤里·多尔鲁基一起，也就是在12世纪初期，大贵族和高级亲兵又在苏兹达尔国定居下来，这是当地社会的另一个老阶级，也是领导阶级；它跟罗斯托夫和苏兹达尔的富商一起对附城进行斗争。至于附城，它正相反，居民主要是刚从罗斯南部到此不久的移民，其中大多数来自罗斯南部城市和乡村中的下层阶级。他们到苏兹达尔国之后同芬兰族土著相会，后者同样也是当地社会的下层阶级，这样，殖民浪潮就使下层阶级，城市和乡村的老百姓在苏兹达尔社会的人口构成中占了绝对优势。所以[22]在还保存着基辅罗斯亲兵及贵族观念与关系痕迹的古代壮士歌中，罗斯托夫—扎列斯基地方的居民被称为"林后农夫"，奥卡—伏尔加地方的主要壮士依里亚·穆罗米茨被称为"农民之子"就不无原因了[22]。这个优势在伏尔加河上游的北方地区破坏了罗斯南部各老区中的社会秩序所赖以支持的社会力量的平衡。我们知道，罗斯南部的社会秩序带着贵族的烙印：上层阶级政治上占优势，压迫下层民众。对外[23]贸易支持了工商界显要人士的社会地位；经常对外及对内的斗争巩固了军事、服役显贵（王公亲兵）

的政治地位。在北方，滋养这两个阶级的泉源枯竭了。同时，移民运动斩断了传统，把移民从原来在待着不动的地方借以维持社会关系的习惯与束缚中解放出来。12世纪时就表现得很突出的南方人不喜欢北方人的情绪，在最初显然并非出于民族的或地区的原因，而是有社会的根源，因为罗斯南部的城里人和亲兵恼恨斯默尔德和奴仆挣脱他们控制，跑到北方去；而斯默尔德和奴仆，不用说，也是以同样的感情来回报大贵族和"上等人"的，不管这些人是南方的还是自己林后的。这样，罗斯托夫地区上层阶级的政治优势就丧失了物质与精神的支柱；在斯默尔德平民的殖民潮流日益增强并改变原有关系与生活条件之后，这种政治优势必然引起社会下层与上层之间的敌对与冲突[23]。这种敌对也就是上述安德烈的兄弟与侄儿间发生内讧的隐秘的动力。通过罗斯移民与芬兰人土著两相融合而开始形成的本地社会的下层阶级，受王公纷争的影响而行动起来，反对上层阶级，反对这个社会中由来已久、已成正统的领导，将胜利献给了自己所拥护的王公。这么说，这并不是单独的王公内讧，而是社会斗争。因此，苏兹达尔国的这个贬低了两类本地贵族的内部变革，跟它之从顺序制中脱离出来的对外地位的改变一样，也和殖民潮流密切相关。

编年史家谈内讧 同时代的观察者，苏兹达尔国的人对上述事件的经过与意义，也同样认为是当地社会时代不同的阶层之间的斗争。上述王公内讧是由当时的一位编年史家记载下来的，他是弗拉基米尔城的居民，因此也是拥护叔父们和附城的。他把弗拉基米尔城的胜利归之于圣母，因为圣母的显灵神像就放在弗拉基米尔大教堂里。在讲述叔父们对侄儿们的第一次胜利以及讲述米哈伊尔回到弗拉基米尔的情况时，这位编年史家变成了宣传家，以有趣的想法叙述了他的故事："弗拉基米尔城欢天喜地，看到整个罗斯托夫地区的大公又到了自己这里。我们对圣母光荣伟大的新奇迹不胜惊叹。她挽救了自己的城市免于灾难,她鼓舞了自己的市民:上帝没有使他们感到恐惧,他们不怕两位王公及其大贵族,他们不在乎这些人的威胁,他们将一切希望寄托于圣母,寄托于自己的真理。诺夫哥罗德人、斯摩棱斯克人、基辅人、波洛夫茨人以及所有当局(领地的当局与长城)像举行贵族杜马一样举行维切:长城决定什么,附城就做什么。这里的长城罗斯托夫和苏兹达尔以及全体大贵族都有自己的真理而不想执行上帝的真理,他们说:我们高兴怎么就怎么,弗拉基米尔是我们的附城。他们反抗上帝,反抗圣母,反抗上帝的真理,听信挑拨是非的恶人,这些人对我们存心不良,因为他们妒忌这座城以及城市的居民。罗斯托夫人与苏兹达尔人不能更改上帝的真理,而只是想:自己是长城,一切可以为所欲为;但是,新的微贱的弗拉基米尔人明白真理在哪里,并坚决起来维护真理。他们对自己说:要么就是让米哈伊尔王公到我们这里来,要么就是为了圣母,为了米哈伊尔王公牺牲自己的头颅。终于上帝和圣母给了他们安慰:弗拉基米尔人靠上帝的保佑证实了真理,闻名于天下。"这就是说,当时的观察者在上述内讧中所看到的与其说是王公纷争,不如说是当地社会成员间的斗争,"微贱的新人"反抗上层阶级,反抗当地社会中旧的传统的领导人物——两类贵族:服役贵族和工商贵族。因此,苏兹达尔国罗斯殖民的后果之一是当地社会的下层社会战胜了上层社会。可以预见,苏兹达尔国的社会由于在社会斗争中取得了这个结局,必然能在较之旧基辅罗斯地区的社会制度更为民主的方向上发展;同时[24]这个方向必然对王公的权力有利,在南方,由于内讧,由于王公受制于维切长城王公权力已经一落千丈,振作不起。这样的转变在上述苏兹达尔内讧时期已表现得非常明显。在大叔米哈伊尔过世之后,弗拉基米尔人马上宣誓效忠于小叔弗谢沃洛德，不但效忠于他，而且还效忠于他的后辈。这就是说，他们为自己确立了王公权位世代相传的承袭制度，以反对顺序制，并反对由此而产生的长城在共同统治的王公中间进行挑选的权利。[24]

伏尔加河上游罗斯占据优势 我们再向前一步，则又碰到一个新的事实：苏兹达尔国对罗斯国家其余地区占了绝对的优势。在1176年战胜了两个侄儿之后，弗谢沃洛德三世任苏兹达尔国的王公一直到1212年。他的统治在许多方面是安德烈·博戈柳布斯基内外政治活动的继续。跟他哥哥一样，弗谢沃洛德要求承认他是整个罗斯国家的大公，同时也同样不到基辅去坐祖先的公位。他在遥远的克利亚济马河边统治着罗斯南部；基辅的大公都由他一手加封。基辅大公如果不听从弗谢沃洛德，不做他的臣下，那就坐不稳他的公位。这样就出现了两位大公：基辅大公与弗拉基米尔克利亚兹马大公，名义大公与实际大公，长系大公与更长的大公。按弗谢沃洛德的意旨坐在基辅的这位"臣下"大公是弗谢沃洛德的斯摩棱斯克的侄儿留里克·罗斯季斯拉维奇。这位留里克有一次向女婿，沃林的罗曼说："你也知道，不按弗谢沃洛德的意旨办事是不行的，我们不可能没有他，我们全都把他奉为弗拉基米尔氏族的长者。"[25]弗谢沃洛德的政治压力在罗斯国家最遥远的西南边疆都感觉得到。加里西亚王公弗拉基米尔，即雅罗斯拉夫·奥斯摩梅斯尔的儿子，在波兰帮助下坐上父亲的公位之后，立即投身于遥远的苏兹达尔叔父弗谢沃洛德的保护之下，以巩固自己的地位。他派人去对弗谢沃洛德说："父王！保我坐镇加利奇亚，我和整个加利奇亚都属于上帝和你，永远遵照你的意旨行事。"弗谢沃洛德的邻居，梁赞的王公们同样感到他的沉重压力，也是唯命是从，几次遵照他的命令派遣军队跟随出征。1207年，弗谢沃洛德查明几个梁赞王公意欲欺骗他，就把他们抓了起来，送到弗拉基米尔，另派遣自己的行政长官到梁赞各城市，并勒令梁赞人把其余王公连同王公夫人一起交出来。他把他们拘禁在自己城里，直到自己逝世。他把自己的儿子封为梁赞王公。当性格暴烈倔强的梁赞人（据苏兹达尔编年史家的形容）不服从他，背叛他儿子的时候，这位苏兹达尔王公下令把梁赞市民连同其家属以及主教全抓起来，分送到各城市，把梁赞城放火烧掉[26]。梁赞国可以说是被弗谢沃洛德征服的，而且被归入弗拉基米尔大公国[27]。别的邻居也同样感到弗谢沃洛德的沉重压力。斯摩棱斯克王公因在某件事上使弗谢沃洛德不悦，只得向他请罪。弗谢沃洛德对大诺夫哥罗德城也非常专断，一凭自己的好恶分封王公；他破坏当地古制；处罚当地"武士"而不予说明罪状。按北方编年史家的说法，一提起弗谢沃洛德的名字，天下战栗，他的威名扬于四海[28]。就是《伊戈尔远征记》的作者，12世纪罗斯南部的诗人和政论家也知道这位苏兹达尔王公的威力。他描述谢维尔斯克的英雄于草原战败之后所经受的苦难时，向弗谢沃格德说："弗谢沃洛德大公啊！请你自远方飞速赶来，把黄金的公位保卫；只有你能用桨使伏尔加河河水四溅，用盔作斝使顿河干涸。"[29]切尔尼戈夫诗人就是用这种诗的夸张词句来想象弗谢沃洛德的伏尔加水师及其陆上部队的。就这样，在12世纪初还是未开化的东北角落的苏兹达尔地区，到13世纪初就已成为凌驾全罗斯国家之上的公国。政治中心明显地从第聂伯河中游两岸迁至克利亚济马河河畔。这样的迁移是罗斯人从第聂伯河中游迁往伏尔加河上游地区的结果。

对基辅的冷漠 与此同时，又出现了另一个有趣的现象：在苏兹达尔社会和各地王公心中产生了对以往王公朝夕思慕的基辅的冷漠态度，对基辅罗斯的怜悯的轻慢心理。这在弗谢沃洛德身上已可看出，在他的小辈身上则更加明显。弗谢沃洛德死后，苏兹达尔国又发生了一次内讧。在弗谢沃洛德的儿子之间起了争执，起因在于他们的父亲作了一个不寻常的安排：弗谢沃洛德因不满长子康斯坦丁，把长位给了次子尤里。托罗佩次王公姆斯季斯拉夫·乌达洛伊（安德烈的劲敌勇敢的姆斯季斯拉夫·罗斯季斯拉维奇的儿子）为长兄抱不平，率领诺夫哥罗德及斯摩棱斯克的军队攻入苏兹达尔国。弗谢沃洛德的三个小儿子：尤里、雅罗斯拉夫和斯维亚托斯拉夫出来迎战。1216年，内讧以利皮察河上靠近波兰的尤里耶夫城的一次战役结束。在战役之前弗谢沃洛德的三个小儿子宴请大贵族，开始在三人之间事先瓜分罗斯国家，把它视为掌中之物。其中最长的尤里由于自己的长位，取了最好的领邑，罗斯托夫—弗拉基米尔，其次雅罗斯拉夫取了诺夫哥罗德，最小的斯维亚托斯拉夫取了斯摩棱斯克；至于基辅地方，好吧，随便哪一位切尔尼戈夫的王公拿去就是。从这里可以看出，现在，最好的属长系的地区是罗斯托夫和诺夫哥罗德这两块北部地方，而在一个半世纪以前按雅罗斯拉夫的分法它们还只是南方长系地区的附加物。当地社会的情绪也随之发生了变化："渺小的弗拉基米尔人"现在也瞧不起罗斯国家的其他地区了。在这次酒宴上一个年老的大贵族劝弟兄三人和长兄讲和，说他有姆斯季斯拉夫那样的勇将支持他。另一个弗拉基米尔大贵族，年纪稍轻，可能也喝醉了，起来反对。他对三位王公说："无论在你们祖辈，还是在你们父辈，没有一人带着军队进入我们强大的苏兹达尔国能完整地出去的；即使全罗斯联合起来——加利奇亚、基辅、斯摩棱斯克、切尔尼戈夫、诺夫哥罗德和梁赞等都联合在一起，也敌不过我们的队伍；他们现在这点军队，我们掷个马鞍就能把它压倒，举起拳头就能把它粉碎。"[29] 这番话三位王公可爱听。但是，隔了一天，这些吹牛大王被杀得落花流水，在战斗中丧失了九千人以上。这就是说，在苏兹达尔王公轻视基辅地方的同时，苏兹达尔社会中也发展了乡土的自负与傲慢感；这是安德烈与弗谢沃洛德王公政治上的胜利培养起来的，他们使这个社会感觉到自己的力量，感觉到自己的地区在罗斯国家的地位。

研究过的事实 我们研究从12世纪中叶起到弗谢沃洛德3世死时为止的苏兹达尔国的历史，每走一步都碰到新的出乎意料的事实。这些事实按着两条平行的路线发展，为苏兹达尔国创造了它在罗斯国家上空前未有的地位：一条路线改变了它对其他罗斯地区的关系；一条路线改造了它内部的结构。我们把这两条路线再讲一遍：起先是安德烈与弗谢沃洛德王公努力把大公的称号和基辅的大公公位分开，努力把苏兹达尔国变成自己永久的领地，把它从按顺序统治的地位中划分出来；其次是安德烈王公最早尝试以幼系宗族必须如臣下一样服从长系王公（将他视为专制君主）来代替行于宗族间的友好和睦的王公协议。在安德烈死后，长城和当地社会的领导阶级、王公亲兵与维切人士的政治优势在苏兹达尔国失落，而一个附城，安德烈大公的都城却在与长城的斗争中建立了世袭王朝。在弗谢沃洛德当政期间，这个地区对整个罗斯国家取得了绝对优势，它甚至史无前例地不顾任何顺序以武力并吞了别人统治的全部地区。同时，苏兹达尔王公和当地社会在意识到自己力量的同时也产生了对基辅的轻视，对基辅罗斯的疏远。这就是说，先前将罗斯国家的东北边区跟旧的国土中心基辅维系在一起的内部联系中断了。所有这一切事实都是罗斯人向苏兹达尔国殖民的后果。

第十九讲

13及14世纪罗斯国家情势一瞥——弗谢沃洛德三世的后裔所行的王公统治的封邑制——王公封邑——封邑制的主要标志——封邑制的起源——南方王公中划分世袭领地的思想——罗斯各地王公变成立陶宛政权下的臣民——雅罗斯拉夫长系各支中宗族传统的力量：15世纪末奥卡河上游王公与梁赞王公间的关系——封邑制的基本特点——封邑制能在弗谢沃洛德三世的后裔中顺利发展的原因——在苏兹达尔地区没有阻碍封邑制发展的因素

基辅罗斯的解体[1]　我们刚研究过的伏尔加河上游罗斯殖民的种种政治后果，在这个地区形成了新的社会关系的新结构。在伏尔加河上游罗斯的下一步历史中我们要注意的则是尤里·多尔戈鲁基及其儿子的时代所奠定的基础的发展。在转而研究这种发展的时候，我们要记住：在13及14世纪当这个新体制建立起来的时候，原来的顺序制所依赖并在其中起作用的历史环境已经踪影全无。雅罗斯拉夫及莫诺马赫的统一的罗斯国家已经不复存在，因为它已经被立陶宛和鞑靼人分裂。把这块国土联合成为一个政治单位似的圣弗拉基米尔宗族已经解体。它的长系各支已经绝代，或是已经衰落，带着祖宗的一些残余领地一起并入了立陶宛国家。加在他们身上的已是新的，异族的政治关系与文化影响。他们之间已没有共同的事业和共同的利害；甚至先前有关辈分高低，次序前后的一些宗族旧账和争执也都停止了。基辅，本是罗斯国家王公与人民关系以及政治经济和教会利害关系的集中点，在鞑靼人崩溃之后，它站起身来，现在看到自己已是别人国家内的一个草原边境小城，随时随刻有被掠夺的危险，随时随刻都得准备逃脱征服者的暴力。异族的生活制度就要在一处处已经荒芜、破坏殆半的古罗斯生活窝巢中建立起来。担负着复兴使命、继续着基辅罗斯破碎的民族事业的罗斯力量在奥卡河及伏尔加河上游芬兰人的森林中寻找避难所。

领导在这里建立起来的新的罗斯社会的责任落到罗斯王公宗族的三个小支身上：他们的宗族传统已经黯淡无光，他们的宗族关系已经全部断绝。这三支便是：出自切尔尼戈夫的雅罗斯拉夫家族的梁赞的雅罗斯拉夫后裔；罗斯托夫—苏兹达尔的弗谢沃洛德后裔；出自莫诺马赫家族斯摩棱斯克支系的雅罗斯拉夫的费奥多尔后裔。这就是曾"以丰功伟绩"挣得旧第聂伯罗斯国家的圣弗拉基米尔的为数可观的子孙到新的伏尔加河上游罗斯时期所仅剩的几支。这就是说，原先的制度在伏尔加河上游既无谱系基础，亦无地理基础。纵令新的社会制度在这里出自什么基础，至少这个制度也无须跟旧制度的残余进行斗争。

伏尔加河上游罗斯殖民产生的政治后果并不限于我们所研究过的一些事实。我们在进而研究弗谢沃洛德死后发生的现象时，又碰到了一个新的事实。这个新的事实可能是较之先前谈的一切事实更为重要，因为它是这一切事实产生合力的结果[1]。

伏尔加河上游罗斯的封邑统治制 旧基辅罗斯的王公统治制建立在辈分上面。弗谢沃洛德把长位不给长子而给次子的这种做法，表明辈分在这里已经失掉了它的真正的谱系意义而取得了外部规定的性质；已不是与生俱来的特权，而只是一种赏赐的或取得的乃至抢来的普通头衔。我们仔细看一看弗谢沃洛德后裔的统治关系，就可看到，在苏兹达尔国建立的一种新的王公统治制度，与原先的并不一样。在研究这种新制度产生的历史的时候，让我们暂时不要理会：在弗谢沃洛德的第一代后裔脱离历史舞台之前，罗斯曾被鞑靼人征服过（北方在 1237—1238 年，南方在 1239—1240 年）。在这次征服之后我们在苏兹达尔国观察到的现象实际上是从在被征服之前（在 12 世纪）就已起作用的各种条件中不断发展出来的。基辅在 12 世纪末就已失掉作为罗斯国家中心的意义，在鞑靼入侵以后则彻底没落了。克利亚济马河上的弗拉基米尔对弗谢沃洛德的后代来说在长系大公公位方面接替了基辅的位子，并且是伏尔加河上游罗斯的政治中心[2]；基辅仍是教会的行政中心，但仅保留了短短一个时期。在弗拉基米尔公位的承继方面，弗谢沃洛德的后裔一般还是按先前的辈分顺序。在康斯坦丁·弗谢沃洛多维奇恢复了被他父亲摘掉的长位以后，弗谢沃洛德的儿子们还按着辈分顺序在弗拉基米尔当朝：先是康斯坦丁，其次是尤里，再次是雅罗斯拉夫，最后是斯维亚托斯拉夫。在弗谢沃洛德的孙子一代也遵守着这样的制度。在和鞑靼人的战斗中长系的康斯坦丁的以及尤里的儿子们（除康斯坦丁的一个小儿子外）全部战死了，因此弗拉基米尔的公位就按顺序给了弗谢沃洛德的三子雅罗斯拉夫的儿子们：其中是（在次子安德烈被鞑靼人赶走之后）长子亚历山大·涅夫斯基，而后是三子特维尔的雅罗斯拉夫，最后是幼子科斯特罗马的瓦西里（死于 1276 年）[3]。这就是说，直到 13 世纪的最后二十五年，弗拉基米尔公位的承继还是按着原先的顺序制，其间虽也有不遵守的时候，但这种情况在苏兹达尔这地方并不比在旧基辅罗斯多。长系的弗拉基米尔地区是弗谢沃洛德后裔的公共产业，是按辈分顺序统治的；此外苏兹达尔国还成立了几个幼系的邑（幼邑），由弗谢沃洛德的幼子们统治。这些幼邑的统治采取的是另一种制度，并不按照辈分顺序。幼邑不按顺序制，不按出生次序传位，而是父子世代相传。换句话说，是直线往下传，并不间断；不是由兄到弟，由小叔到长侄地那么曲折相传[4]。这种统治制度改变了幼邑的法律性质。过去在南方，除了特别划出来的孤儿封地之外，所有公国都是王公宗族的公共产业，王公们只是按着辈分顺序的临时统治者。现在在北方，幼系公国成了某个王公的永久独立产业，个人财产，或由父亲本人指示或按常例传给一个儿子。在王公领地的法律性质起变化的同时，领地本身也出现了新的名称。在旧基辅罗斯，交给王公们的部分罗斯国家一般叫作邑或领邑，是临时性的领地[5]。自13世纪起在弗谢沃洛德家族中用苏兹达尔国分成的那些幼邑叫作世袭领地，后来叫作封邑，是永久的、世袭的独立领地。我们将把这种在北方建立的新的王公统治制度叫作封邑制，以别于顺序制。这种制度的标志在13世纪弗谢沃洛德儿子的时代就已出现。

封邑制的主要标志　封邑统治制度，这是苏兹达尔罗斯往后的全部历史现象所从而发生、发展或在其影响之下发生、发展的基本事实和出发点，15世纪中叶以前在这里形成起来的政治生活就建筑在这个制度上面。首先有两个标志标明这个制度的建立。第一，王公们的经常调动停止了：他们成了坐镇一地的统治者，永远住在自己的封邑城市里，死也死在那儿；甚至按辈分轮到接任大公公位时，也都不离开这里[6]。第二，王公继承制度，王公将领地传给继承者的方式变了。在旧基辅罗斯，王公不能自己决定将领地传给别人，甚至是自己的儿子，如果按辈分还轮不到他继承的话；而13、14世纪的北方王公则是所领领地的永久领主，由自己决定把领地传给儿子；没有儿子时，可以传给妻子或女儿，甚至给按辈分轮不到的远亲。在13、14世纪的文献中我们能找到不少这种没有直系继承人时传给外人的例子。1249年雅罗斯拉夫尔的封邑王公瓦西里·弗谢沃洛多维奇（弗谢沃洛德三世的曾孙）死了，遗下一个独生女玛丽亚女王公。这时，斯摩棱斯克的王公们，在分世袭领地的时候，得罪了自己的小兄弟莫查伊斯克的费奥多尔。费奥多尔出走雅罗斯拉夫尔，娶了孤女女王公，同时也就从她手里得了雅罗斯拉夫公国，成了一个新的王朝的始祖。弗谢沃洛德三世的第三个儿子雅罗斯拉夫分得佩列雅斯拉夫领地为封邑，死后由长子承袭。1302年佩列雅斯拉夫王公伊凡·季米特里耶维奇去世，他没有子嗣，把封邑遗赠给邻居莫斯科王公达尼尔。莫斯科大公骄傲的谢苗在1353年死的时候，把封邑传给妻子；后来她再转给小叔伊凡。这就是苏兹达尔国幼系地区建立新的王公统治制度的标志。

新制度的起源　现在我们来尝试说明这个制度的历史起源。我们在研究11—13世纪南方第聂伯河和北方伏尔加河上游王公之间的统治关系时，发现一个明显的不相一致的情形。在11、12世纪旧基辅罗斯时代，不分割地共同统治公国的思想是王公统治关系的准绳，甚至在宗族关系相隔极远的王公之间亦不例外。隔开两代、三代的雅罗斯拉夫后代都还清楚地意识到自己是一个统治宗族的成员，一个祖宗的子孙，要由大家一起，按辈分顺序来统治祖先的领地和产业：罗斯国家。这种统治者间的团结一致，这种不分割地共同统治的思想在弗谢沃洛德的后代中是见不到的；即使在近亲之间，堂兄弟甚至亲兄弟之间亦是如此，因此尽管是近亲，弗谢沃洛德的子孙还是赶忙将自己的世袭领地分成若干独立的可世袭的小块。弗谢沃洛德的子孙似乎比雅罗斯拉夫的子孙更快地忘记了自己的祖父。这种分散统治的方式怎么会在弗谢沃洛德的后代身上发生得如此之快？是什么原因，哪些条件促使北方的王公们不顾统治者们的亲属关系，在统治上竟如此互相疏远？现在[7]我们首先得搞清楚这个问题的实质，像我们在解决顺序制发生的问题时一样。

南方的王公 王公封邑是封建王公的世袭领地。世袭领地这个词以往西南罗斯时代的王公也用,只是有几个意义。整个罗斯国家是"领地和产业",属于整个王公宗族。就较小的范围说,某支王公在某个地区固定了下来,这个地区便是这支王公的领地;就更小的范围说,父亲曾任某个地方的王公,儿子也在这里任王公,即把这个地方称作世袭领地,尽管父子之间还隔着别人在这里当过王公。在这一切意义上,世袭领地的概念里就是不包括下述标志:即根据遗嘱获得的个人连续不断继承的领地。不过,在西南王公的头脑里也并非没有过实行这种统治的念头。沃林王公弗拉基米尔·华西里科维奇1289年死的时候没有子嗣,死前以遗嘱方式把公国传给小的堂兄弟姆斯季斯拉夫·达尼洛维奇,越过了大的堂兄弟列夫。这里就发生了问题:是不是仅凭立遗嘱人的意志就可以取得统治权?继承者认为必须在弗拉基米尔城的大教堂里召集大贵族和市民,宣读在病中的堂兄所立的遗嘱。只是编年史对这种宣读遗嘱的庄严仪式有无法律意义未作任何评述;只说是"老老小小全都"听了遗嘱。是不是在征求大贵族与市民的同意呢(包括默认在内),还是只是通知大家一声?布列斯特城不服从弗拉基米尔王公的遗嘱,宣誓效忠于他的侄子尤里;继承人把这种举动看成"造反",看成叛国之罪。尤里的父亲威胁尤里,要剥夺他的继承权,如果他不离开布列斯特,就把公国让给其亲叔父姆斯季斯拉夫。这儿按辈分顺序的思想已经看不到了。不过,从这一切现象上看,还不能说13世纪时在沃林已经真正实行了封邑制。弗拉基米尔的指示得到了达尼尔的长子列夫的同意;达尼尔的儿子们对待弗拉基米尔就像对地方上的大公一样。小的堂兄弟和侄子对他说,他们把他当作父亲;大的列夫和儿子向他请求,把布列斯特给列夫,像过去基辅的大公馈赠亲族一样。遗嘱本身也并不是立嘱人个人的单方面行为,而是一种"协定",是他和选中的继承人之间的协定;他派人去对继承人说:"老弟,上我这儿来,我要跟你就一切立个协定。"这些都是过去基辅在王公关系方面所行制度的残迹。塔季谢夫在他的编年史汇编里引用了一张来源不明的通告,是这位弗拉基米尔王公的祖父罗曼于1203年在接任基辅公位时分发给各地王公的一份文件。罗曼在其他事情之外建议将基辅大公公位的更替制度改成"如其他秩序良好诸国所行一般",而地方王公也不把自己的地区分给各个儿子,只将公位连同全部领地传给长子一人,少子们各分一个城市或领地维持生活,但"均在长兄统治之下"。地方的王公们不接受这个建议。在13世纪初,公位直线下传既非一般事实亦非公认规则,罗曼的长子继承制思想显然是受了欧洲封建制的影响[7]。不过[8],把公国看成王公个人财产的观念在当时罗斯南部王公的头脑中已经萌芽,但其作用只等于一种革命性的要求,同时给罗斯国家带来了极大的不幸。在《伊戈尔远征记》中有很显著的一段话:"王公们跟异教徒作战的力量削弱了,因为弟兄们彼此都说:这是我的,那也是我的,王公之间开始为一点小事而用这般大的字眼,自己人造自己人的反,结果异教徒自四面八方长驱直入我罗斯国家。"[8]

西部的王公[9] 在俄罗斯西部,由于环境而产生的思想并未发展成为制度。同时,即使环境不相同,那里的思想是否会发展成为制度,也很难说。总之,臣服于立陶宛这一事实给那儿的王公关系造成的环境,促使这些关系完全朝着一个特殊的方向行进。不管分权过程在立陶宛—罗斯国家中进行得如何胜利,这种分权过程始终没有达到封邑制分割的细碎程度。大公驾临于地方王公之上,并不置身于他们之中,而且不是众封邑王公中唯一的长者,——这些正好是另外半个罗斯中的封邑制的重要特点。立陶宛大公赏赐领地可以是"永久的",也可以是"凭主上之意愿",暂时领有。永久赐领这种做法取消了顺序制,或是不承认有这种制度;暂时领有则否定了封邑制的基础,两种做法同样都把受赐者降为服役王公,负有"从此为我忠诚服务"的义务。相反地,宗室共朝王公,或是封邑王公则不是谁的臣子。因此,14、15世纪立陶宛—罗斯国家的地方王公只能在特定条件下称作封邑王公,因为没有一个适当的字眼能表示他们那儿所形成的那种独特的关系。

奥卡河上游的王公 在立陶宛—罗斯国家中有一个角落,它的特殊生活条件使我们有可能来猜想:假定听任罗斯西南部的王公们在那两个世纪里自由发展,他们将怎样安排自己的生活。这一个角落便是切尔尼戈夫的圣米哈伊尔的后裔:别廖夫、奥多耶夫、沃罗登斯基、梅泽茨等王公统治的奥卡河上游地区。他们自14世纪中叶起臣服于立陶宛,但因为地处边境,也就能以自己的世袭领地同时侍候"双方":立陶宛与莫斯科。这些因自身地位不足道而避免了外界干涉的王公在自己祖先的产业上直到15世纪末都还遵守着古老的陈规,继续在"按宗支、按辈分继承大公领地"上互相争吵,对"谁应得大公领地,谁应得封邑"的问题进行协商。这样一来,就是封邑(小王公领地)的归属也并不由继承法决定,而仍然是以决定宗族顺序(自然的顺序或约定的顺序)的协议来确定的和12世纪中所实行的一样。不用说,这些王公根本不可能把从遥远的古代传下来的概念应用到自己实际的地位上来:事物的趋势在促使他们走向分散统治;可是,他们一面坐在自己一份小小的父业上面,一面还在那里为"按宗支按辈分"顺序当朝的问题喋喋不休,忙个不停。他们继续着远祖所行的政策,以协议支持着已经衰落的宗族古制。这种手段固然支持着古代制度,但同时也在把这个制度的自然基础从底下抽走。

梁赞的王公 我现在还要和你们谈谈另一个可以说是很小的

例子，以说明雅罗斯拉夫宗族长系的几支王公政治意识上的顽固不化。切尔尼戈夫的一个分支，梁赞国的王公因为处于边远地区，并从整个顺序制中独立了出来，所以跟加里西亚的王公们一样，较之实行顺序制的共朝宗族在接收分散继承领地的思想方面要来得早。同时，这些王公在内讧中的野蛮程度在罗斯南部的留里克的子孙们中也很少见，在那样的内讧中，任何和睦友爱地共同统治祖先产业的念头必然被消灭得干干净净。最后，梁赞公国自弗谢沃洛德三世时代起（常常也是在强大的压力之下）就先是跟相邻的弗拉基米尔公国，后来跟相邻的莫斯科公国密切往来！而这两个公国已巩固地建立了封邑制度。15世纪末，梁赞国由瓦西里耶维奇家两兄弟伊凡及费奥多尔统治，伊凡是哥哥，称大公；费奥多尔是兄弟，是封邑王公。不过两人讲明了，两个公国严格分开，各自向下传代。可是，两人也预见到了他们之中可能发生绝代的情况。在实行顺序制的时候，连有绝代公国的想法也都不会产生：某个王公如果没有后代，永远有排好次序的旁支继承人在等着。自从顺序制在封邑制中衰落以后，绝代公国就必然会引起误会和争吵。按封邑制的思想，王公是全权的所有主，如果没有子嗣，可以将公国遗赠任何宗族，不必管什么远近。只是，在近亲方面当然很关心别让公共的、祖先产业落入旁人之手，所以也就倾向于拿亲族的团结这种道德要求来对抗单纯的财产法权。两种如此不同制度上的思想碰在一起，在弗谢沃洛德家族，特别是它的特维尔分支中就产生了争夺绝代公国的残暴内讧。在莫斯科，绝代的事件在季米特里·顿斯科伊时代就由他为自己过世之后的家庭成员作了安排：所有有继承权的儿子们如无子嗣，死时处理领地都要受一定的限制：长子，大公的封邑应完整地传给下一个兄弟，这个兄弟继任为大公；幼系封邑绝代之后应凭母亲意旨在死者的兄弟中分配。这一个办法并不是家族共同统治的回声，而倒是彻底否定了共同统治，表现了机智与远见：封邑脱离顿斯科伊家族而落入外人之手的可能性没有了；跟其他宗族的一切关系都断绝了。在顿斯科伊之后一百年的两位梁赞王公可就没有这样做。无子嗣的王公死时如无遗嘱，封邑自然就归兄弟，或兄弟的儿子。但这两位王公感情不好，彼此互不信任，因此大家都怕对方死时没有子嗣会将所领的一份父业遗赠远房亲族，因而在1496年以协定彼此约束：在无子嗣的场合"不能以任何欺诈方式"不将封邑送给兄弟。但是他们没有预见到，或是预见了而故意不规定这样的场合：有儿子的死在没有儿子的之前。结果是哥哥先死，遗下一个儿子；无儿子的兄弟费奥多尔利用协定上的疏忽或故意的含糊，未以任何欺诈方式就把自己的封邑遗赠给了舅父莫斯科大公，而没有给嫡亲的侄儿。封邑制的遗嘱法在这儿间接支持了产业占有上宗族团结的传统：费奥多尔王公的遗嘱能让母系亲族得益，母系亲族能占父系亲族（而且还是向下传的父系亲族）的上风，只是因为梁赞王公和莫斯科王公之间有着总的宗族关系：如果说费奥多尔王公的母亲不是莫斯科王公伊凡的姐妹，而是立陶宛王公卡齐米尔的姐妹，他也会那么做吗？

西南地区宗族传统的力量　我所以谈得如此详细，为的是让大家清晰地看到在我国历史第一第二两个阶段衔接之处罗斯国家西南东北两大块土地上已开始的政治变革。梁赞王公的这张遗嘱跟沃林王公弗拉基米尔·华西里科维奇的举动很相像，沃林王公的遗嘱不把公国传给大的堂兄弟而给小的堂兄弟。13世纪时，以个人意志传让家族领地的法律在南方还是一种僭越或侵占行为：不过弗拉基米尔用旧制度的习惯形式，即采取了跟继承人协议，由其他近亲乃至大贵族、都城等同意的办法。把出自个人意志的行为遮盖了起来。在法律的旗帜掩护下过关的僭越行为成了一个先例，取得了不仅是偷换法律，而且还有废除法律的力量。顺序制也就这样谨慎地、困难地在南方第聂伯河地区逐渐瓦解，转变为新的世袭制。只是，转变的过程不及完成，就被立陶宛的统治所截住，推在一边，搁置起来。不过，就是没有这个外来压力，新制度在罗斯西南部也会遭到内部的社会力量：大贵族、城市和许多王公的反对，因为新制度对他们不利。大贵族和城市已习惯干预王公关系，自己意识到自己在时局中的作用，已习惯于既成的体制。同时，不少于半数的王公在政治思想上都是保守的。

东北地区封邑制的主要特征 在伏尔加河上游地区，人的头脑和事态进展都比较灵活。可是就是这里也不能完全摆脱基辅古制的影响。弗拉基米尔城之于苏兹达尔的弗谢沃洛德后裔很久以来就等于基辅之于老辈雅罗斯拉夫的后裔：是公共的产业，按辈分顺序统治。不但如此，随着弗谢沃洛德家族的繁殖分衍，弗谢沃洛德的儿子一辈所形成的封邑又开始分裂为一批批的封邑，这些封邑之中又分出一些长系的领邑，跟第聂伯罗斯时一样：在弗拉基米尔大公之下又有了特维尔、尼日哥罗德、雅罗斯拉夫三个地方性的大公。不过，就在这方面，基辅的传统也是断了：在一些争执和摇摆之后，地方性的长系公位一般也都为各支的长房所占，并获得了向下传代的封邑制继承权。第聂伯和伏尔加上游两个地方的情况走着彼此相反的方向：在第聂伯，长系公国都支持在幼系领邑中按顺序制共同统治的制度；在伏尔加河上游，按遗嘱分产继承的制度从幼系领地——封邑扩及长系公国。这样一个差别体现了王公统治权方面一个相当急剧的转变：法律的主体以及统治的制度、方式都变了。在过去，罗斯国家被认为是王公宗族的公共产业，宗族是这份产业的集体的最高掌权者；个别王公只是这个集体权力的一分子，只是某个领地的暂时的统治者。但在这个集体权力的组成中，对土地并没有一种像地主对自己土地那样的土地所有权的思想。无论是按顺序制统治自己的领地，或是根据相互之间的协议以及同邑城的协议统治自己的公国，王公们在公国中实际运用的都是最高权力；无论全体王公作为一个整体也罢，或是个别的王公也罢，从没有人以处理所有权的方式来处理领地，没有人出卖领地，没有人典当领地，没有人把领地给女儿作嫁妆，也没有人把领地放在遗嘱里处理。罗斯托夫地区是弗谢沃洛德后裔的公共产业，但它已不是集体的、共有的产业。它分裂成为许多单独的领地，彼此不相统属；这些领地是其统治者个人的世袭财产，他们像君主一样治理公国中的自由居民，公国的领土就是他们的私产，他们拥有处理私产般的全部权利。这样的统治我们称之为充分发展的最纯粹的封邑统治。这种充分发展与最纯粹的封邑统治我们只在13到15世纪伏尔加河上游地区弗谢沃洛德后裔的产业中见到。所以，在封邑制中，掌权人是个人而不是宗族，王公统治成了分散的统治，并不丧失最高的权利，但又跟个人私产的种种权利结合了起来。在这一复杂的结合中，我们要想法阐明促使弗谢沃洛德后裔世袭领地王公统治分散的地方条件，以及促使把封邑看作封邑王公个人私产的看法赖以产生的种种地方条件[9]。

封邑制的地理基础　首先我们要在造成这种制度的地域特性中找些条件。基辅罗斯王公统治的宗族团结有其地理特点，也就是有其物质存在的条件作为支柱。旧基辅罗斯本身是块完整的国土：地理、经济、法律、宗教、道德等各式各样的关系把这块国土的各部分紧密地连结在一起。严格说，这个罗斯就是第聂伯这条河的流域：我们曾经把这条河比作那几个世纪中罗斯国民经济活动的大干道，河上向东西两面分叉的无数支流我们称之为这条干道的支线。古代基辅罗斯的经济、政治体制就建筑在这样一个地理基础上面。

现在我们来看看 13 世纪时伏尔加河上游罗斯的情况是怎样的。在这里我们首先看到的是向不同方向流着的大小河流构成的密网。在这个河网上居民们向各方四下分散。居民的分散情况不容许在苏兹达尔地区建立起任何政治的或经济的稳固中心，离心力在这里肯定地压倒了向心的条件。居民们在河网上分散开去，首先是沿着干燥的河岸定居下来，因此，沿着河流都拖着长条的居民点，极像是森林与沼泽之海中一连串延伸着的岛屿。这样形成的河流地区相互之间又被难以通行的辽阔丛林所阻隔，因此，殖民的结果在伏尔加河上游罗斯建立的许多小型的河流地区，就为封邑制的分割局面预备好了现成的框子，并支持封邑制。在封邑王公需要将世袭领地分封给继承人的时候，居民分散居住的地理条件给他预备了一分再分的现成基础。这种[10]散居的情况造成彼此之间极少交往，并从而导致了政治上的割据。政治制度归根到底总是反映制度本身所加以支持同时亦受其支持的个人利害与个人关系的总和以及总的性质。封邑制也就是伏尔加河上游罗斯居民来到这些新地方安家而还没有熟悉边区生疏的条件与周围老居民时所处孤独境地的部分反映。所以，分散的王公统治在这里跟居民散居的地理条件是密切联系着的，而居民的分散本身又是受着地区特点以及地区殖民进程的影响的。在这些条件之下形成的生活的总性质，连同国民经济生活的停滞不振，利害与关系的过分分裂与尚未协调，以及社会意识的空虚同样地也削弱了王公阶层中，弗谢沃洛德的头几代中宗族团结的情感。这就是封邑制的地理基础：这个基础否定性的成分较重，与其说是它巩固了新的生活体制，不如说它促进了旧体制的瓦解。

政治基础 封邑作为封邑王公私人财产的观念如何产生应从由边境殖民所引起的其他因素中去找[10]。殖民使伏尔加河上游的王公和他们的公国处在旧基辅罗斯所未曾有过的关系之中。在基辅，头几个王公出现在罗斯国家的时候，社会体制已在他们之先形成，对他们说来这是现成的。他们在治理罗斯国家时，对外抵御敌人，保卫国土；对内维持社会制度，使其完善，视时代的需要给这个制度确定一些细则。但是，他们不能说，是他们给这个制度奠定了基础；不能说，是他们自己创造了他们所治理着的社会。旧基辅社会比基辅王公们时间久远。伏尔加河上游罗斯的王公们在殖民的影响之下对自己的看法完全不同，对所治理的社会的态度也不同。这里，特别是在北方伏尔加河上游，当第一位王公到封邑来的时候，所见到的通常总不是放在那儿等他来治理的一个现成的社会，而是一片荒漠，刚开始有人居住，一切都待开拓，待安排才能把它建成一个社会。而今王公看着自己这块地方繁荣起来：茂密的丛林被开辟清除，移民在"新地"上定居下来；建成新的村落，产生新的行业新的收入流进王公的库房，这一切都是王公自己领导的，他把这一切看作是自己亲手开创的事业，是个人的创造。这样，殖民过程就在一大批王公支系的头脑中培养起相同的思想，他们对自己跟封邑关系的看法是相同的，对自己在封邑中的行政作用持一致的看法。尤里·多尔戈鲁基开始建设苏兹达尔国，他的儿子安德烈·博戈柳布斯基继承了他的事业，难怪他要自夸，是他使苏兹达尔国布满了城镇，是他使苏兹达尔国如此人丁兴旺。安德烈王公在提到他父亲的工作以及他自己所出的力气的时候也能当之无愧地说，是我们父子俩创造了苏兹达尔罗斯，建立了苏兹达尔社会。这样的观点[11]你说不是安德烈·博戈柳布斯基跟罗斯南部疏远的主要原因吗？不是他想把自己这块北方领地独立于罗斯南部之外的主要原因吗？他感到自己是这块领地的地道主人，也就不愿意与他人共领这块土地，也就想把这块土地从王公宗族共同统治的范围中拉出来[11]。弗谢沃洛德对苏兹达尔国的看法以及做法都和他的长兄一样；他们的思想与行动方式也就成了弗谢沃洛德子孙们的祖训[12]。这是我的,因为是我开辟的,是我取得的:这就是殖民过程使伏尔加河上游罗斯的头几个王公对待自己的公国所养成的政治观点。这个思想就成了把封邑看成是统治者私人财产的观念的基础。这种观点[13]由父亲传给儿子,成了苏兹达尔莫诺马赫后裔世传的家庭习惯。他们无论在建立自己的世袭领地或在处置它们时都遵照这个观点。封邑制的政治基础就是如此。王公领地个人世袭的观念是由13和14世纪伏尔加河上游地区殖民过程所造成的王公对待其公国的态度中产生的[13]。

结语 所以,封邑制是建筑在两个基础上的:地理基础及政治基础。封邑制是地区的自然环境及其殖民过程的合力所创造出来的。(一)在伏尔加河上游罗斯的物质条件的协同动作之下,这里在殖民过程中建立了许多彼此隔离的小块的河流区,它们成了这地方政治划分(也就是小块分封)的基础。13和14世纪时伏尔加河上游的小封邑都是河流流域。(二)在这些地区的殖民过程的影响之下,封邑的第一代王公所习见的领地并不是已有相当建设规模的现成社会,而是一片荒漠,有待于他来殖满人口并建设成为社会。把王公看成是封邑的私有者的概念是王公起了本封邑的殖民者和建设者的作用而产生的法律后果。这就是我对14世纪在北方伏尔加河上游建立起封邑制王公统治的历史渊源的解释。

并无阻碍[14] 此外还得附带说明,在这里,这个新制度并不需要跟什么对抗力量进行斗争,并不像在南方,在最初尝试实现分散性的世袭统治这种思想时就碰到来自大贵族,来自许多古老的有势力城市,甚至王公们本身的反对;王公之中甚至还出现一些奋不顾身然而头脑不太灵敏的古制卫护者,像斯摩棱斯克一支的托罗彼茨王公、姆斯季斯拉夫·姆斯季斯拉沃维奇·乌达洛伊那样。他是个游侠,随时可能冒冒失失的乱闯一阵;本来一切很好,都会被他闯乱；他是个来迟了的陆路上的罗斯瓦利亚格壮士。在罗斯托夫—苏兹达尔地区，本来就不很强大的大贵族的力量，以及仅有的两个长系维切城市（罗斯托夫和苏兹达尔）的力量在本地区殖民过程所准备起来的社会性内讧中已被摧毁。至于13世纪这里的王公，那正如弗谢沃洛德三世所说的一样，全是一个"大窝"里的小鸟，在同样的统治概念和统治习惯中培养起来。弗谢沃洛德子孙治下的居民大多数是流动的、分散的，他们在新开辟的林中土地上还未耽久，还来不及结合成地方性或阶层性的紧密同盟，他们老觉得自己是在他乡异地，没有一样东西可以算是自己的，一切都是从当地的王公主人那儿得来的。在这样容易处理的社会土壤上，随你要建立怎样的政治专断制度都是办得到的[14]。

第二十讲

封邑制时代在俄罗斯历史中的意义——封邑制王公统治的后果——研究这些后果时碰到的问题——封邑分裂的进程——封邑王公贫困化——封邑王公彼此疏远——封邑王公的作用——封邑王公与封邑中私有世袭领主们的法律关系——封邑关系跟封建关系的比较——封邑公国的社会结构——封邑王公国土意识与公民情感的低落——结论

我们现在就来研究封邑制王公统治的后果。只是，事先我们还得再看一看促成我们将要讨论的事实的原因[1]。

封邑时代[2] 在我们所研究的历史阶段里面，我们在对罗斯西南部的命运一瞥之后，就长期地把它丢在脑后，以便把注意力集中在罗斯国家的东北半部，集中在苏兹达尔的弗谢沃洛德后裔在伏尔加河上游的领地上面。这样地限制观察面是我们对学习条件所作的不可避免的让步。我们只能追随本国历史的主流，也就是说在它的航道上航行，而不向岸边的水流偏去。在伏尔加河上游地区自13世纪起集中着最强大的人民力量，我们就必须在那里去找人民生活中日后取得主导意义的种种基础与形式的线索。我们已经看到，这里的社会生活在人力流向这里的影响之下开始向哪个方向转变。原来固定下来的旧生活瓦解了。在新的环境里，在新的外来灾害的压迫之下，这儿的一切地方化起来，特殊化起来；广泛的社会联系断了，大的利益分细了，一切关系都收缩了。社会四散或是瓦解使地方成为小天地；人人缩到、挤到一隅之地的小角落里，志趣仅限于极其狭隘的一些事物，关系仅限于左邻右舍间的来往或是偶然的接触。以稳固的共同利害关系和广泛的社会联系为基础的国家在这种四分五裂、破碎不堪的生活条件下失去了存在的可能，否则就得采取非国家所固有的形式与行动方式：也就是国家同样分解成为许多小的躯体，同时，在其体制之中国家制度的因素被幼稚地、无所谓地跟民法的准则混合了起来。这样的社会情况在西欧产生了封建制度；同样的社会情况在伏尔加河上游成了封邑制度的基础。

　　在研究历史的时候，人们不乐意做的事是把注意力花在对智力与想象力提供不出多少滋养的时代上面：在渺小的事件中难于找出什么伟大的思想；晦暗的现象里创造不出鲜明的图案；既无趣味，又无教益。雅罗斯拉夫一世死后三百年这段时间在卡拉姆津的感觉中是这样一种时期："缺乏光辉的事业而富于无聊的争执；无数统治者，满身是贫苦臣民的鲜血，在遥远时代的昏暗中，阴影摇曳。"索洛维约夫研究13及14世纪平淡而贫乏的文献时所忍受的沉重感觉则体现在他对这个时期所作的一段简短明白的叙述中："行动的人物不声不响地行动着，他们作战，他们讲和，但自己既不说明，编年史家也不注出，为何而战，因何而和；城里，王公宫廷中什么也听不见，一片寂静；大家闭门不出，独自沉思；门开了，人们走出场来，做着些什么，但是只做而不响。"

　　在研究这样的时代时固然令人厌倦，同时在历史中确乎也不构成多大内容，但其本身倒也不无相当重要的历史意义。这些就是所谓过渡时期，它们常常横亘在两个时期之间，形成宽阔而黑暗的时间带。这些时代把已灭亡的制度的废墟瓦砾重新制造使之成为随之产生的制度的组成因素。我们的封邑时代也就是这样一种过渡时期，一种承上启下的历史阶段：其意义不在于时代本身，而在于其后果，在于从它身上产生出来的东西。

社会关系 我们将要研究其后果的封邑制度本身也是伏尔加河上游罗斯殖民在当地自然条件协作之下所产生的一项政治后果。这个殖民给这个地区带来了跟构成第聂伯罗斯社会相同的一些社会因素：这便是王公、王公亲兵、城市工商阶级以及从各个旧地区出来而混在一起的农村居民。我们知道他们在旧罗斯中的相互关系：前三个因素是统治的和作战的力量；宗教界亦参与其间，通常是起着抚慰的作用。地区的维切城市在本城的"上等人士"，商业资本巨头领导之下，使地区特殊起来，成为地方社会；至于亲兵，带武器的贵族，则跟自己的王公一起飘浮在这些社会之上，勉强维持着它们之间的联系。问题出现了：这些社会力量在封邑制的庇护之下相互之间保持着怎样的关系？而各自（单独地）在这种新的政治形式的运动中又起着什么作用？这两个问题在我们研究封邑制的后果时将带领我们前进。在这个研究中我们将观察封邑本身的情况，而不研究它跟其他封邑的关系，这种关系我们将在研究莫斯科公国的历史中涉及。

封邑制的后果在 13 世纪时已可看到，到 14 世纪更为明显。[2]

封邑的分裂 首先是封邑制这个制度让罗斯北部的封邑一分再分，越来越小。旧基辅罗斯的王公领地按当时成年王公的数目划分，有时也把未成年的算在里面，因此每换一代人马，罗斯国家就在王公之间重新划分一次。现在顺序制已经消失，这种重新划分也就停止了。各支王公的成员，因为繁殖过多，没有可能到别的公国里去接替空出来的公位，只得将自己世袭的封地一分再分。这样一来，有些地方的王公封邑在继承人间一分再分的结果就小得丁点儿大。我现在简单地说一下这种封邑分裂的情况，但只谈弗谢沃洛德的头两代后裔。弗谢沃洛德死了之后，他的伏尔加河上游的世袭领地就按儿子的数目分成五份。长系的弗拉基米尔公国算是弗谢沃洛德家族共同的财产，其余四份便是四个封邑：罗斯托夫、佩列雅斯拉夫里、尤里耶夫（都城是波兰的尤里耶夫城）和克利亚济马河上的斯塔罗杜布。等到弗谢沃洛德的孙子继承他们父亲的位子的时候，苏兹达尔国就分得更细小了。弗拉基米尔公国还是按辈分长幼继承；但从它里面又分出了三个新的封邑：苏兹达尔，科斯特罗马和莫斯科。罗斯托夫公国也分成几份：从它里面分出了两个幼系封邑：雅罗斯拉夫和乌格里茨。佩列雅斯拉夫尔封邑同样分成几份：除长系封邑佩列雅斯拉夫尔之外，还有两个从它里面分出来的幼系封邑：特维尔和德米特罗沃-加里奇。只有尤里耶夫和斯塔罗杜布两个公国保持了完整，因为两国的第一朝王公都只有一个儿子。这样，苏兹达尔国在弗谢沃洛德的儿子一辈分成了五份，到孙子一辈就分成了十二份。弗谢沃洛德家族也就按这样的级数一代代地细分封邑。为了表达清楚，我给大家重新指出最早的一个长系封邑公国罗斯托夫一代代下来分成的份数。最初是，我已经说过，分出雅罗斯拉夫和乌格里茨两个封邑；但接着，剩下来的罗斯托夫公国又分为两半：罗斯托夫本身和白湖；在14和15两个世纪中白湖又分成下列封邑：克米、苏戈尔、乌赫托马、苏达、舍列什潘、安多加和瓦德波尔，以及另外一些。雅罗斯拉夫公国在14和15世纪中也再细分为莫洛加、舍洪、西汉、扎奥泽尔、库别纳等封邑，此外还有库尔勃、诺夫连、尤霍特、波赫丘加等等。你们可以从这些封邑的名称上看出，它们大多数是伏尔加河东岸一些小河如西汉[3]、苏达[4]、莫洛加[5]、克米、乌赫托马[6]、安多加[7]和波赫丘加[8]等等小河的流域。

王公们贫困化 另外一个后果跟这个后果密切地联系在一起——这就是北方大多数分细了的封邑的王公贫困了。随着弗谢沃洛德家族几支人马的繁衍，继承人自上代手里可能继承的家产也越来越小。由于这种分裂，14及15世纪大部分封邑王公所处的环境就不比后来的中等地主更为富裕。雅罗斯拉夫的封邑中有一个扎奥泽尔公国（在库别湖的东北岸上）。15世纪初这个公国的封邑王公是季米特里·瓦西里耶维奇。这位王公的一个儿子离家出走，到库别湖中一个岛上的卡缅寺院削发为僧，取法名约瑟夫。在这位当僧侣的王公的古老传记里我们找到了描写他父亲——扎奥泽尔王公府邸的一幅图画。整个都城就只王公府邸一幢房子，在库别纳何流入库别湖之处不远。王公府邸近旁有一座教堂，名叫季米特里·索隆斯基，显然，这是王公为自己的天使盖的。再远是契尔科沃村，算是教堂的教区："所有契尔科沃村人俱来礼拜。"这就是15世纪初一个封邑"君主"的府邸全景。

王公彼此疏远 封邑制王公统治本身的特点使王公们彼此之间疏远起来，这在旧基辅罗斯的王公之间是不曾有过的。在辈分长幼方面，按顺序统治在排序上的种种恩怨与争执维持着基辅罗斯王公之间的密切团结，因为他们的全部关系都是建筑在这个王公是那个王公的什么人这一基础上的。从这里产生了他们共同行动的习惯。即使是为了争夺长辈名义，为了争夺基辅而产生仇恨，这种仇恨与其说使他们互相疏远，不如说使他们彼此接近。相反地，在罗斯北部，王公之间谁和谁都不发生关系。由于分散统治，王公彼此之间不可能有什么重要的共同利害：每个王公围居在各自的封邑里，习惯于单独行动，只知道个人的利益；要他想到邻邑亲族，除非是受到此人的威胁，或是自己要去占点便宜。封邑王公之间这种互相疏远的情况使他们失去了结成和睦团结的政治联盟的能力。12世纪时那么频繁的王公会议，在13世纪已是偶尔举行，非常难得，到14世纪简直就停止了。

封邑王公　跟随王公们这种闭关自守的统治一起来的是他们政治作用的低落[9]。君主政治作用的大小决定于他们利用自身最高权力以增加公共福利、保卫共同利益与社会秩序的程度。旧基辅罗斯王公的作用主要在于他们首先是罗斯国家的保卫者，他们抵御外来的侵略，是罗斯边疆的武装卫士。至于封邑王公，那只要略微浏览封邑公国中的社会关系就知道他们的作用不是如此。公共福利的概念在社会中一消失[10]，人们头脑中把君主看作人人均应服从的权力这种思想马上就熄灭。在封邑身上，这种概念连一个维系的地方也没有。封邑既非家族团体亦非土地团体；它甚至根本不是个社会，而只是一大群人的偶然凑合。人家只告诉这一群人，说他们是处在某某王公的地界里面。在把大家团结起来的公共利害消失了的场合，王公就不再成其为君主，而只是一个地主，一个普通的主人；封邑的居民也就成为邑中个别的、临时的住户，除了邻居关系之外彼此不相联系，尽管他们可能在这儿已待了很久，甚至待了几代[10]。只有王公的奴仆是系住在封邑公国的领土上的；自由的居民跟当地王公只有暂时性的个人关系。他们分成两个阶级：服役人员和庶民。

服役人员　服役人员包括大贵族和自由官吏，他们凭协议为王公个人服务。这些人在为王公服务期间，承认王公对他们的权力；但他们都可以脱离王公而为别的王公去服役，这并不算是叛变。封邑[11]并不是有什么神圣不可侵犯的固定边界的政治单元。它们时而缩小，时而扩大，是一个打碎了但还没有散开的整体的各个部分，并无绝对界限：居民在封邑间来去，很少受到界域的阻难，因为他们还是在罗斯国家，在自己人之中，还都是在罗斯的王公管辖之下。王公们在相互的协定之中久久不敢侵害罗斯国家曾为统一体的这一点点生活上的残余。罗斯国家虽然已经不是一个政治事实，但至少还留在人民的记忆之中或是感觉之中[11]。自由官吏在离开他们所侍候的王公之后甚至还保持着他们在这个公国里所取得的土地的权益。

庶民 庶民，也就是纳税人，他们对封邑王公的关系亦然如此。服役人员的关系是个人服役性质的，庶民的关系则是个人土地性质的。无论城市或是乡村的庶民只有在使用王公的土地的时候，才承认王公的权力，向他纳贡，在他的司法管辖之下；但是在庶民觉得当地土地的使用条件不相宜的时候，他可以迁到别的公国去。这时他和原来王公的一切关系便都断绝了。这就是说，服役人员是王公的军事雇用人员，庶民是他的纳税佃户。这就可以明白，封邑王公在这种关系中占着什么地位。严格说，他并不是自己封邑的治理者，而是它的所有主；他的公国对他说来不是个社会，而是个经济单位；他并不治理这个公国，而只是剥削它，经营它。王公把自己看成是公国全部领土的产权人。当然，这只是指的有经营价值的领土。人，自由的人在法律上并不属于这个产权之内：自由人（服役人员或庶民）到这个公国里来，在这里服役或是做工，而后离开这里。他们并不是当地社会结构中的政治成员，而只是公国中偶然的经济因素。王公们并不把他们看成我们所理解的那种臣民，因为王公自己也不把自己看成我们所理解的那种国君。在封邑制度中，根本不存在这些概念，也不存在从这些概念中产生的关系。国君这个词在那时候只表示自由人对不自由的人，即对奴仆的权力；封邑王公也只认为自己是自己的家仆的主人，好像私人地主家的家仆一样。

统治权的性质[12] 不过，尽管封邑王公不是我们所说的那种国君，他们也并不简单地就是当时意义上的私有地主。他们跟地主不同的地方在于拥有统治权，尽管拥有的方式是封邑式的。这些权利并不是从他们对封邑的所有权中产生的,正如所有权也并非这些权利所产生的一样。这些权利是由过去非封邑制时祖先传给他们的,那时候王公们并不把自己看成是由自己暂时统治的领地的产权人;他们是雅罗斯拉夫宗族对罗斯国家所执掌的最高权力的参与人。在王公宗族的一统性遭破坏以后,封邑王公的统治权并没有丧失王朝的基础,因为这种基础已经成了政治习惯,得到了人民的承认。改变的只是王公们的作用,以及人民对他们的看法。封邑王公之所以被承认为最高权力的掌握者是因为他们的出身,因为他们是王公;但他们领有某个封邑,并不是因为他们是整个王公宗族所执掌的全国土最高权力的股东,而是根据父兄或其他亲属的意旨。他们的世袭权力不可能认识作为君主应该维护公共利益的道理,不可能认识公共利益应该是国家所追求的目的,并从而取得新的纯粹的政治基础。这样的思想不可能在封邑公国中建立起来,因为在这里社会制度建筑在王公作为产权人的私人利益上面,自由人民对王公作为产权人的关系并不决定于共同遵守的法律,而是决定于个人自愿的协议。一旦封邑是凭财产权而属于王公的思想确立之后,王公的统治权也就以财产权为凭借,并两相结合而成为他们的封邑产业的构成部分。这样也就产生了一种关系的结合,这种结合只有在私法与公法间界限不分的地方才有可能。王公作为"世袭领地"业主享受的最高权利是世袭领地经济的收入项目,因此也就同样以收入项目来加以利用:把它们分小,把它们割让,把它们作为遗产处理;政府职位可以暂时交人掌管,可以作为食邑,可以承包出去,也可以出卖;在这方面,乡村地区的法官职位与在那里捕鱼的宫廷渔夫的职位别无二致。这样,对封邑的产权就成了封邑王公统治权的政治基础,而协议方式就成了把统治权和封邑的自由居民联系起来的法律中介。12世纪时的王公宗室没有领地,也并不丧失"参与罗斯国家事之权",不丧失由于他在王公家族中的地位而享有的对部分土地的统治权。14世纪时的封邑王公（世袭领地所有主）一旦失去了自己的世袭领地，则失去一切统治权，因为封邑王公尽管彼此还是亲属，但已不构成家族，不构成家族联盟：没有封邑的王公只能替自己的族人或是替立陶宛大公去服务。

三类土地 王公封邑的世袭领地分成三类。拥有统治权的封邑私有主的性质表现在王公对这三类土地的关系上面。这三类土地是：宫廷土地，官家土地和大贵族土地；大贵族的土地指的是一般私有主的土地，世俗的和教会的私有主都包括在内。三类土地间的区别纯粹是经济性的，由于封邑主对自己封邑产业的不同部分采取不同的经营方式而产生的。王公以收地租方式经营的宫廷土地与私有地主的家用田地相似：土地的收入直接以实物的形式供应宫廷。这些土地由王公的非自由民，被指派耕田的奴仆，苦工以强迫劳动的方式经营；或是交给自由人，农民利用，但必须缴给宫廷一定数量的谷物、干草、鱼、大车等等。这一类土地的主要特点是服劳役，为王公劳动生产，以实物供应宫廷作为使用土地的代价。官家土地是出租或以征代役租租给个别农民或农民社团的土地；这种土地有时也租给其他阶级的人，跟私人地主放租一样；其实这种土地应叫作代役租地。王公对封邑中第三类土地的关系显然要复杂些。整个封邑是王公继承的财产；但是封邑中的第三类土地的实际产权是他跟别的私人世袭领地所有主分享的。在较大的封邑中常有这样的情形：当第一位王公在这里就位的时候，这里已经有了世俗的或教会的私人地主，他们在这块地方成为公国之前已经扎下了根。然后，第一位王公或是他的继承人自己又把封邑中的另一些土地给别人或给教会机构作为世袭领地，因为他需要他们为他服役或为他祈祷。这样，在大公的世袭领地上就出现了另一种私人世袭领地。在君主的权利和世袭领地所有主的权利汇合在王公一人身上的场合（这种几个主人权利结合在一起的情况在法律上是许可的）王公当然是放弃对私人世袭领地所有主所拥产业的私人支配权，而只保留对这些产业的最高权利。但是，因为这些最高权利也同样被认为是支配权，并且跟其他权利同样地构成封邑王公财产法权的要素，所以，在封邑中出现属于私人业主的土地并不妨碍王公把自己看成是整个封邑的所有者。因此，在复杂化了的关系的影响之下，在封邑王公所有权的混合构成中分出了三类性质上不同的因素；同时，就对私人业主和部分地持有产业的业主的关系而言也形成了总的封邑最高所有者的概念。王公有时除了产业的产权之外还把自己对这种产业的部分最高权利也让给了大贵族，让给了自己封邑中的世袭领地所有主。

并没有封建主义的因素 产生了一些关系，很像是西欧的封建制度。但事实上并不是相同的现象，而只是平行的现象。在大贵族和自由官吏对王公的关系之中还得加上不少东西才能说是封邑制度与封建制度相同；而缺少的应该说正是封建制度所具有的两个主要特点：（一）服役关系与土地关系的合一；（二）服役关系与土地关系的世袭。在封邑中自由官吏的土地关系和服役关系是严格分开的。这种划分在14世纪时的王公协议中一贯地遵守着。大贵族和自由官吏可以自由地从一个王公转到另一个王公那儿去服役，他们可以在这个封邑里服役而在那个封邑里有世袭领地，更换服役的地方并不影响在原先封邑中所取得的世袭领地的权利；自由官吏根据协议服役，喜欢在哪里就在哪里，但"要根据土地与水源的所在，并按法律行事和缴纳贡赋"，土地在哪里就要在哪里服劳役；王公们有责任对在自己的封邑里有土地的别人的官吏像对自己的官吏一样加以管理。这一切关系归结为王公协议中的一条总的规定："但大贵族与官吏在我人中间任凭其自由。"封建主义的因素在封邑王公本身的法律地位上或许可以看到，因为在他身上结合着君主和土地最高所有者的身份。在这一点上他跟领主一样；但是，他的大贵族和自由官吏却根本不是附庸。

  形成过程的不同 封建制度，概括地说，是从两头，由两个过程会合而形成的：一方面，地方上的行政长官，利用中央政权的软弱，把自己治理的地方攫为己有，成了这些地方的有统治权的世袭所有者；另一方面，拥有自主田的大地主，先是呈请庇护而成了国王的附庸，同样利用中央政权的软弱，作为国王的世袭的全权代表，取得或是攫得了行政权力。这两个过程把国家政权作了地理上的分割，又把政权地方化，结果把国家分成一些统治特权跟地产权结合在一起的一级封建大领地。这些大领地以同样的原理分成一些二级封建大领地。它们也有附庸，同样也宣誓世代效忠于领主，而整个这套军人地主特权阶级的体系就建筑在农村农民人口不流动的基础上面。这些人口不是被束缚在土地上便是世代习惯于待在这儿。我们的情况就稍有所不同。基辅罗斯时代不断更替的王公的暂时统治被伏尔加河上游苏兹达尔的封邑制所代替。这些世袭公国都处于远在伏尔加河下游的汗的最高统治之下，在14世纪时他们已脱离当地的大公而独立。较大的封邑王公任用大贵族和自由官吏来治理自己的封邑，而把有郊区的城市，农业区域，个别的村庄以及有经营价值的项目分给这些人作为食邑，让他们为了其中的收益而暂时管理，还给以行政的全权，包括司法权和财政权。有些大贵族和官吏在这些之外还在封邑中拥有世袭领地；封邑王公有时就给这些世袭领地所有主以一定的优待，一定的豁免，例如豁免某些赋役，或是给予某些司法和财政权利等等。但是，作为食邑的地区决不会变成吃食邑者的私有土地，而赏赐给有特权的世袭领地所有主的统治权利也从不会变成世袭的权利。这样，无论是食邑或是贵族世袭领地都不会变成二级封建领地。在莫斯科公国的历史中我们将看到，15世纪中有几位大公曾企图使自己的封邑王公成为自己的附庸。可是，这种企图不是封建性质的权力分散的征兆，而是国家性质的权力集中的先声和手段。在封邑制中可以找到不少特点跟封建关系（法律的与经济的关系）相似。但是封邑制的社会基础不同：封邑制的社会基础是流动的农业人口。结果，这些相似的关系形成了另一种组合，并成了完全不同的一些过程的因素。有些特征相似并不就等于制度相同；而相似的因素，特别是在过程的开头，如果不是同样地组合起来的话，在最后结局上就形成完全不相同的社会结构。能给我们提供科学兴趣的，并不是这些因素，而是使这些因素形成不同结局的条件。在封建制度的形成中我们看到有些东西很像我们的食邑，很像我们的世袭领地的特惠；但是，在我们这里无论食邑或是世袭领地的特惠都没有像在封建制中那样形成巩固的普遍的规则，而始终只是多少有些偶然以及暂时的个人性质的赏赐。在西方，一个自由人为了保障自己的自由，用一连串恒久的世袭的关系如同城墙一样把自己围起来，使自己变成下级地方社会力量的中心；他们在自己周围建立起一个紧密的社会，自己领导这个社会，也由这个社会支持自己。封邑制时代的自由官吏在流动的地方社会中找不到可以成为这种巩固环境的因素，就在个人性质的暂时协议中去找寻可以保证自己自由的支柱，在随时可以撕毁协议而离去的权利中去寻找。他们但求随时可以到别的封邑中去服务，在那儿他们没有固定的有时效的关系。

服役阶级成了地主阶级 作这样的历史比较能帮助我们看到，封邑制框子中的社会是怎样一副面貌。这里首先引人注目的是大贵族、自由官吏和王公的亲兵。在14世纪的封邑社会中，这个高等阶级在很大程度上已是一件过时的社会和政治古董。在这个阶级的社会地位中我们找到一些特点，根本不适合于封邑制度，不适合于封邑生活的总的趋向。14及15世纪的王公协议书中对自由官吏的服务关系与土地关系所作的严格区分，跟封邑公国的经营上必然产生的要求已很少有符合之处：这种要求是，要把自由官吏的个人服务同在封邑中的地产结合起来，用地产来牵住他，从而保证封邑公国经营上的紧迫需要，和战时兵员的需要。自由官吏一面在这个公国内服务，一面又在那个公国内有地产的情况，同封邑王公政治上越孤立越好、彼此越隔离越好的愿望是矛盾的。从这一方面说，大贵族和自由官吏在封邑制的公民社会中是非常突出的。封邑中其他阶级的地位主要决定于它们对王公，对封邑世袭领地所有主的土地关系。虽说现在地产也已越来越成为大贵族们的社会地位的基础，但大贵族对王公终究仍然保持着纯粹的个人关系，这种关系的依据是他们跟王公所立的协议，同时这种关系还是在这个阶级的社会意义尚不是建筑在地产上的时候形成的。服役人员的地位上的这些特点不可能是从13及14世纪的封邑制中产生的：这些特点显然是早先时代的残余，那时候无论王公或是他们的亲兵都不是跟各地方社会牢固地联系在一起的；这些特点并不适合于伏尔加河上游罗斯，这个罗斯的封邑一代比一代分得更细小。大贵族和自由官吏选择服务地点的权利尽管在王公的协议书里还是承认，而且在过去，这种权利曾是表达基辅罗斯国家统一的诸种政治形式之一，但到现在则已经不合时宜了。这个阶级在北方仍然充当业已破灭的政治制度的活代表，他们仍然是联系各部分土地的一根线，但这些部分已不再构成一个整体。14世纪时的教会训诫表达了当时的看法。他们规劝大贵族，要为自己的王公忠诚服务，不要从这个封邑跳到那个封邑，他们认为这样跳来跳去是一种叛变，是违背传统习惯的。就在承认大贵族和自由官吏有权不在自己土地所在的公国里服务的那些王公协议书里我们也遇见了一个完全不同的规定。这个规定较确切地表达了已同往日传统习惯分道扬镳的封邑制的实际情况：它阻难王公及其大贵族在别人的封邑中取得土地，并禁止他们在别人的封邑中持有典契、拥有代役租农，也就是禁止封邑中的居民与别的王公或大贵族发生个人的或财产的关系。另一方面，14世纪，北方王公的宫廷生活里已不再充满昔日曾在南方王公宫廷生活中占主导地位、同时也以之培养当时亲兵战斗精神的种种现象。现在的形势已不让亲兵有许多机会为自己争取荣誉，现在是光荣归于王公的时代。封邑制时代的王公内讧对和平居民来说也并不比过去轻松多少，但至少已没有以往那种战争的性质，现在是野蛮的程度大而尚武的精神少。同时，边境防卫方面也已不像过去那样能给亲兵的尚武精神以养料：14世纪中叶以前立陶宛边境方面一直没有大举东侵的行动，汗国的桎梏又使王公及其服役人员在很长一段时间中不必防卫东南边区，而这块边区是12世纪时南方王公培育作战人员的主要场地，甚至在库里科沃之战以后，从罗斯向这方面支出的也是金钱多而战士少。但是，现实的力量只勉强克制了过时的概念与习惯。我们知道，12世纪时服役人员从王公处得到的是货币俸禄，这点表明当时的对外贸易使王公积聚了大量的通货。自13世纪起在伏尔加河上游地区对外贸易这个源泉缩小下来，自然经济又开始占上风。14世纪时这地区的王公朝廷酬劳服役人员的主要手段是"食邑与进款"，担任中央及地方上有收益的司法行政职务。我们在研究那时莫斯科公国体制的时候，将会看到，这种行政管理是如何地复杂，待分给有收益的职位的人数是如何地大。但是，就是食邑也不是十分可靠的源泉，它同样受到当时政治与经济关系上一般波动的影响。当时，公国的情况变动得非常之快，而且，除了少数例外，都是越变越坏：一些封邑经济刚建立，另一些已破灭，没有一个是建立在牢靠的基础上的，王公的收入也没有一种是牢靠的。这种社会情势的变化无常迫使服役人员不得不在地产上去找保障，这个经济来源尽管跟其他来源一起，也受到社会制度不完善的影响，但总比较可靠些：就大多数的情况而论至少比货币俸禄，比食邑在依赖王公本身事业的偶然性及其个人好恶的程度上要轻些。因此，在北方的服役阶级身上也产生了风靡于当时封邑生活中的兴趣：想成为地主。他们积极取得地产，清理荒地，殖以人口。为了事业的成功，他们奴役人民，把人沦为奴隶，在自己的土地上建立从事农耕苦役的奴隶村落，为自己的土地请求农村特惠，并以此招揽自由农民。在过去的基辅罗斯，亲兵中也有些人手里有土地；他们也就在那儿成了最早的大贵族地主的法律典型。这种典型的主要特征在罗斯存在很久，对后来农奴制的发展以及农奴制的性质产生过很大的影响。只是大贵族地产在基辅罗斯显然没有达到很大的规模，也没有盖过亲兵在其他方面的兴趣，因此对亲兵的政治地位没有产生显著影响。现在大贵族地产在服役阶级的命运中取得了重要的政治意义，同时随着时间的进展还改变了亲兵在王公朝廷中、在地方社会中的地位。

资本的疲软　除此以外，伏尔加河上游罗斯的社会同先前的第聂伯罗斯社会还有许多不同。第一，这个社会比先前的罗斯南部社会要穷。南方基辅自古活跃的对外贸易所创造、所支持的资本，到了北方苏兹达尔时代已如此微不足道，对人民的经济、政治生活根本不起显著的影响。与此相应，由资本的运动所引起而且使第聂伯河及其支流城市工商繁荣的人民劳动量也下降了。这种经济周转的缩减，我们过去已经谈过，表现在货币的逐步增值上面。田地经营及其副业现在如不说是已成了国内独一的经济力量，也该说是比之过去更占优势的经济力量。不过，这很久以来就是一种流动的、半游牧式的开荒事业，一块地方还没坐暖，就转到另一块未开垦过的土地上去，一代接一代不断地砍林、焚林、犁耕、施肥，才在伏尔加河上游的砂质黏土上创造出一种适宜于长住久居的农耕土壤。联系这一转变，我认为可以说明我在分析《罗斯法典》时所指出的那种像是突如其来的现象。在使用货币的基辅罗斯，资本是很昂贵的：长期债款的利率按莫诺马赫的法律规定是40%，但事实上放债人取得的利率要大得多。在封邑制时代，教会劝导人们取息要取得"轻些"：取12%到14%。不妨认为，货币资本如此跌价，原因在于对资本的需要已大大减少，因为自然经济已占了优势。

城市阶级的软弱无力 与此同时，主要凭借商业资本而活动的一个阶级也从北方社会力量的体系中退了出来。这个阶级的成员是过去领地大城市中的工商居民。在苏兹达尔罗斯，这个阶级自罗斯生活开始显著从西南的第聂伯河流域退到这个地区时起，一直就没有得意过。这里的两个领地大城，罗斯托夫和苏兹达尔，自从在安德烈·博戈柳布斯基死后跟"新来的"与"渺小"之人（也就是移民与奥卡河北岸林后地区的下层居民）斗争而在政治上失败之后，在经济上也一直没有起色。新城之中很久以来没有一个城市在地区经济生活中起来代替它们。在政治生活上则更没有一个城市代替过它们，成为当地地区突出的中心，成为区域内的领导，因为没有一个城市的居民像召集杜马一样召集过维切，没有一个长城以长城的资格订出规矩要地区内的附城遵守。这是一个很鲜明的标志，说明13和14世纪时在苏兹达尔罗斯过去长系城市汲取经济力量及政治力量的源泉已告枯竭。随着地区城市不再成为积极的社会力量，过去由邑城居民对其他社会力量的关系所建立起来的一系列利害与志趣也退出了社会生活。这样，从13世纪起，在殖民潮流影响下形成的东北苏兹达尔罗斯,其社会结构就变得更贫乏、更单一了[12]。

王公们文明退化 最后,封邑王公的文明程度也同他们的政治作用一致起来[13]。不完善的[14]社会制度在坏的方面影响风尚与情感比较容易,而好的风尚与情感要给社会制度以好的影响则比较难。封邑制度的基础,即个人利益和个人协议在这方面可以算是极坏的教员。封邑制度是王公心中和社会上的国土观念与公民道德情操低落的根源,它扑灭了罗斯国家是统一的与完整的思想、扑灭了公共福利的思想。你想想看,庸俗无识之辈的世界观怎能轻而易举地提高到圣弗拉基米尔和老雅罗斯拉夫对罗斯国家所抱的观念!罗斯国家这个词本身在封邑时代的编年史卷帙中就很少出现。政治上的分裂无可避免地会造成政治意识的涣散,造成对国土感情的冷淡。这些王公长年累月地坐在自己的封邑小窝里,除了掳掠之外从不离窝;离群索居,一代代地贫穷下来,退化下来,除了照顾雏鸟以外,一切较高的意念逐渐生疏[14],在领地的外界条件非常艰苦,且离群索居的状况下,王公越来越习惯于凭自我保全的本能行事。罗斯北部封邑王公的英勇尚武精神较之他们的南方祖先差得多;但是,就社会观念与行为方式而论,则大多数比南方的祖先野蛮。这些性质说明,为什么当时的编年史家们劝告封邑王公,不要醉心于尘世的浮华,不要夺人所有,不要彼此欺骗,不要欺侮小辈亲族。

结语 这些就是封邑制的主要后果。我们可以把这些后果归纳为简要的结语:在封邑制的影响之下,北方罗斯政治上越分越细碎,连先前一些微弱的政治统一的联系也都消失了;分裂的结果,王公们越来越穷,穷下来,也就缩在自己的世袭领地里,彼此互相疏远;疏远了,在观念上、在兴趣上渐渐变成农村私有地主样的人物,失去了公共福利的监护人的作用;这种作用一失去,国家意识也低落了。这一切后果在北方罗斯往后的政治历史中具有重要意义：它们为罗斯的政治统一准备了有利条件[15]。一旦在这些贫穷细碎的封邑王公中崛起一位强有力的君主，就会出现下述情况：第一，他不会碰到四邻封邑对他的统一意愿作团结一致的反抗，他可以利用他们各不相关，不一致行动的弱点，把他们各个击破；第二，他在封邑的社会中碰到的将是人们对自己分得如此细小而且已经退化的统治者的完全不关心的态度；统治者跟社会之间的联系是如此薄弱，有统一大志的王公可以一个一个地收拾他们而不致引起社会为维护自己的封邑王公而团结起来的反抗。这一切决定了封邑制在我国政治历史中的意义：它以自己的后果协助了本身的破灭。老基辅罗斯并没有建立起牢固的政治统一，但它系好了国土统一的牢固的纽带。在封邑制罗斯，这些联系加强了；各地的特点被殖民过程搅和在一起融合成一个结实的大俄罗斯民族；但同时也彻底地粉碎了政治的统一。但是，粉碎这种统一的封邑制由于自身的性质在保存自己的能力方面较之在它以前的顺序制要差得多；可以比较容易地摧毁它，而在它的废墟上建立起国家的统一[16]。因此，封邑制是一个过渡性的政治形式，通过这个形式罗斯国家从民族的统一过渡到政治的统一。这个过渡的历史就是从众多的封邑公国统一为一个公国——莫斯科公国的历史。这个公国的命运我们将在下面加以研究。

注　释

　　在克柳切夫斯基文集中发表了《俄国史教程》的第一卷，其中叙述了蒙古人入侵以前的俄国历史。克柳切夫斯基在《教程》中仿佛是对自己的科研工作进行了总结。作为《教程》基础的是 19 世纪 80 年代使用过的讲义，在 20 世纪初年准备出版时，这些讲义又经过了重大的修订和补充。开头的四讲，是克柳切夫斯基为整个《教程》写的理论性的导言，在这里，克柳切夫斯基叙述了自己对俄国历史发展过程基本问题的看法。

　　在出版《教程》时，克柳切夫斯基并不想对俄国历史加以系统的叙述。他认为《教程》的任务，在于探讨能够说明俄国历史发展过程的基本现象。为了解决这一直接任务，克柳切夫斯基提出了更为实际的目标。他认为对任何民族以往历史研究的"最后结论都是接近现代的实际需要的……"[1] 由此可见，依照作者的思想，《教程》的出版，是有其一定的政治意义的。这部著作是在俄国革命运动处于高涨时刻的 1903 年开始写的，所以在某种程度上又是作者本人当时所依附的一些资产阶级政治流派发展情况的反映。

　　克柳切夫斯基尽管有克服"国家学派"公式的意图，但还是保留着资产阶级历史编纂学所特有的唯心主义观点。他的理论思想是建立在一系列在某种程度上能影响社会发展的因素的折衷结合的基础之上的。克柳切夫斯基不理解社会—经济结构的循序更替是历史发展过程的基础，而认为个人、人类社会和国家的自然环境是历史过程的主要动力。

　　克柳切夫斯基划分俄国历史时期的思想基础是：俄罗斯居民在广阔的东欧和西伯利亚进行殖民的各个阶段是独立而互不相干的这一思想。因此，克柳切夫斯基认为在某一历史时期中起决定性作用的首先是地理环境，从而进一步强调了"占统治地位的因素"——政治因素和经济因素，而且，这些因素本身还不是互相联系的；它们之所以成为占统治地位的因素，是由于一个民族在一定时期发展方面的上述内外各种条件的"结合"，即由于

1　参看第二讲，边码第 42 页。

各种条件汇合的结果。

他认为共同生活的形式或方式,"是由社会因素的各种不同结合造成的",但是引导这些形式变更的基本条件,则是"居民对国家的独特的关系——也就是数百年来在我国历史中起过作用而现在还起着作用的那种关系"。[1]

为了说明自己的观点,克柳切夫斯基不得不对俄罗斯欧洲部分的地理状况加以详尽的描述,不得不探溯俄国的自然环境对它的民族历史的影响(第三讲、第四讲)。

这种理论体系和索洛维约夫的公式是有极大的区别的,索洛维约夫认为对民族生活产生影响的基本条件是国家的自然界,即"民族的自然环境"和"外部事件的进程"。克柳切夫斯基所接受和发展的,仅是索洛维约夫指出的各种条件中的一种——国家的自然环境,并且首先企图探溯各个阶级("各种社会成分")的历史和经济因素在整个俄国历史过程中的作用。克柳切夫斯基的理论体系,把俄国资产阶级历史思想向前推进了一步。

在《教程》的第一部分,克柳切夫斯基描述了俄国历史的第一时期——第聂伯河上的城市的与商业的罗斯(8—13世纪),部分地描述了第二时期——王公分庭抗礼和地方自治的伏尔加河上游的封邑王公的、自由农耕的罗斯(13—15世纪)。

依照克柳切夫斯基的意见,俄国历史的第一时期包括大约从8世纪起到12世纪末或13世纪初的时期。这位历史学家认为,这个时期占统治地位的政治因素是以各个城市为首的地方的政治割据局面,而经济生活方面的主导因素则是对外贸易以及由此引起的林木业、狩猎业和野蜂饲养业。这就是"城市与贸易的第聂伯罗斯"。为了寻求理解古罗斯历史发展过程基本特点的关键,克柳切夫斯基因而指出必须从社会经济中产生的各种过程出发。他在这方面的见解,和所谓国家学派的代表者的观点,是有重大的区别的。但是克柳切夫斯基错误地把一切经济过程都归结于贸易关系,首先是对外贸易。从格列科夫(Б. Д. Греков)和苏联其他历史学家的著作可以看出,古罗斯农民主要从事农田耕作,而不是像克柳切夫斯基所说的狩猎和养蜂业。[2] 还在9—11世纪的时候,封建土地所有制在罗斯就已成为生

---

[1] 参看第二讲,边码第30页。
[2] 格列科夫:《基辅罗斯》,国立政治书籍出版社,1953年,第35—69页。

产关系的基础了。[1] 古罗斯的城市不仅是贸易中心,而且主要是手工业生产的中心。[2]

11—12世纪初期城市市民和农民为反抗封建压迫的日益加剧掀起了激烈的阶级斗争,克柳切夫斯基对于这一点略而不论,可是这种斗争具有1068年和1113年基辅起义、1071年白湖起义[3]等等大规模运动的性质。

历史编纂学的传统,对俄国历史的叙述是从9世纪时所谓邀请瓦里亚格人开始的,克柳切夫斯基叙述古罗斯的历史是从希罗多德时期开始的,从而断然地放弃了这种传统。依据克柳切夫斯基的意见,最初定居于喀尔巴阡山脉的东斯拉夫人,组成了以杜勒布人的王公为首的巨大军事同盟。后来到7—8世纪,东斯拉夫人分散定居于俄罗斯中部平原。克柳切夫斯基关于代表国家组织的萌芽形式的杜勒布人的军事同盟的观察,随后由格列科夫加以发挥。[4]

克柳切夫斯基着重叙述了东斯拉夫人氏族制度的瓦解和9世纪中叶"城市区域"的形成,所谓城市区域就是由城市加以管理的贸易区。在《俄国史教程》一书中,克柳切夫斯基依从了当时流行的"诺曼说"。例如他认为在9—10世纪,"罗斯"在东斯拉夫人中还"不是斯拉夫人",而是外来的(瓦里亚格人出身的)统治阶级。克柳切夫斯基的看法是正确的,有些地方的政权是被诺曼人的海盗商人攫取了的。但是他把"城市区域"看成罗斯的原始政治形式,则是不正确的。根据苏联历史学家对考古学、语言学和历史学资料的综合研究,得出了这样的结论:诺曼人在形成罗斯国家方面并未起过多么重要的作用。"罗斯"这个名称绝不是源于斯堪的纳维亚语;近来的一些研究性专著认为,这个名词是居住在基辅城区的一个斯拉夫部落的名称(出自"罗斯"河)。[5]

1　格列科夫:《基辅罗斯》,国立政治书籍出版社,1953年,第122页及以下各页。
2　参看 M. H. 季霍米罗夫:《古罗斯的城市》,国立政治书籍出版社,莫斯科,1956年第2版;雷巴科夫:《古罗斯的手工业》,莫斯科,1948年。
3　详见季霍米罗夫:《11—12世纪罗斯的农民与城市的起义》,国立政治书籍出版社,莫斯科,1955年。
4　参看格列科夫:《基辅罗斯》,第442页。
5　参看季霍米罗夫:《"罗斯"名称的起源和"罗斯国家"》(《苏联民族志》,第6—7期,莫斯科,1947年,第62页及以下各页);纳索诺夫:《"罗斯国家"与古罗斯国家疆域的形成》,莫斯科,1950年;雷巴科夫:《古罗斯人》(《苏联考古学》,第7期,莫斯科,1953年,第53页及以下各页)。

克柳切夫斯基在他的《教程》中虽用了一些篇幅叙述基辅罗斯的社会制度，但这位历史学家细心研讨的重点，主要在于国家制度以及那些一度导致统一的国家分解为各个公国的变化。

克柳切夫斯基在评述公国间关系的体系时，是以索洛维约夫早已发挥过的所谓王公顺序统治制为基础的。依照这种说法，在雅罗斯拉夫死后，曾经一度组成统一国家的若干王公，建立了一种独特的政治制度。这种制度的法律根据是："（一）王公家族对整个罗斯国家拥有共同的权力；（二）实现这种政权的实际手段，是按照王公家族的长幼次序每个族人都有权暂时管辖一定部分的土地。"[1] 这一独特的王公"顺序"统治制，以"国家学派"，关于氏族关系在基辅罗斯占统治地位的概念为基础，关于这种制度的存在的结论，早在革命前的书籍中就已遭到严厉的批评。[2]

11—13世纪罗斯封建王公的历史和封建割据的形成，绝不是在"顺序"统治制的条件下逐渐形成的，它们首先是由于个别地区经济的发展和脱离基辅所致，规模巨大的封建土地所有制以及各地封建主政权的基础，已经在这些地区逐渐发展起来了。

克柳切夫斯基把俄国历史第一时期到第二时期的过渡看成是已形成的政治与经济关系的完全更替，这种更替是由于一系列不利情况——"下层阶级法律与经济地位的低下，王公内讧及波洛夫齐人的侵扰"而形成的[3]。在这三种情况的影响下，基辅罗斯荒芜了，居民向西部和东北部流徙。克柳切夫斯基否认封建生产方式在俄国的存在，因此，他根本不理解作为社会经济关系制度的封建割据是和基辅罗斯社会关系发展的全部进程有承袭关系的。他认为东北罗斯的历史是俄罗斯民族发展中由于13世纪至15世纪前半世纪进行殖民的结果而引起的新的循环。从自己关于殖民是俄国历史的基本事实的前提出发，克柳切夫斯基在叙述第二时期时，着重研讨了东北罗斯殖民的两种后果——民族方面的后果和政治方面的后果。

在叙述俄罗斯人在东北罗斯殖民的民族后果时，克柳切夫斯基是结合芬兰人成分和自然环境的影响来考察大俄罗斯部落形成的。值得着重指出

---

1 参看第十一讲，边码第179—180页。

2 参看普列斯涅科夫：《古罗斯的王公制度》，圣彼得堡，1909年，第20页及以下各页。

3 参看第16讲，边码第282页。

的是，他的关于罗斯的发展水平高于芬兰居民、它们之间的相互关系和相互影响带有和平性质，特别是关于自然环境对俄罗斯居民的农业生活有影响等方面的观察。值得着重指出的还有对国家自然环境的出色描述，对大俄罗斯人风土人情的描述。他的描述是根据俄罗斯民俗学丰富无比的材料，通过艺术手法表现出来的，因而栩栩如生。克柳切夫斯基公正地评述了东北罗斯世袭领主王公的大地产制，抓住了1174年人民运动的社会意义。由于擅长刻画个人的性格特点，他形象地描绘了安德烈·博戈柳布斯基这个人物和他力图巩固王公政权的雄心壮志（第十八讲）。但是根据这些有趣的观察，克柳切夫斯基为了符合自己的理论前提，作了两个主要的不正确的结论——关于"农业阶级"在东北罗斯占优势的结论以及由此而得出的关于特殊的经济制度的结论。

这两个结论是从他的关于基辅罗斯的居民点仿佛具有城市性质和发达商业是经济的基础这一思想得出的。克柳切夫斯基一方面否认东北罗斯贸易的发达，另一方面又承认土地占有制的发达，因而得出了关于"伏尔加河上游罗斯"有特殊的经济制度的思想。

基辅罗斯也有大地产制和封建的官阶制度，它们在东北罗斯的发展并不像克柳切夫斯基所认为的是一种新现象。由此可见，他的关于在弗拉季米尔·苏兹达尔罗斯形成新的政治秩序的说法，也不能认为是正确的，因为封建割据局面的经济与政治现象，还在很早以前就在罗斯的整个领土上有了。

殖民活动对社会现象能发生决定性影响的理论，使克柳切夫斯基对"社会斗争"的原因作了不正确的解释。因为他把基本支柱放在人数占优势的居民下层，认为它们仿佛能够推翻丧失了发财致富来源（对外贸易、战争和内讧）的工商业显贵和军事服役显贵的统治，从而使王公政权这个政治力量获得优势。由于东北罗斯殖民运动的这些政治后果，形成了仿佛是新的社会关系制度——所谓封邑制（第十九讲）。

资产阶级历史编纂学认为，罗斯的政治变迁，不是由于封建关系的发展从而发生个别王公在经济和政治上的独立，而是由于基辅罗斯瓦解后各王公之间相互关系的遭受破坏。克柳切夫斯基首先还是从地理因素来寻找罗斯政治变迁原因的解释的：由于"天然"界限（密林、河谷）锁住了他们的疆界这种自然条件，王公们的独立是符合其切身利益的。其次，克柳切夫斯基谈论封邑制的政治基础时，是自相矛盾的。克柳切夫斯基一方面承认殖民事业的人民性,另一方面又认为王公们是东北罗斯最好的创业者和定居者。既然对罗斯封建割据的原因和后果有这种矛盾的解说,克柳切夫斯基对封邑制度就作了法学的概说,按他的说法,王公封邑内的全体居民就成了王公们所有土地的临时租户。

封建割据时期,在克柳切夫斯基看来并不是罗斯发展中的一定阶段,而仅是一个过渡时期;在这个时期内封邑王公经济和政治作用衰落,"服役阶级"的土地所有制巩固起来了。

克柳切夫斯基关于封建割据时期的观点,早在20世纪初期,就已受到资产阶级学者普列斯尼亚科夫和帕夫洛夫-西里万斯基等人的批评。他们的批评意见,总起来说是否认罗斯东北部建立的政治秩序的特点。[1] 苏联的学者证明,罗斯东北部的变化首先具有社会经济的基础,并反映了封建割据时期特有的一般现象。

* * *

《教程》第一卷的显著特点之一,就是克柳切夫斯基广泛地引用了历史资料——编年史、典章文献、国外学者的考证、古代文献和人种志方面的资料。

根据在本书第一次发表的克柳切夫斯基的全部科学资料,就可以知道《教程》所用的史料基础了。引用的材料,往往都经过他的精心的史料学的分析。对《始初编年史》、《罗斯法典》和王公弗拉基米尔和雅罗斯拉夫的教会规章等文献的分析,丰富了古罗斯历史过程的叙述。克柳切夫斯基对古代罗斯编年史的认识,早在19世纪80年代以前就已基本形成,而且是以别斯图热夫-留明的专门著作为基础的。[2] 在克柳切夫斯基看来,《始初编年史》一书,是12世纪初期由维杜比茨寺院院长西尔维斯特编纂的一部编年史汇编。这部编年史汇编包括下列几部分:(一)王公雅罗斯拉夫逝世(1054年)之前编纂的《往年纪事》;(二)《罗斯受洗礼的传说》;(三)描述11—12世纪(到1110年为止)事件的涅斯托尔的《基辅-佩切尔斯基编年史》。第五讲和第六讲,对俄罗斯编年史文本的复杂结构和对编年

---

[1] 参看普列斯尼亚科夫:《大俄罗斯国家的形成》,彼得格勒,1918年,第47、49页;帕夫洛夫-西里万斯基:《古罗斯的封建制度》,彼得格勒,1924年,第52、77—78页。

[2] 参看别斯图热夫-留明:《论14世纪末叶前罗斯编年史的编纂》,圣彼得堡,1868年。

史的分析方法，都作了清楚的交代。但是对《始初编年史》个别章节的具体结论，现在多半是陈旧了。现在的历史研究家把《始初编年史》叫作《往年纪事》了。

A. A. 沙赫马托夫的著作（在这些著作中，克柳切夫斯基仅仅利用了他的关于罗斯编年史年表的第一部）[1]表明，《往年纪事》一书（它的编者是涅斯托尔）是以11世纪90年代的一部所谓《始初编年史》为基础的，这部编年史也编入了诺夫哥罗德的第一部编年史内。[2]

沙赫马托夫是19世纪末叶20世纪初期最出色的资产阶级语文学家和史料学家[3]，他的功绩在于澄清了以下这样一个事实：古罗斯的各种编年史不是各种不同的纪事的机械的撮合，而是具有一定政治趋向性的有机的结合。苏联的史学家和文艺学家（季霍米罗夫、李哈乔夫、普里肖尔科夫、纳索诺夫、切列普宁等）[4]把古罗斯编年史的编纂方面的研究工作向前推进，并且证明了作为史料的罗斯编年史的卓越意义。

克柳切夫斯基在第十讲和第十四讲里，对《罗斯法典》进行了史料学的分析，这种分析工作在研究古罗斯社会经济史方面是珍贵无比的史料。克柳切夫斯基对《罗斯法典》一书的观点，在19世纪80年代就已最终形成，那时，他曾开设过讲述这个文献的专门课程。根据对《罗斯法典》中货币制度的分析，克柳切夫斯基断定这个文献的简本成于12世纪初期以前，而广本则在12世纪后半叶或13世纪初期。[5]

---

1 参看沙赫马托夫：《古代罗斯编年史汇编年表》（《国民教育部杂志》，1897年，第4期，第463—482页）。

2 参看沙赫马托夫：《论基辅的始初编年史集》，莫斯科，1897年；《关于古罗斯编年史集的调查》，圣彼得堡，1908年；《往年纪事》，第1卷，彼得格勒，1916年。

3 李哈乔夫：《沙赫马托夫是俄罗斯编年史编纂的研究者》（《沙赫马托夫文集》，莫斯科—列宁格勒，1947年，第253—293页）。

4 《苏联史学史纲要》，第1卷，季霍米罗夫主编，莫斯科，1955年；李哈乔夫：《俄罗斯编年史及其在文化史方面的意义》，莫斯科—列宁格勒，1947年；纳索诺夫：《普斯科夫年史编纂史纪要》（《历史札记》，第18期，第255—294页）；普里肖尔科夫：《11—15世纪罗斯年史编纂史》，莫斯科，1940年；切列普宁：《〈往年纪事〉，它的编辑及其以前的编年史集》（《历史札记》，第25期，第293—333页）。

5 关于《罗斯法典》中的货币计算，参看最近出版的著作：《Н. П. 鲍威尔所著〈罗斯法典〉中的货币计算》（《历史辅助学科》文集，莫斯科—列宁格勒，1937年，第183—244页）；雅宁：《古罗斯的钱币学和商品货币流通问题》（《历史问题》，1955年，第8期，第135—142页）。

克柳切夫斯基认为,《罗斯法典》是在司法权由教会掌握的情况下产生的,它是各个时代形成的部分法典和条例的汇编。

克柳切夫斯基对《罗斯法典》中的货币计算及法典的文字环境的观察,其价值是毫无疑问的。但是他对法典的编纂时代和文献来源所作的结论,还需加以认真的改正。苏联史学家(其中包括格列科夫、季霍米罗夫、尤什科夫等)确定了《罗斯法典》的官方意义,并把它的个别章节的产生与11—13世纪的社会政治史和阶级斗争事件联系起来。[1]

克柳切夫斯基还根据古罗斯的史料,详细研究了弗拉基米尔王公和雅罗斯拉夫王公的教会规章(第十五讲)。由于对雅罗斯拉夫章程的司法标准部分和货币计算部分的精细分析,克柳切夫斯基能够得出如下的结论:这两种文献是在同一历史时期写成的。《罗斯法典》是关于刑事犯罪行为及民事违法行为方面的法令汇编,而《雅罗斯拉夫规章》则是关于僧侣和俗人的宗教事务方面的法规汇编。

克柳切夫斯基的《教程》问世之后,为数众多的教会法规文本的综合性版本立即进行了编写。从尤什科夫的研究性专著中可以看出,弗拉基米尔教会规章有好几种稿本流传了下来,其中最早的稿本成于12世纪初。保留下来的雅罗斯拉夫王公规章文本,其起源是与14世纪末—15世纪初的事件相关联的。[2]

《俄国史教程》第一卷史料学部分,毫无疑问具有重大的价值,它对我们今天也有一定的意义。与此同时必须指出,在这些史料中也反映出克柳切夫斯基特有的对历史过程的一般观念。在这些史料中,一方面可以看到他对俄国经济史问题的注意(主要是对古罗斯的城市商业);另一方面也可以看到他是用法学观点来分析法律文献内容的。对俄罗斯编年史和法律中

---

[1] 参看格列科夫:《基辅罗斯》;季霍米罗夫:《关于〈罗斯法典〉的研究》,莫斯科—列宁格勒,1941年;《11—12世纪罗斯的农民与市民的起义》;尤什科夫:《论罗斯法典》,莫斯科,1950年;并参看《〈罗斯法典〉一书的正文与注释的版本》,格列科夫主编,第1卷,莫斯科—列宁格勒,1939年;第2卷,莫斯科—列宁格勒,1947年。

[2] 参看比涅什维奇(В. Н. Бенешевич):《教会法律史文献集》,彼得格勒,1914年第1版;《古罗斯法规文献》第2篇,圣彼得堡,1920年第1版,第3卷;尤什科夫:《罗斯法律史研究》,1925年第1版,第418页;《11—12世纪基辅国家法文献》,季明编,莫斯科,1952年第1版,第258页。

的阶级和政治倾向，克柳切夫斯基在自己的讲义中实质上没有触及。

因此，通过《俄国史教程》第一卷可以判断克柳切夫斯基对14世纪前罗斯国家整个和局部历史发展过程的观点。克柳切夫斯基由于自己世界观的资产阶级局限性，试图通过一系列经济与政治史因素的折衷结合来寻求历史过程的规律性的论据。

同时，已出版的这一卷具有相当的历史编纂学的价值，它反映了19世纪末20世纪初俄国资产阶级历史思想发展中的一定阶段；许多属于学术资料的叙述生动而清晰的论断与研究，至今仍然保存着它的价值。

* * *

《俄国史教程》第一卷在伟大十月社会主义革命以前重版过六次（1904年，1906年，1908年，1911年，1914年，1916年）。除了一种情况以外（参看第二讲注 2ª），作者仅对第二版作了修改。伟大十月社会主义革命后又重版过几次（1918年，1922年，1923年）。1937年，《教程》的第一卷根据1922年版本重印（1922年版依照1906年版核对过）（1938年又在明斯克重印）。《教程》第一卷和第二卷的基础是克柳切夫斯基于1884—1885年教学年度在莫斯科大学讲学时用的罗斯古代史讲稿。

这些讲稿由 С. Б. 维谢洛夫斯基（后为苏联出色的历史学家、科学院院士）记录，当时曾以石印版出版过。

在苏联科学院历史研究所的手稿收藏部内（克柳切夫斯基档案卷宗4）保存着准备《教程》初版时由克柳切夫斯基加以补充和修订的石印版原本，即《教程》第一卷和第二卷草稿本（誊清本没有保存下来）。石印版为大开本，共404页，但缺少开头的16页，本文一开始就是对《始初编年史》的评述（维谢洛夫斯基石印本的全文存放在国立列宁图书馆手稿部，克柳切夫斯基档案，附录5，案卷2）。

草稿本中有克柳切夫斯基用铅笔作的多处修改和补充，一部分是在石印版刊印后立即作的，一部分是在《教程》准备出版的过程中作的。补充的许多文句是写在另外的纸上，贴在石印本上的，可是其中有一些没有保存下来。在石印版的页边和正文的行间，作者先后对编写《教程》时使用的各种原始材料（史料和参考书籍）都作了批注，并载有对所触及的问题的各种简短评语。有些简短的评语，作者在定稿时扩充为整幅的章节了。在印出的版本中没有对史料和参考书籍的批注。

石印版的文稿不分讲次，分讲次是克柳切夫斯基对《教程》进行最后整理时的事情[1]。石印版本按下列几个标题分成各段："导言"，"第一时期（8世纪—12世纪）"，"古罗斯的编年史"，"喀尔巴阡的斯拉夫人"，"东斯拉夫人的迁移"，"移民的后果"，"初期基辅王公的活动"，"11世纪中叶的罗斯国家"，"11世纪—12世纪的罗斯国家"，"顺序制与破坏它的条件之间的斗争所产生的后果"，"11与12世纪的罗斯社会"，"第二时期"（12—15世纪），"破坏基辅罗斯社会制度和繁荣的条件"，"第聂伯河一带居民向西部的流动和小俄罗斯居民的起源"，"居民向苏兹达尔北部流动的迹象"，"苏兹达尔边区殖民的民族学上的后果"，"北方殖民的政治后果"。

  这一版的《教程》第一卷，是以1906年的第二版为基础的，该版曾根据草稿本和作者生前其他各种版本核对过。每一讲的注释，都指明了作者在石印版中所作的最重要的增补文句，其中包括没有保存下来的原稿；同时也指出了作者对第二版所作的修改。在注释中引用了《教程》中未收入的石印版中的片断，以及对研究克柳切夫斯基历史观的发展有助益的增补文句。最后，注释中有作者对《教程》所用史料及参考书籍的一切说明。作者在准备石印版的初版或以后各版时作的一切增补文句，其开始与结尾在正文中都以同样的数字标出（在注释中用一破折号，如17—17）。对史料及参考书的说明，用一个数字表示。如在原来的增补文句上再加上新的补充文句或某种资料时，则这些补充文句用带星号的脚注来表示（例如，5*—5*），注释用带字母的顺序注码来表示（例如，5ª，5ᵇ，等）。克柳切夫斯基指出史料及参考书出处的一切注文，均纳入作者参与其事的一切版本。只有索洛维约夫的著作《自古以来的俄国史》的注释是例外。克柳切夫斯基大概是利用了这部著作的各种不同的版本。因此，他在这里的注释是根据索洛维约夫全集的第五版统一的。克柳切夫斯基的某些注释过于简略，语义不明，置于双层圆括号内。指明资料和参考书出处的注释，不用引号，作者对注释所作的有事实根据的说明，则置于引号之内，克柳切夫斯基删节过的地方，都加以说明。在极个别的地方，克柳切夫斯基引用某种资料时，有与实际情况不符的错误。这些错误都用方括号标明。编者对克柳切夫斯基的说明和注释所加的必要的补充，也放在方括号内。

  由此可见，本版不仅提供了《教程》第一卷的作者的定稿，而且还帮

---

1 当时曾拟了讲义稿的讲授结构，规定各讲的讲述要点（草稿本中没有这些）。只是在《教程》的第二版中才把讲义分成讲次。

助读者去想象19世纪80年代的讲义的内容，探索克柳切夫斯基二十年著述活动期间的观点的发展情况，以及剖明这位历史学家在编纂《教程》时所依据的史料学的基础。

拉丁文与希腊文部分是由H. H. 伊林核对的。

第一讲

〔1—1〕 这一段是作者在准备初版时增补的，在石印版中的原句是："我现在开始讲述俄国史课程，今年预备讲述前面的一半，到16世纪末叶为止，也就是讲到古老的莫斯科王朝和卡利达氏族结束为止。在讲述这门课程以前，我准备先讲一讲我们面临的工作的目的和方法方面的一般想法。

在着重讲述俄国史以前，首先应解决一个问题：研究地区史的目的是什么？目的有两种：一种纯粹是学术性的，一种是应用的，实际的。但无论哪一种都必须从历史研究的总目的中去探求。因此，研究某一个国家，某一个民族历史的学术上的目的，显然应当是和研究世界史的目的一致的。

任何一种学科的目的，都在于认识研究对象的起源和特性。"

〔2—2〕 这一讲的章节在第2版（1906年）中作了很大的修订。

〔3—3〕 这一段是作者在初版中增补的。

〔4—4〕 这一段是作者在第2版中修正的，初版中的原句是："然而这样的分类即使在生物学这样精细的知识领域也是容许的：根据单独的个体，甚至根据有机体的一部分，用显微镜下的一滴血或苍蝇的一根吸管来研究有机体的构造，研究它们的特性和功能，比较方便。整个机体的成长，要从所有器官的机能的总和来认识，而其构造则从个别的极小的部分或细胞来认识。在历史研究中，要是对局部地区进行高度集中的观察，也能对观察的对象辨别得更加清楚。

"但是这种分类仅是为了方法上的便利呢，还是它还具有教学上的理由？

"我们用另一个问题来作为对这个问题的回答：我们在几百年的过程中观察人类在日趋完善的道路上共同走过的缓慢而不稳固、有时甚至是错误的脚步，又是以哪种精神为指导的呢？"（克柳切夫斯基：《俄国史教程》，莫斯科，1904年，第1版，第1卷，边页第6页。）

〔5—5〕 这一段是作者在初版中增补的。

〔6—6〕 这一段是作者在第2版中修正的，初版中的原句是："这些结

合也通过处在它们作用下的社会显示出人类的某些特征，从各方面发现人类的本质。

"因此世界史，至少是到目前为止的世界史，并不包括一定时间内的全人类的全部生活，并不包括人类生活的全部力量和条件的同样程度的相互影响，而仅是包括各个民族或是一些民族中的少数人的事迹，叙述他们在不同地区和不同时期的永不重复的力量和条件的配合下的继承性的更替。各民族在历史舞台上的这种不断的更替，这种永远在变动的历史力量和条件的配合，可以看作是偶然性的游戏，并不给予历史生活任何的计划性和规律性。那么研究某个国家在某一时期为了某种原因而形成的历史情况又有什么用处呢？况且这种历史情况是不会再重复的，也是不能预测的。的确，对于人类命运的波折，有些地方还不能用科学来加以说明。但是，展现和发展人类本性的力量和特点的历史现象是可以研究的，如果说对历史现象的产生我们还有许多不清楚的地方，或者我们感到是偶然性的，那么它们对人类生活制度的作用却是有规律的，有必然关系的，或者具有足够的根据。我们观察人类社会的构造、对人类社会起影响的各种力量的作用、组成人类社会的各种因素的相互关系、使它们发生相互影响的各种条件，我们就会发现，所有这些条件和相互关系都带有地区性，除了该地以外不会再重复。历史现象的因果关系，文化和文明的继承性，能够把它们联系起来，成为数千年延续不断的人类发展过程。但是要找到和明了推动这个总的文化史过程的隐蔽的动力，必须暂时摆脱它，把注意力集中在局部地区的结构上，即集中在某一民族的生活上。

因此单独地研究地区史有它自己的目的，也有它自己学术上的理由，因为它符合人类社会结构的规律。

那么人类的共同生活是怎样构成的呢？"

（克柳切夫斯基：《俄国史教程》，第1卷，边码第8、9页。）

〔7—7〕 这一句是作者在初版中增补的。

〔8—8〕 这一段是作者在初版中修正的，石印版中的原句是："不过人类的精神在历史中是用两种方式或具体形式表现出来的。"

〔9—9〕 这一段是作者在初版中增补的。

〔10—10〕 这一段是作者在初版中修正的，石印版中的原句是："这些都是最普通的自然力，我们分析人类结合体的成分，分析维持人类共同生活并能使偶然的、各种性质的个人以及他们短促的生命构成数千年坚固

而稳定的社会的微妙关系，能够在每一种人类结合体中都找到这种自然力。这些因素是：语言、血统或血缘、思想、知识、感觉、风俗习惯、法律、秩序、劳动、资本，以及其他等等。每一个因素对人类结合体的构成和发展都有自己的作用；所有这些因素都是在每一个社会里到处存在的，但是在不同时期和不同地区由这些因素构成的社会，都彼此各不相同。"

〔11—11〕这一段是作者在初版中增补的。

〔12—12〕这一段是作者在初版中增补的。

〔13—13〕这一段是作者在初版中修正的，原石印版中所举的是另一些实际材料。

〔14〕初版接下去还有一段，是作者在第2版中删去的：

"在历史中形成的社会所表现出来的共同生活的因素的性质和相互作用，这就是历史社会学的基本对象。这些社会就是社会因素的各种地区性结合和状态。因此，我们对这种地区性结合研究得愈多，就愈能全面地知道各种社会因素的性质和作用以及它们所表现的历史力量，愈能充分地在我们面前展现出每个社会因素和每个历史力量的性质。另一方面，我们在研究历史力量和社会因素的某种结合的起源时，能够知道他们之间的某种关系是在什么条件之下确立的，即在什么条件之下一定的因素或力量能表现出它的某一方面的性质。这就是说，用研究地区史的方法，我们不仅能够知道人类社会生活的性质，而且还能够知道它的运动规则，就是所谓它的内幕，知道在什么条件下它的一定的因素能推动人类向世界进步的道路前进，知道在什么时候会阻碍它的运动，例如在什么时候资本会扼杀劳动的自由，而且不能提高其生产率，相反的，在什么时候能帮助劳动增加生产率，而不致抑制劳动。因此从研究人类社会生活怎样组成的学科中，将来可以产生（这将是历史科学的一个胜利）它的实用部分——研究怎样能更好地构成人类社会生活的科学。"（克柳切夫斯基：《俄国史教程》，第1卷，边码第17页，另参阅第19页。）

〔15—15〕这一段是作者根据重新校订过的石印版文字在初版时增补的。

〔16—16〕这一段是作者在初版中增补的。

第二讲

〔1—1〕这一节是作者在初版中增补的。

〔$2^x—2^x$〕 这一段是作者在初版中增补的。

〔$2^a—2^a$〕 这一句是作者在第 4 版（1911 年）中增补的。

〔3—3〕 这一句是作者在初版中增补的。

〔4—4〕 这一句是作者在初版中增补的。

〔5—5〕 这一段是作者在初版中增补的。

〔6—6〕 这是作者在初版中修正的，在石印版中的原句是："大约从 12 世纪末起……"

〔7—7〕 这一句是作者在初版中增补的。

〔8—8〕 这一句是作者在初版中增补的。

〔9—9〕 这一句是作者在初版中增补的。

〔10—10〕 这一句是作者在初版中增补的。

〔11—11〕 这一句是作者在初版中增补的。

〔12—12〕 这一段是作者在初版中增补的。

〔13—13〕 这一段是作者在初版中增补的。保存下来的 1895 年所写的石印版序言的草稿，也谈到第二讲中讨论过的一些问题。"民族生活的进程和质量，决定于该民族在历史上的劳动的方向和性质，决定于该民族根据其所处地位的条件对其地理情况、历史情况、国家的自然环境和四邻赋予它的力量和财富的使用。每一个民族都有责任完成两项工作，这两项工作构成该民族历史的主要内容，该民族的每一个人都要在这两项工作之间分配自己的力量。他把一部分力量用于公共福利，用于制订政治和经济的手段，以便不受阻碍地、公平地确定社会关系和人的共同生活，总之，是为了巩固外部的安全和内部的良好设施，而另一部分力量他用来维持自己个人的需要，安排自己的个人生活，以及发展自己的智力和道德力量。民族生活完善的匀称的正常进程，需要该民族对这两项工作，对社会的安排和个性的发展所作的努力相称；要是不相称，一项工作的进展就会损害另一项工作，而且这样就会破坏其本身的持久性；而在两者正常进展的情况下，一项工作的成就会改善和加强另一项工作，如果违背了国家的要求，也可以说是强求，那么，对外防御力不胜任的重荷就会阻碍个人福利的增进和个性的发展。另一方面，在个性得到适当发展的情况下，也就是在人们正确理解自己的财富和利益、自己的权利和义务的情况下，公正的社会制度的确立也比较容易，比较能够持久。但是要使这两项工作的进展相适应，需要相当迅速的集中许多有利条件。我们的民族所得到的，远不是这

方面所需的全部必要条件，在它的生活中一项工作大大地超过了另一项工作，使它在历史上的劳动片面发展。俄罗斯民族处于欧亚两洲之间，处于森林和草原中，远离古代文明世界，他们在所占的国土上找不到任何文化知识，找不到任何传统，甚至找不到任何废墟，数百年来他们必须把自己大部分的努力花在两件粗野的事情上：（一）在自己坚硬的国土上开荒，人们只有通过战斗才能得到它的财富；（二）不遗余力地防御草原上的凶恶邻人，这些邻人经常夺取他们最好的、最无防御的国土。在这两方面他们大多要依靠自己的经验和设想来制定行动的方法；然而文明世界的科学知识和技术很快就传来了，起初是偶然通过罗斯的商人，后来是通过拜占庭的神甫。由于从事全民族福利和国家所要求的工作，从事徭役和兵役，个人很少有时间从事自己的工作，从事自己私人方面的工作，安排（书眉上写"改善"）自己个人的福利和发展。从田野、森林或草原回来，古代罗斯人拖着疲惫的身子走进自己冒烟的、肮脏的草屋，碰到的是最基本的需要和力不胜任的令人忧虑的物质上的操心（科托希欣语）[1]。这一切妨碍了古代罗斯人在人类活动的个人精神创作领域充分发挥自己的才能，因为在个人精神活动领域，个人单独的有益的工作需要一定充裕和安静的空暇以及社会生活的某种激励。几乎直到 19 世纪，俄罗斯文学缺少天赋的思想，缺乏连贯性，虽然并不缺少在文学界表现为偶然的、昙花一现的巨匠的天才。可是俄罗斯人民的生活却引起了研究群众性劳动、人民集体智慧和无名作品的学者们的注意，这些创作在民间的佚名作品、寓言、谚语、俗语、童谣、歌谣中留下了自己的成果。这种对个人生活、对自然和人、对人际关系所作的直接的、经常是精确而深刻的观察，完全不是建立和改造生活以及人际关系的创造性的思想。"

〔14—14〕 这一句是作者在初版中修正的，石印版中的原句是："……能够教会我们什么。"

〔15—15〕 这一段是作者在初版中修正的，石印版中的原句是："第一，他们向我们指出，在我国的历史发展中社会生活的哪些因素占优势，哪些因素的作用较小，因此……"

〔16—16〕 这一段是作者在初版中修改的，石印版中的原句是："例

---

1 科托希欣（约 1630—1667 年），为莫斯科罗斯外交署文书，著有文集《关于沙皇阿列克赛·米哈伊洛维奇统治时期的俄国》。——译者

如，如果我们发现，我们的法律经常成为资本的奴仆，那么我们的实际任务就必须加强发展作为社会真理和个人自由的支柱的法律，而不是发展作为巩固物质优势的工具的法律。"

〔17—17〕 这一段是作者在初版中修正的，石印版中的原句是："这些理想是一切有文化的民族用全部努力创造出来的，但是它们并不随时随地、并不在每一个民族中都同样地可以实现。"

〔18—18〕 这一段是作者在初版中修正的，石印版中的原句是："不研究历史就不可能在它们之间作正确的选择，只有历史研究才能指出，在假定的社会生活制度中，哪些低于该民族现有的力量和方法，哪些高于它们，是该民族不能胜任的。要知道向哪儿去，怎样走，首先应知道我们是从哪儿来的，怎样来的。"

第三讲

第三讲和第四讲的正文是石印版所没有的。收集的原稿保存在列宁图书馆；克柳切夫斯基总档，第 1 卷夹，案卷 11。

〔1〕《大百科辞典》，第 25、27、28、45 卷。

〔2〕《日记》；Г. И. 佩列佳特科维奇：《15 和 16 世纪的伏尔加河流域》，莫斯科，1877 年版，第 67 页。

〔3〕《大百科辞典》，第 47 卷。

〔4〕《日记 360》；《外国文学》，第 3 期。

〔5〕《莫斯科公报》，1900 年，第 231 期，第 4 页；1902 年，第 290 期，第 4 页。

〔6〕《拉夫连季耶夫编年史》，圣彼得堡，1897 年，第 8 页。

〔7〕《俄罗斯帝国统计年刊》，圣彼得堡，1866 年，第 158 页。

〔8〕 原稿接下去还有一句话："在西伯利亚，森林所占面积长 4 800 俄里，宽 2 700 俄里（1902 年）。"

〔9〕 谢苗诺夫：《俄罗斯帝国地理统计辞典》，圣彼得堡，1863 年，第 1 卷，第 388 页。

〔10〕《莫斯科公报》，1900 年，第 223 期，第 4 页。

〔11〕《科学院通报》，"物理数学类"，第 8 集，1892 年，维尔德的文章。

第四讲

〔1〕《莫斯科公报》，1900年，第231期，第4页；1902年，第290期，第4页。

第五讲

〔1—1〕 这一段是作者在初版中修正的，石印版中的原文是："我们必须在开始叙述这个时期的事实以前，了解一下我们从其中获得这些知识的主要史料。研究我国古代历史的最丰富的史料之一，是编年史。"

〔2—2〕 这一段是作者在初版中修正的，石印版中的原文是："这种汇集的范本，可以举出名称不很确切的《特维尔编年史》（15卷的《俄罗斯编年史大全》）；这部汇集是1534年罗斯托夫地区的一个乡村神甫编纂的。编者有时抄录古代编年史，有时作了某些删节和增补，或者在自己的文章中加入圣徒传和传说等的片段。"

〔3—3〕 这一段是作者在初版中增补的。

〔4—4〕 这一段是作者在初版中增补的。

〔5—5〕 这一句是作者在初版中修正的，石印版中的原句是："这一点可以从下面两个特征看出来：第一，在这部《始初编年史》中我们能看到个别的叙述，甚至整段的文章和故事并不出于基辅编年史家的手笔，而是后来增补进去的；第二，在较后的编年史汇集中我们可以找到某些关于基辅的资料，这些资料显然是从古代基辅编年史中引来的，可是在我们所知道的以后各种抄本中已被删除。

要说明《始初编年史》的这种成分，必须指出，编年史和一般历史文献的痕迹是我们早在11世纪中叶就发现的。例如，诺夫哥罗德在11世纪中叶左右就已进行了编年史的编纂工作，在较后的编年史中，在诺夫哥罗德编年史汇集中保存着一般关于诺夫哥罗德第一个主教约基姆于1030年去世的资料，后面有一个注解说：'他的门徒叶夫列姆是教导我们的。'从这点我们可以得出结论，早在11世纪上半期诺夫哥罗德已经有编年史家了，他自称为诺夫哥罗德第一个主教的门徒。根据这部古代诺夫哥罗德编年史增补的文句，我们在最初的编年史汇集中就已发现。例如，我们在上述两部古代抄本的编年史1115年项下可以看到关于达维德·伊戈列维奇王公挖掉捷列保夫里王公瓦西里科的眼睛的故事,而在最初的汇集中,这个故事记在1097年项下。这段叙述是一个名叫瓦西里的神甫写的,他对基辅地区的知识很少,但却到过沃林公国的弗拉基米尔城;他是这件事的参加者,是这两个王公进行谈判时的中介人。那么他是沃林编年史的作者呢,还是仅是关于瓦西里科被挖去眼睛这一段个别故事的作者,这是很难断定的。他是在瓦西里科去世(1124年)以前写就的,因为在谈到瓦西里科被挖去眼睛因而脸上受伤的时候,他下结语说:'瓦西里科脸上的那个伤痕至今犹在。'"

〔6〕《拉夫连季耶夫编年史》,第224页。

〔7〕 塔季谢夫:《自古以来的俄国史》,莫斯科1768年版,第1册,第51页;别斯图热夫-留明:《俄国史》,圣彼得堡,1872年版,第1卷,第21页;请比较:《拉夫连季耶夫编年史》,第183页及以下各页;雅科夫列夫:《12—13世纪的俄罗斯文献》,圣彼得堡,1862年,第129页和第135页。

〔8〕《拉夫连季耶夫编年史》,第156页,1051年;索洛维约夫:《自古以来的俄国史》,第3卷,第5版,第123页。

〔9〕《雅科夫列夫编年史》汇集中关于鲍里斯和格列布的叙述。"1051年项下关于佩切尔斯基寺院的叙述写于雅罗斯拉夫死后(《拉夫连季耶夫编年史》,第153页),甚至在费奥多西死后(费奥多西的去世记于1074年项下,参阅《拉夫连季耶夫编年史》,第178、202页),是费奥多西的门徒,佩切尔斯基寺院的僧侣,该寺院的创办者写的。"别斯图热夫-留明:《14世纪末以前俄罗斯编年史的成分》,圣彼得堡,1868年,第12页;雅科夫列夫:《12—13世纪俄罗斯文献》,第63页。

〔10〕《拉夫连季耶夫编年史》,第137页。

〔11〕《拉夫连季耶夫编年史》,第243页。

〔12〕 按《旧约故事》;别斯图热夫-留明:《俄国史》,第1卷,第136页;《雅罗斯拉夫时代的文献》;《拉夫连季耶夫编年史》,第148页。

〔13〕 Ф. А. 捷尔诺夫斯基:《拜占庭史研究及该史书对古罗斯的别有用心的附言》,基辅,1875年版,第1册,第23—25页。

〔14〕 "甚至是俄语本";别斯图热夫-留明:《俄国史》,第1卷,第135页。

〔15〕 "在864年(夹注:860年)",捷尔诺夫斯基:《拜占庭史研究及该史书对古罗斯的别有用心的附言》,第108页。"还有伊戈尔,841年",

《俄罗斯编年史全集》，第1卷，第245页。

〔16〕 石印版接下去还有一段，是作者在初版中删去的："但是《往年纪事》认为这一年是米哈伊尔三世开始统治的一年，而不是842年，而在这位拜占庭皇帝统治的时代，拜占庭才初次知道罗斯这个名称，因为罗斯在这时侵袭了帝都，这是作者从希腊年代记，即阿玛尔托拉年代记以后的年代记中知道的。罗斯人侵袭帝都这件事本身并不发生在852年，《往年纪事》把它归于866年，而实际上应当是864年。因此注明852年这个年份仅是由于年代记的需要。"捷尔诺夫斯基：《拜占庭史研究及该史书对古罗斯的别有用心的附言》，第107页。

〔17〕 石印版中接下去还有一段，是作者在初版中删去的："《往年纪事》在叙述哈扎尔人侵袭波利安人的时候，在最后指出：'哈扎尔人至今还统治着罗斯人'。12世纪的罗斯作者是不能这样说的，因为这时统治着哈扎尔人的土地的是波洛夫齐人。965年罗斯大公斯维亚托斯拉夫击溃了哈扎尔国；而不久哈扎尔人的土地就被别切涅格人统治了。1036年雅罗斯拉夫在基辅城下大败别切涅格人，其余众人逃奔草原，毫无踪迹。继之而侵入罗斯境内的是托尔克人，以后是波洛夫齐人于1061年初次战胜了罗斯，占领了以前哈扎尔人统治过的草原地带。因此，《往年纪事》既然承认哈扎尔人是罗斯的统治者，就只能写成于1036年和1061年之间。在《往年纪事》中还能找到更加确切地表明它的编纂年代的其他证据。"

〔18〕《拉夫连季耶夫编年史》，第11页。

〔19〕 "请弗拉基米尔信教"；《拉夫连季耶夫编年史》，第109页。"米哈伊尔·辛盖拉（死于835年或835年前后）"；A. C. 巴甫洛夫：《斯拉夫俄罗斯原始宗教法汇编》，喀山，1869年，第52页。

〔20〕《拉夫连季耶夫编年史》，第83、84页。

〔21〕 "主要史料是弗拉基米尔的传记，未必是雅可夫的传记"。"因为我在那时以前还是个孩子，弗拉基米尔王公统治着罗斯国家"；戈卢宾斯基：《俄国教会史》，莫斯科，1880年，第1卷上半册，第195页。"使徒们往异国游历传教。《雅科夫功绩传与传记》的矛盾"；别斯图热夫—留明：《14世纪末以前俄罗斯编年史的成分》，第38页，注121。"弗拉基米尔受洗礼时是33岁，不是28岁（参阅同书注123）。"

〔22—22〕 这一段是作者在初版中增补的。

〔23—23〕 这一段作者在初版中作了很大的增补。

〔24—24〕 这一段是作者根据他在石印版上所写的注释在初版中增补的。下面一段注释已被作者删去:"898年项下关于班诺尼亚传记中的基里尔和梅福季的活动:创造文学和摩拉瓦的受基督教洗礼。由于史料不同,汇集中有矛盾;佩列雅斯拉夫尔在奥列格时代已经存在,而又说是弗拉基米尔在992年建立的,佩切涅格人(克柳切夫斯基误写为波洛夫齐人)的最初两次进犯是在915年和968年";别斯图热夫-留明:《14世纪末以前罗斯编年史的成分》,第34、35页。

〔25〕 "史诗的两段",《佩列雅斯拉夫尔—苏兹达尔编年史》,奥波连斯基书局996年版。莫斯科,1851年,第33页。

〔26—26〕 这一段是作者根据石印版上增添的文句在初版中增补的。

〔27〕 石印版中接下去还有一段,是作者在初版中删去的:"西尔维斯特在收集祖国的历史资料的时候,发现了许多讲述古代的叙事诗和民间传说,还有一些写成书面的故事,其中最主要的是:《罗斯国家的起源》、《弗拉基米尔使罗斯接受基督教的故事和这位王公以后的活动概况》(夹注:'即传记'),以及《最初的基辅编年史》。他把这三个故事作了某些删节和补充,作为自己的编年史汇集的基础,而这三个故事之间间隔的年代,是根据他所知道的其他史料自己补充的(着重点是作者后来加上去的),部分取自拜占庭的年代记,部分取自基辅的叙事诗等等。在基辅编年史中还增添了几篇补充性的文章(关于佩切尔斯基寺院和圣费奥多西的,以及关于失明的瓦西里科王公的),而所有这些性质不同的材料,都按照他根据拜占庭年代记和本国的史料(旁注:'脑子里记住的各位王公统治的年数,基辅的奥列格王公征服各族')编成的统一的年代表(夹注:'然而并不正确')安排。因此,汇集中第9世纪和第10世纪的那些事件的年份都是有疑问的,不能认为十分可靠。可以确信的,只有最初的基辅编年史家所记述的11世纪的事件的年份。

"对最初的一部编年史汇集进行分析的结果,使我们得出了上面这些主要的结论。现在我把这些结论重复说一遍。这部编年史汇集是由三个不同时代的主要部分组成的:编纂年代绝对不迟于1054年、佚名作者写的《罗斯国家起源的故事》;12世纪初叶写成的《罗斯接受基督教的故事》;以及佩切尔斯基寺院的僧侣涅斯托尔根据古代基辅版本在11世纪后半期和12世纪初叶(1110年)写的《最初的基辅编年史》。在这三个主要部分之间的年代的间隔,由编年史汇集的编者根据外国的和本国的各种史料作了增朴。

这位编者很可能是维杜别茨寺院的主持西尔维斯特,他完成自己的著作是在1116年"("他完成自己的著作是在1116年"这句话被勾去了,旁边加上附注:"他还继续写下去")。

第六讲

〔1—1〕 这一段是作者在初版中修正的,石印版中的原句是:"这些结论使我们有根据来评价最初的编年史汇集中的我国古代史料的可靠性。用半神话性形式转述第九和第10世纪事件的那些传说,是在这些事件发生之后不到二百年就记载下来的,第9世纪的传说不迟于11世纪中叶,第10世纪的传说不迟于1125年。对于人民强健的记忆力来说,一百五十或二百年并不是很长的时间:在这样一段时间中它是能够把实质和事件的核心传达下来的,虽然有些细节会遗忘,通常代以富有诗意的形式。我们在分析《罗斯国家起源的故事》以及最初的编年史汇集中的以后的传说时,必须以上述这种设想作为指导。现在我们回过来讲12世纪的编年史。"

〔2〕 索洛维约夫:《自古以来的俄国史》,第3卷,第132页,注242。

〔3〕 "《伊帕季耶夫编年史》叙述到1200年"。《伊帕季耶夫编年史》,圣彼得堡,1871年,第4页,第79页。

〔4〕 塔季谢夫:《俄国史》,莫斯科,1774年,第3册,第416、463页。

〔5〕《伊帕季耶夫编年史》,第470页。

〔6—6〕 这一段是作者在初版中增补的。

〔7—7〕 这一段是作者根据对石印版的注释而在初版中增补的。

第七讲

〔1—1〕 这一段是作者根据石印版的补充在初版中增补的。

〔2〕《涅斯托尔,古斯拉夫语的俄罗斯编年史》,施莱策尔翻译和说明,第1-3部,圣彼得堡1809—1819年版,Д.亚济科夫译自德文。

〔3〕 "关于施莱策尔"参阅索洛维约夫所著《自古以来的俄国史》,第26卷,第296页和以后各页。

〔4〕《拉夫连季耶夫编年史》,第12和18页。

〔5〕 "编年史家的理论;根据斯拉夫民族原始的统一思想,俄罗斯早

期的命运是和斯拉夫人的共同历史结合起来的",《拉夫连季耶夫编年史》,第 5 页及以后,其次第 25 和 28 页。

〔6—6〕 这一段是作者在初版中增补的。

〔7—7〕 这一段是作者根据石印版的材料在初版中增补的(参阅注 11)。

〔8〕《拉夫连季耶夫编年史》,第 29 页。

〔9—9〕 这一段是作者在初版中增补的。

〔10〕 "根据约尔南德的著作,第 28 页",《安特人的起源及事迹》,克洛士版,第 27 页;"斯拉夫人……东到德涅斯特河,北到维斯拉河定居。"

〔11〕 石印版中接下去还有一段,是作者在初版中删去的:有两处记载指明在第聂伯河流域定居以前的这个停留地。我国的编年史在叙述罗斯国家起源的时候,没有提到东斯拉夫人到过喀尔巴阡山脉;然而它叙述过斯拉夫人的迁移,并且在这段叙述中把他们分成两支:西支和东支。从多瑙河来的斯拉夫人向各个方向迁移,他们根据自己定居的地方取得自己的名称:一些定居在摩拉瓦河上,因此称摩拉瓦人,另一些称捷克人。这都是西斯拉夫人。东斯拉夫人和他们不同。东斯拉夫人包括白克罗地亚人、塞尔维亚人和霍鲁坦人;《往年纪事》认为住在第聂伯河的那些部落就是来源于这些斯拉夫人。它说,沃尔赫人——根据某些作家的研究,是罗马人(旁注:"图拉真 93—117 年"。"金麦里安人、西徐亚人、萨尔马特人、阿兰人、达吉亚人,《沃尔什》") 侵袭多瑙河畔的斯拉夫人,居住在他们中间,并且压迫他们,于是这些东斯拉夫人有的来到第聂伯河,称作波利安人,有的被称为德列夫利安人,因为他们居住在森林里,等等。因此,《往年纪事》勉强还能记得,第聂伯河的斯拉夫人是来源于白克罗地亚人和塞尔维亚人,而这些部落所居住的地方(后来拜占庭作家们就是在这地方知道它们的),是喀尔巴阡山脉东北面的山坡,即现今的加利奇亚和维斯拉河上游的地区。早在第 10 世纪奥列格统治时代我国的《始初编年史》就知道克罗地亚人也在这里。《始初编年史》虽然遗忘了喀尔巴阡山脉的停留地,然而却记得居住在喀尔巴阡山脉的民族,定居在第聂伯河和俄罗斯平原其他河流流域的东斯拉夫人就是起源于这些民族的;索洛维约夫:《自古以来的俄国史》,第 1 卷,第 51、52 页。

〔12〕 "4 世纪时俄罗斯的哥特人。3 世纪时奥列里亚努斯[1]时代,达吉

---

[1] 奥列里亚努斯(214/215—275 年)270 年起为罗马皇帝。——译者

亚被让与哥特人（约275年）。276年匈奴人击溃哥特王国。5世纪末多瑙河上的保加尔人（453年阿提拉死后）。565年阿瓦尔人渡过顿河。赫拉克利乌斯时代（610—641年）白乌古尔人〔侵袭〕斯拉夫人"；索洛维约夫：《自古以来的俄国史》，第1卷，第89、90页；别斯图热夫-留明《俄国史》，第1卷，第5页。

〔13〕"867年被保加尔人所歼"；索洛维约夫：《自古以来的俄国史》，第1卷，第90页。

〔14〕 魏涅林：《论俄罗斯人民古代的住所》，载《俄罗斯历史和文物协会读物》，1847年，第9期。

〔15〕 别斯图热夫-留明：《俄国史》，第1卷，第170页。

〔16〕 "562年以后"；《开塞利的普罗科皮奥斯，与哥特人的战争》Ⅲ，14；Ⅳ 4, 5译文参阅《第7世纪希腊罗马和拜占庭作家作品片断中的古斯拉夫人》，载《古代史通报》，1941年，第1期，第237页，第242页；《开塞利的普罗科皮奥斯，与哥特人的战争》，莫斯科，1950年；索洛维约夫：《斯拉夫人的风俗习惯和宗教概述》，载俄罗斯以前的历史法律资料档案，卡拉巧夫出版社，第1册，第1部，圣彼得堡，1876年，第22页。

〔17—17〕 这一段是作者在初版中增补的。

〔18〕《拉夫连季耶夫编年史》，第11页。

〔19—19〕 这一段是作者根据石印版的补文在初版中增补的，这段补文运用了《俄国史简明教程》（克柳切夫斯基著，莫斯科，1903年，第3版，第12页和第13页）中的资料。

第八讲

〔1〕 卡拉乔夫档案，第1册，第1部，第19页。

〔2—2〕 这一段是作者在初版中修订的，石印版中的原文是："在这个民族的领导下，在与拜占庭经常的斗争中，东斯拉夫人似乎已经结成一个巨大的军事联盟，根据马苏迪在10世纪中叶前后所写的地理著作中有关这个武装联盟解体的记载来判断，那么那时的罗斯是还能记得这个军事联盟的；但是在11世纪编写叙述罗斯土地初期历史的《往年纪事》的时候，就已经记不清赫拉克利乌斯时代，也记不清这个联盟崩溃的原因了。只能猜想，它的解体是在阿瓦尔人侵略东斯拉夫人和东斯拉夫人因而接着开始向

更东的地方迁移的时候。"〔夹注："何者为因？何者为果。"〕《拉夫连季耶夫编年史》，第11页。

〔3〕"他们在这个平原上的人种学方面的情况，是和立陶宛人、芬兰人、保加尔人和哈扎尔人邻近的"；别斯图热夫-留明：《俄国史》，第1卷，第74页。

〔4*—4*〕 这一段是作者根据石印版的手写注释在初版中增补的。

〔4ª〕《拉夫连季耶夫编年史》，第53页和以下各页。

〔4ᵇ〕《拉夫连季耶夫编年史》，第239页。

〔5*—5*〕 这一段是作者对石印版的有关章节作了根本的修改后在初版中增补的。

〔5〕〔"根据对第聂伯河沿岸的描写（第聂伯河居民所称的伏里斯蒂尼斯），在它们（希班河和德涅斯特河）中间土地辽阔，遍地都是森林和难以涉渡的沼泽"，约尔南德，第5卷，第34页，克洛士版。〕

"基辅城周围森林辽阔和茂盛。"《拉夫连季耶夫编年史》，第8页。

〔6〕《伊戈尔条约中氏族继承的破坏》；拉夫罗夫斯基：《论斯拉夫人氏族名称的原本意义》〔关于这部著作，请参阅科学院记录。《科学院札记》，第11卷，第1册，圣彼得堡，1867年，第84页〕。

〔7*—7*〕 这一段是作者根据《俄国史简明教程》第16页和第17页的材料在初版中增补的。

〔7ª〕 别斯图热夫-留明：《俄国史》，第1卷，第13页；《拉夫连季耶夫编年史》，第52、53、77和80页；加尔卡维：《伊斯兰教作家关于斯拉夫人和俄罗斯人的传说》，圣彼得堡，1870年，第269页。

〔7ᵇ〕 "Роженица即матка（妈妈）"见沃斯托科夫：《斯拉夫教会语言辞典》，第2卷，圣彼得堡，1861年，第2版，第156页。

〔7ᵃ〕《1150年的斯摩棱斯克文书》（参阅《历史文献补编》，第4期，第1卷，第6页。）

〔8*—8*〕 这一段是作者根据石印版和石印版上的手写注释在初版中增补的。

〔8ª〕《"资料478—480"》。

〔8ᵇ〕《霍尔达德别：伊戈尔从基米里的博斯普鲁斯海峡到达基辅》；伊洛瓦伊斯基：《罗斯初期史探索》，莫斯科，1876年，第123页。

〔9〕别斯图热夫-留明：《俄国史》，第1卷，第78页。

〔10〕索洛维约夫:《自古以来的俄国史》,第1卷,第90页。

〔11〕〔"8世纪南部斯拉夫平原的被征服;伊蒂尔城设有专门法官的特区,人们在军队和可汗的宫廷中服役。"马苏迪:《黄金草原》〕;迦尔卡维:《伊斯兰教作家关于斯拉夫人和俄罗斯人的传说》,第10节,第129页;别斯图热夫-留明:《俄国史》,第1卷,第79、80页。

〔12—12〕这一段是作者根据石印版上的手写注释在初版中增补的。

〔13〕"9世纪和10世纪的俄罗斯海——黑海";《拉夫连季耶夫编年史》,第7页;迦尔卡维:《伊斯兰教作家关于斯拉夫人和俄罗斯人的传说》,第130和133页;《赫伏尔松论850年左右在巴格达的罗斯人》;赫伏尔松:"伊本-达斯塔关于哈扎尔人、布尔塔斯人、保加尔人、马扎尔人、斯拉夫人和罗斯人的记载",圣彼得堡,1869年,第159—162页。

〔14—14〕这一段是作者在初版中增补的。

第九讲

〔1〕盖杰奥诺夫:《瓦利亚格人问题研究摘要》,载《科学院通报》,第2卷附录,第3期,圣彼得堡,1862年,第101和108页。

〔2〕"保加尔人",别斯图热夫-留明:《俄国史》,第1卷,第74页;《拉夫连季耶夫编年史》,第10、50、82页;迦尔卡维:《〈伊斯兰教作家关于斯拉夫人和罗斯人的传说〉一文的补充》,圣彼得堡,1871年,第31页;伊洛瓦伊斯基:《罗斯初期史探索》,第123页,《与哈扎尔人的同源》;864年"阿斯科里德之子为保加尔人所杀";《王公对两个保加尔人之讨伐》;迦尔卡维:《伊斯兰教作家关于斯拉夫人和罗斯人的传说》,第219页;《尼康编年史》,第1部,圣彼得堡,1767年,第8和16页。

〔3〕"库尼克[1]称vaering或warang"。〔参阅盖杰奥诺夫:《瓦利亚格人问题研究摘要》,第129—131、136和138页。〕

〔4〕《俄罗斯编年史大全》,第7卷,第268页。

〔5〕《拉夫连季耶夫编年史》,第20页。

〔6〕"盖杰奥诺夫的说法不同"。〔盖杰奥诺夫:《瓦利亚格人和罗斯》,第1部,圣彼得堡,1876年,第498—500页;第97页,注262〕

---

[1] 库尼克,19世纪俄国资产阶级历史学家和人种学家。——译者

〔7〕 石印版中接下去还有一段，是作者在初版时删去的："在罗斯出现的这些瓦利亚格人，从许多特征看来应是斯堪的纳维亚人，并不是某些学者所认为的波罗的海南岸的斯拉夫居民"。页边注："我国的《往年纪事》中瓦利亚格人即北日耳曼部落。"

〔8*—8*〕 这一段是作者根据石印版上的手写注释在初版中增补的。

〔8ª—8ª〕 这一段是作者在第二版中修订的，初版中的原句是："……在我国的编年史中，这些人是基辅的瓦利亚格人阿斯科里德和吉尔。"〔克柳切夫斯基：《俄国史教程》，第1卷，边码第154页。〕

〔9—9〕 这一段是作者在初版中增补的。

〔10〕《挪威王特里格维耶夫之子奥拉夫传说摘要》，萨比宁译，《俄罗斯历史通报》，第4卷，第1册，莫斯科，1840年。

〔11〕 盖杰奥诺夫：《瓦利亚格人问题研究摘要》，第180—182页，注1。

〔12〕《拉夫连季耶夫编年史》，第20页。

〔13—13〕 这一段是作者根据石印版手写注释在初版中增补的。"城市领区的形成"整个一节在初版中曾作过很大的修改。

〔14〕《拉夫连季耶夫编年史》，第77页。

〔15〕 "隐藏在关于海外王公应邀到来的传说里的，就是这个事实"。

〔16〕《拉夫连季耶夫编年史》，第74页，公元980年项下。

〔17〕 这一句在石印版中在"包括罗斯"后面括弧中注："即诺曼人"。

〔18〕《拉夫连季耶夫编年史》，第18页。

〔19—19〕 这一段是作者在初版中增补的。

〔20〕《尼康编年史》，第1部，第16、17页。

〔21〕 "按照我国的编年史是公元866年，按照《阿玛尔托拉年代记》的续编者的说法是公元864年"；捷尔诺夫斯基：《拜占庭史研究及该史书对古罗斯的别有用心的附言》，第108、109页；扎贝林：《俄罗古代生活史》，第1部，莫斯科，1876年，第426页和436页；伊洛瓦伊斯基：《俄国史》，第1部，莫斯科，1876年，注2。

〔22—22〕 这一段是作者在初版中增补的。

〔23—23〕 这一段是作者根据石印版的材料在初版中增补的。

〔24〕《拉夫连季耶夫编年史》，第23页。

〔25〕 同上。

〔26〕 石印版中接下去还有一段，是作者在初版时删去的："而政治联盟在人们心中产生了民族感情，这种感情在斯维亚托斯拉夫王公与希腊人作战以前对亲兵队所讲的话中，已有所流露。他说：'我们宁可战死，不能使罗斯国家蒙受羞辱。'"

第十讲

〔1*—1*〕 这一段作者在初版中曾作过增补和大大的修改。

〔1ª〕 卡拉姆津：《俄罗斯国家史》，埃涅尔林格版，第1卷，圣彼得堡，1842年，第5版，第116、136〔和137〕卷筒；索洛维约夫：《自古以来的俄国史》，第1卷，第124、138页。《尼康编年史》，第1部，第41页；"乌格利奇人居住在第聂伯河下游"，《拉夫连季耶夫编年史》，第12页。

〔1⁶〕 "缴实物税和钱币。公元885年和964年维亚季奇人和拉吉米奇人向哈扎尔人每把木犁缴纳一个什里雅格"；《拉夫连季耶夫编年史》，第23、63页。

〔1ᴮ〕 "штляг、шляг、шеляг、шлязь、стлязь、стьлязь、склязь，第13世纪的教会法汇编：'一个金里特等于七十二个斯脱猎士（стлязь）'"；瓦斯托科夫：《教会斯拉夫语辞典》，第2卷，第192、289页。"什里雅格是用犁耕种的一块土地"；维诺格拉多夫：《中世纪英国社会史研究》，圣彼得堡，1887年，第124、125页。

〔2—2〕 这一段是作者在初版中增补的。

〔3〕 "公元945年签订的条约"，载《拉夫连季耶夫编年史》，第47页。

〔4—4〕 这一段是作者在初版时增补的。

〔5*—5*〕 这一段是作者在初版时增补的。

〔5ª〕 "石滩"。谢苗诺夫：《俄罗斯帝国地理统计辞典》，第2卷，1865年版，第79页；包尔京：《列克列尔克先生的俄罗斯古今史注》，1788年，第1卷，第66页。

〔5⁶〕 《拉夫连季耶夫编年史》，第50页。

〔5ᴮ〕 "无怪君士坦丁说：'difficile illo aerumnarum〔夹注：'灾难'〕ac metus〔夹注：'危险'〕plena navigatio'。De adm'，《行政论》，第9章"〔所指的是君士坦丁·巴格里亚诺罗德内。"他们的充满苦难的、可怕的、困难的和繁重的航行"——《国家物质文化史科学院通报》，第91期，莫

斯科—列宁格勒，1934年，第10页；拉斯金：" 困苦的、危险的、难行的、艰难的路程"，《俄罗斯历史和文物协会论丛》，1899年，第1册，第3部，第75页）。

〔6〕《拉夫连季耶夫编年史》，第119页。

〔7〕君士坦丁·巴格里亚诺罗德内：《关于菲马州和关于各民族》，拉斯金作序，《俄罗斯历史和文物协会论丛》，1899年，第1册，第3部，第140页。接下去石印版中还有一段，是作者在初版中删去的："佩切涅格人先头部队的有篷马车推进到离基辅只有一日的路程，即离基辅四十俄里，接近斯图格纳河（第聂伯河右岸支流）。"

〔8〕"他带着我直到他的国家的边界，这些边界自各方面牢固地围住国家，以防不测的敌人"；吉耳费尔丁格：《同时代人关于圣弗拉基米尔王公和波列斯拉夫勇士的未刊行资料》；《俄罗斯对话》，1856年，第1册，第12页。

〔9〕"公元1030年战胜楚德人以后"，《拉夫连季耶夫编年史》，第146页。

〔10〕巴尔索夫：《俄国历史地理概论》，华沙，1873年，第33页（或巴尔索夫：《俄罗斯历史地理辞典资料》，维尔诺，1865年，第32、33页）。

〔11〕"罗斯汗，罗斯王公——伊本·达斯特（公元930年）"；迦尔卡维：《伊斯兰教作家关于斯拉夫人和俄罗斯人的传说》，第267页。"摘自公元1051年伊拉利昂大主教对信仰的结束语：'……致虔诚的雅罗斯拉夫可汗……'"；巴甫洛夫：《斯拉夫俄罗斯原始的寺院法汇编》，第18页，注32；《尼康编年史》，第1部，第103页。

〔12〕《拉夫连季耶夫编年史》，第124页，966年。

〔13〕同上。

〔14*—14*〕这一段是作者根据石印版重新校订过的文本以及手写的注释在初版时增补的。

〔14^a〕《拉夫连季耶夫编年史》，第122页。

〔14^6〕同上，第123页。

〔14^B〕同上，第45页。

〔15〕"公元1006年和保加尔人签订的条约"；塔季谢夫：《俄国史》，第2册，莫斯科，1773年版，第88、89页。

〔16—16〕这一段是作者根据石印版的手写注释在初版时增补的。

〔17〕"的确,商人中很少有人是斯拉夫名字,见《信奉基督教以前的瓦里亚格人》";"四种不同版本的《罗斯法典》文本",卡拉巧夫出版社,圣彼得堡,1887年,第42页,第4条。

〔18〕《拉夫连季耶夫编年史》,第80页。

〔19〕"罗斯是被称为瓦里亚格人的,正像有的人被称为斯维耶人,还有被称为乌尔曼人一样";《拉夫连季耶夫编年史》,第18—19页;《俄国史简明教程》,第33页。"这里说的是奴隶主和等级,根据《俄国史简明教程》,第37页。"

〔20—20〕 这一段是作者在初版中增补的。

第十一讲

〔1〕"罗斯国家的政治制度是由王公顺序统治制确立的"。波戈金:"关于封邑王公之间的关系(1054—1240年)",《莫斯科俄罗斯历史和文物协会年刊》,莫斯科,1850年,第4册;索洛维约夫:《俄国史读本》,莫斯科,1880年版,第4章—第8章和第12章(索洛维约夫的《俄国史读本》在19世纪重印过许多次,下面引用的都是第8版)。

〔2〕"而雅罗斯拉夫不再纳贡";《拉夫连季耶夫编年史》,第127页。

〔3—3〕 这一段是作者根据石印版的手写注释在初版时增补的。

〔4〕"死于公元1052年";《拉夫连季耶夫编年史》,第156页。

〔5〕"罗哥沃洛日的孙子们拿起宝剑对付雅罗斯拉夫的孙子们。""1128年项下",《拉夫连季耶夫编年史》,第285页;索洛维约夫:《自古以来的俄国史》,第1卷,第206页。

〔6〕"引文依据索洛维约夫的论文(索洛维约夫:《留利克家族的罗斯王公之间的关系史》,莫斯科,1847年版),再比较他的著作:《自古以来的俄国史》,第2卷,第13页"(索洛维约夫:《自古以来的俄国史》,第2卷,莫斯科,1879年)。

〔7〕 密尔泽堡的季特马尔:"基辅是大城市,是座极其坚固的城。"

〔8〕 克努塔斯(俄罗斯的——作者按)大城基奥斯人誉之为君士坦丁堡的朝笏,希腊的无上骄傲;施勒塞尔:《涅斯托尔的古斯拉夫语的罗斯编年史》,第1部,1809年,第443页。

〔9—9〕 这一段是作者根据石印版中手写的部分注释在初版时增补的。

〔10〕《拉夫连季耶夫编年史》，第158页；索洛维约夫：《自古以来的俄国史》，第2卷，第14页。

〔11〕 同上，第25、26页。

〔12*—12*〕 这一段是作者根据石印版中的手写注释在初版时增补的。

〔12ª〕《拉夫连季耶夫编年史》，第210页。

〔13〕《伊伯季耶夫编年史》，第462页。

〔14〕 克柳切夫斯基：《俄国史简明教程》，第33、34页。

〔15—15〕 这一节是根据石印版的手写注释在初版中修订的，石印版的原文如下："这种制度的起源。上面叙述的王公统治制有着相当复杂的起源（旁注：'缺乏专制政权的思想'）。它的基础是按长幼顺序（旁注：'共同的所有权和氏族的分配'）进行统治的氏族制度（夹注：'思想'）。从东斯拉夫人迁移时起，氏族制度在部分居民的共同生活中开始动摇，现在成了政治制度的基础。但是这种制度还不能完全说明上述不固定的统治制度。在西欧，特别是在斯拉夫人国家生活的初期，也有过全体族人都参加管理的长幼顺序制度；那里有时国君也在儿子之间分配自己的领地，并且使幼弟的政权服从长兄的政权。但是在那里，那些已经分开的共有主并不更换领地，而是立刻以此作为起点按直线系统建立世袭的继承制度。在那里全体族人参加管理的长幼顺序制度并不发展成为我国雅罗斯拉夫的子孙努力建立的、这样的（划去了'不固定的'）统治制度。因此，我们这里除了按长幼顺序的氏族制度以外，还有其他的，可以说是辅助的条件。就是这些条件产生了我国的统治制度的特性，它的不固定性。这些条件是我们的王公们的政治认识和习惯与国内的经济状况的独特的结合。固定的统治，必须有这样一种已经定型的概念作为前提：疆土的统治者与所统治的疆土之间有着固定的联系。但是这种概念我们看不到，或者在11世纪的王公们之间刚刚产生了一点萌芽。他们仍然和他们9世纪时的祖先——河上的海盗——一样，来自草原地带的危险使他们不敢从船上跳下来骑到马上去。与其说他们把自己看作罗斯疆土的统治者和执政者，还不如说看作罗斯商业的维护者和领导者以及商道和边境的军事防御者。由于这种保卫工作，他们在当地取得酬劳，取得以贡税、出巡税、审判税和商业税为名目的口粮。领取这种口粮是他们的政治权利，保卫国土和经商是他们的政治义务，是他们享有这个权利的根源。构成11世纪罗斯王公兼统治者的意识和政治面貌的两个因素，就是这样。雅罗斯拉夫的子孙也像自己的9世纪

的祖先——瓦里亚格的军事和手工业组织中的英雄,互相争夺富有的城市,在这样的竞争中从一个城市迁到另一个城市;不过现在他们已经构成了密切的氏族集体,而不是一群偶然结合的寻求商业利润和丰裕口粮的人,他们竭力用大家必须遵守的长幼顺序制度作为固定的规则,来代替凭个人勇敢或个人成就的、不合制度的意外行动。的确,要是国家处在正常状态,那么这些王公从祖先那里继承的统治观念和习惯,也不会妨碍他们马上由罗斯国家的流浪保卫者变成各地区的定居的疆土的统治者。要是每个地区的物质福利仅取决于其内部的经济力量,那么雅罗斯拉夫的子孙一经分配以后,就会各自去剥削自己分内的经济资源,确立更加有利的保卫疆土的行政组织和制度(夹注'公国'),在自己的疆土上单独进行工作,习惯于把这些疆土当作自己固定的私有领地,并且把它们传给自己的儿子。稍后,在另外一个基础上,我们将看到我国历史中的类似过程。但是在11世纪和12世纪的第聂伯河罗斯,王公们的上述意识和习惯遇到了国民经济中阻碍它们作这种转变的条件。当时罗斯的经济生活太集中了。这个罗斯的所有地区都充满长有柔毛的野兽,以及蜂蜜和蜡。然而这些财富的价值取决于国外市场的需求(夹注:'销售'),而只有在从切尔尼戈夫、佩列雅斯拉夫尔,特别是基辅通向这些市场的草原商道没有阻碍的时候,这种需求(夹注:'销售')才可能实现。这些商道上的微小的阻碍会对罗斯手工业界最遥远的边区产生不良的影响。在这方面第聂伯河罗斯好比神经组织一般,它把自己的头——基辅——伸向草原,对付敌人的打击,并且用从头部分出的动脉网和神经网——第聂伯河及其支流——把全身连接起来。国民经济处在这样的状况下,王公们就不可能在自己的地区进行单独的政治活动。他们必须用共同的力量来保卫国土,把力量放在受威胁最大的地方,放在南部边境。住在诺夫哥罗德或斯摩棱斯克的王公经常注意着这个遥远的草原地带,他的南面的亲属,佩列雅斯拉夫尔或库尔斯克的王公,也并不从那里移开眼睛,因为即使是北部地区的物质福利,在很大程度上也取决于南部边境、南部地方和草原上的商道的安全。

用共同的力量来保卫国家的必要性,以及深切的氏族感情,不允许雅罗斯拉夫的第一代子孙在自己中间把土地划分成(旁注:'幼辈没有继承权')固定的继承部分,而使他们保持着关于祖先的财产不可分割的思想。但是即使各地区有着密切的经济联系,却并不是所有地区都同样遭受外来的侵袭:在这方面南部地区受害最大。结果是这样,危险性最大的地区也就是最富有的、王公收入最多的地区。每一个地区的经济繁荣取决于它的地理位置,即离基辅的远近,离国内主要河道和沿海市场的远近,也就是离对罗斯威胁最大的草原地带的远近。各地区的战略意义和经济意义的这种独特的结合,向王公们指出了这个领地共有不可分的制度。要是各地区的这两种意义相互之间没有联系,要是最富的地区危险最小而威胁最大的地区最不富裕,那么年长的雅罗斯拉夫子孙就会尽量利用他们长辈的权利夺取最富的地区,把最危险的地区给予幼辈。这样就会建立许多固定的世袭领地,在按长幼顺序确立统治者的思想支配下,这些领地之间能够保持某些联系,因为它们能够组成联邦,加入这个联邦的后几代统治者之间的相互关系,由他们的始祖——雅罗斯拉夫的几个儿子——的长幼顺序来决定;按照雅罗斯拉夫的儿子的数量,王族分成几个宗系,每一代的长公,都由雅罗斯拉夫的长子伊兹雅斯拉夫宗系的长子担任。这就是与雅罗斯拉夫氏族一个宗系有关的固定的顺序制。但是决定各地区经济地位和战略地位的上述条件,不允许建立这样的制度。王公们的共同利益,要求把保卫最危险地区的责任给予对该地区的财富享有最大权利并具有最佳手段来保卫它的那一个人。这些权利和手段是与个人辈分的高低有联系的。现有王公中年纪最大的一个最善于保卫最危险的地区,因为王公的年纪愈大,他的亲兵也愈多;与个人的辈分的高低有联系的,还有王公的政治和军事威望;大家都比较听从和惧怕年长的王公。但是个人辈分的高低是经常变动的:随着每一个年长王公的去世,它从一个宗系的王公转到另一个宗系的王公,从伊兹雅斯拉夫的子孙转到斯维亚托斯拉夫的子孙或弗谢沃洛德的子孙,或者相反,这要看出生和死亡的偶然性而定。随着个人顺序的这种转移,现有的王公必须按照他的顺序从一个危险较小的富有地区转移到另一个危险较大的、更富有的地区。

这样,罗斯各地区在经济上的紧密团结加上王公们密切的氏族关系,398保持着王公领地的不可分割性,王公中间占主导地位的那种政治意识,是以氏族顺序制作为他们的统治关系的基础的,各地区经济意义与战略意义的结合,使这种顺序制具有个人可变的性质,而顺序制的这种性质在雅罗斯拉夫子孙世传的统治习惯的作用下,又使不可分割的领地具有按个人辈分经常变动顺序而转移的性质。所有这一切因素形成了11世纪和12世纪王公领地的顺序制和转移制。上述原理的意义就是这样,即王公领地的顺序制的来源,是王公们的政治(夹注:'统治')意识和习惯与国内(夹注:

'各地区')的经济地位的独特的结合。"

〔16—16〕 这一段是作者根据石印版中的手写注释在初版中增补的。

〔17*—17*〕 这一段是作者根据石印版中的手写注释和修改过的文本在初版中修订的。

〔17a〕《伊帕季耶夫编年史》，第 218 页；索洛维约夫：《自古以来的俄国史》，第 2 卷，第 108 页。

〔17б〕 索洛维约夫：《自古以来的俄国史》，第 2 卷，第 105 页。

〔18〕 "〔划去了附加的王公字样〕弗谢沃洛德对诺夫哥罗德索菲亚大教堂规定的教规"；马卡利（布尔加科夫）：《俄国教会史》，第 2 卷，圣彼得堡，1857 年，第 361 页。

〔19—19〕 这一段是作者根据石印版中的手写注释在初版中增补的。

〔20—20〕 这一段是作者根据石印版中的手写注释在初版中增补的。

〔21—21〕 这一段是作者根据石印版中的手写注释在初版中增补的。

〔22—22〕 这一段是作者在第二版中增补的。

第十二讲

〔1〕《拉夫连季耶夫编年史》，第 137 页。

〔2〕 石印版中下列文字被作者在第一版中删去："大公在基辅统治，亦不得不与维切达成协议，以确保王位。1154 年维亚切斯拉夫死后，他的共同执政者罗斯季斯拉夫准备进攻尤里及其切尔尼戈夫的同盟者，武士们对他说："你与基辅人尚未言妥；速去基辅，与其言妥为是"，尽管基辅人早就承认他是维亚切斯拉夫的共同执政者，而且在维亚切斯拉夫生前就承认他是他们的王公"；《伊帕季耶夫编年史》，第 326 页。

〔3—3〕 这一段是作者在第一版中根据石印本的修订文字及手注增补的；《俄国史读本》，第 32 页。石印本中下列手注在第一版中被作者删去："在 11 世纪这还是件尚未习惯的新事物。"奥列格回答斯维亚托波尔克说："奥列格胸怀不平，口出壮言，言曰：'何不将我交与主教与修道士或斯默尔德审判'"；《伊帕季耶夫编年史》，第 160 页。

〔4—4〕 这一段是作者在第一版中增补的。

〔5〕《俄国史读本》，第 32 页。

〔6—6〕 这一段是作者在第一版中增补的。

〔7〕 "邦共十个（沿河流流域）。它们对王公的关系"；别斯图热夫-留明：《俄国史》，第1卷，第146页（以下又删去了）："这些大部分也就是海外王公应邀来到罗斯之前在11世纪已形成的城市地区；只是现在它们的政治体制获得了更大的民主性质：领导它们的已不是城市商业显贵的代表，而是主要城市的全民维切"。

〔8〕《拉夫连季耶夫编年史》，第358页。

〔9〕 石印本中下列文字被作者在第一版中删去："10世纪中罗斯尚无私人地产。11世纪出现了这种私产的征象，首先是王公地产和教会地产"。

〔10〕 "大贵族这个词在《罗斯法典》中（指的是）特权地主，亲兵，并不仅是王公的亲兵。"

〔11〕《俄罗斯编年史大全》，第5卷，第87页。

〔12〕 "圣索菲亚大教堂破晓的晨祷钟声，他在基辅也能听到"；《伊戈尔远征记》H. C. 吉洪拉沃夫版本，莫斯科，1868年，第10、11页。

〔13—13〕 这一段是作者在第二版中增补的。

〔14—14〕 这一段是作者在第二版中增补的。

〔15—15〕 这一段是作者在第一版中根据石印本手注增补的。

〔16〕 索洛维约夫：《自古以来的俄国史》，第2卷，第62、63页。

〔17—17〕 这一段是作者在第二版中增补的。

〔18—18〕 这一段是作者在第一版中根据石印本手注增补的。

〔19—19〕 这一段是作者在第一版中根据石印本材料及手注增补的。

〔20〕 石印本中下列注语被作者在第一版中删去："历史编纂学重视现象并不根据（它们对观察者所产生的）印象，而是根据研究者从中发现的意义；而所谓意义，是看在公共生活中产生什么后果"。

〔21〕 卡拉姆津，《俄罗斯国家史》，第6卷，第5期。

〔22〕《拉夫连季耶夫编年史》，第257页。石印本中下列文字及手注被作者在第一版中删去："因为大家模糊感觉到，公共生活中有些重要的事实正在产生"。"这时期创造性的力量特别突出：人民历史生活的根本事实在这时期产生"。"有没有更为深刻的原因？不是指在研究者印象中的原因，而是在被研究的生活（事实）本身内的原因？""人民在诗歌、传说中所体会的正是历史学家在11及12世纪罗斯编年史的字里行间所读到的东西。"

〔23—23〕 这一段是作者在第一版中增补的。

〔24〕 "在9及10世纪'罗斯国家'最先出现在伊戈尔的协定中"；《拉

夫连季耶夫编年史》，第 46 页。

〔25—25〕 这一段是作者在第一版中根据石印本手注增补的。马卡利：《俄国教会史》，第 2 卷，第 132、134、136 页。

第十三讲

〔1〕 石印本中下列文字被作者在第一版中删去："顺序制的后果之一是罗斯国家各地生活关系的一致化。这就是说，我们研究公民制度，等于是在研究王公顺序统治制给罗斯社会带来的国土与民族统一的一项因素。公民制度是由经济、道德、家庭等等非常复杂的关系形成的。这些关系的基础与动力是个人志趣、个人情感和个人的认识。这是人格的领域。

可是，要是说在（夹注："志趣和动机的"）原因如此复杂的情况下，这些关系还能保持和谐，并形成制度，这就是说，在这个时代的个人志趣，情感和认识之中有着某种共同的东西在起着调和、协调的作用，而这东西是大家承认人人必须遵守的。这也就形成了约束私人关系的规范，形成了调节个人志趣、个人情感与个人认识活动以及斗争的准则。规范与准则的总和构成法；〔法律〕维护公共利益，表达公认关系，同时将另一些东西又铸成要求与原则——法律。个人的志趣通常是任性的，个人的情感与认识永远是偶然的，总之都是难以捉摸的，要靠它们来判断公共的情绪和社会发展水平是不可能的。这方面的尺度只能被公认为合乎常规与义务的种种关系。这些关系具有了法的形式，而后才能进行研究。这儿便是对个别问题应用了思想史中对思想所起的作用的一般观点。"

〔2〕 卡拉乔夫：《〈罗斯法典〉研究》，1846 年，第 45 页。

〔3〕 朗格：《〈罗斯法典〉刑法研究》，1860 年，第 24 页。

〔4〕 《15 世纪汇编》。

〔5〕 石印本中下列文字被作者在第一版中删去："三、《罗斯法典》中有关某几类犯罪行为的法令是找不到的，而事实上在当时的司法实践中无疑是存在的。例如，法典中就没有关于政治罪，侮辱妇孺及语言伤人之类的法令。我们要是记得还有另外一些罗斯法的古文献，我们就找到了《罗斯法典》所以会有这种重要空白点的道理。罗斯的头两位基督徒王公，弗拉基米尔和雅罗斯拉夫，颁发了教会法令，规定教会在国家中的地位及其活动范围，尽管这两个文献的原文在后世遭损坏，但仍可看出，它们的基

础无疑还属罗斯改信基督教的初期。在这两个文献中,我们找到了《罗斯法典》所不提的有关某几类罪行的法令,例如侮辱妇女以及语言伤人的条文。这种案件,有些完全是由教会法庭根据专门法律规定审理的。《罗斯法典》没有法律上的需要来谈这些罪行。另外一些罪行由混合庭,或是"会合庭"审理,也就是由王公法官审理,而有教会法官出席,分享罪人所缴的罚金。例如抢婚或"诱拐"女子的案件就属这一类。《罗斯法典》不提由王公教会混合庭审理的罪行"。(删去的注语):"法典的始初源泉不是国家权力"。

〔6〕 迦尔卡维:《伊斯兰教作家关于斯拉夫人和俄罗斯人的传说》;第260、269页。

〔7〕 "1229年条约,第15行,乃至12世纪末1195年的条约,第11行?"。弗拉基米尔斯基-布达诺夫:《俄罗斯法律史选读》,第1辑,第4版,圣彼得堡—基辅,1889年,第95、102页。

〔8〕 "抄本多,表示实际使用广"。

〔9〕 卡拉乔夫:《〈罗斯法典〉研究》,第55页;"除了一个"。

〔10〕 石印本中下列文字被作者在第一版中删去:"在归宗基督的头几个世纪,罗斯人所知道的《东方教会法纲要》有两种,都是南方斯拉夫文译本:君士坦丁堡都主教经院哲学家约翰(6世纪)的在6世纪或7世纪有十四个章目的一种;由9世纪的君士坦丁堡都主教福季补编的一种"。涅沃林:《涅沃林全集》,第6卷,圣彼得堡,1859年,第402、403页。

〔11〕 第17章。

〔12〕《俄罗斯编年史大全》,第6卷,第69页。

〔13〕《公民法律——民法,法律手册(？)40章》。

〔14〕《出埃及记》,XXII,2和3;卡拉乔夫:《〈罗斯法典〉研究》,第141页;《俄罗斯珍藏品》,第2部,莫斯科,1843年,第187页。

〔15〕《罗斯法典》,第10页,第36行。

〔16〕〔被删去〕:《埃克洛伽》,XIV,3;〔希腊文两行,略。——译者〕。

〔17〕《罗斯法典》,第14页,第59行。

〔18〕 "拜占庭罗马法对古罗斯文献中的术语的影响。亲人,余命不得有违遗嘱","'乃至将贼出售'",《俄罗斯珍藏品》,第166页;《俄罗斯编年史大全》,第6卷,第6页,第74、75页以下;《埃克罗伽》,XVII,7。

〔19〕《罗斯法典》,第8页,第27行。

〔20〕 "更直接的借用";《罗斯法典》,第 20 页,第 115 行。

〔21—21〕 这一段是作者在第一版中根据石印本的手注增补的。

〔22—22〕 这一段是作者在第一版中根据石印本的手注增补的。

〔23—23〕 这一段是作者在第一版中增补的,其中"编纂时期"一节系根据石印本材料。

〔24*—24*〕 这一段是作者在第一版中部分根据修订过的石印本增补的。

〔24ª〕 石印本中下列文字被作者在第一版中删去:"其中可以看出编纂者与罗斯信奉多神教的古代所遗的某些法律习惯不相一致的痕迹。〔夹注:"法庭决斗与引入新的准则";《罗斯法典》,第 16、17 页,第 87、92 条。"教会的影响:希腊罗马法";《罗斯法典》,第 20 页,第 115 行〕。可是,这种不一致很难在对当时所引律法的修正和直接的违背中发觉出来。显然,编纂者的努力并不在于用新的准则来代替、来修改当地法律习惯;而是在于:一方面对法律习惯中他认为必须修改或取消的东西略过不提;另一方面则加以补充,将习惯法没有正面回答的法律关系与情况明确地表达出来。因此,可以认为《罗斯法典》相当忠实地但并没有完整地反映当时的法律制度〔旁注:"一面好的但是碎了的镜子"〕:它并没有以新的律法来代替当时行使的律法;当时行使的律法并没有全部复现在法典里〔旁注:体罚和用刑〕,但是复现的部分则是有了补充,更为发展,可能还是初次叙述得如此平静、确切,实非当时的王公法官所能胜任"。

〔24^6〕《拉夫连季耶夫编年史》,第 31、34、49、51 页。

〔25*—25*〕 这一段是作者在第一版中根据石印本材料和手注增补的。

〔25ª〕《拉夫连季耶夫编年史》,第 124 页。

〔25^6〕 "除这三种史料之外,还有另外的史料被间接引用。教会—拜占庭的影响就通过这条途径渗入罗斯的律法"。马卡利:《俄国教会史》,第 2 卷,第 362 页(演讲稿第 7 页)。

〔26—26〕 这一段是作者在第一版中增补的。

第十四讲

〔1—1〕 这一段是作者在第一版中增补的。

〔2—2〕 这一段是作者在第一版中根据石印本手注增补的。

〔3*—3*〕 这一段是作者在第一版中根据石印本的手注增补的。

〔3ª〕 "Schuldmoment——切林格的文章。在《罗斯法典》中这种罚款大部分归王公,除开2,42";《罗斯法典》,第10页第42行。

〔4—4〕 这一段是作者在第一版中增补的。

〔5—5〕 这一段是作者在第一版中根据石印本材料及手注增补的。

〔6〕《罗斯法典》,第4页,第37行。

〔7〕《拉夫连季耶夫编年史》,第210页。

〔8〕戈路宾斯基:《俄国教会史》,第1卷,上半本,第518页,§87。

〔9〕《罗斯法典》,第13页,第57行。

〔10—10〕 这一段是作者在第一版中根据石印本手注增补的。

〔11—11〕 这一段是作者在第一版中根据石印本材料部分增补的。

第十五讲

〔1〕〔被删去了〕:"《罗斯法典》反映了这个潮流没有?很微弱";《罗斯法典》,第17页,第92行。

〔2〕(《拉夫连季耶夫编年史》,第122页)。"希腊罗马法的影响";"考古勘察报告",第4卷,第309号。

〔3〕《时代的传说》;西俄罗斯史案卷,第1卷,第191页,1032年。

〔4*—4*〕 这一段是作者在第一版中部分根据石印本材料增补的。

〔4ª〕 戈路宾斯基:《俄国教会史》,第1卷,上半本,第537页。

〔4б〕 同上,第539页,§14;第540页,§16。

〔4в〕 同上,第539页,§180。

〔4г〕 同上,第541页,§28。

〔5〕"一般法庭";戈路宾斯基:《俄国教会史》,第1卷,上半本,第542、543页,§33、35;马卡利:《俄国教会史》,第1卷,1857年,第272页。

〔6—6〕 这一段是作者在第一版中增补的。

〔7—7〕 这一段是作者在第一版中根据石印本手注增补的。《俄罗斯历史丛刊》,第6卷,第4栏,第7行,1080—1089年;马卡利:《俄国教会史》,第2卷,第345页、第346页。

〔8—8〕 这一段是作者在第1版中增补的。

〔9〕《拉夫连季耶夫编年史》,第254页。

〔10—10〕 这一段是作者在第一版中增补的。

〔11—11〕 这一段是作者在第一版中根据石印本手注增补的。

〔12〕 石印本中下列文字被作者在第一版中删去：三代以内通婚是无条件地禁止的〔旁注："四代，包括第四代在内"〕，就是说，第四代堂表兄弟姊妹之间亦禁止通婚〔旁注："第五代堂表兄弟姊妹之间结婚亦受责难，但第五代则不强制离异"〕，较远亲属之间通婚是容许的〔旁注："这是对宗族感的让步"〕；《俄罗斯历史丛刊》，第6卷，第12栏。

〔13—13〕 这一段是作者在第一版中根据石印本材料增补的。下列手注被作者在第一版中删去："按遗嘱继承与夫妻分产。家庭联盟制度：雅罗斯拉夫法令，关于诱拐（抢亲）——2和7条，关于双方同意结婚——27—46条，关于离婚——16、4、8—10条，关于父母对女儿贞操的责任——5条，关于妻子殴打丈夫——41条，关于殴打父母——44条"。马卡利：《俄国教会史》，第2卷，第354页以下。《演讲18。演讲2—3。评论13》。

〔14—14〕 这一段是作者在第一版中增补的。

第十六讲

〔1〕 石印本中下列文字及手注被作者在第一版中删去："物质上的富裕表现在艺术及书本教育的成就上面，这一点在12世纪艺术和文学文献中可以见到。教堂，学校，书籍，文学流派，希腊语"。"弗谢沃洛德的儿子（弗拉基米尔，莫诺马赫王公）通晓语言"，索洛维约夫：《自古以来的俄国史》，第3卷，第83页；《拉夫连季耶夫编年史》，第238页。

〔2—2〕 这一段是作者在第一版中增补的。

〔3〕 迦尔卡维：《伊斯兰作家关于斯拉夫人和俄罗斯人的传说》，第267页。

〔4〕 "1006年与保加尔人所订条约中的长老阶层；长老变为地主，保加尔条约中的长老阶层"。塔季谢夫：《俄国史》，第2编，第88、89页。

〔5—5〕 这一段是作者在第一版中根据石印本手注增补的。

〔6—6〕 这一段是作者在第一版中部分根据石印本材料增补的。

〔7〕《拉夫连季耶夫编年史》，第239页。

〔8〕 "托尔克人"；《拉夫连季耶夫编年史》，第159页，1060年。

〔9〕"壮士"——古代水路勇士的后继人,哥萨克的祖先。"防御手段"。

〔10〕"拉格达伊·乌达洛伊,'独战三百'死于1000年;捷米安·固捷涅维奇死于1148年",载《尼康编年史》,第1部,第111页。索洛维约夫:《自古以来的俄国史》,第2卷,第43页;第3卷,第24页。

〔11〕"托尔克人在斯图格纳河左岸离基辅二十五俄里的托尔契斯克(老别兹拉基契村旁的一个小城),沿特鲁别日河被称为黑克罗布克人的在巴鲁契(佩列雅斯拉夫县的一个小村巴雷舍夫卡)沿罗斯草原边境组成军屯。但据赫伏伊克指出,托尔契斯克坟地中埋葬的纯属斯拉夫人",《莫斯科新闻公报》,第299号,1902年,第4页。

〔12〕"尚有科尔松城,博古斯拉夫城;在支流上的托尔契斯克。河口附近的卡涅夫";伊洛瓦斯基:《俄国史》,第2部,莫斯科1880年,第16、17页。

〔13〕"在荒芜了的维季切夫城原址";伊洛瓦斯基:《俄国史》,第2部,第16页。

〔14—14〕 这一段是作者在第一版中增补的。

〔15〕《伊帕季耶夫编年史》,第188页,1110年。

〔16〕"征用马匹出征——'惋惜马,何以不惋惜自身';'(波洛夫齐)军队入侵,应奋起斗争,仅鄙视何用'——诗人的反映";《拉夫连季耶夫编年史》,第267、268页,《伊帕季耶夫编年史》,1111年,第191页。

〔17—17〕 这一段是作者在第一版中增补的。

〔18〕"此处说的是基辅人迁往希腊",载《拉夫连季耶夫编年史》,第178页。

〔19〕"死于1170年",载《伊帕季耶夫编年史》,第368页,1170年;索洛维约夫:《自古以来的俄国史》,第2卷,第211页。〔索洛维约夫书中,出征波洛夫齐人是在1168年。按《伊帕季耶夫编年史》,姆斯季斯拉夫·伊兹雅斯拉维奇死于1172年8月19日,见第381、382页〕。

〔20〕〔被删去〕:《伊帕季耶夫编年史》,第370页,1170年。

〔21*—21*〕 这一段是作者在第一版中根据石印本手注增补的。作者在第一版中删去了石印本中关于14世纪波兰基督教情况的一个注:"14世纪基督教在波兰"。

一、鞑靼人焚毁了桑多米尔的东正教教堂,1211年正义的卡齐米尔的女儿阿捷拉伊达和别列夫斯基·弗谢沃洛德的女儿叶莲娜葬于其中。彼得鲁金维奇:《前喀尔巴阡山国家的改信基督教》,尔沃夫版。

在克拉科夫地区大家知道有一些叫作圣克里曼特的东正教堂;参见《克拉科夫科学院古代文物》,第3卷,1876年,第117页。

秃顶山光荣十字架教堂为波列斯拉夫勇士所建,"波兰王弗拉季斯拉夫〔捣乱王〕饰之以希腊油画"。特罗戈日:《行善录》,IV,第228页。

地主们抱怨罗斯人的(多神教)信仰如此之坚。见台纳·奥古斯丁:《波兰及立陶宛古代文物》,第1—2卷,罗马,1860年。

……编年史者维多杜朗论尤里二世"说拉丁语者于该地众多而且说得正确(在罗斯更数倍于此)"。

二、15世纪之前在克拉科夫,祈祷时用斯拉夫语。列舍克·卡西米洛维奇葬于克拉科夫的圣三一教堂。教皇使节建议达尼尔·罗曼诺维奇在克拉科夫加冕(《伊帕季耶夫编年史》,第548、591页)。

三、1339年华沙低级教区东正教教堂(圣乔治)。见M. 巴林斯基和T. 里宾斯基:《古代波兰》,第1卷,华沙,1843年,第411页。1221年教皇戈诺里三世给奥斯特罗格寺院大主教的信:维施戈罗德地方"自古即有希腊寺院"。

四、彼得罗舍维奇,前述著作,第8页;(维施戈罗德,见《伊帕季耶夫编年史》,第524页)。1292年克拉科夫的罗辛人(加里西亚的乌克兰人)普罗科比(纳罗舍维奇)称他为"统治者"。

〔21a〕"沃罗达尔的后裔在奥斯莫米斯尔的儿子弗拉基米尔于1198年死后便告绝代";别斯图热夫-留明:《俄国史》,第1卷,第183—185页。

〔22〕 普拉诺·卡尔比尼和阿斯采林:《鞑靼及东方诸民族地区游记集》,圣彼得堡,1825年,第9、11、27页;索洛维约夫:《自古以来的俄国史》,第3卷,第200页。

〔23〕"人口稠密的巍巍大城今日几为一丘废墟:城中所剩房屋不足两百";普拉诺·卡尔比尼:《鞑靼及东方诸民族地区游记集》,第154、155页;〔"13、14世纪基辅概况,广尼尼:《文集》13,1581年"〕。〔引文大概是《祖国之子》期刊中提到的广尼尼的著作,第28卷,第177页〕。

〔24〕《14世纪的小俄罗斯;1380年都主教尼尔的令状》,载《俄罗斯历史丛刊》,第6卷,附录,第168栏。在加利奇亚王公尤里二世的文书中,1335年,伊洛瓦伊斯基:《俄国史》,第2部,莫斯科,1896年,第2版,第76页;A. B. 隆古诺夫:《小罗斯王公尤里二世的证书》,载《俄罗斯历史

和古代文物协会论丛》，1887年第2期。

〔25〕〔被删去〕：米哈隆·里特维恩；《论鞑靼人、立陶宛人及莫斯科人之风俗》，载卡拉乔夫档案，第2册，下半部，第5篇，莫斯科，1854年，第69页。

〔26〕"这个罗斯在卢布林省及谢德利茨省中的残余"。

〔27〕"人种类型受东方异族人的影响，方言受波兰和立陶宛的影响"。

〔28—28〕 这一段是作者在第一版中增补的。

〔29〕〔被删去〕：谢苗诺夫，第1卷，第320页。

〔30〕《俄罗斯编年史大全》，第9卷，第196页；第4卷，第8页。〔按编年史，系1151—1152年；在克柳切夫斯基的著作中为1150年〕。

〔31〕"在1185年。起意于1155年"，见《俄罗斯编年史大全》，第5卷，1157年，第161页；卡拉姆辛：《俄罗斯国家史》，第2卷，169栏。

〔32〕卡拉姆辛：《俄罗斯国家史》，第2卷，附注383；《俄罗斯编年史大全》，第9卷，第196页。

〔33〕塔季谢夫：《自古以来的俄国史》，第3册，第76页，附注458；沙米斯洛夫斯基：《俄罗斯历史教学地图说明》，圣彼得堡，1887年，第40页附注。

〔34〕"在巴拉赫内·拉季洛夫这一条的上面"；谢苗诺夫：《俄罗斯帝国地理统计辞典》，第1卷，第668页。

〔35〕"别尔戈罗德在这条河上，从基辅往西二十俄里；梁赞的加利奇纳"；梁赞学术档案委员会丛刊，1889年，第5期，第98页；索洛维约夫：《自古以来的俄国史》，第3卷，第289页。

〔36〕塔季谢夫：《俄国史》，第3册，第76页。

〔37〕"壮士守关隘，奋战广漠间。伊多里希包围基辅"；基尔菲尔金：《奥涅加壮士歌》，圣彼得堡，1873年，第22号，《关于斯维亚托斯拉夫的故事》。

〔38—38〕 这一段是作者在第一版中根据石印本手注增补的。

第十七讲

〔1〕 别斯图热夫-留明：《俄国史》，第1卷，第460页。

〔2—2〕 这一段是作者在第一版中增补的。

〔3〕 约尔南德，XXIII，第89页："日耳曼纳利赫征服了伐西诺勃林卡人，默里亚人，莫罗敦人，伊米尼斯卡人"。

〔4〕〔被删去〕：别斯图热夫-留明：《俄国史》，第1卷，第187页，注6。

〔5〕 日耳曼，第46章。"芬兰人其野惊人，其贫可哀，无盾甲，无马匹，无房舍，以草为食，以皮为衣，睡于地上；唯善使矢箭，因逼于贫困而艺益精"。

〔6〕 "斯坎地岛民族中以芬兰人性最和平，较之斯坎地一切居民和平得多"。约尔达尼斯的著作，III，第19页，据克洛士版。

〔7—7〕 这一段是作者在第一版中根据石印本手注增补的。

〔8—8〕 这一段是作者在第一版中根据石印本修正文字及新的事实资料增补的。

〔9—9〕 这一段是作者在第一版中增补的。

〔10—10〕 这一段是作者在第一版中增补的。

〔11—11〕 这一段是作者在第一版中根据石印本手注增补的。

〔12—12〕 这一段是作者在第一版中根据石印本手注增补的。

〔13—13〕 这一段是作者在第一版中根据石印本手注增补的。

〔14〕 "罗斯托夫平民"；Д. A. 科尔沙科夫：《默里亚人与罗斯托夫公国》，喀山，1872年，第31页，注。

〔15—15〕 这一段是作者在第一版中根据石印本手注增补的。

〔16—16〕 这一段是作者在第一版中增补的。

〔17—17〕 这一段是作者在第一版中根据石印本中的手注增补的。

〔18—18〕 这一段是作者在第一版中根据石印本手注增补的。

〔19—19〕 这一段是作者在第一版中增补的。

第十八讲

〔1—1〕 这一段是作者在第一版中增补的。

〔2〕 克柳切夫斯基：《俄国史简要参考资料》，第70页。

〔3—3〕 这一段是作者在第一版中增补的。

〔4〕 索洛维约夫：《自古以来的俄国史》，第2卷，第242页（1149）；《拉夫连季耶夫编年史》，第306页。

〔5〕塔季谢夫:《俄国史》,第3册,第35页(塔季谢夫书上是1151年,克柳切夫斯基书上是1150年)。

〔6〕《尼康编年史》,第2部,第150页;索洛维约夫:《自古以来的俄国史》,第2卷,注321。

〔7〕"此乃前所未有之事";《拉夫连季耶夫编年史》,第336页。

〔8〕《伊帕季耶夫编年史》,第373页。

〔9〕基辅作为政治及文化中心一落千丈,罗斯民族的分裂,北方殖民者同故乡的疏远极其明显。早在1157年,基辅地方的"苏兹达尔人就在城乡到处杀戮";《伊帕季耶夫编年史》,第336页;《俄罗斯编年史大全》,第5卷,第163页;索洛维约夫:《自古以来的俄国史》,第2卷,第229页。

〔10—10〕这一段是作者在第一版中增补的。

〔11〕"维什哥罗德与别尔哥罗德"。

〔12〕"于1174年";《伊帕季耶夫编年史》,第388页。

〔13〕《伊帕季耶夫编年史》,第390页。

〔14〕石印本中下列文字被作者在第一版中删去:"最后,这位王公把长系地位同基辅的公位分开之后,最先尝试用幼系宗室必须服从长系王公(即以君臣关系)来代替王公宗族间的、作为统治体制基础的和睦协议。"

〔15〕《俄罗斯编年史大全》,第5卷,第163页。

〔16—16〕这一段是作者在第一版中增补的。

〔17—17〕这一段是作者在第一版中增补的。

〔18〕《拉夫连季耶夫编年史》,第333、351页;《尼康编年史》,第2部,第179页。

〔19〕《伊帕季耶夫编年史》,第356页;《尼康编年史》,第2部,第177页;卡拉姆津:《俄罗斯国家史》,第2卷,注405。

"这是跟臣下相对称的一个词";《俄罗斯编年史大全》,第2卷,第109等页;《伊帕季耶夫编年史》,第390页。

石印本中下列注语被作者在第1版中删去:"但是,这位审慎持重的统治者却完全没有自我克制的能力,容易发火,难于共处。这些互不相容的性格居然在一个人身上并存,使编年史者大为惊异"。《俄罗斯编年史大全》,第2卷,第108—111页。

〔20—20〕这一段是作者在第一版中增补的。

〔21〕索洛维约夫:《自古以来的俄国史》,第2卷,第253页。

〔22—22〕 这一段是作者在第一版中增补的。

〔23—23〕 这一段是作者在第一版中增补的。

〔24—24〕 这一段是作者在第一版中增补的。

〔25〕 索洛维约夫:《自古以来的俄国史》,第 2 卷,第 279 页。

〔26〕 索洛维约夫:《自古以来的俄国史》,第 2 卷,第 276 页;《伊帕季耶夫编年史》,第 448 页。

〔27〕《拉夫连季耶夫编年史》,第 412、413 页;索洛维约夫:《自古以来的俄国史》,第 2 卷,第 306 页。

〔28〕《拉夫连季耶夫编年史》,第 470 页。

〔29〕《伊戈尔远征记》,第 8 页。

第十九讲

〔1—1〕 这一段是作者在第一版中增补的。

〔2〕《佩列雅斯拉夫里的编年史家》,第 110 页。

〔3〕 "1249—1252 年,安德烈死于 1264;1252—1263 年,亚历山大·涅夫斯基在借鞑靼兵赶走安德烈之后";索洛维约夫:《自古以来的俄国史》,第 3 卷,第 184 页;别斯图热夫-留明:《俄国史》,第 1 卷,第 289 页。

〔4〕 "雅罗斯拉夫·弗谢沃洛多维奇为诸子安排";《拉夫连季耶夫编年史》,第 448 页,1247 年;索洛维约夫:《自古以来的俄国史》,第 3 卷,第 183 页。

〔5〕《伊帕季耶夫编年史》,第 462 页,1195 年。

〔6〕 石印本中下列文字被作者在第一版中删去:"一个领地的临时统治者可感觉到有需要扩展领地的疆界;13 世纪的一个北方王公,因为自己的封邑是世袭的,所以费尽心机扩展封邑的领土,好让儿子从他手里得到的产业比他自己从父亲手里得到的多。这就是为什么在北方王公中"得产"的念头,取得土地的念头极为发展,有时甚至带上侵略的性质。"

〔7—7〕 这一段是作者在第一版中增补的。

〔8—8〕 这一段是作者在第一版中根据石印本材料及手注增补的。《伊戈尔远征记》,第 5 页。

石印本下列文字及手注被作者在第一版中删去:"在研究(旁注:'与犯边同时')王公关系的时候,我们觉得,在苏兹达尔国,我们正看到一种生活的巨大转变。王公关系从旧的基础上下来，转移到新的基础上去。在旧基辅罗斯，王公的统治地位决定于〔夹注：'依赖于'〕他们在宗族中的系谱地位：辈分愈长，交给他的领地愈好。在北方则正相反，王公在宗室中的地位决定于他占有的领地的状况：封给他的封邑愈好、愈富，他在宗室中的地位愈高。12世纪的雅罗斯拉夫宗族像是一架向上移动着的辈分梯子，梯子的每一级是活着的人。苏兹达尔的弗谢沃洛德宗族则是杂乱的一堆王公，凡是物质力量与土地疆界大的就高出于众人之上。这就是说王公关系的重心在北方已是从人身上转移到土地身上；关系的基础已不是辈分而是力量，是封邑的幅员与财富所产生的力量。这就是为什么在北方王公间的争吵已不是争辈分而是争土地了。12世纪时雅罗斯拉夫后裔的关系是建筑在宗族的家庭传统上，建筑在系谱的排列上的；而在13及14世纪时，弗谢沃洛德后裔间的关系则决定于他们的意愿、追求与实力，决定于每个人的经济地位与雄心大志了。

这就是封邑制在王公的相互关系中带来的变化。这个变化帮助我们弄清楚封邑统治制的历史起源，帮助我们说明：（一）这种统治思想的法律源泉，（二）这种统治思想之能实现或行使的外界条件。封邑统治制跟顺序制的区别在哪里？两项王公法权构成了封邑制的法律源泉：封邑是统治封邑的王公的个人财产；可以用遗嘱处理自己的封邑。第二项法权显然是第一项的法律后果。而在顺序制中，财产权（也就是权力）属于宗族，不属于个人；个别的人不能根据遗嘱来领有或处理领地，也就是不凭个人的意愿，而凭出生的或协议规定的辈分次序。权力的主体和领有方式都是不相同的：此是宗族，彼是个人，此凭辈分，彼凭遗嘱——此凭出生的偶然性，彼凭个人意志。所以必须说明13世纪伏尔加河上游罗斯所行使的权力由个人继承这种制度的起源。这些法权是怎么产生的？法律准则是思想加上强制性的实际效力〔夹注：'作用'〕。法律准则永远与物质生活条件联系着；并非由这些条件所创造，而是由它们在既有的思想库藏中拈引出来。宗族之亲是这儿那儿都一样的，只是在这儿瘫痪了下来，让位于个人利益的天然嗜好"。

〔9—9〕 这一段是作者在第一版中增补的。

〔10—10〕 这一段是作者在第一版中根据石印本材料及手注增补的。

〔11—11〕 这一段是作者在第一版中增补的。

〔12〕 克柳切夫斯基：《古罗斯的大贵族杜马》，莫斯科，1902年，第3版，第92页。

〔13—13〕 这一段是作者在第一版中根据石印本手注增补的。

〔14—14〕 这一段是作者在第一版中增补的。

第二十讲

〔1〕 本讲尚有下列增补文字被作者在第一版中删去（苏联科学院历史研究所档案，Ф.克柳切夫斯基档案，第2部，第453—455张）："但在这里我认为在历史方法学方面岔开去说上几句是合时宜的。我们在着手研究一个史实的时候，首先给自己提出的问题总是这个史实的原因与结果。对我们来说，历史科学的基本任务就在于解决这个问题；要是我们不能回答这个问题，我们就不能说某个史实已经研究清楚；只有在我们查清楚怎么会发生某件事情、而这件事情又产生些什么之后，我们的学术良心才能认为已完成了本身的工作。历史中的因果关系构成了历史的规律性。但是，你们有没有注意到，这些概念可说并不是从历史生活中取来，而是从另外一套思想与现象中取来的。现象所遵循的规律指的是不变的规律。这种规律之所以能够成立，必须是：后起的现象之从先前的现象里产生出来是必然的。历史生活并没有这种逻辑的绝对性；至少我们的日常生活经验觉得可以不承认这种绝对性。就字眼的确切与绝对的意义而论，因果性这个词就是指的要满足必然律；可是在人类社会生活现象中我们容许有放宽尺度的有限度的因果性，就是所谓足够根据律。我们容许事情的进程可以这样可以那样，也就是容许现象有偶然性。这是不是就给我们研究历史的热忱泼冷水了呢？是不是就让我们怀疑研究历史的科学价值了呢？我们要正视自己的任务，我们要问自己：我们研究历史的志趣究竟何在？是不是就是想查究一番，历史里面有多少逻辑？我说不是。我认为历史研究中有的是兴趣，即使不问这样的问题：什么里面产生了什么；是不是可能不发生已发生的情况，而发生其他的情况。即使目前我们的理智还不足以答复这个问题，难道我们就得承认，历史研究只是种消遣的玩意儿？对研究历史的人来说，重要的并不仅仅在于什么里面产生了什么，更重要的是：在一定的条件之下，在社会生活的各种因子或此或彼地组合之下，个人与社会显露了哪些性质，在什么里面显露出来，尽管这个条件与因子的组合情况因为非常复杂的缘故我们还弄不清楚它的起源，也就是说，看去似乎完全是偶然的，不符合于规律性的要求的，而规律性在自然现象的研究上正好是

提供最大的动力与吸引力的东西。在一些历史现象中，甚至是在时间与空间上离我们极远的现象中，从逻辑的观点来看无论它多么令人不满，它却提供着另一种性质的兴趣，在历史现象中，赫尔姆哥尔茨说得好，我们将学会如何来认清文明民族平日平静生活进程中并不显露的、藏于我们心灵深处的种种能力与活动。如果历史学者乐意用自己的语言，适合于本身研究科目特点的语言来说的话，那他就不说什么原因或结果，因为这是从逻辑思维的领域里取来的范畴，他会用另一种说法。我们如果把历史现象归结为原因和结果，这就让历史生活看起来像是一种有理智有意识的明确过程，这就忘了对于彼此之间交互作用而创造了历史生活的力量不能用纯粹是逻辑的以及泛泛地一概而论的定义，因为每一种力量都形成一套特殊的现象，而所有力量在交互作用中又构成如许复杂的种种组合，结果科学头脑在它们之前一时竟搞不清楚，犹如面对着尚未解开的古代文字一般。如果我们记住，历史并不是一种逻辑过程而是一种民族的心理的过程，并记住，在历史中科学研究的主要对象是在发掘社会生活中发展起来的人类精神的力量与性质，我们就比较接近于主题的本质，特别是，如果我们把历史现象归结为两个相互交替的状态，情绪与运动，其中此一状态经常是由彼一状态所引起，或经常过渡而为彼一状态。这两种状态形成于哪些因素，表现为哪些现象？两种状态的这种经常交替让历史过程的运动好像是投在波浪起伏的流水中的物体一般：这里能不能发生因果关系的问题呢？我们能不能认为物体运动的起因是那个浪头：在它起来的一瞬之间我们看到了物体在它的顶上，但它随即又消失了，另一个浪头起来代替了它？伟大的北方战争是促使彼得大帝进行改革的强大动力；但是这个改革就是没有战争也可能发生，正如有几次跟瑞典的战争根本没有发生什么改革一般，而这次战争可以同样地认为是彼得所进行的改革事业的一个原因以及一个结果，因为，要是我们在现象之间加上一个因果关系，我们根本就看不出现象里有什么东西，而只是将自己对这些现象的观察结成一个因果关系的逻辑之网而已。

我们在研究历史过程或生活方式的所谓后果时，我们观察的不是现象的因果性，而是运动或生长过程的连贯性。严格说，几乎是同一样东西，只是比较简单些，明白些，没有不必要的奢望：在这儿我们根本不创造什么，而只是观察，并不把主观的逻辑去罩在现象上面，只是跟着生活的进程走，也就是说，根据本门科学的特性与任务前进。本门科学并不研究精神的种种过程，并不研究抽象思维的种种推论，而是研究具体的生活现象。我们知道历史观察的容易摇晃，历史认识的有其限度，所以我们将谨慎从事，特别是，我们不打算扩大自己的任务，不打算找寻找不到的东西，而只是限制于观察我们见到的东西。首先我们将对自己真诚、坦率：在科学研究中坦率并不就是一切，但它是科学研究的首要条件。我们考察封邑制的后果，但并不打算就此推论，封邑制中应该能产生些什么而又不可能产生些什么，我们只是观察显露出封邑制的作用的种种现象"。

〔2—2〕 这一段是作者在第一版中增补的。

〔3〕 "索戈扎河，舍克斯纳的支流"。见谢苗诺夫的著作，第4卷，第661页。

〔4〕 "库尔宾察"。同上，第2卷，第848页。

〔5〕 "尤霍特，伏尔加河右岸支流，在莫洛加上方"。

〔6〕 "谢洛"见历史档案，第3卷，第180页。

〔7〕 "苏达支流"。

〔8〕 "苏霍纳左岸支流，流长30俄里"。

〔9〕 克柳切夫斯基：《古罗斯的大贵族杜马》，第76页以下。

〔10—10〕 这一段是作者在第一版中部分根据石印本材料增补的。

〔11—11〕 这一段是作者在第一版中增补的。

〔12—12〕 这一段是作者在第一版中增补的，用以代替石印本中下列文字："他享有最高权力；不过，这些权力作为他的封邑经济的组成部分，是因为他对作为经济来源的封邑拥有所有权才产生的，它们是后果。这些权力的目的是保卫，是支持王公的私人利益，而不是他所统治的居民的公共福利。这就是说，封邑公国中的社会秩序并不是建立在政治基础上面，建立在公共福利思想上面，而是建立在巩固王公私人利益的民法关系上面。"

〔13〕 克柳切夫斯基：《古罗斯的大贵族杜马》，第74页。

〔14—14〕 这一段是作者在第一版中根据石印本手注增补的。

〔15〕 "生活水平的普遍降低，〔反映在〕编年史中"：索洛维约夫：《自古以来的俄国史》，第4卷，第367页〔以下〕；基佐：《欧洲文明史》，圣彼得堡，1892年，第131、132页。

〔16〕 克柳切夫斯基：《古罗斯的大贵族杜马》，第74页。

人名索引

（索引中的页码为原书页码，即本书边码）

A

Авдотья, св. 圣阿夫多季亚 313

Авраам 亚伯拉罕 87

Авраамий 阿夫拉米（修士大祭司） 296, 307

Аврелиан 阿夫列利安 390

Авриль 阿夫里利 360

Адам Бременский 不来梅的亚当 172

Аделиада 阿杰利阿达 405

Акиндин 阿金津（修士大祭司） 78

Аксинья, св. 圣阿克西尼亚（见 Ксения）

Акулина, св. 圣阿古里娜 313

Александр Невский 亚历山大·涅夫斯基（王公） 337, 408

Александров, В. А. В. А. 亚历山德罗夫 12

Алексей Михайлович 阿列克谢·米哈伊洛维奇（沙皇） 25

Алёна, св. 圣阿廖娜（见 Елена）

Аль-Бекри 阿里-别克里 139

Амартола, Георгий 阿玛尔托拉, 格奥尔吉 80, 81, 85, 86, 91, 92, 392

Анге-Патяй 安格-巴佳伊（神） 305, 306

Андрей 安德烈（圣徒） 80

Андрей 安德烈（见 Андрей Боголюбский）

Андрей Боголюбский 安德烈·博戈柳布斯基 272, 279, 283, 288, 289, 316—326, 328, 330, 333, 349, 367, 374

Андрей Ярославич 安德烈·雅罗斯拉维奇（王公） 337, 408

Андроник 安德罗尼克（圣徒） 95

Арина, св. 阿林娜（见 Ирина）

Аскольд (Оскольд) 阿斯科里德 80, 81, 91, 93, 126, 131—135, 139, 141, 142, 144, 145, 147, 152, 153, 156, 392

Аттила 阿提拉 390

Афанасий, св. 圣阿法纳西 311, 313

Б

Балдуин 巴耳杜英（国王） 204

Белевские 别廖夫家族（王公） 342

Беляев, И. Д. И. Д. 别利亚耶夫 104

Бестужев-Рюмин, К. Н. К. Н. 别斯图热夫-留明 12, 375

Богословский, М. М. М. М. 博戈斯洛夫斯基 9

Болеслав Храбрый 勇敢的波列斯拉夫（国王） 133, 405

Болотников, И. И. И. И. 波洛特尼科夫 9

Болтин, И. Н. И. Н. 博尔京 10, 12

Боняк 博扬克（汗） 279

Борис Владимирович 鲍里斯·弗拉基米罗维奇（王公） 78, 79, 92, 170, 173, 266, 287, 386

Бравлин 布拉夫林（王公） 132

Бруно 布鲁诺（传教士） 161

Буслаев, Ф. И. Ф. И. 布斯拉耶夫 7

Бэр, К. М. К. М. 贝尔 60

В

Вадим 瓦基姆 141

Вальдемар 瓦尔德马尔（见 Владимир Святославич святой）

Варвара, св. 圣瓦尔瓦拉 313

Василий 瓦西里（瓦西里科·罗斯季斯拉维奇王公的亲信） 92, 386

Василий Великий, св. 大圣瓦西里 304—306

Василий Всеволодович 瓦西里·弗谢沃洛多维奇 339

Василий Македонянин 马其顿的瓦西里 210

Василий Новый, св. 圣瓦西里·诺维伊 85

Василий Ярославич 瓦西里·雅罗斯拉维奇（王公） 337

Васильевский, В. Г. В. Г. 瓦西里耶夫斯基 132, 146

Василько Ростиславич 瓦西里科·罗斯季斯拉维奇（王公） 92, 185, 201, 278, 386, 388

Вейнемейнен 维涅曼宁 301

Велес 维列斯（神） 119, 296

Вертер 维特 18

Веселовский, С. Б. С. Б. 维谢洛夫斯基 377, 378

Витодуран 维托杜兰 405

Вишневецкие 维什涅维茨基家族（王公） 285

Владимир 弗拉基尔（见 Владимир Святославич Святой）

Владимир Василькович 弗拉基米尔·瓦西里科维奇（王公） 340, 341, 345

Владимир Всеволодович Мономах 弗拉基米尔·弗谢沃洛多维奇·莫诺马赫 80, 84, 87, 116, 162, 174,

175, 181, 183, 184, 187, 188, 201, 203, 207, 216, 218, 230, 231, 235, 248, 258, 260, 266, 273, 278, 280, 281, 283, 287, 288, 317, 318, 335, 366, 404

Владимир Святославич святой 圣弗拉基米尔·斯维亚托斯拉维奇（王公） 79, 82, 83, 86, 92, 93, 112, 120, 135, 138, 139, 144, 152, 156, 161—165, 167, 170, 171, 175, 177, 186, 200, 202, 210, 217, 220, 222, 242, 250—254, 261, 264, 268, 269, 276, 335, 336, 367, 375—377, 387, 400

Владимир Ярославич 弗拉基米尔·雅罗斯拉维奇（雅罗斯拉夫·弗拉基米罗维奇的儿子） 171

Владимир Ярославич 弗拉基米尔·雅罗斯拉维奇（雅罗斯拉夫·奥斯摩梅斯尔的儿子） 330, 405

Владимирко（Владимир）Володарьевич 弗拉基米尔科（弗拉基米尔·沃洛达利耶维奇）（王公） 98, 213

Володарь Ростиславич 沃洛达尔·罗斯季斯拉维奇（王公） 185, 201, 405

Волос 沃洛斯（神） 202

Воротынские 沃罗登斯基家族（王公） 342

Всеволод, Белевский 弗谢沃洛德，别列夫斯基 405

Всеволод Ольгович 弗谢沃洛德·奥利戈维奇（王公） 184, 185, 267, 398

Всеволод святославич 弗谢沃洛德·斯维亚托斯拉维奇（王公） 100, 192, 273

Всеволод Ⅲ Юрьевич 弗谢沃洛德三世·尤利耶维奇（王公） 175, 177, 200, 205, 260, 264, 316, 325, 326, 330—333, 335—340, 343, 345, 349, 350, 354

Всеволод Ярославич 弗谢沃洛德·雅罗斯拉维奇（王公） 171, 173—175, 178, 183, 188, 208, 280, 404

Всеслав Брячиславич 弗谢斯拉夫·布里亚奇斯拉维奇（王公） 83, 187, 198

Вышата 维沙塔 85

Вятко 维亚特科 112

Вячеслав Владимирович 维亚切斯拉夫·弗拉基米罗维奇（王公） 181, 184, 398

Вячеслав Ярославич 维亚切斯拉夫·雅罗斯拉维奇（王公） 171, 173, 188

Г

Гедемин 格季明 289

Гейра Буриславна 海拉·布里斯拉夫娜（王公夫人） 135

Генрих Ⅱ 亨利二世（皇帝） 161

Георгий Амастридский, св. 圣格

奥尔吉·阿马斯特里茨基 132, 146

Георгий 格奥尔吉（大主教） 235

Георгий Победоносец（Егорий） 格奥尔吉·波别多诺谢茨（叶戈里） 312

Георгий（юрий） 格奥尔吉（尤利）（见 Ярослав Владимирович）

Германарих 赫尔曼纳里赫 108, 109, 293, 406

Геродот 希罗多德 57, 104, 105, 124, 372

Глеб Владимирович 格列布·弗拉基米罗维奇（王公）78, 79, 92, 173, 266, 287, 386

Глеб Юрьевич 格列布·尤利耶维奇（王公）319

Гонорий Ⅲ 戈诺里三世（罗马教皇）405

Греков, Б. Д. Б. Д. 格列科夫 371, 372, 376

Григорий 格里戈里（僧人）237

Грот 格罗特

Д

Давид Игоревич 达维德·伊戈列维奇（王公）201, 386

Давид 达维德（王公）205

Давид Ростиславич 达维德·罗斯季斯拉维奇 319

Давид Святославич 达维德·斯维亚托斯拉维奇（王公）201, 266

Дажбог 达日博格（神）119, 120

Даль, В. И. В. И. 达利 298, 300

Дамиан, св. 圣达米安

Даниил Александрович 达尼尔·亚历山大罗维奇（王公）339

Даниил Паломник 达尼尔·帕洛姆尼克 204

Даниил Романович 达尼尔·罗曼诺维奇（王公）284, 405

Демьян Куденевич 杰米扬·库坚涅维奇 281, 404

Димитрий Васильевич 季米特里·瓦西里耶维奇 355

Димитрий-Всеволод Юрьевич 季米特里·弗谢沃洛德·尤利耶维奇（王公）288

Димитрий Иванович Донской 季米特里·伊万诺维奇·顿斯科伊（王公）77, 344

Димитрий Константинович 季米特里·康斯坦丁诺维奇（王公）77

Димитрий Солунский, св. 圣季米特里·索伦斯基 355

Дир 吉尔 80, 81, 91, 93, 131—135, 142, 144, 145, 153, 392

Домициан 多米齐安（皇帝）107

Душан 杜尚（王公）213

E

Елена 叶莲娜 405

Елена, св. 圣叶莲娜 312

З

Забелин, И. И. И. И. 扎别林 104

Зимин 济明 12

И

Иаков 亚科夫（修士）79, 92, 173, 387

Ибн-Даста 伊本-达斯塔 74, 154, 163, 208, 218

Ибн-Фадлан 伊本-法德兰 74, 119

Ибн-Хордадбе 伊本-霍尔达别 74

Ибрагим 易卜拉欣 139

Иван Васильевич 伊凡·瓦西里耶维奇（王公）343

Иван Васильевич 伊凡·瓦西里耶维奇（沙皇）8

Иван Данилович Калита 伊凡·达尼洛维奇·卡利塔（王公）299

Иван Дмитриевич 伊凡·德米特里耶维奇（王公）339

Иван Иванович 伊凡·伊凡诺维奇（王公）339

Игорь Ольгович 伊戈尔·奥利戈维奇（王公）273

Игорь Рюрикович 伊戈尔·留里科维奇（王公）82, 85, 86, 110, 120, 134, 135, 149, 152, 153, 155, 157, 158, 165, 167, 169, 218, 220, 240, 400

Игорь Святославич 伊戈尔·斯维亚托斯拉维奇（王公）100, 192

Игорь Ярославич 伊戈尔·雅罗斯拉维奇（王公）171, 173, 186

Израиль 伊兹拉伊利 84

Изяслав Владимирович 伊兹雅斯拉夫·弗拉基米罗维奇（王公）171, 193

Изяслав Давидович 伊兹雅斯拉夫·达维多维奇（王公）184, 282

Изяслав Мстиславич 伊兹雅斯拉夫·姆斯季斯拉维奇 98, 187, 288, 317, 318, 320

Изяслав Ярославич 伊兹雅斯拉夫·雅罗斯拉维奇（王公）173, 174, 178, 183, 187, 198, 207, 222, 280, 297

Иларион 伊拉里昂（主教）296

Иларион 伊拉里昂（大主教）163, 164, 259

Иловайский, Д. Н. Д. Н. 伊洛瓦伊斯基 8

Ильин, П. И. П. И. 伊利英 379

Илья-Иоанн 伊利亚-约翰（大主教）262, 298

Илья Муромец 伊利亚·穆罗梅茨 287, 327

Иоаким 约基姆（主教）385

Иоанн 约翰（大主教）

Иоанн II 约翰二世（大主教）221, 256, 264, 265, 269

Иоанн Схоластик 约翰·斯霍拉斯季克 401

Иоасаф　约瑟夫（修士）　355
Иорнанд　约尔南德　102, 107, 108, 112, 117, 293, 295
Ираклий　赫拉克利乌斯（皇帝）　113, 390
Ирина, св.　圣伊琳娜　312

К

Казимир　卡齐米尔　344
Казимир Справедливый　正义的卡西米尔　405
Карамзин, Н. М.　Н. М. 卡拉姆津　103, 203, 352
Карл Великий　查理大帝（皇帝）　131, 153
Каролинги　加洛林王朝　142
Кий　基伊　63, 93, 116, 118, 145
Кирик　基里克　238, 248, 264
Кирилл（Кирилло）, св.　圣基里尔（基里洛）　311
Кирилл　基里尔　95, 387
Климент, св.　圣克里曼特
Климент Смолятич　克里曼特·斯摩利亚季奇　277
Козьма, св.　圣科兹马　312
Конецпольские　科涅茨波尔斯基家族（王公）　285
Константин, св.　圣康斯坦丁　312
Константин　康斯坦丁（见 Константин Багрянородный）
Константин Багрянородный　康斯坦丁·巴格里亚诺罗德内（皇帝）　74, 90, 113, 134, 154, 155, 159—161, 167, 393
Константин Всеволодовнч　康斯坦丁·弗谢沃洛多维奇（王公）　332, 337
Константин Копроним　康斯坦丁·科普罗尼姆　209
Корелин, М. С.　М. С. 科列林　12
Котошихин, Г. К.　Г. К. 科托希欣　383
Ксения, св.　圣克谢尼娅　311

Л

Лаврентий　拉夫连季（修士）　77
Лаппо-Данилевский А. С.　А. С. 拉波·丹尼列夫斯基　7
Лев Данилович　列夫·达尼洛维奇（王公）　340, 341
Лев Диакон　列夫·季亚康　74, 155, 157, 208
Лев Исавр　列夫·伊萨夫尔　209
Леонтий　列翁季（主教）
Лешек Казимирович　列舍克·卡西米洛维希　405
Лихачёв, Д. С.　Д. С. 利哈乔夫　376
Лотарь　洛塔尔（皇帝）　142
Лука, св.　圣路加　297
Любавский, М. К.　М. К. 柳巴夫斯基　12
Людовик Благочестивый　笃信宗教者路德维希（皇帝）　132

М

Маврикий 摩里士皇帝 111
Мал 马尔（王公） 116
Мария Васильевна 玛丽亚·瓦西里耶夫娜（王公夫人） 339
Мария Египетская (Марья), св. 埃及的圣玛丽亚 312, 313
Масуди 马苏迪 74, 110, 116, 390, 391
Мезецкие 梅泽茨家族（王公） 342
Меровинги 墨洛温家族 177
Мефодий 梅福季（主教） 95, 387
Михаил Ⅲ 米哈伊尔三世（皇帝） 87, 90, 145, 386
Михаил Черниговский св. 圣米哈伊尔·切尔尼戈夫斯基 342
Михаил (Михалок) Юрьевнч 米哈伊尔（米哈洛克）·尤里耶维奇（王公） 325, 326, 329, 330
Моисей 摩西 84
Мономах 莫诺马赫 （见 Владимир Всеволодович Монсмах）
Мстислав Владимирович 姆斯季斯拉夫·弗拉基米罗维奇（王公） 181, 184, 188, 218, 258, 281
Мстислав Волынский 姆斯季斯拉夫·沃林斯基（王公） 75
Мстислав Данилович 姆斯季斯拉夫·达尼洛维奇（王公） 340
Мстислав Изяславич 姆斯季斯拉夫·伊兹亚斯拉维奇（王公） 282, 283, 318, 405
Мстислав Мстиславич Удалой 姆斯季斯拉夫·姆斯季斯拉维奇·乌达洛伊（王公） 332, 350
Мстислав Ростиславич Храбрый 勇敢的姆斯季斯拉夫·罗斯季斯拉维奇（王公） 319, 325—327, 332

Н

Насонов, А. Н. А. Н. 纳索诺夫 376
Наум св. 圣纳乌姆 313
Нестор 涅斯托尔（编年史家） 74, 77—79, 83, 84, 87, 88, 93, 375, 388
Никифор 尼基福尔（宗主教） 90
Николай Чудотворец (Никола), св. 奇迹创造者圣尼古拉 275, 312
Нифонт 尼丰特（主教） 238, 264
Нишкипас (Илья Великий) 尼什基巴斯（伟大的伊利亚、神） 305
Новиков, Н. И. Н. И. 诺维科夫 10
Ной 诺伊 80, 91

О

Одоевские 奥多耶夫家族（王公） 342
Олаф, св. 圣奥拉弗 135
Олеарий 奥列阿里 306
Олег 奥列格（王公） 63, 80—82, 85, 87, 90, 112, 134—136, 144—147, 149, 152, 153, 156, 158, 159,

161, 169, 218, 220, 240, 268—270, 387, 388, 390

Олег Святославич 奥列格·斯维亚托斯拉维奇（王公）80, 183, 184, 201, 399

Ольга 奥丽加（王公夫人）86, 134, 153

П

Павел 保罗（圣徒）95
Павлов, А. С. А. С. 帕夫洛夫 227
Павлов-Сильванский, Н. П. Н. П. 帕夫洛夫-西里万斯基 375
Перун 佩隆（神）119, 120, 220
Пётр Великий 彼得大帝 27, 411
Плано-Карпини 普拉诺-卡尔皮尼 284, 285
Платонов, С. Ф. С. Ф. 普拉顿诺夫 7, 8
Погодин, М. П. М. П. 波戈金 103
Поликарп 波里卡尔普（僧侣）78
Потоцкие 波托茨基家族（王公）285
Пресняков, А. Е. А. Е. 普列斯尼亚科夫 375
Присёлков, М. Д. М. Д. 普里肖尔科夫 376
Прокопий 普罗科皮奥斯 111, 117, 119, 405
Пуд 普德（圣徒）312
Пушкин, А. С. А. С. 普希金 10, 12

Р

Рагдай Удалой 拉格达伊·乌达洛伊 404
Радим 拉吉姆 112
Рогнеда 罗格涅达 171, 186
Роман Мстиславич 罗曼·姆斯季斯拉维奇（王公）205, 278, 284, 330, 341
Роман Ростиславич 罗曼·罗斯季斯拉维奇（王公）319
Рорих 罗利赫（海盗）142
Ростислав Владимирович 罗斯季斯拉夫·弗拉基米罗维奇（王公）188, 264, 398
Рюрик 留里克（王公）80, 81, 91, 93, 126, 127, 132, 134, 135, 139—142, 144, 147, 149, 169
Рюрик Ростиславич 留里克·罗斯季斯拉维奇（王公）175, 205, 330

С

Садко 萨特阔 301
Самсон, св. 圣沙姆松 313
Сварог 斯瓦罗格（神）119
Свенельд 斯维涅尔德（总督）134, 153
Святополк Владимирович 斯维亚托波尔克·弗拉基米罗维奇（王公）170, 192, 216, 277, 399
Святополк Изяславич 斯维亚托波

尔克·伊兹雅斯拉维奇（王公）
84，87，174，183，186，188，196，
201，235，280，281，287

Святослав Всеволодович 斯维亚托斯拉夫·弗谢沃洛多维奇（王公）332，337

Святослав Игоревич 斯维亚托斯拉夫·伊戈列维奇（王公）152，155—157，170，387，393

Святослав Ольгович 斯维亚托斯拉夫·奥利戈维奇（王公）264，282

Святослав Ярославич 斯维亚托斯拉夫·雅罗斯拉维奇（王公）171，173，175，178，193，208，280，302

Семён Иванович Гордый 骄傲的谢苗·伊凡诺维奇（王公）339

Сильвестр（Селивестр）西尔维斯特（谢里维斯特）（见Сильвестр Выдубицкий）

Сильвестр Выдубицкий 西尔维斯特·维杜比茨基 74，79，80，83，87—89，91—94，96，143，375，387，388

Соловьёв，С. М. С. М. 索洛维约夫 5—7，94，103，176，352，371，372，379，395，405

Стефан 斯捷凡（修道院院长）79

Стефан Сурожский，св. 圣斯捷凡·苏罗日斯基 132，146

Стрибог 斯特里博格（神）119，120

Т

Татищев，В. И. В. И. 塔季谢夫 78，276，289，290，341

Тацит 塔西佗 112，295

Терм 罗马界神（氏族田地和疆界的保卫者）120

Тилло，А. А. А. А. 蒂洛 56

Титмар Мерзебургский 密尔译堡的季特马尔（主教）133，172

Тихомиров，М. Н. М. Н. 季霍米罗夫 12，376

Траян 图拉真 107，112，389

Трувор 特鲁沃尔 134

Ф

Фёдор Васильевич 费奥多尔·瓦西里耶维奇（王公）343，344

Фёдор Можайский 费奥多尔·莫扎伊斯基（王公）339

Феодор 费奥多尔（主教）296

Феодосий 费奥多西（见Феодосий Печерский）

Феодосий Печерский 费奥多西·佩切尔斯基 78—80，84，85，92，237，273，307，386，388

Феодул（Федул），св. 圣费杜尔 312，313

Фотий 福季（都主教）74，133，145，147，152，156，401

Фрелаф 弗列拉夫 134

Фюстель-де-Куланж 甫斯特耳-

德-古朗士 17

X

Хвойка 赫洛伊卡 404
Хлодвиг 赫洛德维格 177
Ходота 霍多塔 116
Хордадбе 霍尔达德别 126, 127, 133
Хорс 霍尔斯（神） 119, 120

Ц

Цахариэ 查哈里埃 223
Цимисхий 齐米斯希（皇帝） 155, 157

Ч

Чампас 羌巴斯（神） 302, 303, 305, 306
Черепнин, Я. В. Я. В. 切列普宁 376
Чичерин, Ч. Н. Ч. Н. 奇切林 6

Ш

Шайтан 撒旦 302, 303
Шахматов, А. А. А. А. 沙赫马托夫 90, 94, 375, 376
Шимон 希蒙（千人长） 273
Шлёцер, А. Л. А. Л. 施莱策尔 103

Э

Эдигей 艾季该（王公） 79

Ю

Юрий II 尤里二世（王公） 405
Юрий Всеволодович 尤里·弗谢沃洛多维奇（王公） 332, 337
Юрий Данилович 尤里·达尼洛维奇 340
Юрий Долгорукий 尤里·多尔戈鲁基（王公） 98, 181, 184, 273, 282, 288—290, 317—319, 321, 322, 327, 335, 349, 398
Юстиниан 查士丁尼（皇帝） 214
Юшков, С. В. С. В. 尤什科夫 376, 377

Я

Ян 扬（见 Ян Вышатич）
Ян Вышатич 扬·维沙季奇 78, 85, 301—303, 306
Ярополк Владимирович 雅罗波尔克·弗拉基米罗维奇（王公） 184, 278
Ярополк Ростиславич 雅罗波尔克·罗斯季斯拉维奇（王公） 325
Ярополк Святославич 雅罗波尔克·斯维亚托斯拉维奇（王公） 93, 139, 144, 152

Ярослав Владимирович 雅罗斯拉夫·弗拉基米罗维奇（王公）82, 83, 85, 87, 92, 110, 133, 156, 162, 168—175, 180, 183, 184, 187, 188, 191, 192, 197, 203, 207, 208, 210, 211, 216, 218, 219, 230, 233, 235, 244, 250, 252, 254—259, 261, 264, 265, 269, 270, 273, 276, 277, 279, 280, 283, 335, 339, 352, 367, 373, 375—377, 386, 387, 395, 397, 400

Ярослав Всеволодович 雅罗斯拉夫·弗谢沃洛多维奇（王公）175, 332, 336, 337, 339, 408

Ярослав Осмомысл 雅罗斯拉夫·奥斯摩梅斯尔（王公）282, 284, 330, 405

Ярослав Святославич 雅罗斯拉夫·斯维亚托斯拉维奇（王公）186

Ярослав Ярославич 雅罗斯拉夫·雅罗斯拉维奇（王公）337

地名索引

（索引中的页码为原书页码，即本书边码）

A

Авратынская Возвышенность　阿夫拉亭高地　56, 159

Азия　亚洲　45—47, 50, 105, 107, 108, 279, 383

Азовское Море　亚速海　47, 53, 56, 124, 128, 163

Алаунская Возвышенность　阿拉温高地（台原）　57, 64, 124

Александровск, г.　亚历山大罗夫斯克（城）　159

Алексин, г.　阿列克辛（城）　289

Амастрида, г.　阿马斯特里达（城）　132

Америка　美洲　242

Андога, р.　安多加河　355

Андожский удел　安多日（封邑）　354

Аральск ое Море　咸海　51, 53

Архангельск, г.　阿尔汉格尔斯克（城）　50

Архангельская губ.　阿尔汉格尔斯克省　58, 290

Астраханская губ.　阿斯特拉罕省　57

Атлантический океан　大西洋　48, 58, 141

Б

Багдад, г.　巴格达（城）　126, 127, 133, 155

Балахна, г.　巴拉赫纳（城）　406

Балканскнй п-ов.　巴尔干半岛　46, 108, 113

Балтчйское（Варяжское）море　波罗的海（瓦里亚日海）　34, 48, 108, 124, 131, 133, 139, 144

Баруч（Барышёвка）　巴鲁契（巴雷舍夫卡）　404

Белая Вежа　白维扎（见 Саркел）

Белгород, г.　别尔戈罗德（城）　319, 406, 407

Белоозеро　白湖（见 Белоозеро）

Белое море　白海　34, 294, 310

Белое озеро　白湖　139

Белозёрск, г.　别洛泽尔斯克（城）

162

Белозёрский край 别洛泽尔斯克（边区）171, 304

Белоозеро 白湖 146, 294, 301, 304, 323, 372

Белоозеро, г. 白湖（城）78

Белоозерская страна 白湖地方（见 Белоозеро）

Белоруссия 白俄罗斯 34

Березань, о. 别列赞岛 160

Берестье, г. 别列斯季耶（城）（见 Брест）

Бессарабская губ 比萨拉比亚（省）72

Боголюбов, г. 博戈柳博夫（城）288, 323

Богородск. 博戈罗茨克（城）299

Богуслав, г. 博古斯拉夫（城）404

Болгар, г. 保加尔（城）119, 275

Болгария Камская（царство）卡马河上的保加尔（王国）296, 324

Болгарское государство（царство, земля）保加利亚国家（王国、国家）95, 107, 113

Большая Нерль р. 大涅尔利河 288

Бордо, г. 波尔多（城）141

Бохтюга, р. 波赫丘加河 355

Бохтюжский удел 波赫丘日封邑 355

Брест, г. 布列斯特（城）75, 340, 341

Брынь, Волость 勃伦（领地）288

Брынь, р. 勃伦河 288

Брянск, г. 布良斯克（城）288

Бургундия 勃艮第 141

В

Вадбольский удел 瓦德波尔封邑 354

Вазуза, р. 瓦祖扎河 155

Вайгачский пролив（югорский шар）瓦伊加奇海峡（尤戈尔斯基海峡）48

Валдайская Возвышенность（Валдайские горы）瓦尔戴丘陵（瓦尔戴山脉）57, 59

Варшава, г. 华沙（城）405

Варяжское море 瓦利亚格海（波罗的海）

Василев, г. 瓦西列夫（城）165

Великороссия 大俄罗斯（见 Россия）

Венгрия（Венгерская земля）匈牙利（匈牙利国家）46, 94, 107

Верхневолжская Русь 伏尔加河上游罗斯（见 Русь Верхневолжская）

Весьегонск, г. 维西耶冈斯克（城）294

Византия（Византийская Империя, Восточная Империя）拜占庭（拜占庭帝国、东方帝国）18, 86, 91, 95, 108—111, 114, 115, 134, 145, 146, 151, 156—159, 165, 213, 214, 220, 268, 274, 386, 390

Висла, р. 维斯拉河（维斯瓦河）

49, 107, 108, 110, 112, 124, 284, 286, 390

Витичев, г. 维季切夫（城）154, 159, 201, 404

Владимир(Волынский), г. 弗拉基米尔（沃林斯基）(城) 77, 162, 203, 288, 289, 316, 317, 321—326, 329, 331, 337, 345

Владимирская губ. 弗拉基米尔省 288, 290

Владимирская обл. 弗拉基米尔州 337

Владимирский уезд 弗拉基米尔县 289

Владимирское Великое княжество 弗拉基米尔大公国 331, 343, 354

Волга р. 伏尔加河 27, 31, 33, 46, 52, 56, 59, 60, 64, 65, 70, 71, 124—127, 130, 162, 271, 272, 275, 284, 286—289, 291, 293, 296, 298, 301, 302, 307, 308, 331, 332, 336, 345, 346, 348, 349, 351, 352, 364, 412

Волхов, р. 沃尔霍夫河 32, 102, 124, 127, 137, 142, 144, 146, 149, 159

Волынская губ. 沃林省 56, 58, 72

Волынское княжество 沃林公国 77, 284

Волын(Волынская земля, обл.) 沃林〔沃林领地（邦）、州〕

171, 173, 186, 193, 195, 205, 284, 325, 340, 386

Ворскла, р. 沃尔斯克拉河 162

Восток 东方 28, 114, 126, 127, 132, 141, 146, 281

Восточная Европа 东欧 45, 113, 132, 133, 139, 371

Восточный Буг, р. 东布格河 110, 124, 146, 163, 286

Всероссийская Империя 全俄罗斯帝国 34

Вышгород, г. 维什哥罗德（城）154, 289, 318, 319, 324, 407

Вышний Волочок, г. 上沃洛切克 298

Г

Галиция(Галицкая Земля, обл.) 加利奇亚（加利奇亚地区、州）56, 112, 162, 193, 284—286, 289, 333, 390

Галицкое княжество 加利奇亚公国 77, 196, 284, 331

Галич 加利奇（见 Галицкое княжество）

Галич, г. 加利奇（城）282, 289, 406

Гардарик 加尔达里克（城邦）134

Гаронна, р. 加龙河 141

Германия 日耳曼 18, 139

Городец, г. 戈罗杰茨（城）289

Греция(Греческая земля) 希腊

（希腊国家、城邦） 18, 85, 94, 105, 124, 135, 155, 172, 274, 280, 318, 404

Гродненская губ. 格罗德诺省

Гродненская（Городенское）княжество 格罗德诺（戈罗坚卡）公国 186

Д

Дакийское царство（Дакия） 达吉亚国（达吉亚） 107, 112, 390

Дамаск г. 大马士革（城） 126

Дания 丹麦 131

Дебрянск, г. 杰布良斯克（城）（见 Брянск）

Дедичи, с. 杰季契村 121

Дедогостичи, с. 杰多戈斯季契村 121

Десна, р. 杰斯纳河 63, 64, 127, 161, 171, 287, 288

Дмитров, г. 德米特罗夫（城） 288

Дмитрово-Галицкий удел 德米特罗沃—加里奇封邑

Днепр, р. 第聂伯河 27, 32, 56, 59, 64, 85, 93, 95, 102, 103, 105, 107—109, 111—112, 114, 117, 118, 123—128, 131, 135, 137, 142, 144—146, 149, 153, 154, 159, 161—163, 175, 220, 271, 274, 278—280, 282, 286, 287, 289, 298, 332, 346, 347, 366, 389—391, 393, 394, 396

Днепровская Русь 第聂伯河罗斯（见 Русь днепровская）

Днепровье 第聂伯河流域 126, 127, 389

Днестр, р. 德涅斯特河 46, 105, 108, 110, 117, 124, 146, 163, 284, 286

Дон, р. 顿河 45, 46, 56, 117, 124—126, 130, 131, 331, 390

Донецкая возвышенность 顿涅茨高地 56

Дорогобуж, г. 多罗戈布日（城） 222

Друцк г. 德鲁茨克（城） 278

Дунай, р. 多瑙河 54, 80, 95, 102, 105, 107—109, 111—113, 160, 170, 389, 390

E

Европа 欧洲 18, 19, 45—47, 50, 59, 106—108, 113, 125, 133, 138, 279, 311, 314, 341, 383

Европейская Росия 俄罗斯欧洲部分（见 Россия）

Египет 埃及 87

Егоrа р. 叶戈纳河 294

Екатеринослав, г. 叶卡捷琳诺斯拉夫（城） 159

Екатеринославская губ 叶卡捷琳诺斯拉夫省 72

Елевферия, св. о. 圣叶列夫菲里亚岛（见 Березань）

Елисаветград, г. 伊丽莎白格勒

（城）50

Ергены возвышенность 叶尔根尼高地 56

Ж

Жидчичи, с. 日德契契村 121
Жиздра, р. 日兹德拉河 288
Жиздринский уезд 日兹德林县 288
Житомир, г. 日托米尔（城）55

З

Заволжье 伏尔加河左岸 28, 66
Закавказье 外高加索 125
Залесская Земля 扎列斯地方（邦）（见 суздальская земля）
Залесье 扎列西耶 367
Заозёрское Княжество（удел）扎奥泽尔公国（封邑）354, 355
Заонежье 外奥涅加 290
Запад 西方 70, 71, 131, 133, 134, 141, 142, 153, 197, 274, 352, 362, 395
Западная Двина, р. 西德维纳河（道格瓦河）59, 124, 137, 144
Западная Европа 西欧 6, 28, 29, 47, 48, 50, 57, 58, 60, 69, 70, 72, 130, 131, 141, 168, 274, 281, 360
Западная Империя 西帝国（见 Римская Империя）
Западный Буг, р. 西布格河 110, 146, 162, 171, 284

Звенигород, г. 兹韦尼戈罗德（城）289

И

Иена, г. 耶拿（城）19
Иерусалим, г. 耶路撒冷（城）83, 198, 204
Изборск, г. 伊兹波尔斯克（城）137, 139, 146
Иллирия 伊利里亚 95
Ильмень, оз. 伊尔门湖 124, 142
Империя 帝国（见 Римская Империя）
Иранское плоскогорье 伊朗高原 47
Ирпень, р. 伊尔品河 289
Ирпень, р.（приток клязьмы）伊尔品河（克列亚兹马河支流）289
Искоростен, г. 伊斯科洛斯坚（城）116
Италия 意大利 18
Итиль, г. 伊蒂尔（城）126, 275, 391

К

Кавказ（Кавказский хребет）高加索（高加索山脉）31, 34, 48
Казань, г. 喀山（城）306
Калужкая губ 卡卢加省 288, 294
Калужкий уезд 卡卢加县 289
Капязин, г. 卡利亚津（城）288
Кама, р. 卡马河 52, 55, 294
Камышин, г. 卡梅申（城）48
Канев, г. 卡涅夫（城）404

Карачарово, с. 卡拉恰洛沃（村） 287

Карачев, г. 卡拉切夫（城） 288

Карпатский край 喀尔巴阡山边区 108

Карпаты（Карпатские горы） 喀尔巴阡山（喀尔巴阡山脉） 31, 46, 51, 56, 102, 105, 108—114, 146, 149, 286, 291, 372, 389, 390

Карпатские склоны 喀尔巴阡山斜坡（见 Карпаты）

Каспийское море（Каспий） 里海 31, 34, 47, 51—54, 124, 125, 127, 128

Кемский удел 克米封邑

Кемь, р. 克米河 355

Керченский пролив（Древний Босфор Киммерийский） 刻赤海峡（古代基米里博斯普鲁斯海峡） 124

Керчь（Пантикапея）, г. 刻赤（城）（彭梯加比）

Кёльн, г. 科隆（城） 141

Киев, г. 基辅（城） 55, 63, 66, 78—82, 85, 87, 91—95, 97, 103, 109, 110, 117, 118, 120, 127, 130—132, 135, 136, 138, 139, 141, 142, 144—149, 152—155, 157, 159, 161, 162, 165, 170—175, 178, 183, 184, 186, 188, 190—193, 195, 198, 199, 202, 203, 250, 266, 273, 274, 279—285, 287—289, 293, 297, 317, 320, 323, 330, 332, 334, 336, 337, 341, 345, 355, 372, 373, 387, 388, 391, 394, 396—399, 404, 406, 407

Киевка, р. 基耶夫卡河 289

Киево, с. 基耶沃（村） 289

Киевская земля 基辅国家（邦） 64, 132, 133, 145, 147, 161, 184, 285, 289, 319, 325, 332, 333, 407

Киевская обл. 基辅州 110, 136—138, 152, 161, 167, 184, 193, 285

Киевская русь 基辅罗斯（见 Русь Киевская）

Киевское княжество 基辅公国 130, 136, 144, 147, 149—151, 156, 163, 193

Киевцы, с. 基耶夫齐（村） 289

Клин, г. 克林（城）

Клязьма, р. 克利亚济马河 56, 77, 162, 203, 288, 289, 317, 322, 323, 330, 332, 337, 354

Козельск, г. 科泽利斯克（城）

Коломна, г. 科洛姆纳（城） 299

Константинополь, г. 康斯坦丁诺波尔（城）（见 царьград）

Корсунь, г. 科尔松（城） 132, 404

Корсунская страна 科尔松国（地方） 157

Корчева, г. 科尔切瓦（城） 298

Косва, р. 科斯瓦河 294

Кострома, г. 科斯特罗马（城） 48, 289

Костромская губ. 科斯特罗马省 57

Костромской удел 科斯特罗马封邑 354

Краков, г. 克拉科夫（城） 405

Краковская обл 克拉科夫州 284, 405

Крым 克里米亚 48, 124, 133, 157

Кснятин, г. 克斯尼亚津（城）

Кубань, р. 库班河 105

Кубенский удел 库别纳封邑 354

Кубенское оз. 库别湖 355

Кубена, р. 库别纳河 355

Кума-Манычская низина 库马—马内奇盆地

Курбица 库尔宾察 412

Курбский уезл 库尔勃封邑 354

Курск, г. 库尔斯克（城）184, 185

Курское княжество 库尔斯克公国 194

Л

Ладога, г. 拉多加（城）93, 137, 140

Ладожское оз. 拉多加湖 162

Ладовитый океан 北冰洋 48, 53

Лена, р. 勒拿河

Липица, р. 利皮察河 332

Литва（Литовское государство） 立陶宛（立陶宛国家） 285, 286, 335, 341, 342

Литово-Русское государство 立陶宛—俄罗斯国家 342

Ловать（Ловоть）, р. 洛瓦季河 32, 124

Ломбардия 伦巴底 70

Луара, р. 卢瓦尔河 141

Луга, р. 卢加河 171

Лыбедь, р. 雷别季河 289

Любеч, г. 柳别奇（城） 127, 145, 153, 154, 183, 201, 282

Люблинская губ. 卢布林省 406

М

Малая Россия（Малая Русь）小俄罗斯（小罗斯）（见 Малороссия）

Малороссия 小俄罗斯 34, 285, 405

Мизия 密细亚 108

Милет, г. 迈利特（城）124

Минск, г. 明斯克（城）137, 278, 377

Минская губ. 明斯克省 58

Минское княжество 明斯克公国 278

Мирятичи, с. 米利亚季奇（村）121

Можайск, г. 莫扎伊斯克（城）299

Молога, р. 莫洛加河 355, 412

Моложский уезд 莫洛日斯基县 57

Моложский удел 莫洛日斯基封邑 354

Монастыри 寺院
　Бертинский 别尔京寺院 141
　Вастский 瓦斯特寺院 141
　Ипатьевский（Костромской） 伊帕季耶夫寺院（科斯特罗马寺院） 77

Каменный 卡缅寺院（在库班湖上） 355

Михайловский（выдубицкий） 米哈伊洛夫寺院（维杜别茨寺院）

Печерский 佩切尔斯基寺院（基辅—佩切尔斯基寺院） 28, 78, 79, 83—85, 92, 235, 279, 386, 388

Рождественский 罗日杰斯特文斯基寺院 77

Маманта. св. 圣马曼特寺院（见 Мама） 157

Соловецкий 索洛维茨寺院 9, 304

Морава, р. 摩拉瓦河 389

Моравская Держава 摩拉瓦国

Москва, г. 莫斯科（城） 5, 45, 55, 58, 66, 203, 288, 298, 299, 326, 342, 344

Московская котловина 莫斯科盆地（见 Окско-Донская Низменность）

Московская Русь 莫斯科罗斯（见 Русь Московская）

Московский удел 莫斯科封邑 354

Московский уезд 莫斯科县 289

Московское государство 莫斯科国 75

Московское княжество 莫斯科公国 343, 353, 362, 365, 369

Мурманский берег 摩尔曼斯克沿岸 49

Муром, г. 穆罗姆（城） 162, 217, 287

Муромо-Рязанская обл.（окраина） 穆罗姆—梁赞州（边区） 171, 193

Муромо-Рязанское княжество 穆罗姆—梁赞公国 186

Н

Нево, оз. 涅瓦湖 124

Нижний-Новгород, г. 下诺夫哥罗德（城） 55, 56, 70, 289

Николаев, г. 尼古拉耶夫（城） 124

Никополь, г. 尼科波尔（城） 112

Новгород Великий（Новгород） 大诺夫哥罗德（诺夫哥罗德城） 81, 82, 92, 103, 127, 132, 135, 139—141, 143, 145—147, 154, 166, 170, 171, 188, 192, 195, 232, 260, 279, 283, 323, 331, 385, 386, 396

Новгород Северский, г. 诺夫哥罗德—谢维尔斯克（城） 194, 282

Новгородская Волость 诺夫哥罗德领地 171, 332

Новгородская губ. 诺夫哥罗德省 56, 58

Новгородская земля（обл.） 诺夫哥罗德国家（州） 137, 138, 193, 287, 301, 333

Новленский удел 诺夫连封邑 354

Новороссия 诺沃罗西亚 31, 34, 58

О

Область Войска Донского 顿河军区 56, 72

Общий сырт 奥勃希塞尔特 52

Овернь 奥弗涅 141

Озёрная обл. 奥泽尔州 58

Ока, р. 奥卡河 56, 63—65, 70, 112, 115, 155, 162, 171, 286, 287, 289, 291, 293—295, 307, 336, 342

Окско-Донская низменность 奥卡河—顿河低地 56, 64

Олонецкая губ. 奥洛涅茨省 58, 290

Ольвия, гр. кол 奥利维亚（希腊移民区）124

Онежское, оз. 奥涅加湖 294

Оренбург, г. 奥伦堡（城）49, 50

Орловская губ. 奥勒尔省 288

Оять, р. 奥亚季河 294

П

Паннония 潘诺尼亚 95

Пантикапея, г. 彭梯加比（城）（见 Керчь）

Париж, г. 巴黎（城）141

Переяславль Залесский, г. 佩列雅斯拉夫尔—扎列斯基（城）184, 288, 289, 325

Переяславль Русский, или Южный, г. 俄罗斯的佩列雅斯拉夫尔，或南佩列雅斯拉夫尔（城）127, 153, 171—173, 175, 184, 281, 289, 396

Переяславль Рязанский, г. 梁赞的佩列雅斯拉夫尔（城）289

Переяславская Волость 佩列雅斯拉夫领地 278, 339

Переяславская земля (обл.) 佩列雅斯拉夫国家（州）137, 138, 183, 193, 280, 285

Переяславский уезд 佩列雅斯拉夫县 404

Переяславское княжество (удел) 佩列雅斯拉夫公国（封邑）317, 354

Переяславское оз. 佩列雅斯拉夫湖 294

Пермь, г. 佩尔姆（城）55

Петербург, г. 彼得堡（城）49, 50, 203

Петербургская губ. 彼得堡省 58

Пиренейский п-ов 比利牛斯半岛 281

Поволжье 伏尔加河流域 33, 118, 171, 218, 292, 294, 307, 308, 316, 317, 335, 336, 348, 353

Поднепровье 第聂伯河流域 117, 118, 124, 131, 282—286, 291, 332

Подольская губ. 波多尔斯克省 56, 72

Полесье 波列西耶 56, 58

Полоцк, г. 波洛茨克（城）96, 127, 139, 146, 153, 198

Полоцкая обл. 波洛茨克州 137,

138, 139

Полтавская губ. 波尔塔瓦省 171, 289

Польско-Литовское Государство 波兰—立陶宛王国 285

Польша（Польское государство） 波兰（波兰国） 94, 112, 162, 185, 197, 284—286, 405

Померания 波美拉尼亚 135

Понт 黑海（见 Чёрное море）

Поросье 波罗赛 279, 280

Порхов, г. 波尔霍夫（城） 298

Почайна, р. 波恰伊纳河 289

Приволжская Возвышенность 伏尔加河沿岸高地 56

Приднепровье 第聂伯河沿岸地方（见 Поднепровье）

Припять, р. 普里皮亚季河 110, 137, 139, 186

Приуралье 乌拉尔附近地区 290

Пропонтида 普罗彭提斯海 132

Протва, р. 普罗特瓦河 289, 294

Псёл, р. 普肖尔河 162

Псков, г. 普斯科夫（城） 166, 298

Псковская губ. 普斯科夫省 58

Р

Радилов, г. 拉季洛夫（城） 406

Рейн, р. 莱茵河 141, 142

Рига, г. 里加（城） 18, 124, 203

Рим, г. 罗马（城） 18, 124, 203

Римская Империя（Западная Империя） 罗马帝国（西帝国） 43, 109

Россия 俄罗斯（俄国） 5—9, 11—13, 25, 26, 28, 29, 31, 33, 34, 42, 45—59, 63, 66—69, 71—73, 80, 83, 102, 105, 108, 109, 133, 217, 261, 290—292, 294, 295, 298, 300, 301, 308—310, 313—315, 341, 345, 370—373, 377, 379, 390

Ростов, г. 罗斯托夫（城） 127, 153, 162, 173, 287, 288, 296, 307, 316, 318, 321, 322, 325—327, 329, 350, 366

Ростово-Владимирская Волость 罗斯托夫—弗拉基米尔领地 332

Ростово-Суздальская（Ростово Залесская）земля 罗斯托夫—苏兹达尔地区（邦）（罗斯托夫—扎列斯基） 327, 350

Ростово-Суздальский край 罗斯托夫—苏兹达尔边区 286, 292

Ростовская земля（край, обл.） 罗斯托夫国家（边区、州） 64, 171, 193, 232, 294, 296, 301, 307, 316, 317, 321—325, 328, 329, 346, 385

Ростовское княжество（удел） 罗斯托夫公国（封邑） 354

Ростовское оз. 罗斯托夫湖 294

Рось, р. 罗斯河 162, 279, 280, 372

Русская земля 俄罗斯国家 34, 68, 77, 82, 85, 87, 89, 96—99,

103, 110, 114, 115, 123, 124, 127, 131, 135, 143, 151, 155, 160, 162, 163, 167—172, 174, 176, 178—180, 183, 185—187, 189—192, 194, 202—205, 222, 266, 279, 283, 284, 286, 287, 291, 293, 316, 320, 321, 323, 330—336, 338—341, 345, 346, 348, 351, 353, 356—359, 367, 369, 373, 387—390, 394, 396, 400

Русское государство 俄罗斯国家 143, 147—151, 163

Русское море 俄罗斯海（见 Чёрное море）

Русь 罗斯 27, 28, 32, 39, 64, 68, 69, 74, 75, 80, 82, 83, 85—87, 90—93, 95—97, 102, 103, 106, 107, 109—112, 122, 124, 127—136, 138—140, 143—148, 151, 153—163, 166—173, 175, 176, 179, 183, 187, 189, 190, 192—194, 196, 198—200, 202—204, 206, 208—213, 215, 218—222, 238, 239, 250, 251, 258, 259, 262, 265, 268, 269, 271—276, 279—286, 288, 289, 291, 293, 295, 299—301, 304, 306—309, 314, 316—318, 320, 321, 324, 325, 327, 328, 330, 332, 337, 340, 342, 347, 349, 351, 353, 355, 364, 365, 368, 371—377, 386—388, 390, 392, 396—402, 404—406

Русь Великая, Московская 大罗斯，莫斯科罗斯 33, 68, 285

Русь Верхневолжская 伏尔加河上游罗斯 33, 271, 272, 291, 308, 316, 330, 335—337, 347, 348, 363, 366, 371, 375, 398, 399, 409

Русь Днепровская 第聂伯河罗斯 33, 67, 271, 284, 291, 308, 345, 371, 396

Русь Киевская 基辅罗斯 65, 77, 86, 117, 131, 145, 202—204, 220, 271—274, 277, 279, 280, 282, 283, 285, 286, 288, 297, 299, 308, 316, 325, 327, 380, 332, 334—339, 347, 348, 353, 355, 356, 361, 364—366, 368, 372—374, 409

Русь Суздальская（Белая） 苏兹达尔罗斯（白罗斯） 77, 289, 338, 349, 366, 367

Русь Червонная 红罗斯 112, 186

Рязанская губ. 梁赞省 294

Рязанская земля 梁赞国 331, 333, 343

Рязанское княжество 梁赞公国 343

Рязань, г. 梁赞（城）55, 97, 217, 289, 331, 406

С

Самара, г. 萨马拉（城）

Сандомир, г. 桑多米尔（城）405

Саратов, г. 萨拉托夫（城）50, 306

Саркел（Белая Вежа），крепость 萨

尔克尔（白维查），城堡 130

Святополк, г. 斯维亚托波尔克（城） 280

Север 北方 126, 290, 295

Северный Донец, р. 北顿涅茨河 56

Северный океан 北冰洋（见 Ледовитый океан）

Северское княжество 谢维尔斯克公国 194

Седлицкая губ. 谢德里茨省 406

Сена, р. 塞纳河 141

Серпухов, г. 谢尔普霍夫（城） 289

Сетомль, р. 谢托姆里河 78

Сибирь 西伯利亚 31, 290, 371, 385

Сить, р. 锡季河 355

Сицкой удел 西汉（封邑） 354

Скандинавия 斯堪的纳维亚 103, 131, 139, 141, 221

Скифия 西徐亚国 57, 105, 108

Смоленск, г. 斯摩棱斯克（城） 66, 127, 135, 145, 152, 154, 171, 173, 175, 186, 287, 319, 396

Смоленская волость 斯摩棱斯克领地 332

Смоленская земля (обл.) 斯摩棱斯克国家（州） 136—138, 193, 205, 333

Согожа р. 索戈扎河

Соединённые Штаты Америки 美利坚合众国（美国） 290

Сож, р. 索日河

Среднерусская Возвышенность 俄罗斯中部高地 56, 57

Средняя Азия 中亚 59

Стародуб, г. 斯塔罗杜布（城） 289

Стародубское княжество (удел) 斯塔罗杜布公国（封邑） 354

Старые Безрадичи, дер. 老别兹拉基契村 404

Стугна, р. 斯图格纳河 161, 394, 404

Сугорский уцел 苏戈尔封邑 354

Суда, р. 苏达河 355, 412

Судской удел 苏达封邑 354

Суздаль, г. 苏兹达尔（城） 287, 316, 318, 321, 322, 325—327, 329, 350, 366

Суздальская земля (край, обл.) 苏兹达尔国家（边区、州） 171, 205, 272, 286, 288, 289, 318, 320—322, 324—335, 337—339, 347, 349, 354, 409

Суздальская Русь 苏兹达尔罗斯（见 Русь Суздальская）

Суздальское княжество (волость, удел) 苏兹达尔公国（领地、封邑） 290, 320, 321, 354

Сула, р. 苏拉河 161, 278, 280

Супой, р. 苏波伊河 280

Сурож (судак), г. 苏洛日（苏达克）（城） 132

Сухона, р. 苏杭纳河 294, 412

Сылва, р. 塞尔瓦河 294

Сырт 塞尔特（见 общий сырт）

Т

Таврическая губ. 塔夫利亚省 57
Таманский п-ов. 塔曼半岛 124
Тамань, г.（таматарх） 塔曼（城）（塔马塔尔赫，见 Тмуторокань）
Танаис, г. 塔纳伊斯（城）124
Танаис, р. 塔纳伊斯河（见 дон）
Тверская губ. 特维尔省 57, 58, 294
Тверской удел. 特维尔封邑 354
Тверь, г. 特维尔（城）287, 289, 298, 316
Теребовль г. 捷列博夫利（城）201
Теребовльское княжество（волость）捷列博夫利公国（领地）201, 278
Тихий океан 太平洋 31
Тмуторокань, г. 特穆托罗干（城）163, 171, 173
Торческ, г. 托尔契斯克（城）404
Трир, г. 特里尔（城）141
Трубеж, р. 特鲁别日河 127, 161, 280, 290, 404
Трубчевское княжество 特鲁勃切夫公国 194
Тула, г. 土拉（城）55
Тульская губ. 土拉省 289, 294
Туркестан 土耳其斯坦 31, 72
Туров, г. 图罗夫（城）137, 139, 146
Турово-Пинское княжество 图罗沃—平斯克公国 186
Тьма, р. 季马河 287

У

Углицкий удел 乌格里茨封邑 354
Угра, р. 乌格拉河 286
Урал（Уральские горы）уральский хребет 乌拉尔（乌拉尔群山、乌拉尔山脉）31, 34, 45, 47, 51—54, 58, 310
Усть-Сысольск, г. 乌斯季—塞索尔斯克（城）49
Уфа, г. 乌法（城）55
Ухтома, р. 乌赫托马河 355
Ухтомский удел 乌赫托马封邑 354

Ф

Фанагория г. 法纳戈里亚（城）124
Феодосия г. 费奥多西亚（城）124
Финляндия 芬兰 56, 294
Финский залив 芬兰湾 142
Франция 法国 19, 47, 142
Фрисландия 弗里斯兰 142

Х

Харьков г. 哈尔科夫（城）48, 49
Харьковская губ. 哈尔科夫省 56
Херсонес Таврический г. 塔夫利亚的赫尔松涅斯（城）124, 156
Херсонская губ. 赫尔松省 72
Хозария 哈扎利亚 127, 387
Хорватские государство 哈尔瓦特

国 113

Хороль, р. 霍罗利河 280

Ц

Царьград (Константинополь, г.) 帝都或查列格勒（君士坦丁堡 [城]） 87, 91, 93, 124, 131—133, 139, 142, 145—147, 154—159, 172, 220, 275, 283, 386

Червонная Русь 红罗斯（见 Русь Червонная）

Чернигов, г. 切尔尼戈夫（城） 55, 127, 152—154, 172—175, 178, 184, 195, 282, 396

Черниговская земля (обл.) 切尔尼戈夫国家（州） 64, 136—138, 171, 183, 184, 193, 194, 204, 205, 282, 285, 325, 333

Черное Море 黑海 34, 47, 48, 51, 53, 54, 56, 67, 105, 108, 114, 124—126, 132, 133, 147, 391

Чехия 捷克（捷克国） 94, 113

Чирково, с. 契尔科沃村 355

Ш

Швейцария 瑞士 70

Шевция 瑞典 134, 411

Шексна, р. 舍克斯纳河 302, 304, 305, 412

Шелешпанский удел 舍列什潘封邑 354

Шехонский удел 舍洪封邑 354

Шолтандия 苏格兰 141

Э

Эллада 埃拉多斯 46

Эльба, р. 易北河 141, 142

Ю

Юг, р. 尤格河 294

Юго-западная низменность 西南低地 56

Юрьев (Дерпт), г. 尤里耶夫（杰尔普特）（城） 162

Юрьев польский, г. 波兰的尤里耶夫（城） 280, 288, 325, 326, 332, 354

Юрьевское княжество (удел) 尤里耶夫公国（封邑） 354

Юхотский удел 尤霍特封邑 355

Юхоть, р. 尤霍特河 412

Я

Ярославль, г. 雅罗斯拉夫尔（城） 162, 287, 301, 339

Ярославская губ. 雅罗斯拉夫省 57

Ярославское княжество (удел) 雅罗斯拉夫公国（封邑） 339, 354

Яхрома, р. 雅赫罗马河 288